未名湖畔忆名儒
——严复、林纾、辜鸿铭的北大岁月

WEIMINGHUPAN YI MINGRU
YANFU LINSHU GUHONGMING
DE BEIDA SUIYUE

林坚 著

图书在版编目(CIP)数据

未名湖畔忆名儒：严复、林纾、辜鸿铭的北大岁月/林坚著.—厦门：厦门大学出版社，2019.9
ISBN 978-7-5615-7597-0

Ⅰ.①未… Ⅱ.①林… Ⅲ.①北京大学－校史②严复(1853－1921)－生平事迹③林纾(1852～1924)－生平事迹④辜鸿铭(1856－1928)－生平事迹 Ⅳ.①G649.281②K825.4

中国版本图书馆CIP数据核字(2019)第190770号

出 版 人	郑文礼
责任编辑	冀　钦
封面设计	李夏凌
技术编辑	许克华

出版发行	厦门大学出版社
社　　址	厦门市软件园二期望海路39号
邮政编码	361008
总　　机	0592-2181111　0592-2181406(传真)
营销中心	0592-2184458　0592-2181365
网　　址	http://www.xmupress.com
邮　　箱	xmup@xmupress.com
印　　刷	厦门集大印刷厂

开本	720 mm×1 020 mm　1/16
印张	22.75
字数	358千字
插页	1
版次	2019年9月第1版
印次	2019年9月第1次印刷
定价	63.00元

本书如有印装质量问题请直接寄承印厂调换

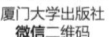
厦门大学出版社
微信二维码

厦门大学出版社
微博二维码

目 录

引子：寻梦未名湖 001

上篇　严复：文章光气长垂虹 009

一、北大：严复雕像 /011
二、从榕城到津门 /018
三、1896：妙笔译"天演" /030
四、主持京师大学堂译书馆 /038
五、中国西学第一人 /048
六、1912：首任北大校长 /058
七、从孔教会到"筹安会" /072
八、平生风义兼师友 /087
九、叶落归根返故里 /102
十、北大：严复经济学讲座 /117

中篇　林纾：孤山处士音琅琅 131

一、北大：忘却的纪念 /133
二、从福州到杭州 /138
三、1899：巴黎茶花女遗事 /145
四、执教京师大学堂 /151
五、译才并世数严林 /164
六、在白话文运动中 /172
七、林纾与蔡元培 /186
八、文采照人清如秋 /201
九、从维新学者到亡清遗老 /218
十、北大：重拾历史的记忆 /236

下篇　辜鸿铭：菊残犹有霜枝俏　249

一、北大一景：辫子教授 /251
二、从南洋到西洋 /256
三、张之洞的"洋文案" /262
四、与诺贝尔文学奖"擦肩而过" /272
五、北大英文门教授 /283
六、在新文化运动中 /294
七、辜鸿铭与蔡元培 /301
八、1923：告别北大 /307
九、独秉孤忠为前朝 /315
十、北大：是真名士自风流 /323

尾声　历史的回响　333

附录　严复、林纾、辜鸿铭生平大事记　345

后记　355

寻梦未名湖

未名湖是北大的灵魂,也是北大莘莘学子魂牵梦绕的精神家园。

三十年前,我第一次走进燕园。当我沿着一条通幽的曲径,漫步走向湖波潋滟的未名湖时,我的心里竟有些忐忑不安,就像要去和一位久别的恋人约会似的,充满了热切的期待和些许的感伤。那湖畔的金柳呢?那波光里的艳影呢?那"夕阳中的新娘"呢?寻寻觅觅中,我扑进了未名湖的怀抱,欢欣和喜悦在我的心头荡漾。

未名湖

未名湖很静。她安详地躺在燕园的"风花雪月"中,任春夏秋冬变幻而不动声色。湖的四周树木葱茏,春天鹅黄,夏日浓绿,秋季金黄,每个季节树叶的颜色虽然各不相同,但未名湖的风姿和神韵却始终没有改变。风从湖边轻轻吹过,水面上泛起粼粼波光,倒映着湖畔的丝丝杨柳，显得格外宁静怡人。她的宁静是那种淡泊的宁静，是那种经历过岁月洗礼而依然淡定的安宁和静谧。

未名湖很雅。湖边那座高高耸立的十三层水塔，名字就叫"博雅塔"。这座为解决校园生活用水而建于1924年的木构水塔，是仿北周时代通州燃灯古塔、取辽代密檐砖塔样式建造的。其独具匠心的设计构思，使使用功能、艺术造型、环境协调三方面高度统一，被誉为燕园构建的"神来之笔"和建筑杰作。每到春季，湖上细雨霏霏，湖畔杨柳依依，湖中波光塔影，构成了一幅别具风情的水墨画，显得十分淡雅迷人。她的淡雅是那种不事张扬的平和与纯净，是那种出自大家闺秀的雅致与从容。

未名湖很美。花朝月夕，漫步湖边，你可以体验到未名湖美丽的神韵。从校园的不同角度，透过梁柱、古树的间隙，你也可以看见她秀丽的身影。那巍峨的博雅塔，那静卧湖畔的画舫，那柳林夹岸的石堤，那俯映柳荫的"飞楼"，那竹影婆娑的湖边小径，还有环抱着未名湖的未名北路和未名南路，无不美不胜收，令人赏心悦目。她的美是那种自然清新的美，那种"清水出芙蓉、天然去雕饰"的美。

未名湖滑冰

未名湖也很"酷"。每到冬季，未名湖上结起了冰，湖面上变成了滑冰人的练习场。一到下午三四点，来自校内外的许多滑冰爱好者便齐聚湖面，一时间你奔我跑，偶尔也会撞成一团，欢笑声、尖叫声不时响起。那青春飞扬的神采，那热气腾腾的景象，驱散了冬日的寒意，真是"酷极了"！她的"酷"是那种自由的展露，那种与生命联系在一起的青春与活力。

"轻轻的我走了，正如我轻轻的来；我轻轻的招手，作别西天的云彩。"那年夏天，读着徐志摩的《再别康桥》，我悄悄地告别了未名湖，告别了倾心向往的北大，返回了东南海滨的厦大。

2012年秋天，我再次来到燕园，来寻找三位"硕学名儒"在北大留下的风采。20世纪初叶，西风东渐，在传统文化备受冲击的岁月里，严复、林纾、辜鸿铭三位先生先后在北京大学及其前身京师大学堂执教，为播撒传统文化的种子、维护传统文化的尊严，付出了艰辛的努力，在中国文化史上写下了可歌可泣、令人难以忘怀的一页。

我徜徉在未名湖畔，寻觅着北大历史的痕迹。湖西岸的小山坡上，有一座玲珑的六角钟亭，亭内悬挂着一口雕刻着波浪、大海和旭日以及八卦图案的铜钟，钟体上用满汉两种文字写着"大清国丙申年捌月制"。依此日期推算，大清国丙申年即1896年，此钟铸造时间比北大还早两年，迄今已有120多年的历史了。

未名湖钟亭

钟亭所在的小山坡位置极佳，北面临湖，正对着北大人极为熟悉的翻尾石鱼。南面山脚下矗立着一块乾隆诗碑，诗碑西面不远处就是北大前校长蔡元培的半身铜像。望着这座被苍松翠柏掩映着的栩栩如生的铜像，我的眼前浮现起

未名湖畔忆名儒
——严复、林纾、辜鸿铭的北大岁月

蔡元培先生和蔼亲切的形象，北京大学悠悠百年的历史画面也一幕幕地闪现在我的脑海里。

北京大学初名京师大学堂，创立于1898年，是中国第一所国立大学，也是中国近代史上正式设立的第一所大学，其成立标志着中国近代高等教育的开端。京师大学堂既是中国的最高学府，也是全国最高教育行政机关。她传承了数千年来"太学"的学统，是古代最高学府在现代的延续，可谓"上承太学正统，下立大学祖庭"。新旧学基础皆好的严复、林纾曾先后在京师大学堂任职。

辛亥革命后，蔡元培出任南京临时政府教育总长，京师大学堂也于1912年5月更名为北京大学，由著名启蒙思想家严复担任首任校长。北大从此不再身兼中国最高学府与国家教育部的双重职能，而成为纯粹的高等教育机构。1917年1月，蔡元培出任北大校长，提出了"学术自由，兼容并包"的办学方针，并对学校进行了全面整顿和革新，奠定了北京大学向近代大学转变的基础。

正是在蔡元培掌校时期，国内学术界、思想界的各派代表人物先后被礼聘到北大任教。其中，以政治主张而言，既有共产党的李大钊、陈独秀，国民党的王宠惠，也有无政府主义的李石曾以及主张君主立宪的辜鸿铭；以文学倾向而言，既有新派的胡适、钱玄同、吴虞等人，也有旧派的黄侃、刘师培、林损诸氏；对"京师旧同仁"林纾在新文化运动中提出的不同看法，蔡元培也以《答林琴南氏书》表明自己的主张。在这样的包容氛围中，北大出现了学术上学派林立、各种学说自由传播的盛况，"各派对于学术，均能自由研究，而鲜磨擦，学风丕变，蔚成巨欢"。[1]

巧合的是，严复、林纾、辜鸿铭三位先生都是福建人，都出生在19世纪50年代，20世纪初叶都在北大任过教；而且三人都有较高深的国学根底和翻译素养，在"打倒孔家店"的动荡年代里，不约而同地为国学的衰落而忧心如焚，一齐为国学的振兴而摇旗呐喊。20世纪20年代，他们先后离开人世，离开了他们毕生倾力维护的中国传统文化。

---

[1] 蔡建国编：《蔡元培先生纪念集》，中华书局1984年版，第62页。

引子

　　我漫步在未名湖畔，仔细端详着湖西北矗立的那块刻有"未名湖"三字的太湖石。这三个字系燕京大学校友、著名历史地理学家侯仁之院士所题写。湖岸边一任乱石堆砌，古朴自然。无论清晨还是黄昏，你在这湖岸边一站，就能感受到它的厚重与灵气。

　　回想当年烽火岁月，北大在抗战后南迁，1937年9月与清华大学、南开大学在湖南组成长沙临时大学，1938年4月三校又在昆明组成国立西南联合大学。抗战胜利后，西南联大于1946年5月解散，北京大学迁回原址复校。1949年人民政府接管北京大学。1951年6月，马寅初教授被任命为中华人民共和国成立后的第一任北大校长。1952年院系调整后，北京大学从北京城内沙滩迁到燕园，成为一所以基础学科教学和研究为主的文理科综合大学。

　　自建校以来，北大一直享有崇高的名声和地位，并为国家培养了大量的栋梁之材。据1998年北大百年校庆时统计，100年来，北大共培养各类人才19万人，其中约15万人是改革开放以后的20年培养的。近20年培养的正规毕业生是前80年的2.9倍。目前在校生总数达到2.4万人，是历史上人数最多的。这样一组数据足以让北大人感到骄傲和自豪。

　　让北大人同样感到自豪的是，历届党和国家领导人对北大都十分关心和重视。新中国的奠基者毛泽东就亲自为北京大学书写校名。如今，古香古色的北大西门上，就悬挂着曾在北大图书馆工作过的毛泽东题写的校匾，那烫金的"北京大学"四个字苍劲有力，气势雄浑。

北大百年校庆极限片——燕园西校门

未名湖畔忆名儒
——严复、林纾、辜鸿铭的北大岁月

这座由燕京大学校友捐资修建的西校门，是1952年北京大学与燕京大学合并前燕京大学的主校门。历史上的燕大是北京大学的一笔宝贵财富，对北大后来的发展产生了深远的影响。西校门雕梁画栋，显得十分古朴厚重。校门两侧还有两头雄壮的石狮，十分惹人喜爱。如今这座西校门不仅是北京大学的标志性建筑之一，也是北大师生进出学校的重要通道之一。每到节假日，慕北大之名而来的人们常常在这里驻足留影。

未名湖之于北大的意义，除了它本身所固有的美丽之外，更多的是一种文化象征。这个始建于清乾隆年间的湖泊，虽然至今仍然没有一个雅致的名称，然而，"未名"又何尝不是她最美、最有哲学韵味的名称呢？正如老子所说："道可道，非常道；名可名，非常名。"正是她的"未名"，正是她的自由和包容，才使万千学子们可以画"最新最美的画"，才使一代代的学者能够刻苦砥砺，把自己造就成一代名师、名儒。严复、林纾、辜鸿铭三位先生不就是北大自由、包容的精神氤氲化育出的三大名儒吗？

正如一位曾在北大受过熏陶的学子在《北大是一篇散文》中所说的："我常为北大独特优美的育人环境而惊叹：小桥流水，湖光塔影；长堤烟柳，曲径幽篁；新荷映目，香山入画；佳花名卉，翠柏苍松。每见风起，树影摇曳，别生姿态，触景生情……林下自可读书，于一丘一壑之间去领悟诗化的人生，去领略大自然的无限与美丽。这，已经不是单纯的自然美景，而是莘莘学子永远的'精神家园'的一部分。"[1]

另一位曾在北大生活了几十年的老教授则在《依依柳岸》中写道："有一个湖总是走不厌。开花的早晨，初月的黄昏，疏星淡月的夜晚，甚至是夏日的静午，我们就是这样一圈一圈地走着。纵使希望这路是无尽的，总是觉得这沿湖而行的时间太短暂。我们都很贪婪，每次都恨不得把那柳岸、把那花径、把那碧水中的流云塔影吞下去，整个儿的化为永久的纪念……一代一代的北大人，向往那湖，热爱那湖，把那湖视为自己的心灵家园，视为至亲至爱的朋友和亲

---

[1] 张一璠：《北大是一篇散文》，《寻找北大》，中国长安出版社2008年版，第213页。

人。"[1]

　　悠悠岁月，数十载光阴弹指一挥间。博雅塔依然像一位饱经风霜的老人，默默地站在湖畔，俯瞰着每一个过往的北大师生和海内外的游子们，旁观他们人生的跌宕起伏，纵览整个国家乃至世界的风云变幻。

　　面对着未名湖的湖光山色，我没有忘记，自己来到这里，并非发思古之幽情，而是来寻找中国传统文化之梦。正如当年徐志摩在游学剑桥时所写："寻梦？撑一支长篙，向青草更青处漫溯，满载一船星辉，在星辉斑斓里放歌。"

　　"但我不能放歌，悄悄是别离的笙箫。"别了，燕园！别了，未名湖！你的倩影，你的自由与包容精神，已深深地印在我的脑海里，也印在所有热爱北大、热爱中国传统文化的人们心中！

　　"悄悄的我走了，正如我悄悄的来；我挥一挥衣袖，不带走一片云彩。"

---

[1] 谢冕：《依依柳岸》，《红楼钟声燕园柳》，北京大学出版社2008年版，第43-44页。

上篇

严复：文章光气长垂虹

一、北大：严复雕像

未名湖是北大人心中的圣地。有一首关于北大的歌——《未名湖是个海洋》就是这样唱的：

这真是一块圣地，

今天我来到这里，

阳光月光星光灯光在照耀……

美丽的未名湖畔，矗立着一座传统与现代相结合的、庄重典雅的建筑，她就是著名的北京大学图书馆。20世纪初叶，中国共产党的创始人李大钊、毛泽东曾先后在北大图书馆工作，为这座图书馆披上了几分神秘的色彩。如今，这座图书馆的藏书已达600万册，被称为"全亚洲规模最大的大学图书馆"。虽然北大图书馆的建筑外表尤其是那宫殿式的屋顶，是典型的中国传统风格，但整座建筑的内部设施非常现代化。全中央空调的设计使室内冬暖夏凉，整个阅读空间窗明几净，让人感觉十分舒适，不愧是北大师生读书的好地方。

北京大学图书馆

未名湖畔忆名儒
——严复、林纾、辜鸿铭的北大岁月

一位北大学子在回忆自己经常出入这座享有"亚洲第一"美誉的图书馆的情景时写道:

> 真应该感谢命运的安排,在北大的日子里,正赶上北大图书馆的新馆落成并投入使用。我每次走进图书馆,都有一种莫名的激动。什么叫"书山"?什么叫"学海"?只有在这里才有真切的感受。在这里我似乎站在了"书山"之巅:披襟壮怀,视通万里,思接千载;在这里,我似乎泛舟"学海":沧溟空阔,短发萧疏,扣弦独啸。……[1]

2012年初秋时节,我第一次走进了这座名闻遐迩的现代化图书馆。刚踏进门厅,一座气宇轩昂、造型精美的半身青铜雕像便展现在我的眼前,它就是四年前落成的北京大学首任校长严复的铜像。铜像高1.2米,宽1.5米,重约200公斤,是北京大学福州校友会为纪念北大百年校庆捐赠给母校的礼物。铜像的雕塑者是我国著名雕塑家、厦门大学艺术学院教授李维祀。

严复是我国近代杰出的启蒙思想家、翻译家和教育家。毛泽东在《新民主主义论》中,将严复与洪秀全、康有为、孙中山并列,称之为"代表了中国共产党出世以前向西方寻找真理的一派人物"。

1998年北大百年校庆前夕,来自严复故乡的福州北大校友向母校提出捐赠严复铜像的倡议,并发起了校友捐款活动。在台湾的严复孙女、辜振甫夫人严倬云女士得知消息后也慷慨捐资,并为严复铜像题写了"北京大学首任校长严复先生"十二个字,表达了她对祖父的缅怀之情。

1998年4月下旬,北大福建校友会在福建省博物馆举行了隆重的严复铜像启运仪式。一周后,在刚刚落成的北大图书馆新馆前,北大福建校友会和福建省严复学术研究会联合举行了"严复铜像揭幕典礼"。北大福建校友会会长郑重在典礼上致词说,严复是一百年前代表先进的中国人向西方寻找真理的一派人物。

---

1 张一璠:《北大是一篇散文》,《寻找北大》,中国长安出版社2008年版,第216页。

他的爱国精神具有现代理性的特征,他的科学民主思想开启了一个时代的新思潮,具有跨世纪的深刻影响。在庆贺北大百年校庆之际,在北大校园树立严复铜像,不仅表达了故梓乡亲和北大师生以及严复研究者对严复的褒扬和纪念,更是对开展严复研究、弘扬严复爱国精神和科学思想的一种推动。

北大历史上名人辈出,但只有那些对北大做出特别贡献的名流,才能在这方校园里留下自己永恒的身影,被一代代的师生缅怀和纪念。如未名湖畔的蔡元培铜像(1978),俄文楼前的李大钊铜像(1978),逸夫楼前的马寅初铜像(1995),燕南园里的陈岱孙铜像(2000),英杰交流中心的周培源铜像(2002),勺园荷花池畔的塞万提斯铜像(1986)等。而在著名的北大图书馆里,则有旧馆二楼大厅里的青年毛泽东铜像(1988),新馆二层人文社科阅览室里的冯友兰铜像(2001),新馆三层自然科学阅览区里的罗蒙诺索夫雕像等。

作为我国近代著名的思想家、翻译家和教育家,作为帝制结束后北京大学的首任校长,严复代表了北大历史中的一个重大转折,严复铜像在某种意义上就是这转折的见证与标志。严复铜像落成后,进进出出北大图书馆的无数学子从这尊铜像面前走过,都能从大师如炬的眼神中,吸取智慧的感悟和精神的力量。

严复铜像

1998年秋天,时任台湾海基会董事长辜振甫先生率台湾海峡交流基金会参访团访问北京。在香山碧云寺吊祭国父孙中山的衣冠冢后,他特地偕夫人严倬云一起访问了北京大学,并瞻仰了新揭幕的北大首任校长、严倬云的祖父严复先生的铜像。这一年，辜振甫先生已81岁高龄，夫人严倬云也七十有五了。

说起当年辜振甫和严倬云的结合，可称得上是台湾岛上的一段佳话。辜振甫和严倬云都是福建人，但一个祖籍闽南，一个祖籍福州。两人都出身于名流世家，辜振甫的父亲辜显荣是日据时代台湾最富有的五大家族之一的成员，并担任过台湾"保良局长"；严倬云的祖父则是清末著名思想家严复，担任过袁世凯的总统顾问，外祖父林尔康是台湾望族"板桥林家"的第三代传人。辜振甫毕业于台北帝国大学（台湾大学的前身）政治系，后东渡日本，入东京大学经济管理系深造；严倬云则毕业于上海圣约翰大学教育系，能讲一口流利的英语。

1947年初，严倬云大学毕业后，随母亲林慕兰和舅妈（盛宣怀之女，"板桥林家"林熊征之妻）到台湾奔丧。因大陆时局动荡，母女俩只好暂留在台湾，严倬云来到台北建国中学任教，教授语文和历史。巧合的是，严倬云的二舅林熊祥和辜振甫其时由于参与"台湾自治运动"，先后被捕入狱并关在一起，成了狱中的难友。不久，两人分别被台湾军事法庭以"叛乱罪"判处1年10个月和2年2个月有期徒刑。

1947年秋天，辜振甫出狱后不久，来到先他出狱的林熊祥家拜访。林熊祥对这位"患难之交"颇有好感，便把自己十分疼爱的外甥女严倬云介绍给了他。两位年轻人，一个气宇轩昂，温文儒雅；一个貌美如花，温柔娴静，可谓"郎才女貌"，且两人都喜欢京剧和美术，于是，他们互相被对方的气质和神韵吸引住了。两年后，两位有情人终成眷属，他们在台北中山纪念堂举行了隆重的婚礼，证婚人便是连战之父、时为台湾党政要员的连震东。

新婚之夜，辜振甫喜不自禁地赋诗一首：

并肩携手举金觥，此夕联欢天玉成。

信誓百年双宿鸟，彤楼华烛照三更。

从20世纪50年代到90年代，辜振甫在台湾政商两界纵横驰骋。他继承了父亲的大部分产业，成为七家公司的董事长。在台湾20世纪50年代的土地改革中，拥有 1 万多公顷土地的辜家积极配合，将自家大量田产折合成台湾水泥等四家公营转民营企业的股票，为其在工商界崛起奠定了基础。此后，辜振甫一路顺风顺水，先后担任台泥公司总经理、台湾证券交易所董事长，并创办了一系列家族企业，同时在这些企业的基础上建立了和信集团，成为一个以金融服务业为核心，涉及多种行业的综合性财团。到 1995 年底，集团 24 家主要企业的资产总额达 5593 亿元，在台湾居第二位（仅次于蔡万霖的霖园集团）。在 1995 年台湾百大富豪排名榜中，辜氏家族以 650 亿元台币名列第四位。

辜振甫以其在企业界的卓越表现，逐渐建立了他在工商界的龙头地位。他不仅长期担任台湾多个行业协会的理事长，而且先后出任政经界的许多重要职务，并经常代表台湾出席有关会议，因此享有盛誉。

严倬云婚后一度专门在家"相夫教子"，直到子女相继长大后才开始从事社会工作。由于她与宋美龄关系甚密，便与蒋孝文之妻徐乃锦长期轮流出任台湾基督教女青年会理事长。1992 年又接替王亚权出任台湾中华妇联总会总干事。此外，她还担任台湾"工商妇女企业管理协会""国际职业妇女协会"会长及鹿港民俗文物馆馆长，成为台湾上层社会极为活跃的一位社会活动家。

由于辜振甫及其家庭和家族在政商两界的地位，他成为台湾处理两岸关系方面的重要人物。1991 年 3 月，台湾成立海峡交流基金会（简称"海基会"），辜振甫出任董事长。1993 年 4 月，他代表台湾"海基会"与大陆"海协会"会长汪道涵在新加坡举行了两岸民间机构的重要会谈，史称"汪辜会谈"，在两岸关系史上写下了重要的一页。

2005 年 1 月 3 日，88 岁高龄的辜振甫先生在台北溘然长逝。正因为他在两岸关系中曾扮演重要角色，因此他的不幸病逝在两岸引起了极大的震动。

噩耗传来，正在上海的海协会会长汪道涵当即向辜严倬云女士发出唁电：

> 惊悉振甫先生遽归道山，哲人其萎，增我悲思。
> 振甫先生致力于两岸关系凡一十四年，凤鸣屈平词赋，常怀国家统一，私志公义，每与道涵相契。汪辜会谈，两度执手；

九二共识，一生然诺。而今风飒木萧，青史零落，沪上之晤，竟成永诀。天若有情，亦有憾焉。

两岸之道，唯和与合，势之所趋，事之必至。期我同胞，终能秉持九二共识与汪辜会谈之谛，续写协商与对话新页。庶几可告慰先生也。

深望女士与子侄辈节哀顺变，善自珍摄。[1]

同一天，中共中央台湾工作办公室主任陈云林也给辜严倬云女士发去唁电，高度评价辜振甫先生领导海峡交流基金会，秉持"中国的、善意的、服务的"宗旨，为发展两岸关系、推动协商进程做出的贡献。大陆"海协会"也致电台湾"海基会"，对辜振甫先生的不幸病逝表示深切的哀悼。

辜振甫先生去世后，身为台湾中华妇联总会总干事的辜严倬云继续为推动两岸关系而辛勤努力，劳苦奔波。

2007年5月18日，已故的辜振甫先生遗孀辜严倬云女士率台湾中华妇联总会访问团来到北京大学参观。她在访问团同人的陪同下特地来到北京大学图书馆，向先祖父严复的铜像敬献鲜花，并带领台湾中华妇联总会访问团全体成员向严复铜像行三鞠躬礼。

北京大学副校长、北大中外妇女研究中心主任岳素兰在欢迎辜严倬云再度来北大访问时特别提起，严复先生当年十分重视和支持女性教育，提倡男女平等，提倡女性要和男性一样受教育，积极参加社交活动，北大可以说是开创了男女同校的先河。如今女大学生在北京大学学生中所占比例已经超过一半，女性学研究也相当活跃。她指出，辜严倬云此次来访，对推动两岸女性交流，进一步拓展女性空间具有积极的意义。

辜严倬云对于北京大学女学生所占比例感到惊讶。她笑称："当年北京大学刚创办的时候，只有两个女学生，现在已经发展到女学生所占比例超过50%，

---

[1] 转引自窦应泰：《辜振甫商海沉浮录》，山东友谊出版社2005年版，小序。

可见女性教育发展得很好，妇女的作用实在不可轻视。"[1]

辜严倬云表示，自己对祖父在中西文化交流中，在引进西方学说、思想方面对国家做出的贡献感到非常自豪，也只有更加努力，才能不愧为严复孙女。

我站在北大图书馆宽阔的大厅里，望着严复的铜像，耳畔不禁回响起那首声情并茂、感人至深的歌曲——《未名湖是个海洋》的动人旋律：

> 让那些自由的青草滋润成长，
> 让那泓静静的湖水永远明亮，
> 让萤火虫在漆黑的夜里放把火，
> 让我在烛光下唱歌……

---

[1] 中新社北京 2007 年 5 月 18 日电（记者 刘舒凌）。

二、从榕城到津门

福州是中国东南沿海的一座美丽城市,也是鸦片战争后我国最早开放的"五口通商"口岸之一。因古代遍植榕树,又称榕城。天津则是中国北方沿海的一座商业重镇,也是近代以来中国对外通商的重要港口,有"天津卫"之称。

这两座城市一南一北,地理位置相距遥远,两地的民风民俗差别也颇大。但它们却由于一位历史人物的缘故,拉近了彼此的距离。这位历史人物就是中国近代史上赫赫有名的启蒙思想家严复。

福州是严复的故乡,也是他的出生地。1854年1月8日,严复出生在福州南台一个中医家庭里。他原名宗光,字又陵;后改名复,字几道。祖父严秉符学中医,先在乡村行医,后举家迁进城里,在南台苍霞洲开了一家诊所。父亲严振先继承父业,因医术颇精,且临床经验丰富,医名日渐远扬。南台四十八乡提起"严半仙",几乎无人不知。

位于乌龙江畔的严复故乡——阳岐

严家两代为医,经济上渐有积蓄,父亲便希望严复走读书做官的道路,改换一下门庭。于是,严复从8岁起就开始上私塾,读《三字经》、《百家姓》、《千字文》等一类蒙学读物。后回阳岐老家跟随叔祖严厚甫、地方饱学之士黄宗彝及其子黄孟修学习,进步不小。1866年春天,年仅14岁的严复遵父母之命,与当地王家的女儿成了亲。是年六月，福州发生瘟疫，父亲在抢救霍乱病人时不幸被传染，不久即撒手西归。父亲去世后，遗下一家五口，包括严复和他的母亲、新娶的妻子和两个妹妹，还有父亲欠下的一堆赌债。全家只好从城里搬回阳岐老家，靠母亲和妻子接些针线活来勉强度日，显然家里已无力继续供他长期读书。

父亲的去世，彻底改变了严复的命运。他本来要走的科举之路，由于家庭变故而不得不中断。正当他急于寻找出路、谋求摆脱困境之际，适逢福州船政学堂招收公费生，不仅食宿、学费全免，而且每月还有四两银子补贴。严复得知消息，立即决定前往报考。

位于福州马尾的船政学堂，是当时风起云涌的洋务运动的产物。在经历了第二次鸦片战争和太平天国农民起义之后，中国社会虽然暂时处于"升平"之中，但一些地方督抚和朝廷中的有识之士，已从列强的船坚炮利中看到了大清王朝面临的威胁，并产生了强烈的危机意识。于是，"师夷之长技以制夷"、"师夷智以造炮制船"被提到了朝廷的议事日程上来。

1866年6月，时任闽浙总督的左宗棠上奏朝廷，提出在福州建立船政局的议案，并为朝廷所采纳。除了铁厂、船厂外，福州船政局还专门设立了培养修船、造船人才的船政学堂。可是不久，左宗棠就被朝廷任命为陕甘总督，随即赶赴西北边陲。临行前，他特地向朝廷举荐曾任江西巡抚、正在福州"丁忧守制"的沈葆桢接任福建船政大臣。

沈葆桢与李鸿章、郭嵩焘同为道光进士，又是鸦片战争中著名的"禁烟大臣"林则徐的女婿。上任之后，他一边紧锣密鼓地建造船厂，一边抓紧船政学堂的筹办和招生事宜。巧合的是，在首届招生考试中，身为主考官的沈葆桢由于刚经历了丧母之痛，所出的考题便与父母孝道有关，题为"大孝终身慕父母论"；而考生严复此时也刚经历了丧父之痛，对亡父的哀思和对母亲含辛茹苦的感激，使他触题生情，挥笔成章，写出了一篇声情并茂的好文章，深得沈葆桢的赏识。严复以第一名的成绩被录取，这足以使一位14岁的孩子欣喜若狂。

福州船政学堂作为晚清海军人才培养的摇篮，又名"求是堂艺局"，设有学习修船造船的前学堂和学习轮船驾驶的后学堂。1867年1月，船政学堂正式开学，严复上的是后学堂，学的专业是轮船驾驶，学制五年，其中理论课三年半，实习一年半。在学堂里，严复先后学习了英文、算术、几何、代书、水重学、电磁学、光学、音学、热学、地质学、天文学、航海术等课程。对他来说，能进入船校，既获得重新读书的机会，每月又有一定的收入补贴家用，自然特别珍惜，也格外勤奋，每次考试他几乎都名列前茅。在理论课结业大考中，他更是考出了"最优等"的成绩。随后他被派到刚从法国购买的"建威号"和福州船政局自己制造的"扬武号"上实习，随舰巡行海上，南至新加坡、槟榔屿，北到直隶湾、辽东湾以及日本长崎、横滨等口岸。

1877年（光绪三年）3月，经过多年精心筹备，严复和萨镇冰、林永升、刘步蟾、方伯谦等20多位学员作为清政府派遣赴欧的第一批留学生，从福州马尾乘坐"济安号"轮赴香港，再转赴英、法留学。这一年他25岁。

严复刚开始在朴茨茅斯海军学院学习。五个月后，他与林永升、萨镇冰等6人考入位于伦敦城郊的格林威治海军学院（后改为英国皇家海军学院）。这所学院是英国培养海军军官的摇篮，兴趣加勤奋，使严复成了学院里的高材生。

由于严复考试屡列前茅，引起了中国驻英公使郭嵩焘的关注，后来两人竟成了忘年之交。郭嵩焘出访欧洲其他国家时，有时就把严复带在身边，不仅使他开阔了眼界，而且使他增长了许多见识。

留学期间，严复除了进一步系统学习自然科学和海军知识外，还研读了许多西方哲学、社会科学著作。思想深邃的郭嵩焘对把"船坚炮利"作为国家强盛之途一直持有怀疑，他认为只有全面掌握西方的政治、经济、文化和教育，才是真正的强国之本。受其影响，严复对英国的社会政治制度也产生了浓厚的兴趣，涉猎了大量西方政治学术著作和其他人文社会科学著作，包括亚当·斯密、孟德斯鸠、卢梭、边沁、穆勒、达尔文、赫胥黎、斯宾塞等人的思想学说。

1879年6月，福州船政学堂因教习紧缺，新任船政大臣吴赞诚便提前把在英留学两年零四个月的严复召回国。时年27岁的严复回国不久，恩师沈葆桢就因病去世了。他化悲痛为力量，以沈葆桢创办马尾船政的精神激励自己，把在英国学到的海军知识毫不保留地传授给学生，致力于培养优秀海军人才，深受学堂师生的欢迎。

其时，李鸿章正着手筹建北洋水师，急需大量精通海军专业的各类人才，福建船政学堂的毕业生一时供不应求。于是，李鸿章决定在天津新办一所海军学校，名为北洋水师学堂，以就近培养人才。

1880年，北洋水师学堂成立。此时严复在福州船政学堂任教刚满一年，曾担任"帝师"的闽绅陈宝琛认为严复"器识宏通，天资高朗，可胜大任"，便向李鸿章极力举荐。于是，严复告别了故乡和家人，北上天津，出任北洋水师学堂总教习（教务长）。此时，严复肯定没能想到，自己这一去，在天津就是整整十年、二十年；他更没能想到，自己这一去，十余年后竟会在中国思想界掀起一波滔天巨浪，并在中国近代思想史上写下光彩夺目的一页。

来到天津后，身为总教习的严复将所学知识充分运用到北洋水师学堂的建设中。学校在课程设置上不仅有中文、英语、数学等基础课程，而且安排了一定课时的天文、测量、操练等实践性强的科目，同时专聘外国教练教授西洋水师操法，使得各科学习紧凑有序。

根据《清末海军史料》记载，当时在北洋水师学堂，"其习驾驭者，则授天文、地理、几何、代数、平弧、三角、重学、微积分、驾驶、御风、测量、演放鱼雷等项；其习管轮者，则授以算学、几何、三角、代数、重学、物理、汽理、行船、汽机、机器画法、修定鱼雷等项。"[1]

严复的到来，给北洋水师学堂带来了西方近代海军管理思想和教学理论，加之他对待工作十分负责，对学生要求也很严格，把整个教育、教学管理得井井有条。为此，李鸿章曾奏请朝廷奖励北洋水师学堂，认为该学堂"自开堂以来，一日之间，中学西学，文事武事，量晷分时，兼程并课，数更寒暑，未尝或辍"。[2]严复虽然在教学管理中颇受好评，但是他在"北洋"的仕途却并不顺利。原因之一是，他并非李鸿章的"嫡系"，而李鸿章创办北洋水师学堂，明里是为北洋海军培养人才，暗里则是为了培植亲信、扩大自己的势力范围。严复由于刚出校门不久，不免有些恃才傲物，自负清高，对任用他的李鸿章并没有表现出特别的感激之情，平常除了公事，也几乎不上李府。因此，他在相当长一段时间里受到了李鸿章的"冷遇"，空有满腹才华与报国热情，却得不到重用。

---

1 张侠：《清末海军史料》，海洋出版社1982年版，第405页。
2 朱有瓛主编：《中国近代学制史料》第一册，人民出版社1983年版，第505页。

在给四弟观澜的信中，严复发牢骚说：

> 自来津以后，诸事虽无不佳，亦无甚好处。公事一切，仍是有人掣肘，不得自在施行。至于上司，当今做官，须得内有门马，外有交游，又须钱钞应酬，广通声气，兄则三者无一焉，又何怪仕宦之不达乎？置之不足道也。[1]

由此可见，严复对当时的官场是很不满的。针对此事，四弟观澜劝告他，无论如何李鸿章这个门路，总是要走动走动的，因为李鸿章权势既大，又是顶头上司。于是，逢年过节，或遇李鸿章及家人生日庆典，严复也随同大小官僚前往李府拜节祝寿，此举果然取得了一定效果。在给四弟的信中，严复曾不无幽默地说："用吾弟之言，多见此老，果然即有好处，大奇大奇。"

随着严复主动向李鸿章"靠拢"，李鸿章对严复的态度也有了明显的转变。1890年（光绪十六年），在任职北洋水师学堂总教习整整十年之后，严复被提升为水师学堂会办（副校长）；第二年又被提升为总办，成了一校之长。

就在严复官运开始亨通、事业一路顺畅时，家庭却接二连三发生了变故：光绪十五年慈母去世，两年后结发妻子王氏又病故，这使严复在感情上受到了沉重打击。妻子去世次年，对严复有知遇之恩的郭嵩焘也与世长辞了。严复得知噩耗后倍感悲伤，在悼郭嵩焘的挽联中他写道：

> 平生蒙国士之知，而今鹤翅鼗鼗，激赏深惭羊叔子；
> 惟公负独醒之累，在昔蛾眉谣诼，离忧岂仅屈灵均。[2]

严复在挽联中不仅表达了对郭嵩焘的感激之情，而且对郭嵩焘遭受顽固派的打击表示了愤愤不平。他将郭嵩焘比为屈原大夫，对其道德人品给予极高的评价。

---

1 王栻编：《严复集》（第三册），与四弟观澜书（四），中华书局1986年版。
2 冯保善著：《严复传》，团结出版社1998年版，第43页。

在严复所处的时代，人们视科举入仕为正途，唯有通过科举作为晋身之阶，才能实现自己的人生抱负，否则便可能沦为"平庸之辈"而不受重视。严复任北洋水师学堂总教习时，虽然已是武职正四品的都司身份，但学堂"总办"却必须由文职的"候补道"才可以充任。因此，严复始终只能以总教习的名义行使总办之责，这给严复以很大的刺激。

在给儿子严璩的信中，严复写道："自惟出身不由科第，所言多不见重。欲搏一第，以与当局周旋，既已入其彀中，或者其言较易动听。"[1]这既说明了严复想借科举获取功名，以便顺利为官有所作为，也反映了严复内心深处对科举入仕的重视。

然而，严复平生先后四次参加乡试，包括1885年参加福建乡试；1888年和1889年参加北京顺天乡试；1893年参加福建乡试，结果四入科场皆空手而归，这使严复伤感万分。他在诗中写道：

四十不官拥皋比，男儿怀抱谁人知？
末流岂肯重儒术，可怜论语供烧薪！

平生贱事徒坚颜，穷途谁更重温颜？
当年误习旁行书，举世相视如髦蛮。[2]

无奈之余，严复只得凑足银钱，经海军保荐，捐得一个"免选同知府，以知府选用"的头衔，才被提升为水师学堂"会办"。第二年，又经海军保荐，取得"免选知府，以道员选用"的头衔，才顺利地当上了总办。

就在严复参加第四次科举考试的第二年，一件改变中国历史发展进程的事件彻底打碎了他的"科举梦"。1894年(光绪二十年)8月，中日"甲午海战"爆发，不幸的是，北洋水师全军覆没。泱泱大清帝国，竟然败于东邻岛国日本之手，令

---

1 王栻编：《严复集》，中华书局1986年版，第1547页。
2 冯保善著：《严复传》，团结出版社1998年版，第44页。

国人痛心扼腕。更可气的是，李鸿章代表清廷赴日签订的《马关条约》，不但承认日本对朝鲜的控制，而且割让辽东半岛、台湾全岛、澎湖列岛，并向日本赔偿军费二亿三千万两，增开沙市、重庆、苏州、杭州为商埠，允许日本人在中国通商口岸开设工厂等。这一"丧权辱国"条约的签订，加速了帝国主义瓜分中国的步伐，俄、英等国也争先恐后掠取在华权益，强租海港，划分"势力范围"。

面对甲午海战的彻底失败，严复作为北洋水师学堂的校长，比他人有着更为深刻的切肤之痛。这不仅在于他对战事的了解比别人更多，而且在于甲午海战中壮烈殉国的多数海军将领，都是他在福州船政学堂和留英时的同学。包括"致远号"管带邓世昌、"超远号"管带黄建勋、"经远号"管带林永升、"扬威号"管带林履中，还有悲愤自杀的"镇远号"管带林泰曾、"定远号"管带刘步蟾以及"临阵退缩"被正法的"济远号"管带方伯谦。

严复对朝廷的投降退让政策所造成的惨败局面十分愤怒，并指斥李鸿章用人唯亲，误国匪浅。同时，他更为国家的前途、民族的命运而深深担忧。他再也无法安坐于课堂之中，一股强烈的悲愤积压在他胸中，不吐不快。于是，他沉下心来进行写作。

值此国家面临被瓜分的严重危机之时，国内一些有识之士纷纷提出要"维新图强、救国保种"，并掀起了一场声势浩大的维新变革运动。严复虽然身为北洋水师学堂校长，也不顾自身安危得失，连续在《直报》发表了《论世变之亟》、《原强》、《原强续篇》、《辟韩》、《救亡决论》等具有影响力的文章，鼓吹"救亡保种"，从理论上为维新变法造势，在社会上产生了振聋发聩之效。同时，他还积极投身维新运动实践，不仅出资赞助《时务报》，而且与同仁创办了一份宣传维新、介绍西学的报纸——《国闻报》，以实际行动支持维新变法。

1895年2月，严复在天津《直报》发表《论世变之亟》一文。在文章中他大声疾呼："呜呼！观今日之世变，盖自秦以来未有若斯之亟也。"他在分析比较了西方列强和中国在政教、学术、文化等方面的不同之后说："中国最重三纲，而西人首倡平等；中国亲亲，而西人尚贤；中国以孝治天下，而西人以公治天下；中国尊主，而西人隆民。"[1] 他认为西方的先进与富强和中国的落后与危机是一

---

[1] 王栻编：《严复集》，中华书局1986年版，第29页。

种不可逆转的"运会",即为一种不可抗拒的规律,国人应当在承认这种规律的前提下,谋求救亡之道,奋起直追。

严复抨击顽固派盲目排外,认为图强之道在于向西方学习。他指出:"夫士生今日,不目睹西洋富强之效者,无睹也。""今之称西人者,曰彼善于会计而已,又曰撞机巧而已。不知吾今兹之所见所闻,如汽机兵械之伦,皆其形下之粗迹,既所谓天算格致之最精。皆其能事之见端,而非命脉之所在。其命脉云何?苟扼要而谈,不外于学术则黜伪而崇真,于刑政则屈私以为公而已。"[1] 在他看来,西方之所以强大,其关键在"于学术则黜伪而崇真,于刑政则屈私以为公",即追求真理、立政为公。他认为,此二者中国虽然也有,但西方"行之而常通,吾行之而常病者,则自由与不自由异耳"。因为"自由一言,真中国历古圣贤之深畏,而从未尝立以为教者也"。西方富强的奥秘就在于"以自由为体,以民主为用"。在后来的一些文章中,严复对"中学为体,西学为用"作了尖锐的批判,认为牛体不可为马用,"未闻以牛为体以马为用者也"。

1895年3月初,严复又在《直报》发表《原强》一文,全面提出自己的维新理论和变法主张,所谓"原强"即探求国家富强之道。严复在文中首先介绍了达尔文的进化论和斯宾塞的社会有机体论,称赞进化论使"泰西之学术政教一时斐变",推崇斯宾塞"唯群学明而后知治乱盛衰之故,而能有修治平之功"[2]。严复认为国家的强盛有三个标准:"一曰血气体力之强,二曰聪明智虑之强,三曰德行仁义之强。是以西洋观化言治之家,莫不以民力、民智、民德三者断民种之高下,未有三者备而民生不优,亦未有三者备而国威不奋者也。"据此,严复提出中国实现富强的根本办法是:"一曰鼓民力,二曰开民智,三曰新民德。"[3] 所谓"鼓民力"即禁鸦片,废缠足;"开民智"即废八股,倡西学;"新民德"即提高人们的道德水平。"此三者,自强之本也","唯是使三者诚进,则其治标而标立;三者不进,则其虽治,终亦无功"。[4] 严复从中国的现实入手,揭露清政府在甲午战争中暴露出的腐败无能,大声疾呼救亡图强:"呜呼!吾辈一身

---

[1] 王栻编:《严复集》,中华书局1986年版,第1-5页。
[2] 王栻编:《严复集》,中华书局1986年版,第16页。
[3] 王栻编:《严复集》,中华书局1986年版,第27页。
[4] 王栻编:《严复集》,中华书局1986年版,第27页。

无足惜，如吾子孙与四百兆之种何！"危机意识，天日可鉴！

1895年3月中旬，严复在《直报》上又发表《辟韩》一文，依据西方资产阶级的"民权"学说，批判唐代儒家学者韩愈《原道》篇中的尊君思想和君主专制理论，认为"秦以来之为君，正所谓大盗窃国者耳"[1]。他猛烈抨击封建专制制度，认为"君臣之伦，盖出于不得已也"，民者"天下之真主也"，国君"道在去其害富害强，而日求其能与民共治而已"[2]。他引用卢梭的"天赋人权论"和"民约论"，指出"国者，斯民之公产也，王侯将相者，通国之仆隶也"。严复虽然反对君主专制，但并不赞成取消君主，而是希望以君主立宪代替君主专制。他要求维新变法，但认为"惟不可期之以骤。"换言之，他主张在当时的中国，要实行君主立宪，必须"开民智"之后才能实行。而要做到"除而不骤"，就必须实行"教育救国"，通过教育来提高民众的文化水平。

1895年5月，严复在《直报》上发表了第四篇文章《救亡决论》，提出"要救亡必须变法"，"天下理之最明而势所必至者，如今日中国不变法则必亡是已"[3]。他对科举制度的认识出现了180度的大转弯，认为变法应以"废八股、倡西学"为先，因为八股害国，使天下无人才。严复历数科举制的三大危害，即"锢智慧"、"坏心术"、"滋游手"，使天下人"消磨岁月于无用之地，堕坏志节于冥昧之中，长人虚骄，昏人神智，上不足以辅国家，下不足以资事畜，破坏人才，国随贫弱"[4]。他由自己的亲身感受，认识到废除科举八股制度是变法维新的头等大事，力主"痛除八股而大讲西学"，用"西学"作为反对封建传统的武器。他指出："救亡之道在此，自强之谋亦在此。早一日变计，早一日转机，若尚因循，行将无及"。严复还抨击儒家文化，把宋明理学和训诂辞章等旧学斥之为"无用"、"无实"、"无救危亡"的学问，认为"论救亡而以西学格致为不可易"，即应当学习西方的数、理、化、生等自然科学。

这几篇掷地有声的文章，无疑开启了严复"盗取西方文明火种，改变古老中国"的人生道路，为他成为中国近代杰出的启蒙思想家奠定了基础。

1　王栻编：《严复集》，中华书局1986年版，第35页。
2　王栻编：《严复集》，中华书局1986年版，第40页。
3　王栻编：《严复集》，中华书局1986年版，第40页。
4　王栻编：《严复集》，中华书局1986年版，第43页。

有严复对救亡的大声疾呼和对西学的大力推崇，使得他任总办的北洋水师学堂被时人推崇为"实开北方风气之先，立中国兵舰之本"。确实，作为一所新式的海军学校，该校成立20年间为社会培养了许多人才，包括后来成为民国大总统的黎元洪、南开大学校长张伯苓以及北洋大学教务长、直隶咨议局议长王劭廉、著名翻译家伍光建等。而严复自己，对弟子们的评价却有些苛刻。他说："复管理十余年北洋学堂，质实言之，其中弟子无得意者。伍昭扆（光建）有学识，而性情乖张；王少泉（劭廉）笃实，而过于拘谨。二者之外，余虽名位煊赫，皆庸才也。"

其实不然。以张伯苓而言，这位出身于"琵琶名家"的学生，虽然从小性情刚直，聪明过人，但因为家道中落，交不起学费，只得报考免费的北洋水师学堂，而当时严复正是水师学堂的总教习。学堂里楼台掩映，花木参差，环境幽雅，是个读书的好地方。在北洋水师学堂读书的那几年，是张伯苓最无忧无虑、发奋学习的几年。他是学校的高材生，每次考试都名列前茅。他不仅在学堂里学到了许多科学文化知识，而且受到了严格的实用技术训练。可以说，在北洋水师学堂的几年是张伯苓世界观和人生观形成的重要阶段，后来他"创办南开，愈挫愈奋"与他在学堂所受的教育是分不开的。

水师学堂毕业前，张伯苓原本准备上船实习，没想到却爆发了中日甲午海战。北洋海军的实力虽比日本海军强，却被对方打得一败涂地。战后，他作为一名军官到战争中幸存的通济轮服务，并目睹了列强接收和租借刘公岛的"屈辱一幕"，他由此进一步看清了清政府的腐败。他说："悲楚和愤怒使我深思，我得到一种坚强的信念：中国想在现代世界生存，唯有依赖一种能够制造一代新国民的新教育，我决心把我的生命用在教育救国的事业上。"[1]

离开北洋水师学堂后，张伯苓弃武从教，先在著名维新派人士严范孙的家馆里教授西学。1904年，两人一起创办了"南开学校"，由张伯苓担任校长，第一期就招收了梅贻琦等七十多位学生。从1915年起学校开始开设大专班，到1919年正式成立了南开大学，成为中国第一所正规的私立大学。此后，张伯苓还创办了南开女子中学，并增设了小学部。张伯苓亲自为南开制定了"日新月异，

---

[1] 梁吉生：《张伯苓与南开大学》，山西教育出版社1995年版，第95页。

"允公允能"的校训,即要培养学生"爱国爱群之公德"与"服务社会之能力"。

在张伯苓和全校教员的共同努力及社会各界的大力支持下,南开办学取得了很大的成绩,为国家培养了许多人才。到1932年,南开各校学生达到三千人左右。抗战中南开校园虽然被炸毁,却留下了"南开为中国而牺牲,有中国就有南开"的美名。此后,南开与北大、清华在抗战中组成了"西南联大",在中国教育史上写下了新的篇章。

像张伯苓这样的学生能是"庸才"吗?而能培养出这样学生的校长,自然更是非同一般。

从1880年调任天津北洋水师学堂,到1900年离开天津,严复整整在天津工作、生活了二十年。天津成为严复一生工作时间最长的地方。在这里,他培养了中国近代第一批海军人才;在这里,他翻译了《天演论》、创办了《国闻报》,系统地介绍西方的民主和科学,宣传维新变法思想。1900年,八国联军侵入天津,严复倾注了二十年心血的北洋水师学堂毁于炮火之中。这给了严复以极大的打击,从此,他被迫离开天津、迁居上海、北京。

在天津度过的二十年,成为严复一生最难忘的时期。之后因各种原因,严复又多次来过天津,因此他自称是"三十年的老天津"。正如人们所说,"一生中近一半的时间严复的身影始终没有离开过天津。天津这方舞台成就了他思想文化上的卓越建树"[1]。

如今,在位于河西区银河广场的天津博物馆内,严复的塑像与梁启超、李叔同的塑像并列站在一起,成为天津近代史上的三位重要代表人物。而在南开区的古文化街上,严复的铜像则端坐在百花丛中,铜像后面的文化墙上镌刻着介绍严复(1854—1921)的碑文。

位于古文化街附近的大狮子胡同,是严复当年在天津的寓所。1880年,他只身一人从濒临东海的福州来到濒临渤海的天津卫"闯天下",三年后才把家眷接到天津。后来,他的母亲、妻子先后在这里病逝,他的二男一女先后在这里出生。他与被称之为"第二故乡"的天津有着割不断的"乡情",就像他对福州的浓浓乡情一样。

---

1 《严复与天津》,新华网天津频道,2008年11月18日。

如今，在严复的故乡——福州，雄伟俊秀的鼓山脚下，也矗立着一座花岗岩打造的严复塑像。它面对着马江，面对着严复当年读书和任教过的马尾船政学堂，面对着滔滔的东海，向人们无声地诉说着一位热爱家乡的思想家走南闯北的故事，诉说着这所被称为"中国海军摇篮"的船政学校的发展历程……

三、1896：妙笔译"天演"

1898年《天演论》的问世，使46岁的严复被誉为"中国介绍西方先进思想的第一人"，产生了他意想不到的影响。蔡元培在《五十年中国之哲学》一文中说："自此书后，物竞天择，优胜劣败等词，成为人们的口头禅。"[1]胡汉民在《述侯官严氏最近政见》中也说："自严氏书出，而物竞天择之理，厘然当于人心，而中国民气为之一变。"[2]

《天演论》手稿

《天演论》是19世纪英国生物学家赫胥黎介绍达尔文进化论的一部通俗著作，原名为《进化论与伦理学》。

达尔文是英国著名科学家，他原本是研究神学的，后来却变成了自然科学研究者。为了写作《物种起源》，他从事了二十多年科学研究工作，并参加了历时五年的"贝格尔号"环球旅行。1859年《物种起源》正式出版，在国际上引起了极大的反响。

---

[1] 转引自冯保善著：《严复传》，团结出版社1998年版，第44页。
[2] 转引自冯保善著：《严复传》，团结出版社1998年版，第44页。

达尔文创立的进化论被称为"19世纪的三大科学发现"之一，其基本观点是，生物并非造物主创造的，也不是一成不变的；生物的进化规律是由低级到高级的不断进化；进化的原因就在于自然选择，适者生存、进化，不适者则退化、消失。也就是说，世界的多样性是漫长的自然过程选择的结果，而不是上帝的作品；只有那些最有适应能力的物种才能存活下来，才能繁殖、增加自己的数量，在这个过程中物种逐渐得到改变，并向更高级的物种发展；生存竞争贯穿了一切自然领域，虽然它是残酷的，却又是必要的。没有这种生存竞争，就没有秩序也没有进步，而只有秩序和进步才能保证维持自然界的生物平衡。

后来，英国社会学家斯宾塞将进化论由生物界引入人类社会，认为人类社会的进化规律也是如此。这自然很容易得出"胜优败劣"、"强者生存"的结论，从而为弱肉强食的帝国主义提供某种理论依据。达尔文主义，尤其是"社会达尔文主义"在西方引起了长期的激烈争论和反对，其中非常重要的一点就是认为这种理论"反道德"。

赫胥黎是一位达尔文主义者，但他明确反对"社会达尔文主义"，他发表《进化论与伦理学》一书的主旨，就是为了维护进化论的"纯正"而反对斯宾塞的"社会进化伦理"。他认为，斯宾塞对"适者生存"存在错误的理解。社会的人虽然要受宇宙过程的支配，因此容易造成"弱肉强食"，但唯其如此，才更要强调伦理道德的作用。他的论证结果是："社会进步意味着对宇宙过程每一步的抑制，并代之以另一种可以称为伦理的过程；这个过程的结局，并不是那些碰巧最适应于已有的全部环境的人得以生存，而是那些伦理上最优秀的人得以继续生存。"所以强者应该自我约束，并且帮助弱者。

值得玩味的是，赫胥黎的《进化论与伦理学》一书的重点在伦理学，而严复在翻译赫胥黎此书时，其书名却只取该书前半部——进化论（译为《天演论》），而砍去其后半部——伦理学的含义，其用心已十分明显。《进化论与伦理学》的主旨是反对斯宾塞的"社会达尔文主义"，而"社会达尔文主义"却是严复所赞同的，起码是中国变革所亟须的，因此严复主张给予介绍、引进。

同样值得玩味的是，严复没有直接选择达尔文的《物种起源》或斯宾塞的作品来翻译，却选择了赫胥黎的《进化论与伦理学》。因为严复认为，达尔文的《物种起源》和斯宾塞的进化论,都主张"纯任自然淘汰",即"任天而治";而赫胥黎的进化论,既鼓吹"物竞天择,适者生存",又主张"以人持天,与天争胜",这与严复"维新图治、救亡保种"的思想非常合拍。在《天演论》自序中,严复明确表示,他之所以要翻译赫胥黎此书,是因为此书"于自强保种之事,反复三致意焉"。

出于警诫国人"自强保种"的目的,严复对赫胥黎此书的翻译,并非字字直译,全盘照搬。而是在翻译过程中,加了大量按语来阐述自己的社会政治见解,以引导读者的思路。甚至在文本翻译中,他也根据自己的思想观点进行了改造和发挥。

严复不同意赫胥黎将进化论与人类社会关系、道德伦理割裂开来的做法,认为自然进化的规律同样适用于人类社会。因此,他在导言和按语中,盛赞斯宾塞的著作:"呜呼,欧洲自有生民以来,无此作也",并处处以斯宾塞的理论来反对赫胥黎的理论。

严复强调,因为人是动物,所以动物、植物的进化规律也适用于人类社会。在译到赫胥黎认为道德、天良是"保群之主"的观点时,他立即加"按语",以社会达尔文主义理论予以反驳,认为"保群"最重要的因素还是"天择",而赫胥黎"执其末以齐其本,此其言群理所以不若斯宾塞之密也"。他从澳洲无针土蜂几年中就被外入的有针蜂灭绝,说到美洲、澳洲土著的几被消灭,提醒国人要意识到已经面临的"灭顶之灾"。不过,他对斯宾塞"任天为治",即全凭自然淘汰的观点也有不满,认为人的努力、奋斗、变革终可以"与天争胜",所以中国并不必然要亡;而如果不想"亡国灭种",就要不断努力变化和进化。只有"变"才能"适",只有"适"才能"强"。

严复借着《天演论》的翻译,在民族危难中敲起了"救亡"的警钟。在他看来,中国仍可得救,存亡生死之权仍旧操之于我。为此,他在翻译上下足了功夫,以在读者中产生深刻影响并满足他们的好奇心。当代学者曾将严译《天演论》与赫胥黎原著做了比较,发现严复对原著作了戏剧化的文字处理。[1]

试以开场白为例,译著为:

---

[1] 王佐良:《严复的用心》,《论严复与严译名著》,商务印书馆1982年出版。

赫胥黎独处一室之中，在英伦之南，背山而面野。槛外诸境，历历如在几下。乃悬想二千年前，当罗马大将恺撒未到时，此间有何景物。计惟有天造草昧，人功未施，其借征人境者，不过几处荒坟，散见坡陀起伏间。夫灌木丛林，蒙茸山麓，未经删治如今日者，则无疑也。

再看原文：

It may be safely assumed that, two thousand years ago, before Caesar set foot in southern Britain, the whole countryside visible from the windows of the room in which write, was in what is called "the state of Nature". Except, it may be, be raising a few sepulchral mounds, such as those which still, here and there, break the flowing contours of the downs, man's hands had made no mark upon it; and the thin veil of vegetation which overspread the broad-backed heights and the shelving sides of the combs was unaffected by his industry.

两相对照，就可以发现严复是把整段原文拆开而照古文习见的方式重新组句，原文里的复合长句在译文里变成了若干平列短句，主从关系不见了，读起来反而更加流畅，原文里的第一人称在译文里变成了第三人称"赫胥黎"，这就使译文读起来像中国古代的说部与史书，史书的开头往往是太史公曰、臣光曰之类。

再从风格上看，原文系理论著作，故开头就一本正经，而译文则比较戏剧化，将人们置身于某种历史场景之中。严复之所以要做这样的文字处理，其中一个原因是他要把此书译成一本有强烈历史意识的著作，为此他调动自己所掌握的种种风格手段来增强读者的历史感。这对于一部纵论人类亿万年来通过物竞天择的无情斗争而演化到今天的重要著作，无疑是完全适合的。

因为此书对进化论作了非常简明准确、通俗易懂的概括和解说，因此其主要观点在报刊上发表之后，在社会上引起了强烈的反响。谭嗣同在看到有关文章后赶忙向友人推荐："好极，好极！"而《天演论》译稿也在维新士大夫中间不胫而走。梁启超读完译稿便开始宣传进化论，并劝严复将它"早日付梓"；连自视甚高的康有为看到手稿后也折节叹服，赞曰："眼中未见此等人。"

1898年，《天演论》正式刊印出版后，引起了更大的社会轰动，不仅风行一时，人人竞谈"天择"、"适存"；而且在社会上掀起了救亡的风潮，其中"严氏之功，盖亦匪细。"

鲁迅在几十年后还回忆起自己年轻时购买《天演论》的情景。在《琐记》一文中他写道：

> 看新书的风气变流行了起来，我也知道中国有一部书叫《天演论》。星期日跑到城南去买了来，白纸石印的一厚本，价五百文正。……一口气读下去，"物竞"、"天择"也出来了，苏格拉底、柏拉图也出来了，斯多噶也出来了。[1]

虽然有一位本家长辈批评鲁迅，但鲁迅"自己不觉得有什么不对"，"一有闲空，就照例地吃侉饼、花生米、辣椒，看《天演论》"。《天演论》中的不少篇章他都能背诵，这对鲁迅早年的思想产生了深刻的影响。

胡适在《四十自述》中回忆道："《天演论》出版之后，不上几年，便风行到全国，竟做了中学生的读物了。"在他上学时，老师杨千里让学生买《天演论》作课本。作文题目出的便是"论物竞天择、适者生存"。胡适说："这种题目自然不是我们十几岁小孩能发挥的，但读《天演论》，做'物竞天择'的文章，都可以代表那个时代的风气。"[2]

胡适认为，"在中国累次战败之后，在庚子辛丑大耻辱之后，这个'优胜劣败、适者生存'的公式确是一种当头棒喝。""'天演'、'物竞'、'淘汰'、

---

[1] 转引自冯保善著：《严复传》，团结出版社1998年版，第108-109页。
[2] 转引自冯保善著：《严复传》，团结出版社1998年版，第108页。

'天择'等等术语都渐渐成了报纸文章的熟语，渐渐成了一般爱国志士的'口头禅'。"许多人还以进化论术语来给自己的小孩取名，也有人以此改名。胡适自己原名洪骍，读了《天演论》后便决定改名为"适"，字"适之"。

《天演论》在近代中国产生的影响如此巨大，主要原因在于它为近代中国的变革提供了重要的理论根据和思想资源。

鸦片战争使中国不得不面对一个更强大、更先进的文明的挑战，而中国自身的变革却由于遭遇守旧派的强烈反对显得极其缓慢，"知夷"、"悉夷"在当时被认为是无聊之事，连林则徐、魏源等人为对付侵略者而了解西方也被斥责为"离经叛道"。学习外语、修路造船、制造枪炮等尚且被指责为是企图用"洋人之法"取代"祖宗之法"，更遑论进一步的"政教之变"了。

面对守旧者以"纲常名教"和坚持"夷夏之防"等传统观念作为反对变革的根据，以及国人中多数仍抱着中国是"天朝上国"的心态，反对学习西方、抱残守缺，麻木不仁的现实状况，主张变革者似乎只能以实际需要作为求"变"的借口，始终提不出新的学说作为自己变革的理论根据和思想基础。

而严复此时把"进化论"引进中国，其目的可以说就是为变革寻找理论根据。它说明"物各竞存，最宜者立，动植如是，政教亦如是也"，因此，社会不能不变。虽然"社会达尔文主义"在西方曾是弱肉强食的理论根据，但在近代中国的语境中，它却成为弱者奋发图强的有力武器。

严复把进化论引入中国，恰好是"生逢其会"，适应了当时中国社会的需要。它表明，理论本身固然重要，但更关键的是这种理论由谁掌握和运用，以及如何被运用。

由于《天演论》紧扣中国社会的脉动，加之严复对读者进行了成功的"引导"，一部西方人写的反对"社会达尔文主义"的著作在近代中国却成为宣传"社会达尔文主义"的作品。深通西学而绝不"食洋不化"，源于严复对近代中国社会的真切了解以及对自己民族的坚定信心。

为了挽救民族的危亡，深受甲午战败刺激的严复，在中国面临"豆剖瓜分"的关键时刻，不是选择逃避，而是选择奋起。在位于宫北大街大狮子胡同的寓所里，他挥汗如雨，精心翻译赫胥黎的《天演论》，用"物竞天择"、"适者生存"

的进化论观点，促使国人猛醒，努力"自强保种"、"与天争胜"。

《天演论》是"严译"世界名著的第一本，也是影响最大的一本。《天演论》出版之际，维新变法正处在关键时刻，它犹如狂飙突起，让人惊心动魄，深受震撼，以致近代中国思想界的风潮竟为之一变。一本不过几万字的译作，居然能引起如此巨大的社会反响和思潮剧变，的确令人叹为观止。

翻译、出版《天演论》的这段时间，也许是严复一生中最为得意也最为烦恼的日子。得意的是，光绪皇帝在这年9月14日亲自在乾清宫召见了他，向他询问有关办理海军、开办学堂以及变法方面的主张，使他如沐春风。特别是《天演论》的出版，如巨石投水震撼了整个中国。不仅使他名声大振，而且对唤醒民众救国图强产生了巨大的推动力。

烦恼的是，"甲午战争"失败后，列强趁机逼迫清政府签订了各种不平等条约，中国俨然面临亡国灭种的紧要关头。而严复自己空有一身抱负，却报国无门，他只好通过向社会呐喊来寻找出路。可是，戊戌维新运动刚刚有了些眉目，即遭到了残酷镇压。国家今后的出路何在，严复难免忧心忡忡。

"戊戌六君子"惨遭杀害后，严复的心情极其沉痛。在那首脍炙人口的《戊戌八月感事》中，他表明了自己的心志：

> 求治翻为罪，明时误爱才。
>
> 伏尸名士贱，称疾诏书哀。
>
> 燕市天如晦，宣南雨又来。
>
> 临河鸣犊叹，莫遣寸心灰。[1]

诗中表达了对光绪皇帝和维新党人的深切同情和对遇难"六君子"的沉痛哀悼，同时也是对慈禧太后镇压变法运动的严厉谴责。当然，他也不忘勉励自己身临逆境，绝不能灰心丧气。

此时，严复在社会上虽享有盛誉，但个人的际遇并不乐观。戊戌事变后，他

---

[1] 冯保善著：《严复传》，团结出版社1998年版，第99页。

回到天津，依旧做他的水师学堂校长，虽然衣食无忧，但社会上死水一般的沉寂，让他感到窒息。

1900年，京津地区及北方爆发了义和团运动，北洋水师学堂因义和团运动和八国联军入侵北京而停办。严复举家逃离天津到上海避难，从此开始了多年颠沛流离的生活。

四、主持京师大学堂译书馆

北京景山公园东门外，有一处不平常的地方，人称马神庙。马神庙始建于明正统十一年（公元1446年），毗邻明代御马监，为祭祀马神的场所。清乾隆年间，乾隆皇帝将马神庙所在地赐给自己的四女儿——和嘉公主建造府第，后来此地便被称为"和嘉公主府"。乾隆二十五年三月，16岁的和嘉公主下嫁皇族贵胄福隆安（其父傅恒曾长期担任首席军机大臣，封一等忠勇公；其弟即大名鼎鼎的福康安）。公主与驸马虽然恩爱有加，但二人寿命皆不长。福隆安于39岁谢世后，和嘉公主府荒芜冷落了一个多世纪。直到光绪二十四年，这座曾经朱漆灰瓦、典雅庄严的府第才又重新热闹起来。

这一年，慈禧太后下令把这座空闲的府第拨给京师大学堂作校舍，于是，这里成了日后享誉世界的北京大学的摇篮。严复也正是在这一年，结束他四处漂泊的生活来到这里，出任京师大学堂译书馆总办。在他来到这里之前，京师大学堂已经走过了四年的办学历程，并经历了"庚子事变"的停学风波。

作为北京大学前身的京师大学堂创办于1898年。她诞生在大清王朝风雨飘摇之时，可以说从一开始就是维新变法、兴学图强的产物。1895年，在甲午战争失败后，为了救亡图存，康有为、梁启超、谭嗣同等发起维新变法的改良运动，特别提出维新变法须从"废科举、兴学校"开始。

严复

1896年6月，刑部左侍郎李端棻在给清政府的奏折中，第一次正式提出在京师设立大学堂的建议。1898年6月，光绪皇帝下《明定国是诏》宣布变法，诏书中强调"京师大学堂为各行省之倡，尤应首先举办"。随后由梁启超草拟了京师大学堂章程，规定以"中学为体，西学为用，中西并用，观其会通"为办学方针，还规定"各省学堂皆归大学堂统辖"。于是，京师大学堂不仅成为全国最高学府，而且成为全国最高教育行政机关。当年7月4日，光绪皇帝正式下诏批准设立京师大学堂，并钦命吏部尚书、协办大学士孙家鼐为京师大学堂第一任管学大臣。[1]

孙家鼐学识渊博，政绩斐然，从政之后一直得到皇帝的重用。他对于中学有深厚的素养，对西学也有一定的了解。孙家鼐为京师大学堂制定了六条办学原则，其中第一条就是：中学为主，西学为辅；中学为体，西学为用；以中学包罗西学，不能以西学凌驾中学，此是立学宗旨。

早在1896年7月，孙家鼐在"议覆开办京师大学堂折"的上奏中，就提出西方各国之所以能够"凌抗中朝"，主要是因为这些国家通过完善的教育造就了一大批具备不同学科知识的人才，而这些人才的培养，绝非当时中国已有的各类学馆所能完成。因此，他主张，中国的教育应学习西方的分科立学，设置天学、地学、道学、政学、文学、武学、农学、工学、商学以及医学十科。同时，孙家鼐也认为，对西方教育制度不宜照搬，京师大学堂应取中国旧有学堂和西方大学之所长集于一身，这在当时算得上是一种比较开明的思想。

通过孙家鼐制定的办学六原则，京师大学堂强调分科立学，而分出的科目中又包括义理之学，使得中国传统思想与西方科学知识并驾齐驱，均不偏废，同时设中外教习，以使中外学问保持其固有特色。对于学生的要求，以中西学一律赅通者为上等，并要经过切实的考试。作为京师大学堂的第一任管学大臣，孙家鼐一开始便体现出一种与这所全国最高学府的独特地位相称的风格——既自主独立，又开明开放。

京师大学堂成立时，在聘请总教习问题上，存在两种设计：一是孙家鼐提出的分设中学和西学总教习，聘用国人和西人分任中西总教习的方案；二是梁启超提出的只设一名总教习，并由中国人出任的方案。后因孙家鼐出任管学大臣，便采用了前一方案，即分设中西学总教习，以许景澄出任中学总教习；美国传教士

---

[1] 孙家鼐（1827—1909），字燮臣，安徽寿州人，咸丰九年中一甲一名进士，状元及第。历任工部、礼部、吏部尚书，咸丰、同治、光绪三朝元老。

丁韪良博士出任西学总教习[1]，当年8月9日由光绪皇帝亲自任命，并"着赏给二品顶戴，以示殊荣"。

"百日维新"失败后，新政措施几乎全部被废除，京师大学堂则作为仅存的"硕果"被保留了下来。慈禧太后不仅将和嘉公主府拨给大学堂作校舍，而且命庆亲王奕劻和礼部尚书许应骙负责大学堂建设工程事务。当年11月，公主府经内务府略加修葺扩建后，被正式移交给京师大学堂管学大臣孙家鼐。当时校舍南北60丈（200米），东西40丈（约133米），共计修复房屋三百余间，并新建了一百余间校舍，称为"西斋"。1898年12月，京师大学堂正式开学，第一届学生有近百人。

1900年（光绪二十六年）夏，八国联军攻入北京，俄军进驻京师大学堂，学堂房舍大部分被毁，学校一度被迫停办。1901年9月7日，《辛丑条约》签订，局势趋于平息。9月20日，作为京师大学堂西学总教习的丁韪良急切致函主持北京朝政的庆亲王奕劻，呼吁"从速规复"大学堂。1902年1月10日，京师大学堂恢复，由户部尚书张百熙担任新的管学大臣。[2] 张百熙出任管学大臣后，主张脚踏实地，一切从头做起，并提出暂不设大学本科，先办预备科和速成科，以收急效。速成科包括仕学、师范两馆，预备科则分为政、艺两科。此外，他还提出增加办学经费，扩充校舍，购买图书、仪器以及附设译书局等建议。

为了借鉴西方的教学方法和教学内容，张百熙通过出使美国的钦差大臣，收集了美国哥伦比亚大学、耶鲁大学等13所大学的章程和课程书目，以为参考。经过深入调查研究，张百熙主持制定了一套完整的中国学堂章程，经清政府批准后作为《钦定学堂章程》。这套章程包括了从小学到大学的各级学堂章程，是我国第一部以政府名义颁布的完整学制。

为了办好京师大学堂，张百熙十分重视招揽人才。他提出要"破除积习，不拘成例用人"，尤其是对总教习人选的物色，更是作为"重中之重"来考虑。他认为"大学堂之设，所以造就人才，而人之出，尤以总教习得人为第一要，必得

---

[1] 丁韪良，美国北长老会传教士。1850年到中国，在香港、宁波等地生活了近十年，学会了中国官话和宁波方言，并读完了四书五经等中文典籍。于自然科学、神学、国际法等方面均有良好素养。1869年任京师同文馆总教习；1898年任京师大学堂西学总教习。
[2] 张百熙（1847—1907），字野秋，湖南长沙人。历任工部、吏部尚书等职。

具备品学兼优之人，方足以膺此选。"

上任后第二个月，张百熙就推出了京师大学堂成立以来最大幅度的人事改组计划，其中一项重要举措，就是修正了孙家鼐分设中西学总教习的做法，回归到只设一位总教习。在张百熙心目中，该总教习必须是一位"硕学宏儒"，并且要兼通中学和西学。因此，他推荐被公认为"学问纯粹，时事洞明，淹贯古今，详悉中外"的直隶知州吴汝纶为京师大学堂总教习，并保举"学识宏富，淹贯中西"的湖南试用道张鹤龄任副总教习。此外，他还保举候补五品京堂于式枚为京师大学堂总办、翰林院编修李家驹及工部主事赵从藩两人为副总办。[1]2月13日，朝廷批准了张百熙的荐请。

2月16日，在完成新人事的布局后，张百熙谋定而动，断然提出由于"大学堂经费无多，不能不设法樽节。是以将各西教习不论去留，目前一概辞退"[2]。张百熙提出解聘以西学总教习丁韪良为首的洋教习的理由，一是办学经费困难，二是不再单设西学总教习。由于丁韪良等洋教习在朝野中的地位及影响，解聘洋教习的举措令中外朝野均感震动。而在这一震动朝野的人事变动中，严复也推波助澜，扮演了一个重要的角色。

1902年2月上旬，在丁韪良等洋教习与张百熙为薪水事闹得不可开交之际，严复抵达北京。抵京第二天，严复就匆忙拜会了此前并无深交的张百熙。2月5日，严复在给张元济的信中披露："复抵京之次日，即往谒张，首以必去丁韪良为献。"[3]也就是说，严复向张百熙提出了去除丁韪良的献议。张百熙起初"面有难色"，担心由此引发列强交涉乃至国际争端。严复却鼓励他："此无虑也；天下无以延师课徒，而启国衅者，尚书复何虑乎？去则留，留则留。"但严复也提醒他："惟切戒此后以延募教习托各国公使，为此者是自寻胶葛，且万万不得良师也。"[4]

严复的告诫并非多余。在戊戌年京师大学堂聘请西洋教习时，就曾出现过多国干涉的情况，当时除"俄、法使已屡言之"外，意大利驻华署理公使萨尔瓦葛和德国驻华公使海靖也照会或知会中方，强求聘用意籍和德籍教习。而这次发生

---

1 北京大学、中国第一历史档案馆编：《京师大学堂档案选编》，北京大学出版社2001年版，第113—115页。
2 《京师大学堂档案选编》，北京大学出版社2001年版，第111—113页。
3 王栻编：《严复集》第三册（书信），中华书局1986年版，第547页。
4 王栻编：《严复集》第三册（书信），中华书局1986年版，第548页。

的洋教习索薪风波中，丁韪良也发出恫吓："此事如不照办，各国钦差必差人交涉事件，遂致贵部来信，彼时恐多争论，反为不美。"[1] 严复则根据自己对国内外情势的准确分析，认定列强不会干预，从而为张百熙最后下决心辞退洋教习提供了信心和助力。

应该说，严复提出罢免洋教习的建议，其目的既有防止外人操控中国教育主权的考量，也有本人进退因素的考虑。

从前一方面说，庚子后，中国民族主义思潮勃兴，京师大学堂作为中国第一所国立大学，是国家教育主权所在和中外观瞻所系，自然不能允许外人过多染指。有鉴于此，即便是受传教士影响很深并曾任李提摩太中文秘书的梁启超也曾不客气地说洋教习："半属无赖之工匠，不学之教士"，"国家岁废巨万之帑，而养无量数至粗极陋之西人"[2]。除民族主义的考量外，传教士被替代还有职业方面的原因。传教士的本职是传教，其从事教育原本就不专业，即严复提到的所谓"不得良师"的问题。

从后一方面说，当时京城流传着有关以吴汝纶为京师大学堂总教习、以严复为副总教习的说法。吴汝纶为桐城派大家，曾任曾国藩和李鸿章等权臣的幕僚，并长期主持莲池书院，门生故吏遍天下，为中外朝野共誉的人物，对西学又早有兴致，出任总教习乃众望所归。而严复曾长期担任北洋水师学堂校长，不但具有丰富的教学和管理经验，更被公认为是当时对西学了解最多的中国人。况且吴、严两人相交甚久，且相互推许，由严复担任吴汝纶的助手也在情理之中。早在戊戌年，吴汝纶就向朝廷推荐严复说："大学堂总教习，若求中西兼通之才，则无以易严幼陵。"[3] 而严复对京师大学堂的现状也颇为不满，认为"新政以大学堂为鲁灵光，然观其所为，不亡亦仅耳。"因此他想在大学堂有所作为，以改变旧貌。

围绕京师大学堂的这一番"人事风波"，后来的结局颇有些戏剧性：严复虽然跃跃欲试，想在京师大学堂一展抱负，却因种种内外因素，未能如愿出任大学堂的副总教习，而仅出任大学堂译书局总纂，直到八年后才出任京师大学堂总监督和北京大学的首任校长；社会各界对吴汝纶执掌京师冀望颇殷，吴汝纶自己却

---

[1] 《京师大学堂档案选编》，北京大学出版社2001年版，第99–100页。
[2] 《梁启超全集》第一册，北京出版社1999年版，第42、29页。
[3] 徐寿凯、施培毅点校：《吴汝纶尺牍》，黄山书社1990年版，第140页。

对就职大学堂推三阻四,就连张百熙以尚书之尊,登门跪拜相请,吴汝纶也不为所动。后来虽然勉强接受了总教习一职,却提出要去日本考察学政,结果事与愿违,回国不久便病逝于家乡桐城;严复虽然没能成为副总教习,但其罢免西洋总教习的建议却得到了采纳,从此,西方传教士对京师大学堂,乃至从京师同文馆起对中国最高教育机构的直接干预宣告结束,京师大学堂聘请外国教习和学习外国的路径则出现了由西向东、由欧美向日本的转变。

严复对出任京师大学堂译书局总纂,似乎并不热心。作为严复的好友,梁启超看在眼里,急在心里。他在《新民丛报》上发表文章,进行公开劝说:"回銮后所办新政,惟京师大学堂差强人意,自管学以下诸职司,皆称得人……总教习吴君挚甫(吴汝纶),译书处总办严君又陵(严复),闻皆力辞。虽然,今日足系中外之望者,只此一局,吾深望两君之深自贬抑,翩然出山,以副多士之望也。"[1]

在众多朋友的劝说下,严复终于走马上任,当了京师大学堂译书局总纂。译书局的前身是京师同文馆译书处。作为清朝末年中国的第一所洋务学堂,京师同文馆被视为中国近代新式学校的发端。同治元年(1862)七月,由恭亲王奕䜣、李鸿章、曾国藩奏准在北京设立,以培养洋务人才和翻译人员为主。该馆附属于总理衙门,设有管理大臣、专管大臣、提调、帮提调及总教习、副教习等职。曾长期担任中国海关总税务司的英国人赫德任监察官,实际操纵馆务;美国传教士丁韪良则从1869年起任总教习,长达二十五年之久。先后在该馆任职的外籍教习有包尔腾、傅兰雅、欧礼斐、马士等,中国教习则有李善兰、徐寿等。该馆最初只设英文、法文、俄文三班,后陆续增加德文、日文及天文、算学等班。该馆附设印书处、译书处,曾先后编译、出版自然科学及国际法和经济学书籍二十余种。此外还设有化学实验室、博物馆、天文台等。

1902年,京师同文馆并入京师大学堂。正如张百熙在奏折中所说:"将同文馆改隶大学,并请简派专员办理提调事宜,外务部事繁不必兼领,所有肄业各生须讲求中西有用之学,不徒取其通晓译事。"此后,同文馆的名称便消失了,但其教学方式及印书处、译书处等机构,作为京师大学堂的一部分,实际上被延续了下来。

---

[1] 转引自冯保善著:《严复传》,团结出版社1998年版,第119页。

译书局初创伊始，要做的工作很多。严复首先着手制定《京师大学堂译书局章程》，以便于译书局工作能够正常运行。《章程》包括局章、薪俸、领译合约、条说等诸多部分，其各项条款反映出译书局的基本情况，并确定译书局的编制设置及各自不同的职责分工。如"设总译一人，以总司译事。凡督率、分派、删润、印行及进退译员等事皆主之"。"局章"规定了译书局的译书内容、译书范围、译书规则以及对总译、译员的不同要求和奖惩条例；"薪俸"规定了从总译到司账的不同薪水报酬；"领译合约"是约请兼职译员译书时所订的合同条款；"章程条说"是对章程条款的解释说明文字，概括了三大类译书内容，包括统挈科学（基础学科）、间立科学（基础学科与应用学科之间）、及事科学（应用学科）；此外还有"专门专业之书"，"或事切于民生，或理关于国计，但使有补于民智，则亦不废其译功"。

《章程》确定了译书局的译书宗旨。"一曰开启民智，不主故常；二曰敦崇朴学，以棣贫弱；三曰借鉴他山，以求进步；四曰正名定义，以杜庞杂。"《章程》还明确规定，"现在所译各书，以教科书为当务之急"。从《章程》各项条文看，其内容颇为周密细致，严复为此花费了不少心血，以使译书局的运转有章可循。在严复的组织安排下，译书局井然有序地开张了。

全局共有固定编制19人，另有兼职翻译人员若干人。工作人员除严复外，还有常彦、曾宗巩、胡文梯、魏易、林纾、陈希彭、严璩等。

译书局开张不久，严复就在自己的得意门生熊季廉的鼓动怂恿下，编写了英语文法手册《英文汉诂》。在该书的《叙》中，严复叙述了其编纂缘起、动机及过程。他指出，编写此书的宗旨在于为学习英语者解惑释疑，提供一部可以说明英语文法规则的手册。他认为，只有了解文法，学习英语者才能事半功倍；同时他也告诫读者，文法仅是对通行语言规律的总结，犹如练习书法，书谱并不等于临池。要学好英语，还必须"博学多通"，多读多看，培养自己的语感。否则，"无异钞食单而以为果腹，诵书谱而以为临池"，只能自欺欺人。

后来，在《〈英文汉诂〉卮言》中，严复更深入阐述了学习英语的必要性。他说："居今日而言教育，使西学不足治，西史不足读，则亦已矣。使西学而不可不治，西史而不可不读，则术之最简而经者，固莫若先通其语言文学，而为之始基。"也就是说，在当时译著甚少而人们对西方了解不多的情况下，要通西学，首先要从通其语言入手。

严复在文中还针对一些人对学习西语、西学的担忧提出了自己的看法。他说，虽然治西学、习西语者，并不一定尽为人才；但当今之世，不通西学、不懂西语者，则很难成为人才。"国民之秀杰者，必出于明习西语深通西学之流"。他认为，习西语、通西学，并不会丢失我国真正的国粹，"果为国粹，固将长存，西学不兴，其为存也隐；西学大兴，其为存也章。盖中学之真之发现，与西学之新之输入，有比例为消长者焉。"历史的发展，证实了严复这一预见的正确性。

担任京师大学堂译书局总纂的三年，是严复翻译生涯中极为重要的时期，他的几部主要译著，包括穆勒的《名学》、孟德斯鸠的《法意》（《论法的精神》）、斯密的《原富》（《国富论》）、《群学肄言》、《群己权界论》、《社会通诠》等等，多是在这一阶段译成或出版的。如《原富》1902年由上海南洋公学译书院印出；《群己权界论》和《群学肄言》1903年分别由上海商务印书馆和上海文明编译书局出版；《社会通诠》和《法意》1904年由商务印书馆陆续印行。

除了编书、译书外，严复还对《老子》一书进行了评点，并在东京刻印了《侯官严氏评点〈老子〉》一书。原文及王弼注用黑体，严评及夹注用红字套色，制作精美。书中有夏曾佑《叙》及熊季廉《叙》，前者分析了道家学派的沿革及严评的特色，后者则介绍了严评的缘起经过，对了解严评《老子》具有一定的参考价值。如夏曾佑指出，严复读《老子》，"以为其说独与达尔文、孟德斯鸠、斯宾塞相通"，可以说，这正是严评《老子》的一个重要特点。如他在第三十七章评说：

> 夫甘食美服，安居乐业，邻国相望，鸡犬相闻，民老死不相往来，如是之世，正孟德斯鸠《法意》篇中所指为民主之真相也。世有善读二书者，必将以我为知音矣。呜呼！老子者，民主之治之所用也。[1]

---

[1] 冯保善著：《严复传》，团结出版社1998年版，第124页。

这些评语，昭示了严复以评《老子》来弘扬西学的命意，显示出强烈的时代色彩和鲜明的个性特征。

京师三年，严复虽然身为译书局总办，却"道若隐沦"。除了必不可少的行政事务外，他一头扎进自己的翻译"小天地"，默默地耕耘，翻译和出版了一部又一部自己珍爱的西方学术著作。

直到 1904 年春天，严复才辞去这一职务，离开京师到上海去。临行前，同乡故友在陶然亭为他饯行，大家赋诗酬唱，各述心情怀抱，林纾的《江亭饯别记》记载了当时的盛况。严复也有感而发，撰写了一首长诗——《甲辰出都呈同里诸公》。诗中描绘了福建的山川人文，剖析了福建人的秉性特征，并劝慰同乡友人，不必为小人居于高位而不平，也不必为自己不得志而心灰。严复相信，朝廷总有一天要励精图治，大家的济世之才必将有大用。他写道：

旧学沈沈抱根底，新知往往穷人天。

共道文章世所惊，谁信闽人耻为名。

乾坤整顿会有时，报国孤忠天鉴之。[1]

严复离开京师大学堂不久，锐意改革并重用开明学者和官员的张百熙，引起了顽固守旧势力的嫉视和反对。他们对京师大学堂进行恶意攻击和造谣诽谤，张百熙首当其冲。后来清廷加派荣庆为管学大臣，"百熙一意更新，荣庆时以旧学调剂之"。1904 年，清廷接受张之洞的建议，把管学大臣改为总理学务大臣，统辖全国学务；另派张亨嘉任京师大学堂总监督，专管大学堂事务，从此张百熙不再直接过问京师大学堂事务。张百熙的兴学抱负虽然在他任职期间未能完全实现，但他为京师大学堂以及后来的北京大学的发展奠定了一个良好的基础。

作为中国近代第一所国立综合性大学，京师大学堂是中国现代高等教育全面兴起的标志。虽然人世沧桑，位于马神庙的和嘉公主府却依然人来人往，络绎不绝。府内的"公主大殿"，后来成为大学堂集会演讲的礼堂；大殿之后公主梳妆

---

[1] 冯保善著：《严复传》，团结出版社 1998 年版，第 125–126 页。

起居的闺阁,被辟为大学堂的藏书楼,成为北大最早的图书馆。京师大学堂改为北京大学后,和嘉公主府成为北京大学二院(理学院)的校址。

位于马神庙的北大图书馆外景

1949年后,这里成了人民教育出版社和高等教育出版社的办公地。叶圣陶、魏建功、胡绳、周建人、吕叔湘、张中行等著名学者、作家都在这里工作过。如今,这里依然保留着原公主府的正殿、公主院等清式建筑,以及民国年间建成的数学楼和称为"西斋"的14排中式平房,并作为"京师大学堂建筑遗存"被列为北京市文物保护单位。

沐浴着京师秋日的阳光,我若有所思地站在府邸前,仰头一望,门前的砖头已有些腐蚀,当年悬挂的牌匾也早已不知去向。也许不经意间,像这样的风景就会被我们无意地错过或遗忘。而历史的回忆,却给平淡的风景增添了几分色彩。

五、中国西学第一人

中国的近代是中西文化激烈冲撞和相互交汇的时代。在这个前所未有的变革时代中，大量译介外国作品、介绍西方科学知识和思想理论成为当时知识界的时尚。而严复正是以其对西方学术思想的大量翻译与全面系统的介绍，而成为近代中国传播西学的大师和著名的启蒙思想家，被誉为中国的"译界楷模，西学泰斗"。

从1898年维新变法运动到1911年辛亥革命爆发的十余年间，是严复一生中精力最旺盛、学问造诣最深厚、思想认识也最为成熟的时期。他将自己的主要精力投入到翻译西方十八、十九世纪的政治学、经济学、社会学、法学、哲学、逻辑学等方面的代表性作品中，向中国知识分子系统介绍了"西学"的精华，而这正是西学"命脉之所在"。他的这些卓有成效的翻译工作，不仅使当时的中国人耳目为之一新，发现了一片新的文化天地；而且为中国学术的更新，为中国近代社会科学的创建奠定了重要基础。

严复与西学的最初接触，始于他在福州船政学堂的读书时代。自1866年入学至1871年毕业，他在五年中所学课程几乎全部是西学："所习者为英文、算术、几何、代数、解析几何、割锥、平三角、弧三角、代积微、动静重学、水重学、电磁学、光学、音学、热学、化学、地质学、天文学、航海术等。"[1]

此后在"建威"、"扬武"等军舰进行航海实习期间，他随军舰北至我国北方沿海诸港和日本长崎、神户、横滨等口岸，南到中国香港、新加坡、槟榔屿、马拉甲、小吕宋等处，使自己掌握的西学技术真正学以致用，亲身感受了西方近代科学技术的奥妙。与此同时，他的世界观也悄然发生了转变，并奠定了他后来留学英国时深入探求西方政治、经济、社会以及自由主义思想的基础，这也是严复回国后致力西学传播的源头之所在。

留英期间，严复所学专业虽是海军课程，但他不为专业学习所限，而是广泛

---

[1] 参见王蘧常：《严几道年谱》，商务印书馆1936年版。

涉猎英国政治、经济、文化知识，对西学有了更深的认识，从而为传播西学打下了扎实的基础。

其时，大清首任驻英公使郭嵩焘对严复十分赏识，两人经常交流学习心得，"论析中西学术之异同，穷日夕弗休"。在陪同郭嵩焘考察英伦和游历欧洲大陆时，严复耳濡目染了英法等资本主义列强的盛世，对西方资本主义制度和意识形态有了初步的了解。他十分羡慕处于全盛时期的英法资本主义国家，并利用其他学员上英舰实习的机会，独自考察了英国的城市、议会、法院的运作情况，甚至深入法庭"观审听狱"。由此对西方资产阶级政治学说和英法等资本主义国家的社会制度、典章文物，产生了浓厚的兴趣，并得出必须把西学传播到中国来以救亡启蒙的结论。

此后，严复逐渐从学习西方技术转向研究西方经济、政治。他特别关注西欧自由主义的经济政治观点和达尔文的进化论学说，同时也深受斯宾塞的实证主义、赫胥黎的不可知论等主观唯心主义思想影响。通过广泛搜读西方自然科学和社会科学著作，他为自己后来传播西学的主题、宗旨确定了基调。

正是由于严复在留英期间广泛汲取西学的有益成分，并在中西对比中思考中国的时局，因此其眼界便远远超乎同时代的知识分子之上。但真正促使严复奋力传播西学、唤起国人清醒，以达救亡图存目的的"导火索"，则是1894年中国在甲午海战中惨遭失败的强烈刺激。

甲午战争的战败，《马关条约》的签订，打破了国人的"天朝上国"梦。而北洋海军的覆灭，也宣告了洋务派旨在"富国强兵"的洋务运动的破产。在这民族存亡的紧要关头，严复挺身而出，疾声呼吁，"身为国民，无论在朝在野，生此世运转变之时，必宜从思所以救此社会，使进于明盛，而无陷于阽危，则真今世之中国人，所人人共负之责任，而不可一息自宽者也。"[1] 在严复看来，要想改变中国落后挨打的现状，唯有"变今之俗"才能求得生存。否则，"无变今之俗，虽管、葛复生，亦无能为力也"[2]。

而要"变今之俗"，则必须以西方资产阶级的政治、经济、社会等学说作为

---

1 王栻编：《严复集》，中华书局1986年版，第166页。
2 王栻编：《严复集》，中华书局1986年版，第799页。

变法图强的武器。于是，严复下决心"致力于译述以警世"，即用笔来唤起民族意识，敲响救亡警钟，严复的西学传播事业也由此进入了实质性阶段。

严复批评洋务派从西方学到的只是"形下之粗迹"，"而非命脉之所在"。他主张学习西方不仅要学习"技艺器物"等有形文化，更重要的是要学习思想、观念等无形文化，从而突破了甲午战前人们对"西人之长不过在船坚炮利，机器精奇"的肤浅认识。为了让中国知识分子全面、系统地认识西学学说，他从1896年到1905年的十年间，慧眼独具地选择翻译了一批西方资产阶级的学术原著。

1896年，严复首先翻译了赫胥黎的《天演论》，成为第一个将达尔文进化论全面系统介绍到中国来的学者。在译著中，严复或加按语，或作解释和评价，运用十分自如。该书上卷共18篇，主要阐述生物及人类社会的进化发展；下卷共17篇，主要论述哲学和宗教问题。全书的主题是阐述"物竞天择、适者生存"的道理，号召国人在民族存亡的关头要发愤图强，急起直追，而不应坐以待毙。这与当时中国救亡图存的主流是十分吻合的，因而成为救亡和改良的思想武器，康有为为此高度评价严复："译《天演论》，为中国西学第一者也。"[1]

1898年戊戌变法失败后，严复开始着手翻译英国实证主义学者斯宾塞的社会学名著——《群学肄言》，并于1903年出版。严复说："斯宾塞尔者，亦英产也，与达氏同时。其书于达氏之《物种起源》为早出，则宗天演之术，以大阐人伦治化之事，号其学曰《群学》。"[2] 斯宾塞主张庸俗进化论和"社会机体论"，主张渐变，反对激变，认为社会的变迁是在很长的历史时期发生的，是日积月累的结果。严复在该书译介中积极主张向西方学习，反对封建专制与独裁，产生了极大的社会影响。

1898—1900年底，严复翻译出版了英国古典经济学家亚当·斯密的经济学巨著——《国富论》（全称为《国家财富的性质和原因的研究》）。这是西方古典政治经济学第一次被介绍到中国，其中心思想是发展工商业和经济自由开放，严复翻译此书的目的则是为了在中国发展资本主义经济。他认为，中国要治贫治

---

[1] 《戊戌变法》第二册，上海书店2000年版，第525页。
[2] 《戊戌变法》第三册，上海书店2000年版，第42页。

弱，首先要"致富"；而要致富，就必须实现贸易自由、农工商均衡发展等。他视自由竞争为理想的和永恒的经济秩序，认为该书是所有"留心时务，讲求经济者不可不读"的要书。

严复在书中对赋税的职能、作用提出了自己的看法。他认为纳税是公民的义务，而政府征税后要用之于民。他说："赋税贡助者，国民之公职也"；"取之于民者，还为其民"。在向谁征税的问题上，他主张实行"赋在有余"的原则，他指出："国家责赋在民，必有道矣。国中富民少而食力者多，必其一岁之入，有以资口体、供事畜而有余，而后有以应国课。"他还提出不能以"养民之财"、"教民之财"和"赡疾病待羸老之资"作为征税对象。这一主张反映了资产阶级的要求，适应资本主义经济发展的需要。他还主张赋税轻重要适度，"赋无厚薄惟其宜"，认为统治者的责任在于"为其民开利源，而使之胜重赋"，即鼓励百姓发展经济以提高负税能力。

1899—1903年，严复又翻译出版了英国自由主义学者约翰·密尔的政治学名著——《论自由》（严复译作《群己权界论》）。该书在介绍西方自由主义学说的同时，也对"社会所能合法施用于个人的权利的性质和限度"[1]进行了探讨，认为功利主义政治观是自由竞争原则在道德上的反映。

1900-1904年，严复翻译出版了法国启蒙思想家孟德斯鸠的法学名著——《论法的精神》（严复译作《法意》）。该书论述世界各国立法的利弊得失以及法与教育、宗教、礼俗、道德的关系。严复在评价《法意》时说："此卷论中国政俗教化独多，而其言往往中吾要害，见吾国所以不振之由，学者不可不留意也。"[2]严复翻译此书的目的就是要借用孟德斯鸠的三权分立学说，抨击君主专制制度。他在译《法意》时写道："宪（立法）、政（行政）合而归之一君，或统之以一曹之官长者，其国群之自由失矣……又其国之刑权不与宪政二权分立，而与其一合者，则其国为无自由也。盖使刑权而与宪权合，是断曲直者，即为议法令之人，如是则是非无定，而民之性命财产，举以危矣。又使政权与刑权合，是行法令者，即为审是非之人，如是则断狱者，可滥其淫威，故曰无自由也。"[3]在严复看来，

---

1 约翰·密尔：《论自由》，商务印书馆1959年版，第1页。
2 严译《法意》，第19卷，按语，商务印书馆1904年版。
3 严译《法意》，第11卷，第六章，商务印书馆1904年版。

只有实行三权分立，才能保障人民的政治权益与自由。

1900-1902年，严复又翻译了英国经验主义学者约翰·穆勒的逻辑学名著——《穆勒名学》（形式逻辑）。严复选译了该书前半部，重点介绍西方的思维方法和学术研究方法，尤其是归纳法和演绎法。他认为，归纳和演绎是建立科学的两种重要手段，我国几千年来演绎甚多，归纳绝少，这也是中国"学术之所以多诬，而国计民生之所以病也"的一个原因。严复十分重视归纳法，主张"亲为观察调查"，反对"所求而多论者，皆在文字楮素（纸墨）之间而不知求诸事实"。他引用赫胥黎的话说："读书得智，是第二手事。唯能以宇宙为我简编，各物为我文字者，斯真学耳"。严复在译文按语中对该书的科学方法论大加赞扬，认为"此书一出，其力能使中国旧理什九尽废，而人心得所用力之端"[1]。

1904年，严复翻译了英国历史学者甄克思的《社会进化简史》（严复译作《社会通诠》）。全书以进化论为主题，认为国家的进化须经历三个阶段，即由图腾社会、宗法社会到军国社会，类似现在的原始社会、封建社会到资本主义社会之说。严复颇为赞同甄克思的观点，认为近代中国正处在宗法社会而渐入军事社会之际，"当循途渐进，任天演之自然，不宜以人力强为迁变"[2]，可见其政治观点是主张改良。

此外，严复还于1909年出版了英国学者耶芳斯的《名学浅说》。该书是一本为了教学需要而翻译的介绍形式逻辑的著作，其间加有译示和讲解，而译文的"中间义旨，则承用原书，而所引喻设譬，则多用己意"[3]。

严复的译著在介绍西方学术思想的同时，不仅结合中国国情，有针对性地加上按语和序言，鲜明地阐述自己的观点，而且融中学、西学为一体，既传播了西学，又能切中时弊。译书的过程便是再创作的过程，因而产生了较强的社会效果，往往在书出版之际，便得到"四方读书之子争购"，以至经久不衰的效果。

严复在中国近代文化思想史上之所以拥有如此显赫的地位，无疑与他对西学的译介是分不开的。梁启超指出，19世纪末20世纪初，"时独有侯官严复，先后译赫胥黎《天演论》，斯密亚丹《原富》，穆勒约翰《名学》、《群己权界

1　王栻编：《严复集》，中华书局1986年版，第三册，第546页。
2　王栻编：《严复集》，中华书局1986年版，第三册，第615页。
3　王栻编：《严复集》，中华书局1986年版，第一册，第265页。

论》,孟德斯鸠《法意》,斯宾塞尔《群学肄言》等数种,皆名著也。虽半属旧籍,去时势颇远,然西洋留学生与本国思想界发生关系者,复其首也。"[1]

在严复的译著作中,在社会上影响最大、同时使他最负盛名的,当推他翻译的第一本西学名著——《天演论》,即英国生物学家赫胥黎的《进化与伦理学》。可以说,进化论输入中国,是从严复翻译该书开始的。《天演论》出版后,立刻轰动一时,在社会上产生巨大的反响。一年内即出现了湖北沔阳木刻刊行的版本和天津嗜奇精舍的石印版本。1905年该书由商务印书馆出版后,到1921年就印行了20版。该书对社会影响之广,渴求新思想的知识分子对该书之倾慕,由此可见一斑。

五四运动前夕,鲁迅在一篇杂文中以热情的言辞称道严复"是一个19世纪末年中国感觉敏锐的人"[2]。鲁迅所指的"感觉敏锐",不仅是指严复在康有为、梁启超"公车上书"之前,就写过批判封建专制、提倡民主政治的《论世变之亟》、《救亡决论》、《原强》及《辟韩》等文章;也不仅是指严复关于小说对天下人心风俗的影响超于经史之上的高度评价,提高了小说的文学地位;尤其是指严复"先前认真的译过几部鬼子书"[3],正是这几部译著奠定了他在中国近代思想史上的地位。

胡适在谈及19世纪后半期中国知识界的状况时,也推许"严复是介绍西洋近世思想的第一人"[4]。可以毫不夸张地说,正是由于严复的翻译和介绍,才使西学在中国的传播具有了明确的理论形式和时代内容,这无疑是严复"慧眼"之所在。它不仅表现在严复对西学理论的重视和介绍上,而且表现在他致力于西学的传播实践,包括投身办学、办报、办教育等方面。

严复认为,教育是治国之本,中西之间之所以存在这么大的差距,就是因为中国人才匮乏,"人才因之以稀,社会因之以陋"[5]。他主张取消无用无实的旧学,用科学思想和方法培养新式人才,以适应社会需要。他说:"中国此后教育,在在宣着意科学,使学者之心虑沈潜,浸渍于因果实让之间,庶他日学成,有疗病

---

[1] 参见梁启超:《清代学术概论》,商务印书馆1945年版。
[2] 鲁迅:《随感录二十五》,《热风》,人民文学出版社,1973年版。
[3] 鲁迅:《趋时和复古》,《花边文学》,人民文学出版社,1973年版。
[4] 胡适:《五十年来之中国文学》,神州图书公司,1923年版。
[5] 《严群所藏残稿抄本》。

起弱之实力,能破旧学之拘摩"[1]。因此,他极力鼓吹教育改革,主张灌输新思想,培植新人才,并创办了以学习近代科学为主的多所学校,对中国近代教育体制的改革和高等学校的兴办做出了重要贡献。

从1880年到1900年,严复主政北洋水师学堂达二十年之久,使该学堂成为宣传与传播西学的一个重要阵地。在此期间,他曾于1896年奉李鸿章之命,在天津创办俄文馆,并兼任总办,培养了一批急需的俄文翻译人才。同年,他还协助刑部主事张元济在京师创办"通艺学堂",并一度亲自主持学堂事务。该学堂的宗旨是提倡西学,为维新变法培养人才。首批共招收京官及官绅子弟四、五十人,分设数理、工程技术等学科,开设了外语、天文、算学、舆地等课程。1898年9月,严复应光绪帝召见来京时,曾特地前往"通艺学堂"举办"西学源流旨趣"和"中西政教之大原"讲座。由于内容新颖,连京城许多官员都前去旁听,感觉大开了眼界。"通艺学堂"在戊戌变法后停办,合并入京师大学堂,从某种意义上说,"通艺学堂"也是北京大学的源头之一。

1900年义和团运动后,北洋水师学堂被迫停办,严复由天津迁居上海。他依然热心教育事业,并于1905年协助马相伯在上海创办了复旦公学(复旦大学的前身)。马相伯任第一任校长,第二年马相伯前往日本,校长之职便由严复接任。严复上任伊始,便大刀阔斧地整顿校务,裁减冗员,加强教学管理,"隔日到校一次,监督巡视",使这所名不见经传的新学校,一时名声鹊起。"内地各处学生来者日多,达二百余未已,皆以校舍已满,无从收录"[2],足见当年办学盛况之一斑。但不久,严复以病弱体衰为由提出辞职,并于1906年3月应安徽巡抚恩铭之邀,出任安庆高等学堂监督。

"安庆高等学堂"原名"求是学堂",1897年由时任安徽巡抚邓华熙奏请兴办,是一所提倡西学的新式学堂。1902年曾改名为"安徽大学堂",1905年清政府决定"废科举,兴学校"之后,易名为"安庆高等学堂"。因严复在学界久享盛名,因此安庆高等学堂聘其为该学堂总监督。严复对办好这所学校信心十足,表示"定规章、聚师资,使数年之中,费不虚掷,士可期成"[3]。

1　王栻编:《严复集》,中华书局1986年版,第三册,第565页。
2　王栻编:《严复集》,中华书局1986年版,第三册,《与端方书》,第582页。
3　王栻编:《严复集》,中华书局1986年版,第三册,第569页。

他将全学堂二百四十余人分作两科：一为预备科，主攻英文、算学；一为师范科，重点介绍西学。这一教学形式的改革和教学内容的调整，使严复在安庆名声大振，其讲学也大受欢迎，每当他讲演时，附近的百姓便都慕名前往聆听。严复曾在信中自豪地记述当时的情形，称演讲的"印稿散至五百余张，尚有求者。今日海内视吾演说真同仙语，群视吾如天上人"[1]。1907年5月，革命党徐锡麟在学校刺杀恩铭，全城大乱，学校陷入瘫痪状态，严复只好离开了"安庆高等学堂"。

严复不仅通过办教育来传播西学，而且通过办报直接宣传西学。他看到自己的文章已被"士大夫读书人"率先熟知，但"商贾百执事之人"却知之甚少，为此他于1897年11月在天津与友人合作创办了《国闻报》，成为北方地区宣传维新变法的重要媒体，并与梁启超在上海办的《时务报》形成南北呼应的态势。

在《国闻报缘起》一文中，严复提出了办报的两个宗旨：一是"通上下之情"，二是"通中外之情"。他特别强调，该报立足于"译述外事"，"广译各国之报"，以"通外情为要务"。在《国闻报》之外，严复还编辑出版《国闻汇编》杂志，十天印一册，每册三万字，刊登重要消息及译文评论的文字，介绍外国情况和国外学术著作等，成为宣传西学和维新变法的重要舆论工具。严复翻译的《天演论》和《群学肄言》，都是在《国闻报》发表后引起巨大社会反响的，《国闻报》也因此成为当时读书人认真"参阅研究"的对象。

作为近代中国第一个系统介绍西方文化的启蒙思想家，严复大力提倡西学、宣传西学，为西学的传播做出巨大的努力，不仅大大超出了同时代的知识分子，而且在中国近代史上写下了浓重的一笔。严复研究者陈九如载文指出，严复传播西学的意义在于：

首先，它开启了一代学风。严复既是一位启蒙思想家，又是一位翻译家，他以独特的视角观察社会，用著译的方式影响社会，有着鲜明的时代特色，使中国知识分子第一次真正打开了眼界，"中国民气为之一变"，"严氏之功盖亦匪细"[2]。

在近代中国知识分子向西方寻求真理的道路上，从魏源倡言"师夷长技以制

---

[1] 王栻编：《严复集》，中华书局1986年版，第833页。
[2] 汉民：《述侯官严氏最近政见》，《民报》1905年11月。

夷"、主张学习西方近代科技开始，到冯桂芬、郑观应提出学习西方经济与政治，再到康有为提出引进西方哲学思想作为变法理论，标志着中国近代向西方寻求真理已由感性上升到理性阶段，由形式触及本质。而严复的译著遍及西方资产阶级哲学、政治经济学、法学、社会学、逻辑学等诸领域，不仅全面系统，而且具有明确的政治目的和时代特色。如严复译《天演论》是为了保种、求自强；译《原富》是为了在中国发展资本主义；译《法意》是为了反对君主专制等。严复清醒地看到中国不仅在科学技术上落后于西方，而且在学术思想上也存在明显的差距。历史证明，严复的译著以及他在译著中阐发的思想观点，对后世产生了巨大的影响。正如一位历史学者所评论的："自1895年至1919年二十四年中，从事翻译事业者虽多，但最主要的，而且贡献较大者，第一当推严复。"[1]

其次，它影响了一代学人。严复传播的西学紧扣时代脉搏，其阐明的思想观点有深刻的历史背影，适应当时社会的紧迫需要，可谓感时而发。他所传播的西学内容深深影响了近代各个阶段的学人，同时唤醒了千千万万的国人。包括康有为、梁启超、孙中山、鲁迅、李大钊、毛泽东、胡适等无不受其进化论的思想影响。

胡适说："自从《天演论》出版以后，中国学者才知道，（西方）除了枪炮兵船之外，还有精到的哲学思想供我们采用。"[2] 蔡元培说："五十年来，介绍西洋哲学的，要推侯官严复为第一。"[3]

陈独秀对进化论大为欣赏，他直陈："近代文明之特征，最足以变古之道，而使人心社会划然一新者，厥有三事：一曰人权说，一曰生物进化论，一曰社会主义是也。"[4] 孙中山十分欣赏严复介绍的进化论观点，他说："自达尔文之书出后，则进化之学，一旦豁然开朗，大放光明，而世界思想为之一变，从此各种学术皆依归进化矣。"[5] 吴玉章在回忆录中写道："《天演论》所宣扬的'物竞天择、优胜劣败'的思想，深刻地刺激了我们当时不少的知识分子，它好似替我们敲响了警钟，使人们惊怵于亡国的危险，不得不奋起图存。"[6] 可以说，严复传播西

---

1 王森然：《严复传》，《近世二十家评传》，1934年印行。
2 胡适：《五十年来中国之文学》，神州图书公司1923年版。
3 蔡元培：《五十年来中国之哲学》，《最近之五十年》，申报馆编印、1923年版。
4 《陈独秀著作选》第一卷，上海人民出版社1984年版，第136页。
5 《孙中山选集》（合订本），人民出版社1981年版，第155页。
6 《吴玉章回忆录》，中国青年出版社1978年版，第15页。

学的意义不仅限于当时社会，还延及未来的历史，影响了一代代学人，从而奠定了严复在历史上的突出地位。

再次，它提供了革命理论。严复在《译〈天演论〉自序》中说，他翻译此书的目的是"于自强保种之事，反复三致意焉"。在救亡图存的危急时刻，传播西方资产阶级理论，介绍近代先进文化成果，对于闭关锁国的中华民族无疑有震撼之功。它促进了民族觉醒，很快便作为一种救国和革命的思想武器，成为维新变法的理论依据。在戊戌变法和辛亥革命中，一些资产阶级革命派运用进化论来为革命作舆论，如邹容在《革命军》中就大声宣称："革命，天演之公例也"，视革命为社会发展的必然趋势，是社会进化的必经阶段。在新文化运动初期，进化论也为激进的民主主义者提供了必要的思想基础。在某种意义上，严复传播西学的意义已超出单纯的理论范畴，成为革命实践的指南。[1]

---

[1] 本节内容参见陈九如：《严复与西学传播》，《芜湖师专学报》1998年第2期。

六、1912：首任北大校长

1911年10月10日，武昌城头枪声乍起，全国纷纷随之易帜。一个在中国统治了二百多年的封建王朝——清王朝顷刻之间覆灭。此时，处于风雨飘摇中的京师大学堂，虽然没有直接受到冲击，但也面临办学经费没有着落等种种困难，实际上处于"半瘫痪"状态。

1912年1月1日，孙中山在南京宣誓就任中华民国临时大总统，蔡元培出任南京临时政府教育总长。1月24日，刚刚就任京师大学堂总监督两个月的江宁提学使劳乃宣在咨呈学部文中提出：本监督因病不能理事，请以本学堂庶务提调刘经泽暂行代理。不久，南北议和，袁世凯就任新的临时大总统，并于2月25日发布中华民国临时大总统令，任命严复为京师大学堂总监督。

4月24日，蔡元培由南京来到北京，就任北京临时政府教育总长。虽然事多繁重，但蔡元培对京师大学堂仍十分重视，一方面派王云五、杨焕之等以教育部官员的身份接收大学堂，另一方面着手清理前朝留下的"痕迹"，包括更改校名与重新任命校长。

5月1日，根据严复建议并经蔡元培批准，教育部发文宣布京师大学堂改称北京大学校。随后，教育部呈文报告袁世凯：

> 京师大学堂前奉大总统令，京师大学堂监督事务由严复暂行管理。查从前京师大学堂职员，有总监督、分科监督、教务提调各种名目、名称，似欠适当，事权亦觉分歧。京师大学堂今拟改称北京大学校；大学堂总监督改称为大学校校长，总理校务；分科大学监督改称为分科大学学长，分掌教务；分科大学教务提调即行裁撤。大学校校长须由教育部于分科大学学长中荐一人任之，庶几名实相符，事权划一，学校经费亦得藉以撙节，现已有本部

照会该总监督任文科大学学长，应请大总统任命该学长署理北京大学校校长。其余学科，除经科并入文科外，暂仍其旧。[1]

5月3日，袁世凯签发临时大总统令：任命严复署理北京大学校校长。总统大印之外，另有总理唐绍仪、教育总长蔡元培附署。于是，严复成为改名后的北京大学第一任校长。严复执长北大的时间虽然不长，却为北大的创办、发展和改革倾注了许多心血。

严复与北大似乎有着不解之缘。早在1897年，严复出于对维新事业的热心，大力协助友人张元济在京师设立通艺学堂。他不仅为学堂命名，还积极为学堂引荐师资，他的侄儿严若潜就是该学堂的常驻教员，他自己也在学堂作过"西学门径功用"的专题讲座。1898年百日维新失败后，张元济被革职离京，通艺学堂则被并入新成立的京师大学堂。

1902年，京师大学堂成立的第五年，应时任京师大学堂管学大臣张百熙之邀，严复出任京师大学堂译书局总办。在译书局的三年中，严复翻译、出版了亚当·斯密的《原富》、斯宾塞的《群学肄言》、孟德斯鸠的《法意》等多部西方社会科学名著，对近代中国思想界产生了极大的影响。

在担任北大校长之前，严复曾先后担任过北洋水师学堂、安庆高等师范学堂、上海复旦公学等三所学校的校长，不仅熟悉教育管理，而且对"教育救国"怀着远大的理想。作为清末很有影响的资产阶级启蒙思想家、翻译家和教育家，严复出任北京大学校长，可以说是"众望所归"，同时也表明严复在思想界和学术界拥有令人信服的显赫地位。

严复执长北大之际，北大正处于艰苦创业的阶段。为创建、保全和发展北京大学，严复经历了一生办学实践中最艰难的阶段，为之倾注了许多心血。无论是为筹措北大办学经费呕心沥血，或是两上"说帖"请求保留北大，拯救将遭停办厄运的新生学府；还是改良教学，提出"兼收并蓄、广纳众流，以成其大"的办学主张，使之成为后来北大办学思想的主流和传统，严复为北大，为这所中国最高学府，为艰难前行的中国现代教育都做出了不可磨灭的贡献。

---

[1]《政府公报》1912年5月。

未名湖畔忆名儒
—— 严复、林纾、辜鸿铭的北大岁月

  1912年3月8日,严复接受京师大学堂总监督关防,开始主持京师大学堂校政。上任伊始,严复便表示,要"痛自策励,期无负所学,不怍国民"。然而,他接手时的京师大学堂,虽然办学时间不长,却经历了种种"劫难":先是学校校舍被义和团改为神坛,后又为八国联军占领;学校关闭,师生流离,图书仪器荡然无存;此时,又处在新旧政权交替、民国政府面临财政危机的风口浪尖上,"教员学生,请假回籍者已居多数,以致不能上课",大学堂只好咨呈学部,暂行停办,给外国教员"每员优给三个月薪水",给中国教职员每员"发一月薪水,暂令出堂,以节虚糜,俟开学有期,再令回堂办事"[1]。整个学校存款仅余万金,处境艰难,大学堂可谓"名存实瘫"。

  前清时期,京师大学堂的经费主要靠每年从道胜银行领取的20万两息银。[2]1905年清政府学部成立后,这笔钱被拨归学部掌管,大学堂按月向学部领取经费。辛亥革命爆发后,"学部分文不发,堂中异常支绌"。由于学校数月领不到经费,办学情况岌岌可危。严复上任后,只得靠借债维持学校的复课。严复曾在家书中说:"大学堂每月至省须二万金,即不开学,亦须万五。刻存款用罄,度支部、学部一文不给,岂能为无米之炊?"无奈此时民国政府新立,国库一贫如洗,严复只能尽自己所能自筹办学经费,好不容易才从华俄道胜银行借得七万两银子,使京师大学堂得以开学上课,师生均感振奋。3月30日,严复提出"改进大学堂学务方针",并向全体教职员征求意见,使得"校中一切规模,颇有更张"。

  5月15日,教育总长蔡元培来到北大,参加京师大学堂改名为北京大学后举行的第一次开学典礼,他与严复校长均在开学典礼上致词,祝贺北大由此获得的新生。

  至今,北京大学教授程道德手中,依然保留着京师大学堂改名为北京大学后、首任校长严复延聘教席的一份聘书。聘书全文如下:

---

1 《北京大学校志稿》第2期第3册,北京大学档案馆藏。
2 京师大学堂的经费,1898年初设时规定:由户部存放于华俄道胜银行的500万两库平银每年所生利息库平银20万两作为大学堂的经费(折合京平银21.2万两,实拨20万630两)。

照会

　署理北京大学校校长严：

　为照会事，照得本大学重行开校，所有各科教席，非品学优长、物望允符者，不足以资矜式而宏造就。

　凤仰文行卓绝，教育热心，拟请担认文科大学教员之席。每星期授课钟点俟会商酌定；诸生札记等件，即请认真核改，俾受甄陶之益。每月致送薪水京足银壹百两，自到堂之日起支。相应照会，贵教员查照可也。须至照会者

　右照会

　大学文科教员高

　中华民国元年五月十五日[1]

聘书信封正、背面

　　此帖聘书极为少见，不仅具有很高的文物价值，而且对研究我国近现代高校教师聘任制具有重要的文献史料价值。多年来一直从事中国大学各类文物搜集、整理和研究的程道德教授就聘书内容的相关问题，作了如下几点说明：

1　钤长方形汉满朱文"京师大学堂总监督关防"（"关防"右侧写有"暂用旧印"字样）。

一、校名既改，为何借用旧印？1912年5月3日，南京临时政府教育部颁令京师大学堂改称北京大学,任命原京师大学堂末任总监督严复为第一任校长。1912年5月15日，北大复课，举行了重新开学典礼。从改校名到重新复课仅间隔12天，时间短促，未及治印，这应是"暂用旧印"的主要原因。据1912年5月26日《政府公报》刊登的《京师大学堂改定名称及启用新刊关防通告》记载："本学堂现经教育部改定名称曰：北京大学校，并另刊关防一颗，文曰：北京大学校之关防，于阳历五月二十四日启用，以昭信守。特此公布。"这条《通告》明确宣示，新印章"北京大学校之关防"于5月24日正式启用。

二、延聘者与受聘者何许人？延聘者严复（1854—1921），近代启蒙思想家、教育家、翻译家。严氏主持北大校务，对学校进行了初步改革，把经科合并到文科，把格致科改为理科；开设并介绍西方新学课程，以及对教席重新聘用，强调教席必须专职教授等等，从而使教学逐步走向正规。但由于时局动荡，经济匮乏，学校面临停办的危险，而严氏为维系学校的生存进行斗争，又得罪了当权者，故出任不到半年，于10月被迫辞去北大校长职务。

受聘者高毓浵，生卒年不详，字汀荃，号潜卿，直隶静海人。光绪二十九年（1903）进士。宣统二年（1910）由京师大学堂总监督柯劭忞聘为经科教席；民国元年（1912）五月由北京大学聘为经文科教席。

三、受聘者的权利与义务有哪些？这份聘书实际上是份合约，对高教席应享受的权利和应尽的义务都规定得十分明确、具体。就权利而言，高氏每月应得薪水为京足银壹百两。就义务而言：其一，高教席应为人师表，热心教育，批改学生作业，使学生"俾受甄陶之益"；其二，每周授课时间"俟会商酌定"。据宣统二年十二月京师大学堂总监督刘廷琛延聘经科教席宋育仁聘书的规定，"每星期授课时间约在十点钟"。宋、高二氏同为经科教员，授课十点钟，应是惯例。

四、受聘者能拿到多少工资？民国元年壹百两纹银相当于壹百块龙洋（银元）。据民国初年《银行周报》编的《民国经济史》记载，民国元年（1912）一月，黄金与银元的比价是三十九块半银元兑黄金一两。据此，壹百块银元约合二两半黄金；再按目前上海黄金价每克290元计算，125克黄金约合三万六千多元，即高毓浵教席的月薪折合成现人民币相当于三万六千元左右。每年按10个月计算,其年薪应在三十六万元左右。[1]

回到北京大学,4月份刚借来的这七万两银子对偌大一个学校来说,不过是杯水车薪。当时中国正处于战乱之中,袁世凯政府全力支持其军队建设,缩减其他部委经费,以此来巩固他并不牢靠的统治基础。因此,教育经费成了第一个牺牲品。身为校长的严复月薪三百两,但任职两个多月仍然未领到分文。政府各部门缺乏经费尚可维持,大学堂没有经费就不能开学。更为严重的是,6月份财政部又发布通令,宣布京外各衙门及学校职教员月薪在六十元以下者,一律照旧支付;而在六十元上者,一律暂支六十元。这一通令引起了社会各界的强烈不满。

严复觉得政府如此做事实在不妥,由此可能引发教职员工怠教误工之后果,于是他在得到通知后立即上书表示反对。在《上大总统教育部书》中,严复指出:"名隶官规,俸给既优,位置亦固,……教员中告假而去者已不乏人,若不稍予通融,便与停办无异……为今之计,除校长一人准月支60元,以示服从命令外,其余教职各员,在事一日,应准照额全支。"[2] 袁世凯和蔡元培采纳了他的建议,北京大学教职员工的月薪照发,这应该说是严复为北京大学办的实事之一。为了节约开支,严复还采取了一系列措施,如归并科目、精简机构、裁减职员等。

严复为北大教职员工创造了一个宽松的工作与生活环境。然而,这种局面并没有维持多久,便随着教育总长蔡元培的辞职而结束了。7月上旬,蔡元培尚未正式离职,教育部便于7月7日以经费困难、程度不高和办理未善等为理由,提出停办北京大学的要求。认为"大学校自开办至清末,凡历十余载。中间更经丧乱,因陋敷陈","学生之班次虽增,陶植之成绩未著","政体既变,各方对大学咸有不满之意"等等。随后,教育部颁行了"北京大学结束办法",包括决定学生提前毕业,不授予学位,停止招收新生等等。

教育事关国运,不可不办。在英国留学的数年,严复已经认识到,欧洲坚船利炮的背后是一整套完善的社会制度。正是这样的一种社会制度和社会契约,保护了资本主义自由竞争,使之有利于促进社会发展。而教育,正是为了服务于社会,为了传递有效信息,为了提高整个社会生产力,为了创造出一种生机勃勃的

---

1 程道德:《北京大学校长严复延聘教席聘书》,《收藏快报》2011年1月5日。
2 严复:《上大总统教育部书》,北京大学档案馆藏。

社会文化。

有鉴于此，严复写出《论北京大学校不可停办说帖》直呈当局，申述了北京大学不可停办的理由，并向社会吁请支持北京大学办学。他在《说帖》中指出：

> 北京大学创建十有余年，为全国最高教育机关，未尝一日停辍。去年武汉事起，学生相率散归。代谢之后，国用愈绌，几至不名一钱。此校仅图看守，亦且费无从出。前总监督劳乃宣谢病而去。本校（长）受任于危难之际，承袁大总统谆切相托，义难固辞，勉强接事。时与学部度支两首领再次磋磨，商请用款，迄无以应。不得已乃陈明总统，由华俄银行暂借银数万两，楮子目前，重行开学。此本校长接办以来之大概情形也。比者颇闻斯校有停办之议，本校长始亦赞同其说，而详审事实，有未要者。请为大部？缕言之。
>
> 查北京大学考其程度教法，欲与欧美各国大学相提并信纸，固不可同年而语，然在建置之初，固亦极当时之人材物力，竭蹶经营，以勉企其所蕲向之鹄的。又积十余年之因仍迁嬗，糜财耗时，而后有今日之地位，为全国中比较差高之学校。今若将其废弃，是举十余年来国家全力所惨淡经营，一旦国心掉之。前此所糜百十万帑金，悉同虚掷。且北京为革命后地方完全未经破坏之区，前日大学形式依然存在。学生在校肄习，历有风年，纵不能更照旧章予以出身奖励，将持何理由而一切摧残遣散之乎？此则停办大学之未可一也。
>
> 夫各国之有大学，亦无法定之程度。取甲国之大学与乙国之大学相比观之，不能一致也。取某国内甲地之大学与乙地之大学相比观之，亦不能一致也。此固有种种之原因、种种之历史，从未有一预定程度，必至是而始是为大学，不至是而遂不得为大学者也。且程度亦何学之有，吾欲高之，终有自高之一日，若放任

而不为之所，则永无能高之时，此则停办之说之未要二也。

且吾国今日应有大学否乎？往者初立大学之时，言教育者即多訾议，以为吾国教育方针，必从普通入手，今中小学未备，而先立大学，无基为墉，鲜不覆溃。则不知高等大学与普通教育双方并进，本不相妨。普通教育所以养公民之常识，高等大学所以养专门之空才。无公民则宪法难以推行，无专门则庶功无由克举。今世界文明诸国，著名大学多者数十，少者十数。吾国乃并一已成立之大学尚且不克保存，岂不稍过？且北京者，民国之首都也。天津西沽大学又有历年，其学科阶级，夙在高等学校之上。江浙各省及湖北武昌，亦方议建立大学，北京既称国都，反出行省之下，本末倒置，贻诮外人，此则停办大学之未可三也。

且国家建立大学，其宗旨与中小高等各学校不同。中小高等皆造就学生之地，大学固以造就专门矣，而宗旨兼保存一切高尚之学术，以崇国家之文化。各国大学如希腊、拉丁、印度之文学哲学，此外尚有多科，皆以为文明国家所不可少，设之学官，立之讲座，给予优薪，以待有志。有来学者，得其师资，即使无人而科自为研究，探赜索隐，教思无穷，凡所以自重其国教化之价值也。[1]

严复认为：北京大学自创办以来，集中了当时全国的最好人才与最大物力，经过十年艰苦经营，才获得全国最高学府的地位。"一旦轻心调之，前此所糜百万帑金，悉同虚掷，十分可惜"，办大学既为造就人才，也为"保存一切高尚之学术，以崇国家之文化"。至于办学程度的问题，他认为，北京大学的程度，"与欧美各国大学相提并论，固不可同年而语"，但"程度亦何学之有，吾欲高之，终有自高之一日。若放任而不为之所，则永无能高之时"。世界上文明国家

---

[1] 严复：《论北京大学校不可停办说帖》，北京大学档案馆藏。

各有著名大学十几所，乃至几十所，我国仅此一所尚不能保存，岂不令人痛心！而北大设立的各种学科，"则为吾国保存新旧诸学者起见"，"既有造就之盛心，必不患无学者"。

严复为寻求北大生存与发展所做的努力，得到社会各界和广大师生的同情与支持。北大文、法、工、农四科的学生代表联名提出说帖或请愿书，抗议停办北京大学，支持校长严复的意见，有的甚至提出北大脱离教育部自行办学的意见。在北大师生的强烈反对下，7月10日，由蔡元培主持"全国临时教育会"撤销了拟将北京大学停办的原决议，并参照严复的意见，提出九条解决办法。为了解决财政的困窘局面，严复又一次为筹款奔波，终于从华比银行借得20万两银子，既偿还了道胜银行的本息，又保证了教职员工薪水的发放；同时把余下的款额留做下学期的经费，使北大再次渡过了难关。

在为停办北大而抗争的同时，严复还依据自己所学及多年办学心得，写了《分科大学改良办法说帖》呈给教育部，详细阐明了创办新式北京大学的指导思想与改革措施。他提出"兼收并蓄，广纳众流，以成其大"的办学思想[1]，主张使北京大学成为""一国学业之中心点"，即将北大办成中国思想界、文化界、教育界之集大成者。

在严复的主持和领导下，北大的办学和改革一时颇有起色。严复首先把经科合并到文科，把格致改为理科；规定在校教员必须专职教学，不得在政府内兼职，有兼职者一经发现，即一律解除教职；同时，他积极开设西方文化思想课程，主张学习西学，并努力提倡教职员学习外语，所有课程除国学外，都要用外语讲授。一时"校中盛倡西语之风，教员室中，华语几绝。开会计事，亦用西语，所有以英语为多，有能作德语者尤名贵，为众所称羡。"

严复在办学中注重吸收那些能够融汇古今中外的一流专家学者，以培养高素质人才；在教学内容上主张中西结合，改进财经、商学、交通各科，加强地质、化学、土木、矿冶等科，将北大办出水平和特色。由于严复的学问和声望在海内外具有相当影响，这年7月29日，英国教育会议宣布承认北京大学及其附设的译学馆为大学，伦敦大学也宣布承认北京大学的学历，北大在国际上的学术地位

1　严复：《分科大学改良办法说帖》，北京大学档案馆藏。

由此奠定。

严复在任北大校长时，其中西文化比较观已趋于成熟，并开始进入自我反省的阶段，趋向于向传统文化的复归。他担忧中国会丧失本民族的"国种特性"，即"如鱼之离水而处空，如蹩跛者之挟拐以行，如短于精神者之恃鸦片为发越，此谓之失其本性"，而"失其本性未能有久存者也"[1]。出于这样一种对中华民族前途与命运的深层忧虑，严复在北大"归并科目，精简机构"时，便有将北大的经、文两科合而为一改为国学科的设想，"用以保持吾国四、五千载圣圣相传之纲纪彝伦道德文章于不坠"。

严复在坚持开办北京大学的斗争中取得了胜利，却因此得罪了教育部的当权者。由于民国初期的政治派别斗争异常纷乱，加之缺少办学经费，又有人在报纸上造谣攻击，有人在"运动"各种差事，使严复感到难以自全，"极难对付"。于是，他于1912年10月7日宣布辞去北京大学校长职务，"同学议欲挽留，而教部不允所请"。

严复时年59岁，在北京大学校长任上仅八个月。同年11月，在为北大预科学生撰写的《大学预科〈同学录〉序》中，严复写道："天下之理，非年时之学所能尽；一国之事，非一哄之众可得专也，敬告吾党慎之而已。"从中似乎可以看出他当时的无奈心情。严复虽然尽自己的努力保住了北大，却没能保住自己校长的位置。

严复离开北京大学的原因，正如他自己所说："其原因复杂，难以一二语尽也"，即不能简单归结于某一种因素。其中，与教育部的关系被认为是最主要的原因：严复与教育部的矛盾和积怨，不仅在于他的来头大，以至多次对抗部命；而且涉及当时中国政坛的"南北之争"、党派之争和种种人事纠葛。在一些人眼里，严复甚至被视为北洋系的旧派人物。当时担任北大文科教授的沈尹默在《我和北大》一文中说：严复之被迫辞职，真正的原因就在于他不"买"教育部的"账"。据称严复手中曾有一个华俄道胜银行的6万两存折。存折一直由京师大学堂总监督保管，蔡元培到教育部后曾要京师大学堂交出这个存折，被严复婉拒。蔡元培对严复较为敬让，也就作罢。但蔡元培离开教育部后，教育部必欲得之而甘心，

---

1 《译卫西琴中国教育议》，参见王栻编：《严复集》，中华书局1986年版，《严几道文钞》之二。

而严复始终不从,因此,教育部便想要换一个较为服帖的人当校长。

此外,经济收入和家庭负担也是严复辞职的重要因素。北大校长的薪水原本就不高(银洋300元),后根据部命减为60银洋(尚不够严复一家在京的房租)。而有严复兼任袁世凯的总统府顾问,薪酬较高;教育部又不允许校长兼职,年老体衰的严复权衡再三,只好辞去薪酬较低的北大校长职务。

在严复"辞职风波"中,一些人将其吸食鸦片问题作为一个重要原因加以渲染。其实,早在严复被举荐担任京师大学堂"总监督"时,吸食鸦片一事就曾遭到汤尔和等人的攻击。汤尔和说,为人师表,几道先生学问渊博,足可胜任京师大学堂总监督一职;然严先生有抽吸鸦片之好,却是最不适宜此要职的,除非政府要培铸像几道先生一样,虽有学问但无法做事的人。汤尔和的话切中要害,使举荐者无言以对。谁敢说堂堂京师大学堂就是要培养有学问的"瘾君子"?袁世凯得知后,即命总理唐绍仪转告汤尔和,要其举荐合适人选。汤尔和自己想当校长,但又不好直说,自然也没有举荐出合适人选。

严复得知情况后,便以"知浅德薄"婉拒。而袁世凯偏偏看中了他,认为京师大学堂总监非几道先生莫属。在袁世凯的盛情之下,严复只好出山效力。

在严复之前,京师大学堂已"走马灯"似地换过十余位"堂主",包括孙家鼐、许景澄、张百熙、张亨嘉、李家驹、曾广权、朱益藩、刘廷琛、柯劭忞、劳乃宣、刘经泽等,严复只是最后任职的一位校长(也是北京大学最早辞职的一位校长)。这些校长们在京师大学堂(北京大学)的时间有长有短,但都不同程度地为学校的发展做出了努力,同时也为后任者留下了许多问题与困难。

对北大颇有研究的作家李志伟在《北大百年(1898-1998)》一书中写道:

> 第一位真正意义上的北大校长就这样走了,他留下了一个危机四伏、缺钱缺物的北大,然而也是一个具备了一流精神底蕴和办学思路的北大。此后北大的校长换个不停,被学生赶走者有之,还未到任就被迫辞职者有之,直到1916年,蔡元培出任北京大学校长。虽然他和严复在政治上是两条道路上的人,一个主张君主

立宪,一个主张激进革命,但蔡元培却完美地继承和发展了严复的办学方针,严复当年的奋力拼搏终于没有变成镜花水月,而是长成了参天大树。从那以后,任何想动摇北大地位的想法,都是不切实际的了。[1]

李志伟在对比了严复与伊藤博文、东乡平八郎的人生际遇后指出:

> 当年严复在欧洲留学时,与日本的伊藤博文、东乡平八郎是很融洽的朋友。回国之后,伊藤博文很快步步高升,成为日本首相;东乡平八郎投身海军,最后在日俄战争中歼灭沙俄第二太平洋舰队,成为名噪一时的海军大将。惟有严复在中国守旧的官僚面前碰得头破血流,"温温无所试",躲进小楼翻译西方启蒙思想著作,实乃迫不得已。
>
> 不过古往今来的大学问家,没有几个是心甘情愿做成的,一大半倒是被时势逼出来的。若不是落到累累如丧家之犬的地步,孔子不会有工夫编正《六经》,司马迁不会下决心写《史记》,康德也不会一门心思写完《纯粹理性批判》。严复倒算是幸运的了,至少他的才华在当时条件下得到了最大程度的发挥。伊藤博文也好,东乡平八郎也好,与严复同时代的无数中堂、制台大人们也好,其所做的事情比起严复所从事的工作来,实在是太不值一提了。
>
> 他的一生都在致力于唤醒四亿人口蒙昧的心灵,将现代文明人所必需的精神状态以潜移默化的方式传授给他们,为他们黑暗的心灵点燃一盏如豆的灯火,寄希望于它可以被更多的人传下去,直到成为燎原的烈火。这在严复生活的时代似乎是一件无望的工作,看不到任何成功的希望,只会带来无穷无尽的烦恼和痛苦;

---

[1] 李志伟:《北大百年(1898—1998)》,卷宗一《"老北大"履历》第4节,作家出版社1998年版。

他最终的成功与其说是因为他的天才,还不如说是因为他的坚持,日复一日永无休止的忧劳——终于,他使他的同胞意识到了作为人的尊严、作为公民的权利和生活在科学时代所必须认识的事情。从这个意义上讲,说严复是现代中国的开创者之一,一点也不过分。[1]

李志伟颇为严复在北大的遭遇"抱不平",他说:

翻开严复担任北大校长期间的公私信件,绝大部分都围绕着一个"钱"字。严复并不是市侩的小商人,但一个学校总要有最起码的经济基础才能生存。在民国政府经济困难的时候,教育部甚至一再要求"停办北京大学",一方面是为了节省开支,另一方面也是想去掉严复这颗眼中钉,因为他的学者脾气实在是伤了不少大官人的面子。不过官僚们实在是小看了严复,这个瘦弱寡言的学者竟然挥笔写就了洋洋洒洒的《论北京大学不可停办说帖》,直接呈到当时的民国大总统袁世凯的案前,将教育部对北大的责难一条一条批了个淋漓尽致,"中国不可一日无北京大学"一时传为美谈。

在为北大争取生存权利的同时,严复还以学者的深邃思想撰写了《分科大学改良办法说帖》,大学文科应该怎样办好,法科、商科应该怎样办好,理、工、农诸科又该怎样缩小与西方的差距,如何在实现世界一流的同时保存本国特色……这些思想实在是太超前了,在社会如此动荡不安、官僚军阀们都忙着争权夺利的民国元年,竟还有这样一个头脑在思考着中国高等教育制度的未来,这不仅是北大之幸事,更是中国之幸事!

---

[1] 李志伟《北大百年(1898-1998)》,作家出版社2008年版,卷宗一《"老北大"履历》第4节。

然而，要靠一己之力和庞大的官僚机器做斗争，严复一个人的力量毕竟支撑不了多久。早在就任之初，他便忧心忡忡地说："财政问题若无解决，则早晚终当辞职也。"北大缺钱，实在缺钱，即使一旦稍微拿到些资金，就有人"纷纷来我处运动差事，甚于从前，极难对付"，身为校长的严复也因此开罪了不少鹰犬，成为了大官人们"向诸不要脸、无价值之报纸，实地造谣，煽惑人心"的对象。到了10月7日，严复看到筹款无望，人际关系的浑水又越搅越混，中间夹杂着革命党人与袁世凯、前清遗老与西洋新派的种种矛盾，终于下定了离开北大的决定。这个决定是痛苦的，但对学者严复来说，未尝不是一种解脱——现在他终于可以像过去20年中大部分时间一样，在学术的海洋中消磨余生了。[1]

严复早年批判旧学、倡导学习西方、向西方寻求救国真理；晚年则主张保存中国文化、回归传统文化，体现出其中西文化观逐渐走向成熟。严复对如何保存"民族精神"和"国魂"的考虑，至今仍是发人深省的问题。今天，人们已普遍认识到，中国的现代化必须建立在"中国特色"的基础上，否则追求"全盘西化"，其后果将如严复所言："虽极意步趋欧美，终是瞠居其后，不能与欧美并肩，而为一等之强国。"也就是说，没有本民族深厚的创造源泉，只一味去模仿别人，必然只能永远落在别人后面。

---

[1] 李志伟《北大百年（1898—1998）》，作家出版社2008年版，卷宗一《"老北大"履历》第4节。

七、从孔教会到"筹安会"

> 灯影回疏棂，见声过檐隙。
>
> 美人期不来，鸟啼蛋窗白。

这是严复写于民国初年的一首五绝诗，题为"民国初建，政府未立，严子乃为此诗"。它形象地表达出严复在这一时期希望与焦虑相交织的情绪。

辛亥革命是近代中国前所未有之重大变局，但革命后所引起的混乱也是空前的，严重的社会危机与人民生活的恶化，引发了广泛的信仰危机。随着局势的不断复杂化，严复的政治思想处于十分矛盾的状态之中。尽管他希望社会变革，但他又祈望社会安定；尽管他心里存有对自由、民主的向往，但是对党派之争他又十分厌恶，甚至将民初的动荡归结为革命党"不察事势"的作为。

正是这种矛盾的思想状态，使得民国前后的严复似乎"判若两人"：民国前是号称"近世西学第一人"的启蒙思想家，民国后却回归传统文化，成了"孔教会"的领衔人；19世纪末对专制政体深恶痛绝，被鲁迅称之为"19世纪末年中国感觉敏锐的人"，进入20世纪初叶，在自己生命的最后十年（1911—1921），却成了"共和国体"的反对者。这种转变无疑是富有戏剧性的，然而，它却是当时中国社会现实的映照。

由于辛亥之后，中国政治并没能走上正轨。虽然"城头变幻大王旗"，但政府的权威却几乎丧失殆尽，军阀擅权，武人专制。"甩掉一个作为权力象征的清朝皇帝，反而造成了公开的军阀割据，内战不已，人民的生命和权力连起码的保障也没有，现实走到原来理想的反面。"[1]中华民国仅只剩下一块空招牌，知识分子阶层和广大普通民众的处境不仅没有得到改善，甚至远不如革命前平静、安

---

[1] 李泽厚：《二十世纪初资产阶级革命派思想论纲》，《中国近代思想史论》，人民出版社1979年版，第307页。

宁。于是，人们开始怀念过去的帝制时代，作为传统意识形态的"孔教"也被人们重新祭起，以作为救世的良方，孔教会因此应运而生。

1912年7月30日，康有为在《致仲远书》中，提出了创立孔教会于国内的想法："近者大变，礼俗沦亡，教化扫地，非惟一时之革命，实中国五千年政教之尽革，进无所依，退无所据。顷并议废孔教，尤为可骇，若坠重渊，渺无所属。呜呼痛哉！自吾中国以来，未危变若今之甚者也。虽然，时变之大者，必有夫巨子出济艰难而救之，今其时也。吾欲复立孔教会以振之。"[1]

1912年10月7日，上海孔教会成立。这一天正好是孔子诞辰纪念日，孔教会精神领袖康有为欣然为之作会序，称："今欲存中国，先救人心，善风俗，拘彼行，放淫辞，存道揆法守者，舍孔教未由已。"[2] 陈焕章也在《孔教会序》中阐明了孔教会宗旨："以讲习学问为体，以救济社会为用，仿白鹿之学规、守兰田之乡约，宗祀孔子以配上帝。诵读经传以学圣人，敷教在宽，藉文字语言以传布，有教无类，合释老耶回而同归，创始于内国，推广于外洋，冀以挽救人心，维持国运，大昌孔子之教，聿昭中国之光。"[3]

孔教会在《开办简章》中宣称，孔教会以昌明孔教、救济社会为宗旨，凡诚心信奉孔教之人，无论何教、何种、何国，皆可入会。从其宗旨看，孔教会明确把孔教当作救治社会、普济众生的圭臬。孔教会成立后，便千方百计发展组织，扩大影响。当年11月在上海设立了总会事务所，并发行《孔教会杂志》作为机关刊物。

1913年4月，严复在北京《平报》发表《思古谈》，就当时举国"标新斥旧、挤兑传统"发表了自己的看法。他说："故今之时，号曰革命，又曰新世。上自民国之伟人，下至市井小工、裁衣、理发，莫不以新为职志。美哉焕乎！此真吾国之新机也。顾自鄙陋言之，则古物之所以珍，而人心之所以笃故，亦自有说。仆，陈人也。不辞朽腐，姑为一谈。"[4] 严复以"守旧"自我标榜，论说了守旧与尊古的必要。

---

1 上海文保会编：《康有为与保皇会》，上海人民出版社1982年版，第369—370页。
2 汤志钧编：《康有为政论集》，中华书局1981年版，第740页。
3 陈焕章：《孔教会序》，《孔教会杂志》第一卷第一号。
4 冯保善著：《严复传》，团结出版社1998年版，第193—194页。

他还对其时流行的"爱国"一词进行了分析，他说："然则爱国者，爱其祖父之所自生，而以自爱其祖父始明矣。夫爱祖父，非仅以其生我已也。质文递嬗，创制显庸，聚无数人之心力，勤苦为之礼乐文章焉。"[1]严复认为，正是由于祖宗代代相传，创造了灿烂的礼乐文章，才使我们拥有今天辉煌的文明。因此，继承祖先文化传统，自然是铁的原则。在严复看来，物质技术的发达进步只是形而下的东西，国民的品性、素质才是一国兴衰的关键因素。他认为，最终能使中国不灭和走向富强的，仍然是先圣创造和流传下来的传统文化精神。

正是基于对传统文化的深切认识，这年端阳节前后，严复领衔，与北京学界、政界的名流二百余人，包括梁启超、杨度、廖平、王式通、刘廷琛、马其昶、汤化龙、姚永概、夏曾佑、林纾、梁鸿志、蔡锷、陈衍等260余人，发起成立孔教公会，并颁布《孔教公会章程》，规定公会以"阐扬孔教、救济社会"为宗旨，在北京设立总会，各省设支会，各道、县及海外设分会，不分国界、种界，凡信仰孔教者，均可经会员介绍入会。

而此时身为民国总统的袁世凯，也面临着如何在政治上重建社会秩序，重新确立政府或他个人权威的难题。出于意识形态方面的考虑，袁世凯深感秩序的紊乱不已，除了地方势力的破坏，主要是国人信仰体系的崩溃。他说："今之大患，不在国势，而在人心。苟人心有向善之机，即国本有底安之理。"[2]

正是由于人们价值取向的不一致，才使国人即社会全体成员无法对国家的未来发展达成共识。要使国人在中国的未来发展模式上建立共识，首要的问题自然是要寻找到一种既合乎中国国情，又有益于中国进步与发展的学说作为官方意识形态，作为中国人价值取

向的基础。其时西方的自由民主思潮虽已涌入，但对中国绝大多数人特别是下层民众来说，自由民主尚是一个十分陌生的东西，国人不仅没有经验，甚至缺乏常识。因此，尚不足以成为中国人价值体系的参照。于是，袁世凯别无选择，只能在共和政体的框架内，利用传统文化的资源完成意识形态的重构，即以孔子的教义作为中国的民族精神。在《通令国民尊崇伦常文》中，他指出：

1　冯保善著：《严复传》，团结出版社1998年版，194页。
2　袁世凯：《复学校祀孔命令》，《民国经世文编》第39册，第48页。

> 前据南京留守黄兴电陈：民国肇造，年少轻躁之士，误认共和真理，以放恣为自由，以蔑伦为幸福。纲纪隳丧，流弊无穷。请讲明孝弟忠信礼义廉耻，以提倡天下，挽回薄俗等情。仁人之言，闻之感喟。本大总统深惟中华立国，以孝弟忠信礼义廉耻为人道之大经。政体虽更，民彝无改。盖共和国体，惟不以国家一姓之私产，而公诸全体之国民。至于人伦道德之原，初无岐异。古人以上思利民，朋友善道为忠，原非局于君臣之际。自余七德，虽广狭有殊，而人群大纪，包举无遗。……须知家庭伦理、国家伦理、社会伦理，凡属文明之国，靡不殊途同归。此八德者，乃人群秩序之常，非帝王专制之规也。[1]

根据他的解释，中国旧有的纲常伦理不仅合乎中国国情，而且并不与共和政体相冲突，甚者更有助于解决当时的问题，有助于重建国人的信仰体系。

基于这样一种认识，袁世凯于1913年6月22日郑重颁布"尊崇孔圣令"，通令各省尊孔祀孔，成立孔教会。企图以政治手段化解辛亥革命所带给人们的思想混乱。于是，在辛亥革命之前曾受到质疑乃至批判的传统文化尤其是儒家学说，再一次引起了人们的注目，成为知识界争论的对象。

1913年8月15日，陈焕章、严复、梁启超等人以孔教会的名义向参众两院递交请愿书，请定孔教为国教，各地尊孔组织及各界人士也纷纷上书，以为声援。但是宪法委员会经过反复争论，"定国教"的议案没有被通过。

9月3日，孔教会在国子监举行中秋祀孔典礼，严复欣然接受邀请，发表了题为"民可使由之不可使知之"的演讲，对孔子所说的"民可使由之，不可使知之"作了一番颇具新意的解释。他认为，自从西学东渐以来，浅学之士每每借助于西方的学说误解孔子，以为孔子这段话是中国两千年封建专制的思想根源，与老子的"国之利器不可以示人"的思想一样，同属于愚民主义。这实在是对孔子的最大误解。在进行了烦琐的语义学考证之后，严复从道德、宗教、法律三个方

---

[1] 袁世凯：《通令国民尊崇伦常文》，《袁大总统书牍类编》第64页。

面证明，一个合理、公平的社会，本来就应该做到民"可使由，而不可使知"。在他看来，权威皆由信起，不由知入，民众只要能够遵循公认的社会规则，安居乐业就行了，至于精深的"知之"，自然应该留待于各种专门家去完成。[1] 众议院议长汤化龙、袁世凯的特别代表梁士诒及日本顾问有贺长雄等政治人物均到场听取了他的演讲。

9月27日，各地孔教会汇集在孔子的家乡——山东曲阜，召开了第一次全国孔教大会，并举行了大规模的祭孔活动。不久，康有为回到国内，孔教会同仁于11月集会公推康有为任总会会长，陈焕章为主任干事，并将总会由上海迁至全国政治中心北京。一些在中国有一定影响的外国人，如美国的李佳白、日本的有贺长雄、英国的庄士敦、德国的卫礼贤等也加入了孔教会。

此后不久，严复又在中央教育会以"读经当积极提倡"为题发表演说，竭力提倡尊孔读经。严复在演讲中说："大凡一国存立，必以其国性为基，国性国奢不同，而皆成于特别之教化，往往经数千年之渐摩渐渍，而后大著。但使国性长存，则虽被他种之制服，其国其天下尚非真亡。"[2]

严复论述了中国作为一个文明国家的历史形成进程，指出中国是世界上具有悠久历史的文明古国，与西方近代文明国家相比较，不仅地大物博，山川灵秀，气候温和，而且民风淳朴，为世界所称赞。他先前之所以坚持、倡导以西方近代思想启蒙国人，只是相比较而言之，并不意味着中国人的"国性"低下，恰恰相反，如果从国性的角度去观察，中国人的国性不仅开发最早，而且虽经战乱却弥久长存、历久弥新，伦理法制经久不衰，与世界上许多国家相比，具有一种特殊的凝聚力，这就是国家和民族的灵魂。

那么，什么是中国的"国性"呢？严复指出："中国之特别国性，所赖以结合二十二行省，五大民族于以成今日庄严之民国，以特立于五洲之中，不若罗马、希腊、波斯各天下之云散烟消，泯然俱亡者，岂非恃孔子教化为之耶！孔子生世去今二千四百余年，而其教化尚有行于今者，岂非其所删修之群经，所谓垂空文以绍来世者尚存故耶！"[3] 他认为，促使中国具有广阔领土、五大民族，立足于

---

[1] 参见王栻编：《严复集》，中华书局1986年版，第328页。
[2] 冯保善著：《严复传》，团结出版社1998年版，第195页。
[3] 冯保善著：《严复传》，团结出版社1998年版，第196页。

世界民族之林的特殊国性，就是孔子的教化，而孔子的教化就存于其删修的儒家群经中。

严复强调指出，中国不仅道德教化以儒家经典为本原，甚至社会兴替、革故鼎新，往往也借用群经大义以号召天下。如辛亥革命就是借用《易传》"汤武革命，顺乎天而应乎人"的说法以鼓舞民众；而《礼记·礼运》篇中关于"大同"社会的描述，也成为启发国人对未来理想社会的追求；孟子所说的名言"民为贵，社稷次之，君为轻"，更是民国之民主所以得以建立的依据。这是就大的方面而言，即便是在民生风俗、日常行事等细微方面，中国人的日常生活也离不开儒家经典中的"彝训格言"。既然儒家之道存在于儒学经典之中，那么中国人就不能无视儒家伦理的现代价值与意义，就应当认真读经以保持自己的优良传统，同时向西方学习，建设一个现代国家。严复认为，是否能读好经，是关系到"人之所以成人，国之所以为国，天下之所以为天下"的大事。他提醒人们要注意从儒家经典中去发掘与现代社会相吻合的道理，以减少西方近代思想在中国传播过程中的负面影响。

当时社会上对读经存在三种畏难情绪和错误认识：一是苦其艰深；二是畏其浩博；三是认为与时不合。严复针对这三种认识提出了批评，他认为儒家经典是我国的古文，在当时不算是艰深的文字。虽然也有些语言不容易明白，但是让儿童读经并非句句字字都让他们能讲明白，可以在年岁小时，先背诵记住，以后长大了再领会其中的含义。何况也有讲经的老师，不至于伤害儿童的脑力。古往今来，没有听说谁家的子弟，因为读《四书》、《五经》而造成神经混乱的。西方的《圣经》是拉丁文写的，即使各国译本，文字也并不特别浅显，不是也没有因此而废除吗？

严复反复强调，儒家经典卷帙浩博，虽然不可能在小学、中学和大学阶段全部读完，但是不能因此而不读，更不能断章取义地去读。在经学鼎盛的汉代、唐代，研究经学的文人，每人也只专攻一经而已。国民不读经书对孔子并没有损失，但如果因为不读经书，造成国人没有人格，没有国性，则是巨大的损失。因此，严复主张儒家经典不可不读。

严复为此还郑重致信在江西主持教育的一位弟子，要其无论如何都要把少年读经作为一项重要的事情去办。他写道:"吾弟在赣主持教育,所论以师范为重,诚为知本之谈。但此举为广造善因,抑或流传谬种,全视培此师范者之何如,不可不审也。读经自应别立一科,而所占时间不宜过多,宁可少读,不宜删节,亦不必悉求领悟;至于嘉言懿行,可另列修身课本之中,与读经不妨分为两事,盖前者所以严古尊圣,而后者所以达用适时。"[1]由此可见,严复主张把读经作为学校正式科目,而且在方法上要"少而精",与"嘉言懿行"区别开来,以达到严尊古圣和达用适时的双重目的。可以说,这正是严复在辛亥之后积极提倡尊孔读经的真实用意之所在。

对辛亥前后一些激进思想家认为"儒家思想与现代生活严重冲突,儒家伦理是造成中国社会两千年来不能进步的思想根源"的观点,严复以为极为荒唐。他认为,这种看法根本不清楚儒家伦理的真意之所在,更不清楚人类社会发展变化的一般规律。"何以言之?开国世殊,质文递变,天演之事,进化日新,然其中亦自有其不变者。姑无论今日世局与东鲁之大义微言,固有暗合,即或未然,吾不闻征诛时代,遂禁揖让之书,尚质之朝,必废监文之典也。考之历史,行此者,独始皇、李斯已耳。其效已明,夫何必学!总之,治制虽变,纲纪则同。今之中国,已成所谓共和,然而隆古教化,所谓君仁臣忠,父慈子孝,兄友弟敬,夫义妇贞,国人以信诸成训,岂遂可以违反,而有他道之从?"[2]严复指出,那些强调儒家伦理与现代社会生活不合的人,实在是昧于社会变迁之大势。共和国体的建立只是中国政治上的变动,并不意味着中国人的伦理观念也必然随着政治上的变动而变动。从人类历史长河的角度去观察,人类所遵循的道德伦理信条从来没有随着政治上的变动而发生根本的变化。

从这种认识出发,严复于1914年撰写了具有提案性质的《导扬中华民国立国精神议》,阐述了以传统道德中的"忠孝节义"为立国精神的意见,呼吁参政院调整宣传方针,不要一味鼓励、怂恿已经变质的所谓"民主、自由"的思想观念。

他认为,自己当年积极宣传介绍的自由、民主、平等观念,经过中国社会的"转化"已经产生出许多流弊,严重影响了社会秩序的稳定与社会的正常发展。

1　王栻编:《严复集》,中华书局1986年版,第615页。
2　严复:《读经当积极提倡》,王栻编:《严复集》,中华书局1986年版,第332页。

他指出:"夫言自由而日趋于放恣,言平等而在在反于事实之发生,此真无益,而智者之所不事也。自不佞言,今之所急者,非自由也,而在人人减损自由,而以利国善群为职志。至于平等,本法律而言之诚为平国要素,而见于出占投票之时。然须知国有疑问,以多数定其从违,要亦出于法之不得已。福利与否,必视公民之程度为何如。往往一众之专横,其危害压制,更甚于独夫,而亦未必遂为专者之利。"[1]

在《导扬中华民国立国精神议》中,严复郑重提出以"忠孝节义"四者为中华民族之特性,并建议将如下诸条付诸公议和表决,以期为中国人重建一种既有新意又具有中国传统精神的道德标准:

一、标举群经圣哲垂训,采取史书传记所纪忠孝节义之事,择译外国名人言行,是以感发兴起合群爱国观念者,编入师范生及小学堂课本中,以为讲诵传习之具。

一、历史忠孝节义事实,择其中正逼真者,制为通俗歌曲,或编成戏剧,制为图画,俾合人民演唱观览。

一、各地方之忠孝节义祠堂坊表,一律修理整齐,以为公众游观之所,每年由地方公议,定一二日醵资在祠举行祭典,及开庙会。

一、人民男女,不论贵贱贫富,已卒生存,其有奇节卓行,为地方机关所公认,代为呈请表彰者,查明属实,由大总统酌予荣典褒章。

一、治制有殊,而砥节首公之义,终古不废。比者政体肇变,主持治柄之地,业已化家为官。大总统者,抽象国家之代表,非具体个人之专称,一经民意所属,即为全国致身之点。斯乃纯粹国民之天职,不系统一之感情,是故言效忠于元首,即无异效忠

---

[1] 严复:《民乐平议》,王栻编:《严复集》,中华书局1986年版,第337页。

于国家。至正大中,必不得以路易"朕即国家"之言相乱也。此义关于吾国之治乱存亡甚巨,亟宜广举中外古今学说,剖释精义,勒成专书,布在学校,传诸民间,以法天下之感。

一、旧有传记说部,或今人新编,西籍撰著,其有关于忠孝节义事实者,宜加编译刊布,以广流传。[1]

严复指出:"是知国于天地,其长存不倾,日跻强盛者,必以其民俗、国性、世道、人心为之要素","故必凝道德为国性,乃有以系国基于苞桑。即使时运危险,风雨飘摇,亦将自拔于艰难困苦之中,蔚为强国。"[2]

严复的议案既充分考虑到中国特殊的国情,承袭五千年的精神文明,又尽量吸收西方近代思想中的精华,为建立一个现代国家提供精神支柱,将立国的根基建立在可靠的精神资源上,未尝不是解决当时混乱社会秩序的一种方案。严复的建议在参政院经过一番讨论后获得批准,袁世凯即以总统令的形式通令各省,将这项建议案"饬属晓谕人民,一面悬挂各校讲堂,刊登各课本简端,以资儆惕,务期家喻户晓,俾人人激发其天良。"[3]严复对自己的议案能获得政治层面的认可,自然感到十分高兴。

1914年9月25日,袁世凯又发布"规复祭孔令",规定春秋两季祀孔,京师由大总统主祭,各地文庙由地方长官主祭。此时,孔教会已有支会联合会、支会、分会140余个,遍及除西部省份以外的绝大部分省区和港澳地区,以及纽约、东京等地。

这一年,严复还翻译了卫西琴的《中国教育议》。在谈到翻译该书原因时他说,由于卫西琴服膺孔子学说,书中所宣扬的东西与自己尊孔读经的思想十分合拍,因此将它译成中文介绍给中国读者。

如果说严复"尊孔读经"更多着眼的是文化,那么,袁世凯的"尊孔读经"则更多着眼的是政治。他看到严复主张"君主立宪",并积极为"尊孔读经"张

---

[1] 严复:《导扬中华民国立国精神议》,王栻编:《严复集》,中华书局1986年版,第344-345页。
[2] 冯保善著:《严复传》,团结出版社1998年版,第196页。
[3] 《政府公报》1914年11月4日。

罗，于是在成立"筹安会"时，便积极主动地拉严复参加。

严复与袁世凯的关系渊源颇深。早在天津北洋水师学堂任职期间，严复由于创办《国闻报》而与在天津小站练兵的袁世凯相识，彼此互有好感。义和团事件后，袁世凯被提升为直隶总督兼北洋大臣，曾想邀严复入幕为僚。严复因对其在戊戌变法中的"变节行为"心存不满而断然回绝。尽管他对袁氏为人有所保留，但对其才干却颇为赞赏。1909年1月，朝廷将袁世凯开缺回籍，一时"墙倒众人推"，严复则站出来为袁世凯说话，认为像袁世凯这样的人才，一时无两，堪为国家栋梁，不应将他赋闲。袁世凯得知后，大为感激。

武昌起义爆发后，朝廷不得不重新启用袁世凯，任命其为内阁总理大臣。严复当时对中国实行"共和"并不赞成，而对袁世凯抱有较大幻想。认为在当时新旧两派中，袁世凯不失为最理想的首脑人选，只有他才有希望使国家保持稳定。南北议和时，袁世凯对自己昔日"失意"时严复为他"抱不平"感念在心，又得知黎元洪是严复在北洋水师学堂的学生，便委派严复作为北方代表团成员，赴武汉参与和谈。回京之后，严复一边向袁世凯汇报，一边积极为其献计献策。

1912年清帝退位，袁世凯被选为中华民国临时大总统，严复亲往祝贺。袁世凯也为能把严复这样的"社会名流纳入自己阵营而深感喜悦"。出任临时大总统后，袁世凯先后任命严复为京师大学堂总监督、北京大学校长及大总统府顾问。严复辞去北大校长后，袁世凯又先后任命严复为约法会议议员、参政院参政、宪法起草委员会委员等职。

在清末民初复杂多变的政局里，严复与袁世凯一直保持着过从甚密的关系，并为其出谋划策、摇旗呐喊。个中原因在于，辛亥革命之后，严复对中国的社会现实并不看好，且有着一种相当悲观的认识。他虽然向往西方的民主政治制度，但他认为，以中国的实际情形及"民品之劣，民智之卑"，不可能一蹴而就，只能以渐进的方式缓慢推行。因此，严复对君主立宪几乎不遗余力地赞同拥护并付诸实践。

他心目中的理想社会制度并非美国式的民主共和制度，而是自己曾目睹和感受的英国君主立宪制。清廷倒台后，君主没有了，权威失去了，严复担心民智未开的中国陷入失控状态。他认为中国需要一个强人作为社会的主导与象征，不然就会因缺乏凝聚力而成为一盘散沙。袁世凯的出现，使他看到了希望。他觉得袁世凯就是一个足以担当国家元首重任的强人，一个可以引导旧中国逐步走向英国式议会宪政的强人。他甚至表示："项城此时一去，则天下必乱，而必至于覆亡。"

严复的渐进改良主张，付之于政治制度，表现为对君主立宪的极力推崇。他曾在《群学肆言》中总结人类社会的演进之路，第一个阶段是"奴虏之于主人"，然后是"专制之君上"，再后面才是"有限之君权，又继之以立宪之政柄"。也就是说，将权力分步骤地还之于民，是"天演"的必经之路，这个过程不可跳跃。

民国诞生后，严复发现，当年自己对于革命后果的担忧一一变成了现实。革命只不过赶走了宝座上的皇帝，却没有赶走人们"心中的皇帝"，中国很快陷入"新居未建，而故居已拆"的尴尬境地。民初政党林立，几乎所有人都试图逐鹿权柄，而非和衷共济。"二次革命"很快爆发，政局动荡再次引发了社会动乱。这些显然是严复所不愿看到的。

面对如此混乱的局面，严复几乎是冒天下之大不韪，说出了"天下仍须定于专制，不然，则秩序恢复之不能，尚富强之可岐乎？"[1] 他依然认为，中国需要有一个权威主导，徐行立宪之事才是正途。1913 年 6 月，他与梁启超、林纾等人一道发起成立"北京孔教公会"，提倡尊孔复古，目的也是为了挽回混乱中的世道人心。

1915 年初，袁世凯在日本人策动下企图改共和制为君主制。当年 3 月，杨度撰写了《君宪救国论》，提出"废共和、兴君宪"的主张；8 月，袁世凯的宪法顾问美国人古德诺发表了《共和与君主论》，称辛亥革命"由专制一变而为共和，此诚太骤之举动，难望有良好的结果"，"中国如用君主制，较共和制为宜"。

古德诺文章发表后的第三日，杨度便神秘地出现在北京西城刑部旧街严复的家中，大谈自己的"赌运"，严复如堕五里雾中，不知道杨度"葫芦里卖的是什么药"。第二天，杨度再次来到严宅，先请其帮助重译古德诺的文章，为严复所"婉拒"；接着便提出自己正与有关人士创建"筹安会"，"拟专就我国是否适宜共和，还是适宜君主立宪，展开研究"。他说，严复乃一代名流，国人向来唯严公马首是瞻，因此想请严复做发起人。

---

[1] 原载《庸言报》，转引自陈越光、陈小雅《摇篮与墓地》，四川人民出版社 1985 年出版，第 125 页。

严复虽然倾心君主立宪，不太赞同此时实行共和体制，但如今国体已经定下，轻易变动，也会带来许多问题。他对杨度说，国家改革，原本不是一蹴而就的事；何况君主制度所赖以维系的，是君主的威严；如今经过革命，君主之威风早已扫地，贸然复旧，只能乱上加乱；世俗所说革命，不问其意在行民主还是行君主，凡是卒然尽改原本局面的，都为鄙人不取。杨度劝他："既知共和国体无补救亡，即不宜苟安，听其流变。"严复则认为，国家大事，怎能如同弈棋，翻来覆去，这不是一误再误吗？况且一定要行君主制，又会有旧君新君的问题。杨度只好说："此会宗旨，止于讨论国体宜否，不及其余。"严复的政治使命感虽然极强，此时对政治却似乎有些排斥，他对杨度说，您说的会如果成立，天下怕从此又要多事了！杨度则抬出德皇威廉二世，说其一再对袁世凯公子袁克定等说，中国非行君主制不能大治。

杨度软磨硬泡，一定要请严复做发起人，严复听出其背后是袁世凯。为避免得罪袁氏，严复便说，足下一定要筹办此会，鄙人可以入会做会员，贡献一得之愚，也未尝不可以。只是既以研究为号召，就不能强逼大家都持一种主张。

没想到，杨度走后第二天，便派人送来请柬，邀严复参加晚宴，说明在座者有孙毓筠、刘师培、李燮和、胡瑛。严复以身体不适为由辞谢。当晚杨度亲到严宅相邀，严复以有病在身，不便相见，而让家人接待，杨度只好悻悻离去。深夜却送来一封信，告知严复，筹安会发起启事明天即将见报，袁大总统认为此会发起人非公莫属，因此已代其署名，送给报馆了。严复无奈，只好打电话找来弟子侯疑始商量，最后商定既不出逃避难或登报声明"被盗名"，也不参与其事，取明哲保身之计。

次日，筹安会成立启事在报纸上十分醒目地登了出来，杨度、孙毓筠为正、副理事长，严复和刘师培、李燮和、胡瑛被列为理事。这就是后来人们所称的"筹安会六君子"。孙、刘、李、胡4人都曾参加过同盟会，是大名鼎鼎的革命党人。杨度费尽心机把严复列为发起人，令袁世凯"极为欢悦"。可是，当熟悉的人们在发起人名单上见到严复的大名后，却不禁都感到不解并为他捏了一把汗。

尽管严复被列名为"筹安会"发起人，但他并没有实际参加"筹安会"的活动，凡遇筹安会召集会议，他便称病不赴。直到筹安会解散，他始终没踏进筹安会所在地石驸马街一步。后来梁启超发表《异哉所谓国体问题者》一文，对筹安会的宣言、宗旨进行猛烈的抨击，袁世凯曾派人请严复写批驳文章，并送来一张四万元的支票，严复婉转推辞，把支票原封不动地退了回去。在袁世凯"帝制"活动兴盛之际，严复曾录李白古风一首赠与从侄家鹄，其中有"物苦不知足，得陇又望蜀。人心苦波澜，世路有屈曲"之句，表明了自己对袁世凯称帝的不满。

但是，在许多不明底细的人眼里，严复"复辟帮凶"的恶名却是坐实了。连好友马相伯也不理解，对他说，别人想往上爬是可以理解的，"你偌大年纪，又何必多此一举！"而严复内心真正想要实现的愿望，并没有多少人明白。

实际上，对"筹安会六君子"应作具体分析。如杨度、孙毓筠，的确是"筹安会"的中坚分子，而其余四人则都是被拉来装点门面的。如果说刘师培、胡瑛在参加"筹安会"后，还或多或少参与了一些具体活动，那么，严复和李燮和则只是挂名而已，相对来说要"清白"些。

1915年12月11日，参政院开会投票表决所谓国体问题，一致通过袁世凯为"中华帝国皇帝"。两天后，袁世凯表示接受"民意"，定于1916年元旦正式登基，改年号为洪宪元年。它激起了全国人民的反对，12月25日，蔡锷率先在云南宣布独立，并组成护国军，开始了轰轰烈烈的讨袁斗争。随后各地纷起相应，贵州、广西、陕西、浙江、广东等省也先后宣布独立。

在全国各地一片讨袁声中，袁世凯的亲信冯国璋、段祺瑞也与其"分道扬镳"。袁世凯发现自己孤家寡人，事与愿违，只好于3月22日宣布取消帝制，并在一气之下卧病不起。仅仅不到三个月，6月6日，袁世凯便因"气火攻心"病逝于新华宫。弥留之际，袁世凯断断续续地说："他——害——了——我。"这个"他"究竟指谁，袁氏已来不及确指便气绝而亡。

在一种相当复杂的情绪中，严复写了《哭项城归榇》一诗以作悼念。诗云：

近代求才杰，如公亦大难。六州悲铸错，末路困筹安。

四海犹多难，弥天戴一棺。人间存信史，好为别贤奸。[1]

---

[1] 严复：《哭项城归榇》，转引自《今晚报》2006年8月17日。

作为"筹安会"之首的杨度则写下了这样一副挽联：

共和误中国，中国误共和，千载而还，再评此狱；
君宪负明公，明公负君宪，九原可作，三复斯言。[1]

杨度虽是榜眼出身，但在悼挽袁世凯这件事上亦感颇为辣手。他既做过袁世凯的朝廷大官，袁世凯企图复辟之时，又写过《君宪救国论》。人们便感到他是最能够写出合适挽联的人，因此都在等着看他的作品。杨度却在下联中以苏轼《答毕仲举书》"三复斯言，感叹无穷"一语为自己辩白：我没有负袁，而是袁自己害了自己；这场官司就是打到阴曹地府，我也决不改口认输。此联短短三十八字，可谓极尽舞文弄墨之能事。

杨度

袁世凯死后，京城各界纷纷要求惩治帝制祸首，据传严复也被列在其中。老友林纾闻听消息，急忙跑到严复家中，力劝严复外逃，暂避风声。严复起初固执不肯离去，后来在儿子催促下，离京到天津住了些时间。

7月14日，新任大总统黎元洪公布查拿帝制活动肇祸者名单，严复并不在其中。据称是李经羲主持公道，为严复辩白，国务总理段祺瑞才将严复的名字从名单中剔除。后来严复专门写信给副总统冯国璋，说明自己并没有参加筹安会活动，"列用贱名，元不待鄙人之诺，夕来相商，晨已发布。我公试想，当此之时，岂复有鄙人反抗之址耶！近者过火要求承办祸首，尚幸艺老（段祺瑞）知其实情，不然纵有百口，岂能自辩？"[2]

其时，天津《广智报》曾发表一幅漫画：画中既有头戴冠冕、身披龙袍的袁世凯，也有包括严复在内的筹安会"四大将"。严复虽然感到十分苦涩与无奈，

---

1 杨度：《挽袁世凯》，转引自《文武北洋》，广西师范大学出版社2006年版，第248页。
2 冯保善：《严复传》，团结出版社1998年版，第205页。

但"君主立宪"在他心中依然长期弥漫、挥之不去。他始终认为,袁世凯的失败并非帝制所致,而是"就职五年,民不见德"之故。他特别赞同一位传教士的见解:"袁世凯大罪不在规图帝制,在于不审始终,至于事败。"

此后,严复似乎完全退居政界之外,沉浸于整理国故、批点《庄子》之中。他说:"庄生在古,则言仁义,使生今日,则当言自由、平等、博爱、民权诸学说矣。"[1] 他试图在传统文化中寻找通往现代文明的因子,它不仅体现出严复对"一战"时西方世界争名逐利的失望,更蕴含着他在经历辛亥革命巨大动荡后的一种深沉的思考。

---

1 冯保善:《严复传》,团结出版社1998年版,第238页。

八、平生风义兼师友

平生风义兼师友；天下英雄惟使君。

这是1903年2月京师大学堂总教习吴汝纶去世后，严复集李商隐、陆游句悼念吴汝纶的一副挽联，既表达了自己与吴汝纶的深挚友谊，也对吴汝纶的一生作了高度评价。

吴汝伦

吴汝伦[1]是我国近代文学家、教育家，也是严复的良师挚友。光绪二十八年，由吏部尚书张百熙推荐为京师大学堂总教习，后赴日本考察学政。归国后在故里建立了桐城中学堂，成为中国早期实行新式教育的学堂之一。吴汝伦曾为桐城中学堂题联曰：

后十百年人才奋兴，胚胎于此；
合东西国学问精粹，陶冶而成。

作为桐城派后期代表人物之一，吴汝纶的古文功底十分出色。从他为一些古迹、会馆题写的对联中便可见一斑。如题南京练湖湖神庙：

四十里境隔红尘，暇日偶来游，正当蒲战荷喧，天地苍茫入风雨；
数百年灵征玄武，今朝差解事，俄见烟消云敛，湖山佳丽媚春秋。

---

[1] 吴汝伦（1840—1903），字挚甫，安徽桐城人。同治三年（1864）举人，次年中进士。先后入曾国藩、李鸿章幕府。与武昌张裕钊、遵义黎庶昌、无锡薛福成并称"曾门四大弟子"。历官直隶深州、冀州两府知州。光绪十五年（1889）起，主讲保定莲池书院，执教多年，弟子甚众。

又如，题金陵湖南会馆：

泛洞庭湖八百里秋波，挂席来游，三楚风涛携袖底；
邀太白楼一千年明月，凭栏远望，六朝烟景落樽前。

吴汝伦的百字铭

吴汝伦比严复年长 14 岁，早年又得过功名，与严复相识时已在晚清文坛据有鼎足地位。严复十分敬重吴汝伦的国学功夫，吴汝伦也十分欣赏严复的中西学水平，两人介于师友之间，半师半友，亦师亦友，彼此建立了深厚的友情。严复任职北洋水师学堂期间，怀才不遇，时有牢骚。吴汝伦便写信劝慰他：

独执事博涉，兼能文章。学问奄有东西数万里之长，子云笔札之功，充国四夷之学，美具难并，钟于一手……窃以谓国家长此因循不用贤则已耳，如翻然求贤而登进之，舍执事其谁将属？然则执事后日之事业，正未可预限其终极。即执事之自待，不得不厚，一时之交疏用寡，不足芥蒂于怀，而屈、贾诸公不得志之文，虞卿魏公子伤心之事，举不得援以自证。尚望俯纳刍荛，珍重自爱，以副见慕之徒之所仰期。[1]

---

[1] 吴汝伦：《答严幼陵》，《桐城吴先生全书》尺牍，卷一。

吴汝伦对严复说，杨雄般的古文功夫，西学的博采精通，这是极难兼而有之的，而你两者都具备。如此才学，一旦国家振兴，迫切需要求贤，不找你找谁呢？你的前途正不可限量，因此不必牢骚满腹，也不必把一时得失挂怀心中，更不要以屈原、贾谊、虞卿、魏公子等人不得志自况，而要自我珍重，以免那些仰慕你的人失望。

后来，在严复准备应荐经济特科时，吴汝伦从历史经验出发，认为"特科徒奉行故事耳，不能得其才。得矣，亦不能用。"因此在给严复的信中，力劝严复"回翔审慎，自重其才，幸勿轻于一出也。"劝严复慎重考虑，不可率然行事，以免轻贱自己，成为他人话柄。

在严复翻译《天演论》的过程中，吴汝伦给了他许多具体的帮助，堪称一段文坛佳话。吴汝伦对严复翻译《天演论》早有所知，1896年8月26日，在严复译事告竣之际，他致信严复说："尊译《天演论》，计已脱稿；所示外国格致家谓顺乎天演，则郅治终成。赫胥黎又谓不讲治功，则人道不立，此其资益于自强之治者，诚深诚邃。"对严复翻译此书的重大意义给予了充分认同。

《天演论》译出不久，严复便托人把译稿带给吴汝纶，请他指点教正。桐城派古文大家吴汝纶阅读了译稿后，倾倒之情油然而生，他致书严复说：

> 得惠书并大著《天演论》，虽刘先生之得荆州，不足为喻，比经手录副本，秘之枕中。盖自中土翻译西书以来，无此宏制，匪直天演之学，在中国为初凿鸿蒙，亦缘自来译手，无似此高文雄笔也。
>
> 前读《天演论》，以赫育黎氏名理，得吾公雄笔，合为大海东西奇绝之文，爱不忍释，老懒不复甄录文字，独此书则亲笔细字，录副袭藏，足以知鄙人之于此文，倾到至矣！[1]

吴汝纶不仅对严复的译稿给予了极高的赞誉，而且诚恳地对译稿提出了一些

1　冯保善《严复传》，团结出版社1998年版，第102页。

修改意见。严复对这些意见十分重视，在认真审议之后，对译稿进行了相应修改。如原文中发挥过多的，将它们移置文后案语；每节按吴汝纶意见标出了小标题；"悬疏"改为了"导言"等等。吴汝纶还应严复的请求，为《天演论》写了一篇言辞恳切、热诚精彩的序言，向读者隆重推荐该书。

《天演论》译成出版后，在社会上产生了巨大的反响。一年内即出现了湖北沔阳木刻刊行的版本和天津嗜奇精舍的石印版本。1905年商务印书馆出版后，到1921年就印行了20版。此书对社会影响之广，渴求新思想的人士对此书倾慕之热情，由此可见一斑。

除了《天演论》，严复翻译的其他著作也常常找吴汝纶指正。如严译的《原富》，就请吴汝纶作文字修改，"因文字芜秽，每初脱稿时，常寄保阳，乞吴先生挚甫一为扬榷"[1]。正如人们所说："侯官严幼陵先生博学能古文，精通外国语言文字，所译西书，自译书以来，盖未有能及者，而必就质于先生（吴汝纶），先生每为审正"[2]。严复为此深为感激："凡此皆受先生（吴汝纶）之赐也。"

1898年京师大学堂成立时，吴汝纶一开始曾打算推荐严复出任大学堂总教习。他在致严复的信中说："西学以新为贵，中学以古为贵，此两者判若水火之不相入，其能溶中西为一治者，独执事（严复）一人而已。"[3] 以严复在中国译介西学无出其右的资格出任大学堂总教习，应当不是逾规非分之想。

1902年，张百熙出任管学大臣后，为了把著名的"桐城派"大师吴汝纶请到京师大学堂出任总教习，堂堂管学大臣不惜"礼贤下士"，在吴汝纶面前长跪请求，吴汝纶仍不为之所动，"顾挚甫乡思甚浓，固辞不就，尚书至踵门长跽以请，吴不为动也"[4]。这一"尊师重教"的情节在清末政界、学界中一时被传为佳话。

其时，严复刚从外地抵京，他当即登门拜访吴汝纶，试图说动他出山。吴汝纶则给出难以出山的几条理由：一是"家事放纷，非归不了"；二是"又经丧乱，精力短耗，若张必强我，恐不得生归乡园，复上丘墓"；三是要为李鸿章整理遗文，以答谢李鸿章在世时的厚待。严复私下推测，认为吴汝纶不愿出山，可能是

1　王栻编：《严复集》，中华书局1986年版，第三册书信，第520—521页。
2　参见沈云龙主编：《近代中国史料丛刊续编》七十三辑，第2092—2093页。
3　王栻编：《严复集》，中华书局1986年版，第五册，第1561页。
4　转引自郭卫东：《严复与京师大学堂辞退洋教习事件》，百度文库。

考虑到"京中人众,新少旧多,而决大学成效之不可,不欲以是累其盛名,为晚节诟病耳"。

为了推动吴汝纶出山,严复还致函相交甚深的吴汝纶女婿王子翔,要其劝老丈人"以舍己为群之义"。严复认为,吴汝纶的强项在于能通新学和旧学,"此老无他长,但能通新旧两家之邮而已,张尚书必言得之,固无讶也。昨又闻冶老拟请三品京朝官待之,吴未必为此动,然亦未必终不就耳"[1]。

吴汝纶后来虽然接受了京师大学堂总教习一职,并提出要去日本考察,没想到在日期间却因留学生事宜与驻日公使蔡钧发生龃龉,结果事与愿违。严复就此曾有记述:

> 挚甫先生东渡后,鄙处未蒙一书,言动起居,只从报纸得其梗概,然未敢遽以为实。近者因同行伴侣稍稍先归,于是辇下哗然,谣诼蠭起。其所指为先生罪者,不肯具仪以谒孔像,一也;谓四子六经可以竟废,二也;耸诱留学生以与蔡公使冲突,三也。夫谒像废经二事,籍令有之,皆足诧怪,而言各有当,先生不任咎也;乃至耸诱学生抵其使者,则不待辞毕,吾能决知其必无。贤者处世,
>
> 与其文章正同,大惭则大好,倘不为流俗之所怪,也不足以为先生矣。[2]

张百熙后来曾面告严复,说掌握朝政的庆亲王奕劻和军机大臣荣禄对吴汝纶也"深相督过"。严复听此消息,不以为忧,反以为喜。因为大学堂总教习的职缺,本来就不是吴汝纶"所乐就者":

> 顾张尚书以其名重而要之,造膝长跽,促促卑谨,虽先生始终未尝一诺,然以牵率之殷,事诚有欲辞而不得者,乃今都下要津,

---

[1] 王栻编:《严复集》,中华书局1986年版,第三册书信,第537页。
[2] 王栻编:《严复集》,中华书局1986年版,第五册(著译日记附录),第1561页。

皆谓先生不可为师矣。不可为师而去，正其宜耳，是先生终幸脱此桎梏，此吾所以为先生喜也。嗟乎！臧纥祀爰居以鼓钟，叶公见真龙而惊走，吾早知其势之不得长，蚍蜉撼树，乌足为先生病乎？[1]

严复此议见人之所未见，可以说是对吴汝纶的至交深论。从吴汝纶的境遇，严复还联想到自身任职大学堂译书局后的经历，"复之初来也，人人自以为得大将，乃今亦少味矣。然窃以是自庆，盖不为世俗所崇拜者，亦不为群小所抵险也"[2]。

1903年2月9日，吴汝纶从日本考察后回国不久，即不幸在家乡桐城病逝。严复得知自己视为"平生第一知己"的良师益友去世的消息后，深感十分悲痛，虽然年过半百，他依然抑制不住自己的悲伤而流下了眼泪。他凄楚地对同人说："以往每译书成，总要呈先生指正。先生年迈，眼却不花，一读便能抓住问题的要害。不才从先生处得到的，远非文字的斟酌改易。所以每当书成，便求先生作序。惠施去而庄周亡质，伯牙死而钟期绝弦。从今以后，世上还有谁能为拙稿作序呢？"[3]

严复写下了《挽吴挚父京卿》一诗，表达自己的痛悼之情：

仙舟几日去东瀛，梁木归来忽就倾。

难遣此哀惟后死，忍将不哲累先生。

人间鸡瘫方为帝，海内雄文孰继声？

地下倘逢曾太傅，定知老泪更纵横。[4]

如果说，严复与吴汝纶"亦师亦友"，情深谊长；那么，严复与蔡元培则既是"上下级"，又是"前后任"，两人同为中国教育界举足轻重的人物。

---

1 转引自郭卫东：《严复与京师大学堂辞退洋教习事件》，百度文库。
2 王栻编：《严复集》，中华书局1986年版，第三册书信，第580—581页。
3 冯保善著：《严复传》，团结出版社1998年版，第120页。
4 冯保善著：《严复传》，团结出版社1998年版，第120页。

1912年2月，严复出任京师大学堂总监督；5月，担任改名后的北京大学第一任校长。其时，蔡元培正担任民国临时政府教育总长，与严复算是"上下级"。不久，两人相继辞去教育总长和北大校长，一个远赴欧洲，埋头学问；一个涉足政坛，担任总统顾问。1916年，蔡元培从海外归来，出任北大校长，成为严复的继任者。两人的政治信仰、学术经历和人生道路虽然不同，但他们都在或短或长的北大校长任上，为北大的发展，尤其是为北大精神的确立奠定了坚实的基础。

蔡元培

蔡元培[1]是我国近代民主革命家、教育家、科学家。1907年赴德国莱比锡大学研读哲学、心理学、美术史等。1911年武昌起义后蔡元培回国，1912年1月就任南京临时政府教育总长。不久，因不满袁世凯的专制而辞职，再赴德、法等国学习和考察。1915年与李石曾等在法国组织勤工俭学会，次年与吴玉章等发起组织华法教育会，提倡勤工俭学。1916年回国，年底任北京大学校长。

1917年1月9日，蔡元培到校发表就职演说，决心改造北大，把法国、德国的大学学风移植到中国来。他要求学生转变观念，改掉读书为升官发财的旧观念，并向全体学生提出了三项要求，一曰抱定宗旨，二曰砥砺德行，三曰敬爱师友。

他殷殷训勉学生，要以研究学术为天职。他说："大学者，研究高深学问者也。所以诸君须抱定宗旨，为求学而来，入法科者，非为做官；入商科者，非为致富。""诸君须知大学，并不是贩卖毕业文凭的机关，也不是灌输固定知识的机关，而是研究学理的机关。"[2]

他进一步指出："方今风俗日偷，道德沦丧，北京社会，尤为恶劣，败德毁行之事，触目皆是，非根基深固，鲜不为流俗所染。诸君肆业大学，当能束身自

---

[1] 蔡元培（1868—1940），字鹤卿，号孑民，浙江绍兴人。青年时期连续考秀才、中举人、取进士、点翰林、授编修。1898年弃官从教，任绍兴中西学堂监督、剡山书院院长、南洋公学特班总教习；1902年组织中国教育会并任会长，创立爱国学社、爱国女学。1904年组织光复会，1905年参加同盟会。
[2] 蔡元培：《就任北京大学校长之演说》，《蔡孑民先生言行录》（1973年影印版）。

爱。""诸君为大学生，地位甚高，肩此重任，责无旁贷，故诸君不惟思所以感己，更必有以励人。"[1]

和严复一样，蔡元培也是一位学贯中西的学者。他虽然比严复小了整整12岁，早年也曾受严复译介西学尤其是《天演论》的影响，但他"出道"颇早，不仅在晚清当过进士、翰林，而且曾先后两次赴欧留学，民国一成立就担任了临时政府教育总长。对于蔡元培来说，从当初"侯官浏阳，为吾先觉"的推重，到此时以上、下级的关系来面对昔日的启蒙巨子，十年光阴飞逝，使得情境逆转。不过，相比蔡元培的短暂总长生涯（1912年7月辞去教育总长），严复在北大一直坚持到了1912年10月。

蔡元培的思想中有很鲜明的安那其主义（即无政府主义）色彩，崇尚个人自由、学术自由、思想自由。在他看来，学术就是学术，宗教就是宗教，国家就是国家，义理各别，绝不能混为一谈。蔡元培又是一位谦谦君子，待人亲切，处事平和，他崇尚"万物并育而不相害，道并行而不相悖"，主张"兼收并蓄"，反对排斥异己。

正是基于这样的认识，蔡元培在北大提出了"囊括大典，网罗众家，思想自由，兼容并包"的16字办学方针。在他看来，一所现代的大学，就应该在学术上有容纳各种流派的泱泱大风。他说："我素信学术上的派别，是相对的，不是绝对的；所以每一种学科的教员，即使主张不同，若都是'言之成理、持之有故'的，就让他们并存，令学生有自由选择的余地。"[2]

蔡元培提出的"思想自由，兼容并包"的办学原则，显然并非"无源之水，无本之木"。就"思想自由"而言，严复早在翻译约翰·穆勒的《自由论》（《群己权界论》）时，就对自由主义有过深入的研究。他指出："夫自由一言，真中国历古圣贤之所深畏，而从未尝立以为教者也。彼西人之言曰：唯天生民，各具赋畀，得自由者乃为全受。"严复明确把"公民自由或称社会自由"视为西方之所以能战胜中国的关键，在其办学过程中对学术自由也给予了一定的重视，虽然不如蔡元培时代的"大张旗鼓"。

1　蔡元培：《就任北京大学校长之演说》，参见《蔡孑民先生言行录》。
2　蔡元培：《我在北京大学的经历》，《东方杂志》第31卷第1号（1934）。

就"兼容并包"而言,严复在北大校长任内,在呈给教育部的《分科大学改良办法说帖》中,就详细阐明了创办新式北京大学的指导思想与改革措施,并提出"大学理宜兼收并蓄,广纳众流,以成其大"的办学思想。[1] 尽管这一办学思想尚未能像蔡元培时代那样大范围地付诸实践。

从严复倡导的"公民自由"到蔡元培崇尚的"思想自由",从严复提出的"兼收并蓄,广纳众流"到蔡元培力行的"兼容并包,网罗众家",两位学贯中西的校长对于北大的办学精神,可以说是一脉相承、一以贯之。正因此,有学者指出:"对早期北大来说,最具重要精神意义的仍属严、蔡二人。"[2]

在北大精神的构建中,蔡元培与严复既有继承的一面,也有发展的一面。如蔡元培提出的"思想自由"和"兼容并包"原则,似乎都有严复的影子在内;而严复虽然有心要使北大成为"一国学业之中心点",即将北大办成中国思想界、文化界、教育界之集大成者,但因其任职时间太短,一些想法、措施并未能付诸实施,而蔡元培则把这种精神坚定不移地贯彻到办学实践中。

秉承"思想自由"的宗旨,蔡元培十分强调学术的独立性。他反对把学术与政治混为一谈,认为只要具备学术上的权威,不论其持何种政治观点,都可以作为教授在北大授课。他要求"教育事业应当完全交给教育家,抱有独立的资格,毫不受各派政党或各派教会的影响"。任职期间,他力整校风,实行教授治校,民主办校。同时改革教制,由扩充文理科而废科立系,首创研究所,改年级制为选科制等等。

秉承"兼容并包"的精神,蔡元培在师资队伍建设中大胆采取"新旧并包"的方针,无论是新派的陈独秀、胡适之、刘半农等,还是旧派的刘师复、黄侃、辜鸿铭等,许多"道不同"、意见不合甚至势若水火的学者大师都被他聘请到北大,使得当时的北大真正成为"囊括大典,网罗众家"的学府,一时百家争鸣,蔚为中国文化的重镇。

一大批名流学者出现在北京大学文科的讲坛上,使校园里的学术空气极为活跃。其中既有胡适、钱玄同讲授的白话文学,也有黄侃、刘师培坚决维护的文言

---

[1] 严复:《分科大学改良办法说帖》,北京大学档案馆藏。
[2] 参见叶隽:《严复、蔡元培在北大精神初构中的影响评析》,《高等教育研究》2010年第4期。

文学；既有崔适的今文经学派，也有刘师培的古文经学派；既有师承章太炎的朱希祖、黄季刚、马裕藻的文字训诂学，也有不同师承的陈介石、陈汉章、马叙伦的文字训诂学；既有梁漱溟的唯心主义哲学，也有李大钊的唯物史观。甚至一门课可以由不同学派的人同时开设，通过竞争，取长补短，共同提高。这种不同学术思想的互相争鸣和"学术自由、兼容并包"的学风，实际上为打破旧派的一统天下，为新思想进入北大开辟了路径。

当然，诚如蔡元培自己所说，严复"译《天演论》的时候，本来算激进派，听说他常常说'尊民叛君，尊今叛古'八个字的主义，后来他看得激进多了，反有点偏了保守的样子"[1]。

应当说，蔡元培和严复对北大精神传统的建构各有其贡献，蔡元培在批判继承严复办学思想的基础上，成就了北大乃至中国现代大学史上辉煌的"蔡元培时代"。此后，北京大学遂成为新文化运动的中心和"五四运动"的发源地，为中国历史开辟了一个新纪元。

"五四运动"发生后，蔡元培为抗议当局逮捕学生，愤而辞职。他以"思想自由，兼容并包"的办学精神和科学、民主两大旗帜为北大竖起了永恒的丰碑。北大的这种自由包容精神、科学民主精神，是在蔡元培的领导下建设并完成的。蔡元培本人也在这种建设过程中成为北大精神的代表。

1940年3月5日，蔡元培在香港病逝，毛泽东誉之为"学界泰斗，人世楷模"。

在北大众多学者名流中，被称为"国学大师"的刘师培[2]与严复、蔡元培也有着不同寻常的关系，甚至可以说是"剪不断，理还乱"。

刘师培青年时代就是一位具有反叛精神的传奇性人物。他虽然比严复小了整整30岁，比蔡元培也小了18岁，但在那个动荡的年代，年轻、充满活力、敢闯敢干便成了他的资本。

早在1903年，年仅20岁的刘师培就在上海与章太炎、蔡元培等人相识，

---

[1] 蔡元培：《五十年来中国之哲学》（1923年），《蔡元培全集》第4卷，北京：中华书局1984年版，第353页。
[2] 刘师培（1884~1919），江苏仪征人，字申叔，号左盦。家学渊源，8岁开始学《周易》辨卦，12岁读完四书五经，18岁中举。1907年春东渡日本，1908年11月携全家回国，成为两江总督端方的幕僚及学部谘议官，兼任两江师范学堂教习。

随后改名"光汉"（光复汉室），加入了反清宣传活动。先后参与《俄事警闻》、《警钟日报》和《国粹学报》的编辑工作和《中国白话报》的撰稿，用通俗的语言向民众宣传普及革命主张，并加入中国教育学会、光复会、同盟会、国学保存会等进步组织，成为一名激进的革命党人。他与何震结婚后，夫妇二人都参加革命活动，被上海革命党人比作普鲁东和索菲亚。

刘师培

1906年春刘师培至芜湖，与陈独秀在安徽公学组织岳王会和黄氏学校，宣传革命，发展党人，培养专门从事暗杀的人才。同时编辑出版了《中国文学教科书》、《伦理学教科书》、《经学教科书》和江苏、安徽的《乡土历史教科书》等教材。

1907年他在日本与孙中山、黄兴、陶成章等革命党人结识，参加同盟会东京本部的工作，并发起成立"女子复权会"和"社会主义讲习会"，创办《天义报》和《衡报》，宣传无政府主义和社会主义理论。他还组织翻译了《共产党宣言》，在同盟会之外另立旗帜。

1908年刘师培回国后，无论在政治舞台上还是在学术舞台上，他都有令人瞩目的表演。

1911年他随端方南下四川镇压保路运动，在资州被革命军拘捕。辛亥革命胜利后由孙中山保释，后任成都国学院副院长，并与谢无量、廖季平（廖平）、吴虞等人共同发起成立了四川国学会。

1917年经陈独秀推荐，蔡元培批准，刘师培被聘为北京大学教授，并编写了《中国中古文学史》讲义，受到鲁迅的称赞。1919年1月，他与黄侃、朱希祖、马叙伦、梁漱溟等成立"国故月刊社"，成为著名的"国粹派"代表人物。与章太炎齐名，并称"二叔"（章太炎字枚叔，刘师培字申叔）。

在清末民初的中国舞台上，刘师培无疑是一个风云人物。不幸的是，1919年11月，这位年仅36岁的"国学精湛之士"便不幸因病去世。陈独秀在丧礼上亲致悼词，总结了刘师培一生的功过，最后引用康有为的诗句——"曲径危桥都历遍，出来依旧一吟身"作为结语，表达了无尽的惋惜之情。

刘师培与严复虽然直到 1909 年才相识，但在两人相识之前，年轻的无政府主义者刘师培便从启蒙大师严复译介的西学名著中得到了许多滋养和启示。

两人一生的交集主要表现在三个方面：其一，在学术上，严复是刘师培早年学术研究的"引路人"；其二，在政治上，两人对君主立宪制皆有所偏好，"筹安会"成立时又同被列为"发起人"；其三，在北大创立初期，他们先后服务于这所知名大学，严复任北大校长兼文学院院长；刘师培为北大文学院知名教授和学校评议会成员，他们都为北大的发展做出了自己的努力，并当之无愧地成为这座中国最高学府的"翘楚"。

出身于经学世家的刘师培，在最初走上学术舞台时，就善于把近代西方社会科学研究方法和成果与中国传统文化研究相结合，开拓了中国传统文化研究的新境界。他于 1903 年正式发表的第一篇涉及西学的文章——《小学发微》，即"以文字之繁简，见进化之第次"，显然是进化论影响下的产物。当时刘师培已读过严复翻译的《天演论》这部士人皆知、影响至广的著作，还专门写了两首《读〈天演论〉》的诗。后来，在他发表的一系列运用进化论思想研究古代社会生活的论文，包括《论小学与社会学之关系》、《读书随笔》、《国学发微》、《小学发微补》等，都可以看到严复当年翻译的《天演论》、《名学》等著作对他的影响。

从 1903 到 1908 年，刘师培的学术研究具有交融中西的特色，而作为交融中西媒介的严译西书，自然是刘师培所最愿取法者。在他与林獬共同撰写的《中国民约精义》以及独立撰写的《中国民族志》中，严复的天演进化学说以及严复所译的亚当·斯密的《原富》及《群学肄言》、《社会通诠》、《穆勒名学》、《法意》等著作都曾被提及和引用。如《中国民族志》所论："今太西哲学大家创天择物竞之说。物竞者，物争自存也；天择者，存其宜种也。种族既殊，竞争自起，其争而独存者，必种之最宜者也。"[1] 这里"物竞者，物争自存也；天择者，存其宜种也"一语，直接采自严复的《原强修订稿》。在《理学字义通释》中，他引入《穆勒名学》中"伦"的概念来界定"理"的涵义，提出"理可以分，故曰分理，且肌之可分者曰肌理，膝之可分者曰膝理，文之可分者曰文理。且事事物物莫不有理，故天曰天理，地曰地理，性命曰性命之理，犹之科学家之言心理

---

[1] 刘师培：《中国民族志》，中国青年会 1903 年印行。

学、物理学、地理学也。"¹ 从而将西方名学与汉学训诂结合起来以"循名责实"。

总之，刘师培对西学的吸纳以及在中西交融之学方面所做的工作，与严复及其译作带给他的影响关联甚大，在某种意义上，严复可谓刘师培在学术上走上中西交融之路的引路人。

不幸的是，在民初中国政治波诡云谲的岁月里，严复和刘师培却不约而同地走到了人生的另一个岔路口，他们一起被卷入了"筹安会"事件，并在当时政坛上掀起了一场轩然大波。

1915年8月14日，杨度与孙毓筠、严复、刘师培、李燮和、胡瑛六人联名发表《筹安会宣言》，反对共和，鼓吹君主制，为恢复帝制做舆论准备。在"筹安会"六君子中，严复名列第三，刘师培名列第四。

为了邀严复做发起人，杨度曾三次走访严宅。严复虽然并不积极，但也没有申明反对。正如人们所说，"他跟袁世凯之间的瓜葛很复杂，因为他跟袁世凯的关系差不多是从天津开始的，从在天津他当水师学堂的教习、总教习开始，到以后当袁世凯的顾问、幕僚，前后差不多二十几年的时间，这二十几年的交往确实比较复杂，袁世凯对严复比较赏识。"²

就为着这份旧情，严复虽然把袁世凯亲信送来的四万元支票退还，也没有实际参与筹安会的活动，但对未经他同意就被冒列"筹安会"发起人一事三缄其口。终于，复辟失败，袁世凯倒台，北京政府通缉筹安会祸首，严复幸好没有被列入，总算躲过了一劫。避居天津的严复自叹："当断不断，虚与委蛇，名登黑榜，有愧古贤。"³ 这成了严复继参加科举之后又一件令人唏嘘的事。

而刘师培则有所不同。他不仅积极参加"筹安会"的活动，而且撰写了《国情论》、《共和解》、《唐虞禅让与民国制度不同论》、《告旧中国同盟会诸同志》等文章，为袁世凯复辟帝制摇旗呐喊。

"学成文武艺，售与帝王家"，刘师培似乎认为自己的家传经学和多年的学术研究终于找到了"用武之地"。他甚至准备亲自出面，召集学者名流为袁世凯

1　刘师培：《理学字义通释》，北京图书馆出版社1997年影印本。
2　姚春树、袁勇麟：《二十世纪中国杂文史》第二章第四节，启蒙思想家严复的政论杂文，福建教育出版社1997年出版。
3　转引自施晓宇《严复的另一面》，《黄河文学》2011年第9期。

称帝鼓吹，后因黄侃反对而流产。8月18日和31日，黄节曾两次致信刘师培，希望"深察得失，速为罢止"，刘师培却置之未复。10月23日，袁世凯任命刘师培为参政院参政。出身寒门的刘师培，此时可谓声名显赫，被誉为"国师"和"莽大夫"。刘公馆不仅"楼馆壮丽"，而且有数十军士握枪环绕守卫。每当刘师培回府时，车子刚到胡同口，军士就举枪高喊，刘参政回来了！"声相接。妇何震乃凭栏逆之，日以为常。"民国文人刘成禺写了一首诗，专门描绘此景："千枝灯帽白如霜，郎照归朝妾倚廊。叫起守关银甲队，令人夫婿有辉光。"[1]

1915年12月15日，接受"民意"、准备元旦"登基"的袁世凯授刘师培为上大夫。刘师培则于1916年1月创办《中国学报》，在该刊发表《君政复古论》，鼓吹帝制。3月又发表《联邦驳议》，自设十问，逐一作答，认为美国式的联邦制，不如君主立宪的帝制。

袁世凯的复辟遭到了国民的普遍反对。1916年3月22日，袁世凯被迫宣布取消帝制；6月6日便因病离世。失去靠山的刘师培躲往天津租界。7月14日，接任大总统的黎元洪下令惩办帝制祸首，由于李经羲"爱惜人才"，经黎元洪等人首肯，刘师培虽被列入"宽免之列"，而他的政治生涯却从此宣告结束了。

此后，这位横跨政、学两界的声名显赫之人在旧友蔡元培与陈独秀的关照下来到北大任教，总算回归学术，在其生命里程的最后三年（1917至1919年），在北京大学度过了一段难忘的岁月。

刘师培进入北大后，出任中国文学门（1919年改为中国文学系）教授，兼任文科研究所的指导教师，并为国史编纂处纂辑员，月薪280元。[2] 此时的中国文学门，人才荟萃，与刘师培共同执教的有黄侃、黄节、吴梅、钱玄同、周作人、朱希祖等，俱为一时之选。听讲的学生有罗常培、杨振声、俞平伯、傅斯年、许德珩、郑天挺、罗庸、杨亮功、夏承焘、张煦等，大都在后来卓有成就。

冯友兰在回顾刘师培的教学时说："当时觉得他的水平确实高，像个老教授的样子，虽然他当时还是中年。他上课既不带书，也不带卡片，随便谈起来，就头头是道。援引资料，都是随口背诵。当时学生都很佩服。"[3] 蔡元培也说："君

---

[1] 参见刘成禺：《洪宪纪事诗三种》，上海古籍出版社1983年版。
[2] 《北京大学文科一览》（民国七年度），北京大学档案馆藏。
[3] 冯友兰：《三松堂自序》，人民出版社1998年版，第310页。

（指刘师培）是时病瘵已深，不能高声讲演，然所编讲义，元元本本，甚为学生所欢迎。"[1]

1917年底，北大文、理、法三科各学门先后分别成立了研究所，刘师培与其他教授一样，兼任了文科研究所国文门的指导教师。从1918学年起，刘师培所担任的研究科目调整为经学、史传、中世文学史、诸子四科，国文教员中，他担任的科目最多，次为黄侃，担任自汉至隋文、文选、文心雕龙三科，余者仅担任一科，如朱希祖：晋以前诗史；钱玄同：文字学（形体、音韵）；吴梅：中国曲史；刘半农：中国谣谚史；周作人：唐以前小说史。[2]

1918年1月19日，蔡元培发起成立北京大学进德会，征求会员，刘师培很快便加入其中，并在6月1日与蔡元培、陈独秀、章士钊、沈尹默、傅斯年、罗家伦等一同当选为该会评议员。陈独秀因此对蔡元培大加赞叹：

> 自戊戌政变以来，蔡先生自己常常倾向于新的进步运动，然而他在任北大校长时，对于守旧的陈汉章、黄侃，甚至主张清帝复辟的辜鸿铭，参与洪宪运动的刘师培，都因为他们学问可为人师而和胡适、钱玄同、陈独秀容纳在一校；这样容纳异己的雅量，尊重学术思想自由的卓见，在习于专制好同恶异的东方人中实所罕见。[3]

从严复到蔡元培、吴汝伦、刘师培，哪一位不是北大"响当当"的历史人物呢？他们见证了北大建校初期的发展，也见证了民国初年中国的历史。

1　蔡元培：《刘君申叔事略》，《刘申叔遗书》，江苏古籍出版社1997年版，第18页。
2　《北京大学文科一览》（民国七年度），北京大学档案馆藏。
3　陈独秀：《蔡孑民先生逝世后感言》，《中央日报》1940年3月24日。

九、叶落归根返故里

> 夜来已是风和雨，更着游人撼落花。

这是袁世凯去世后，严复在给友人的信中摘引的黄庭坚的两句诗，反映了他对当时国内政局的担忧。

在目睹民国建立以来连年政治动荡、派系斗争、军阀混战之后，严复感到前途暗淡。他希望能找到一块净土，远避尘世扰攘，眼不见为净。而第一次世界大战给世界各国带来的毁灭性破坏，也使严复早年对西方近代科学文明的欣赏崇拜荡涤一空。1917年岁尾，在写给友人熊纯如的信中，他谈到自己的心情："及吾之世，太平富强，属不可复见矣。而一方稍为安静处所，使我得终余年，不知有否？元遗山句云：'何处青山隔尘土，一庵吾欲送华颠。'真鄙人今日心绪也。"[1]

此时，严复已年过花甲，六十有四，健康状况更加不佳。这与他当年翻译西方名著时操劳过度以及56岁时哮喘病开始经常发作是分不开的。一到冬天，他的哮喘病便趋加剧，使他饱受折磨。也许回南方对他的病会更好些吧？于是，他开始想念家乡，想念自己从小生长的福州。"叶落归根"的念头不时出现在他的脑海里。他曾打算举家南迁，回福建老家，但因家大人众，暂未成行。

此时，在经历了国家、社会和个人生活的巨大变动之后，在耳闻目睹了"欧战"四年的血腥之后，他对中国传统文化和伦理道德有了更多的好感。他觉得"彼族三百年之进化，只做到'利己杀人，寡廉鲜耻'八个字。回观孔孟之道，真量同天地，泽被寰区"。他甚至认为中国的"孔子之道必有大行人类之时"，成为拯救世界的法宝，自己以前"往闻吾国腐儒议论……必窃以为妄语，乃今听欧美通人议论，渐复同此。……可知天下潮流之所趋矣"[2]。

1　冯保善：《严复传》，团结出版社1998年版，第229页。
2　冯保善：《严复传》，团结出版社1998年版，第230页。

宣统元年（1909），严复由清廷朝旨钦赐"文科进士出身"。这无疑是对他学识的褒奖，同时也了却了他终生的一大缺憾。但此时，严复对科举功名已看得很淡了。

1918年岁末，严复从北京回到了故乡福州。这是一次漫长的由北向南的返乡之旅，他带着三儿子严琥、侄儿严伯勋，于11月21日晚乘坐火车从天津到南京、上海，在上海逗留了几日，一边访亲会友，将养身体，一边等候船期。12月4日，在得知新铭号轮将赴闽的消息后，他们一行便从上海搭船到福州。

一路旅途劳顿，更要命的是，此时严复的哮喘病已然比较严重。在给亲人的家信中他叙述说："最苦者，每次上车下车，无论何站月台上，总有几百步好走，此即要我之命，因行至半途，大喘辄作，此时心慌气塞，甚者二便都要出来，如无歇息处所，巴不得便坐在地上……"[1]

12月9日晚，严复终于回到了位于福州市郊的阳岐老家。这一次返家，严复是带着最钟爱的三儿子严琥（严叔夏）回家成亲的。这一门亲事是由严复的挚友、宣统皇帝溥仪的老师陈宝琛提出来的，女方就是陈宝琛的外甥女林慕兰，严复对这桩亲事颇为满意。这年7月，两家便已订了婚约，议定年底成亲。

为了儿子的成亲及自己晚年的居住，严复在阳岐老家买下了好友、前清官员叶大庄"玉屏山庄"中的一幢古香古色的房子，稍作整理后便作为三儿子娶亲的新房。

1919年元旦，严复在"玉屏山庄"住宅中为儿子、儿媳举办了正式的婚礼，一共办了30桌酒席宴请各方宾客。新娘子林慕兰是台湾巨商世家"板桥林家"的一员，后来先后生育一男二女。日寇入侵时，她带着子女由福州避往上海；日寇投降后又带子女去台湾探亲。从此，一对夫妻分隔海峡两岸，至死未能团圆。而当时随母赴台探亲的女儿严倬云，后来便留在台湾教书，并嫁给了台湾富商辜振甫。20世纪90年代出任台湾"海基会"董事长的辜振甫，也因此成了严复的孙女婿。

有道是"好事成双"。时任福建省督军的李厚基得知严复千里迢迢返乡，赶紧"尽地主之谊"，殷勤地把严复接到督军府"洗尘"。李厚基是在海军总长刘

---

[1] 王栻编：《严复集》，中华书局1986年版，第三册书信。

冠雄的保荐下当上福建督军的,而刘冠雄又是严复在北洋水师学堂任教时的学生。在得知严复在城里没有房子时,李厚基便"投桃报李",将位于市中心郎官巷的一处院落送给严复。

郎官巷是福州著名的"三坊七巷"之一。巷子深处的这幢院落共有600多平方米,不仅简朴实用,而且十分幽静,出行也很方便。周边高宅大院鳞次栉比,所住也多是达官贵人。严复平素虽不平白接受他人"馈赠",却"笑纳"了这处院落。

只不过,令他无法"安居"的,是自己每况愈下的身体。儿子的婚事刚办完不久,严复的哮喘病就发作了,而且咳得很厉害,有十多日甚至神志迷乱。好在城里延医问药较为便利,在医生的精心治疗和新娶儿媳的精心照料下,到2月5日,严复的病情总算得到了控制,并逐渐好转了起来。

严复的孙女华严后来在追忆祖父时说:

> 祖父晚年到福州,为的是办一件大事,那就是父亲的婚事。是民国七年(一九一八年),祖父六十六岁,带着当年二十二岁的父亲,迎娶台湾板桥林本源家的小姐我的母亲;大媒是福建陈宝琛先生,他是祖父的好朋友,又是母亲的娘舅。他喜欢好朋友的儿子我的父亲,也喜欢自己的甥女儿我的母亲;便做一次月下老,把这一双金童玉女的手腕,用红丝线牢牢地给连接在一起。
>
> 祖父在阳岐的"玉屏山庄"里等着父亲到福州城内杨桥巷去迎接新娘子。杨桥巷那儿,父亲陪母亲向挥泪不已的我的外祖母磕了头,大队人马这便声箫鼓乐、浩浩荡荡的簇拥着花轿一路的向阳岐乡迎神赛会般的游行着来。进了严宅,母亲像跌入另一个极陌生的世界,脑子里迷迷茫茫的,只是哭,只是伤心离开娘亲的怀抱和娘家的窝。见了祖父磕了头后一切如何,人说玉屏山庄里摆了三十一席喜筵,母亲却是全不知,倒不是日子久了不记得。
>
> 祖父是位极有爱心、体贴晚辈的阿家翁。阳岐住着,看母亲

天天思母落泪,加上有一回夜半,一位祖父的堂弟不知道为什么竟来屋后想撬门而入,被两个由萨镇冰上将派来保护祖父的卫兵捉着。这原是一场虚惊,但可把母亲吓坏了。所以,只不过是两个星期左右的光景,祖父安排好一切,带着父亲和母亲从家乡搬到福州城内来。

　　那是第一次祖父在福州定居,地点是郎官巷,是母亲娘家杨桥巷的邻巷。这时母亲回娘家,从严家大门走到林家的后门,距离只不过两三丈。祖父三年后便逝世在这幢宅第里。后来父母亲搬了两次家,我生在第二次住的家里。第三次搬的家离林家的后门不过数尺,地点也还是郎官巷。[1]

　　这次返乡,严复一住就是七个月。直到1919年春末,他从福州来到上海,又住进上海徐家汇的红十字医院,调理、治疗了三个月。住院期间,正逢北京"五四运动"风起云涌之际,身在医院的严复对学生"罢课"、市民"罢市"颇有看法。6月20日,在写给友人的信中他说:"呫呫学生,救国良苦,顾中国之可救与否不可知,而他日决非此种学生所能济事者,则可决也。中央政界岌岌,日有破产之忧。安福系势力似成弩末,而苦于骑虎难下。"[1]对同情、支持学生的领导人,严复也大不满意,甚至对蔡元培也颇有怨言。7月10日,严复在写给熊纯如的信中,谈到蔡元培时说:

　　蔡孑民人格甚高,然于世事,往往如庄生所云:"知其过,而不知其所以过。"偏喜新理,而不识其时之未至,则人虽良士,亦与汪精卫、李石曾、王儒堂、章枚叔诸公同归于神经病一流而已,于世事不但无补,且有害也。[2]

1　冯保善:《严复传》,团结出版社1998年版,第234页。
2　冯保善:《严复传》,团结出版社1998年版,第235页。

直到 10 月中旬,北京风波基本平息后,严复才从上海返回北京。11 月 6 日,时任北京政府总统徐世昌聘严复为总统府顾问。回到北京后,由于天气渐渐转寒,严复的哮喘病再次发作。有时连呼吸都感到十分困难,于是他只好于 12 月初住进北京协和医院,连抽了 20 多年的鸦片在这时也不得不戒了。

早在北洋水师学堂任职时,严复就染下了抽鸦片的恶习,甚至惊动了李鸿章。1890 年,严复在致四弟观澜的信中说:"兄吃烟事,中堂(即李鸿章)亦知之,云:'汝如此人才,吃烟岂不可惜,此后当体吾意,想出法子革去。'中堂真可感也。"[1] 但是,严复并没有"革去"此不良嗜好,反而"变本加厉"。通常是一日三遍,而且抽得十分讲究,还经常专门托人从上海购买上好的烟膏,在他的书信中就留下许多嘱其妻从上海购买烟膏的记录。

如今戒了烟,严复觉得浑身酸楚,神思恍惚,难以忍受。在给友人的信中他写道:"以年老之人,鸦片不复吸食,筋肉酸楚,殆不可任,夜间非服药不能睡。嗟夫,可谓苦已!恨早不知此物为害真相,致有此患,若早知之,虽曰仙丹,吾不近也。寄语一切世间男女少壮人,鸦片切不可近。世间如有魔鬼,则此物是耳。"[2] 此时严复对鸦片的危害性虽然已十分清醒,但长期的"饮鸩止渴",已使他的生命逐渐走向了终点。

进入 1920 年,严复的身体每况愈下。到了秋天,北方的天气又开始逐渐转凉,严复便盘算着在重阳节前后动身,回福州老家过冬。

10 月 19 日,严复离开北京,踏上返乡路程。21 日到达上海作短暂逗留后,他于 27 日乘新民轮驶往福州。10 月 29 日中午在福州登岸,他再次住进了郎官巷 16 号。在 10 月 30 日的日记中,严复记载:"定居郎官巷,见吾长孙。"看来,严复这一次回来,是不打算再离开了。

年底,在三儿子严琥陪伴下,严复从城里回到了阳岐老家,并到自己倡修的尚书庙里扶扶乩请丹。在"阳岐尚书庙扶乩,赋呈四绝"中,他写下了自己求丹后的喜悦和对纷乱时事的担忧:

---

[1] 王栻编:《严复集》,中华书局 1986 年版,第三册,书信(与观澜书)。
[2] 王栻编:《严复集》,中华书局 1986 年版,第三册书信,与熊纯如书(1919 年)。

权利纷争事总非，乱来十见日周围。
天公应惜炎黄尽，何日人间有六飞？

天水亡来六百年，精灵犹得接前贤。
而今庙貌重新了，帐里英风总肃然。[1]

这一年除夕，严复是在阳岐"玉屏山庄"度过的除夕夜。听着门外儿童的嬉戏，他格外思念分散在异地的亲人们，写下了《除夕》一诗，寄托自己情思，抒发一己愁绪：

除夕仍为夕，还乡未是家。
枕高人病肺，鳞远壑收蛇。
儿女天涯梦，寒梅水国花。
邻儿争井水，明旦更喧哗。[2]

精神追求的执着与社会现实的残酷，加之病情不断恶化，风烛残年的严复，似乎心灰意懒。在致熊纯如的信中，他写道："还乡后，坐卧一小楼，看云听雨之外，有兴时，稍稍临池遣日。从前所喜历史、哲学诸书，今皆不能看，亦不能看，亦不喜谈时事。槁木死灰，唯不死而已，长此视息人间，亦何用乎？"[3]

在《病中述怀》一诗中，严复抒发了自己回乡后的生活及衰病老人的心态，其中有"投老还乡一小楼，身随残梦两悠悠"之句，反映了他在日益痛苦的病痛折磨中，淡漠政治，洞穿人世，显得颇为迷惘、悲观的心绪。

第二年夏天，福州城里酷热难耐。严复在二女儿华严的陪同下，来到福州东郊风景优美的鼓山避暑。山居期间，他最适意的事便是读《金刚经》，既为亡故

---

[1] 冯保善：《严复传》，团结出版社1998年版，第243页。
[2] 冯保善：《严复传》，团结出版社1998年版，第244页。
[3] 冯保善：《严复传》，团结出版社1998年版，第244页。

的发妻王氏修功德，也使自己感悟佛理的玄妙精奥。晚凉时分，他偶尔也坐轿出行，欣赏山中风景，并写下了《灵源洞》和《避暑鼓山》两首诗。在《避暑鼓山》中，他写道：

老病难禁住火城，今朝失喜作山行。

千层石磴经阶级，十里松风管送迎。

潮落沧江沙出没，云开岩岫月分明。

可怜济胜今无具，笠纠蹊轻廿载情。[1]

这年秋天，严复的哮喘病来得似乎比往常都早，势头也更凶，他意识到这不是好兆头。10月3日，他趁着精神尚好，给儿女们写下了六条遗嘱：

须知中国不灭，旧法可损益，必不可叛。

须知人要乐生，以身体健康为第一要义。

须勤守所业，知光明时日机会之不复更来。

须勤思，而加条理。

须学问，增智能，知做人份量，不易圆满。

事遇群己对待之时，须念己轻群重，更切勿造孽。[2]

这便是这位著作等身的老人留下的最后文字。想当年，他曾积极倡导以西学救国，并翻译了《天演论》等8部西方著名科学著作；如今，他则告诉儿孙："中国不灭，旧法可损益，必不可叛。"当年，他曾在报上痛陈鸦片害民，自己却无奈染上烟瘾；如今，他告诫儿孙："人要乐生，以身体健康为第一要义。"当年，他曾大声疾呼废除八股，自己却四次参加科举；如今，他希望儿孙："要知做人

---

[1] 冯保善：《严复传》，团结出版社1998年版，第245页。
[2] 冯保善：《严复传》，团结出版社1998年版，第245页。

分量，不易圆满。"

而遗嘱的最后一条，更是令后人深思不已："事遇群己对待之时，须念己轻群重，更切毋遗孽。""己轻群重"，这正是中华民族的凝聚力之所在，也是中国传统文化的精华。严复把它作为遗嘱留给子孙，也留给他深深热爱着的国家和人民。

二十四天后，即1921年10月27日（农历九月廿七日），严复在福州城内郎官巷故居走完了他那光荣而伟大、复杂而沉重的生命旅程，终年68岁。一颗巨星陨落了，思想家停止了思想。

严复去世后，安葬在老家阳岐村北鳌头山东麓。该墓系清宣统二年（1910年），严复为归葬亡妻王氏，令长子严伯玉监造的，严复自书了墓碑及"惟适之安"横屏。墓坐西向东偏北34度，花岗岩石结构，呈如意形，三层墓埕，占地约二百平方米。封土前竖一青石墓碑，楷书阴刻："清侯官严几道先生之寿域"。墓柱为金瓜顶，飞龙盘柱。两侧立卷书石围屏，上刻有梅、雀、松鹤等图案，形态逼真。坟周以花岗岩石砌护坡。横屏上雕刻着的那四个大字——"惟适之安"，表明"只要适合，便是最好"，这可以说是严复一生经历的无数宦海风波和社会变迁的全部智慧的总结。

严复墓

严复去世后,其生前好友兼亲家陈宝琛为他撰写了墓志铭,铭曰:

旗山龙渡岐江东,玉屏聳张灵此钟。

绎新籀古析以中,方言扬云论谭充,

千辟弗试千越锋,昔梦登天悲回风。

飞火怒扇销金铜,鲸呿鼍跋陆变江。

鸥犹阅世君非朦,咽理归此万年宫,

文章光气长垂虹。[1]

严复墓于1961年被公布为福州市文物保护单位。20世纪70年代,墓周围环境遭到严重破坏。1984年底国家拨款进行修复,增建了长25米的石构挡土墙及二层石构墓埕,坟墓面积扩至359平方米。1988年底旅居美国的严复长孙女严倚云教授,汇款1万美元用以扩修坟墓,省文物管理委员会也拨款1万元资助,历时一年竣工。扩修后的严复墓占地面积1680平方米,墓园面宽达40米,纵深42米,五层墓埕周以砖石围墙。墓园内种植白玉兰树进行绿化,墓园前洞开二门,门上覆以石构歇山顶,沿门可拾阶而上至墓顶。整座坟墓肃穆壮观,1986年列为省级文物保护单位。2000年成为国家文物保护单位。

严复一生娶了三位夫人。1866年(同治五年)春天,遵父母之命与王氏成亲,严复时年仅14岁。1874年长子严璩出生。1890年10月,原配王夫人去世(后合葬于阳岐鳌头山)。同年底严复娶如夫人江莺娘,1893年次子严瓛出生(1900年夭折);1897年三子严琥出生。1899年在上海娶继室朱明丽,1904年四子严璿出生;1910年五子严玷出生。除五个儿子外,严复还有四个女儿,即长女严瑸(1899年出生)、次女严璆(1901年出生)、三女严珑(1905年出生)、四女严顼(读旭)(1908年出生)。共五男四女,俨然是一个大家族。然而,在严复去世时,他的身边却只有二女儿严璆(华严)相伴。

---

[1] 参见冯保善:《严复传》,团结出版社1998年版,第246页。

值得欣慰的是，在严氏一家中，除了严复在1912年2月-1912年10月担任北大校长外，他的长子严璩也曾在北大的前身京师大学堂工作，他的长孙女严倚云则在北大上过学、教过书。

严璩（1874——1942），字伯玉。1874年生于福州，9岁时从福州来到天津的父亲身边，曾拜郑孝胥为师。[1] 1895年赴英国留学，1900年回国。1902年严复出任京师大学堂译书局总办时，他也被父亲聘请到译书局任职。次年与林纾、严培南合译过《伊索寓言》。

后来他历任驻法参赞、越南视察吏、广东全省电政监督、福建财政正监理官。宣统元年（1909年），他年仅35岁就已是二品卿衔大员，可谓"年少得志"。民国成立后，历任长芦盐运使、财政部参事、公债司司长、华俄道胜银行清理处督办，并曾三度出任北洋政府的财政部次长及代理财务总长，还担任过全国盐务署署长兼盐务稽核所总办等要职。

南京国民政府时期，先后任财政部次长、司法行政部总务司司长等职。1933年59岁时退休，寓居上海。上海沦陷时，因未及时撤往内地而滞留上海，日伪得知后曾利诱、胁迫他出任伪财政部长，但他意志坚定，宁死也不答应日伪的要求，表现了高度的爱国主义精神。1942年冬天，严璩带着一身傲骨，在贫病交加中病逝于上海。

严璩的夫人吕韫清，是严复的好友、曾任大清驻日本参赞及开州知府的吕增祥（吕君止）的二女儿。其弟吕彦直是中国近代杰出的建筑师，31岁就主持了南京中山陵的设计。另一个弟弟吕彦深，是民国驻巴拿马的总领事。吕韫清的姐夫伍光建则是严复的学生、著名翻译家、南洋公学的创办人，其子伍蠡甫，是当代著名翻译家、国画家，与其父并称为"中国译坛双子星"。

严璩的长女（严复长孙女）严倚云（1912-1991），1912年7月16日生于北京。3岁时因从楼梯上摔下，导致脊柱骨折，并留下脊背弯曲的终身残疾。由于从小体弱多病，身材也特别矮小，在家中受歧视，6岁时被严璩收为养女。

严复对这位长孙女十分爱怜，甚至比亲骨肉还疼爱，但并不溺爱。北京大阮

---

[1] 郑孝胥是著名闽籍诗人，也是严复的老友，后担任伪满洲国总理。严复当年曾非常珍视二人把酒言欢、只论文学不言时事的岁月，在《寄太夷》一诗中，写有"相看六年别，白了几茎须，脉脉望江南，吴淞秋水深"的句子，道出六年里他对好友的思念之情。

府胡同严宅是个大家庭，小孩子很多。有一次五叔抢走倚云的玩具，她哭了。严复对孙女说："不要哭，世界上的东西没有永远都是自己的，只有学问，什么人也抢不去。"这句话对严倚云的一生影响极大，成为她终生受用的座右铭。在祖父的关爱下，严倚云从小喜爱读书。1921年她9岁时，严复去世，家道逐渐中落。

后来她进入法国天主教圣心会在北京创办的圣心女中读书（学制为十年一贯制），成为圣心有史以来最杰出的学生，备受教师、修女们的器重。自1929年起，17岁的严倚云就在课余兼教职，或教家馆，以贴补大家庭中众多弟妹的生活费用。

1934年严倚云从圣心女中毕业，考入北京大学教育系。毕业后曾在西南联大（师范学院教育系）、北京大学任教。经胡适先生介绍与天体物理学教授高叔哿博士结婚。

1947年严倚云赴美，1956年获康奈尔大学语言学博士学位，先后任南加州大学亚洲学系、西雅图华盛顿大学亚洲语言文学系教授。在美期间，与梁实秋等华人学者名流多有来往，梁实秋在散文中曾留有在她家做客时品尝海味佳肴的描述。由于她在学术研究等方面的成就，曾被选为全美外国语学会第二副主席。并被列入《美国学者名人录》、《美国教育家名人录》、《美国妇女名人录》。1991年因车祸不幸逝世。严倚云去世前，与丈夫一起捐资47万美元，在华盛顿大学设立了"严复翻译奖学金"和"严复奖学金基金会"，奖励对中国文化有研究成果和兴趣的学生。严倚云去世后，美国华文报纸《世界日报》以"严氏祖孙同为中西文化搭桥"为题，报道了她的事迹。

1993年，何恺青教授主编了《严倚云教授纪念文集——一生为东西方文化塔桥的女性》。郭建荣编写的《北大的才女们》一书，也以"仁爱的化身"为题专篇介绍了严倚云的事迹。在严倚云不平凡的人生旅程中，祖父严复那句"只有学问，什么人也抢不去"的至理名言始终伴随着她。

严璩和吕韫清只生育了一个女儿，即他们的次女严系云（严复的二孙女）。1917年生于北京，北京辅仁大学毕业后，一直在唐山市第四中学任英语、音乐教师。曾担任唐山市海外联谊会副主任、唐山市老干部合唱团团长。夫婿梁绍造是医学博士和著名的眼科专家。

严复一生对教育情有独钟，并先后担任北洋水师学堂、安徽高等学堂、复旦公学以及北京大学的校长。而他的三儿子严琥也"子承父业",把自己毕生的心血几乎都献给了教育事业。

严琥（1897-1962）,字叔夏,1897年生于天津。他从小生长在严复身边,曾先后入清华大学和唐山工业专门学校学习,但中途都被严复召回,为其聘请家庭教师在家受教。1937年起在福建协和大学任教授,曾担任过系主任、教务主任和文学院院长等职。1949年后历任协和大学校务委员会主任、福州大学校务委员会副主任兼教务长,1951年-1957年任福州市副市长,同时他还是省、市人大代表和政协委员。1957年被错划为右派,后在福建教育学院任职,1962年病逝。

1984年福州市为这位爱国民主人士举行了隆重的骨灰安放仪式；1994年福建省又举行了"严叔夏先生纪念会"。2002年修建严复故居纪念馆时,专门设立了严叔夏展览室。

其妻林慕兰,是台湾望族"板桥林"的后代林尔康之女,母亲陈芷芳又是末代皇师陈宝琛的妹妹。哥哥林熊征、林熊祥皆为台湾富商。严琥与林慕兰养育的子女中,多为台湾学者名流。其中:

儿子严侨（谱名严以侨）,是严复的长孙。1920年出生于福州。曾就读福建协和大学,中华人民共和国成立前加入中国共产党。1950年初,接受组织派遣,和妻子林倩（林熊祥之女）一起偷渡到台湾。1951年严侨在台中第一中学任教时,曾担任李敖（台湾著名作家）的老师。1953年被捕后关进了"火烧岛","或许是托严复之孙等原因之福,总算判得比别人轻"。1961年获保释,1974年病逝,终年55岁。2003年国家民政部追认严侨为革命烈士。李敖后来在《回忆录》中写道:"我总觉得严氏一门,正是中国现代史上最好的家传资料"。他还专门撰写了一篇纪念严侨的文章:《严复长孙———严侨在台湾》,刊登在《中华英烈》上。

长女严倬云,是严复的三孙女,也是台湾著名社会活动家。1924年生于福州,毕业于上海南洋模范中学、上海圣约翰大学。1946年到台湾,后与辜振甫结婚。曾精心经营屏东农场,热心妇女及慈善事业,现为台湾中华妇联总会领导人。曾陪伴丈夫、台湾海基会第一任董事长辜振甫参加著名的"汪辜会谈"。

未名湖畔忆名儒
——严复、林纾、辜鸿铭的北大岁月

次女严停云,是严复的四孙女,也是台湾著名作家。1926年生于福州,和姐姐一样毕业于上海南洋模范中学、上海圣约翰大学。1949年到台湾,后与中央通讯社台湾分社主任叶明勋结婚。[1] 严停云笔名华严(取自佛学经典《华严经》),以小说创作为主。其第一本小说《智慧的灯》曾在报纸上连载,出版时更引起了轰动,并使她一举成名。其作品文字清丽,富于哲理。除《智慧的灯》外,还先后出版小说《生活的乐章》、《玻璃屋里的人》、《花开花落》、《七色桥》、《明月几时圆》等近20种,其中《蒂蒂日记》为日记体,《镜湖月》为书信体,《神仙眷属》、《不是冤家》及《兄和弟》为对话体。曾获台湾文艺小说创作奖,并获得世界艺术文化学院荣誉文学博士学位。她的许多小说,被改编成电影和电视剧,深受台湾、香港及海外华人欢迎。还出版了《华严影像自选集》和《华严短篇小说集》。她能歌善舞,电视连续剧《七色桥》中的《渔歌》,《花落花开》中的《燕子》以及《燕双飞》中的《红豆词》,都是她自己演唱的。

李敖《回忆录》中有一段关于华严的文字:"他(辜振甫)挽小姨子华严出面,前来谈判。于是,华严带了她的许多新作,到我家来,十多年不见,相见甚欢。华严是风华绝代的女人,我非常喜欢她……"但华严却对李敖的"恭维"不敢当,她说:"我既没有风华,也不可能绝代。"她认为,自己的主要身份是一个家庭主妇。自己的创作是在生完4个孩子之后,在忙完家庭琐事后关起门来完成的。直到80周岁,她还写了4部短篇小说,被称为台湾文坛的"常青树"。

在谈到对祖父严复的印象时,她回忆说:

> 我出生时,我的祖父已经去世了,我对祖父的印象是从我父亲那里和相关的报道中得到的。祖父有很多子女,我的父亲严琥是他的第三子,他们都信佛教。我的童年是在福州过的,后来我到了上海读南洋模范高中,那时已经是抗战了,所以我在家里耽误了两年时间。到了南洋模范高中的时候,老师要我从高中一年级念起,但我则想跳级从高中二年级念起。老师起初不肯。后来

---

1 叶明勋(1913—2009),字夏风,福建浦城县人,福建协和大学外文系毕业。记者出身,资深报人,曾任中央通讯社社长、世新大学董事长。

得知我是严复的孙女儿，他大吃一惊，就说好吧，让你念高中二年级。这是我第一次感到祖父的影响。

我考进圣约翰大学时，读的是化学系，后来转入中文系，念国文还不及格呢。不过，大家知道我祖父后，也友善地说，华严啊，你是严复的孙女儿，大家都把你放在亮处了……虽然我走上文学道路，祖父对我没有什么大的影响，但我想也应该感谢他吧！[1]

在谈到对家人的印象时，华严回忆说：

祖父有四男四女，分由王、江、朱三位夫人所生。老人家虽也认为儿子才是传宗接代的重要角色，但他十分钟爱女儿。他让女儿多多培养艺术方面的兴趣，说这样她们有朝一日过日子才不至于寂寞。他又说女孩子读书是为了来日好和丈夫谈话，这一点，我后来长大了才知道，原是老人家当时随便说说的一句家居笑谈。可不是，我国的第一所女子公学是经由祖父的倡导才兴办的。他认为女子教育如不普及，国民素质便无从提升。但当我听父亲如此告诉我们的时候，心里不服的想：是否因为祖父前后三任妻子都和他没什么高明的话题好交谈，所以才使他有感而发的如此小看我们女人。

儿辈中我父亲智慧最高，和祖父一样属"早慧"的人。虽然父亲出生时祖父已四十四岁，但十四五岁的父亲已经能够和他的五十八九岁的父亲吟诗唱和、说古论今。父亲也跟着祖父学书法。有人说父亲的字和祖父的相比，有青出于蓝的气势。他的诗也写得比祖父的委婉简明。祖父听着，高兴得哈哈呵呵地笑起来。

祖父毕生乐于助人，尤愿资助有意向学的人。直到现在，我

---

[1] 华严：《我既非风华，也不绝代》，《南方日报》2006年6月21日。

未名湖畔忆名儒
——严复、林纾、辜鸿铭的北大岁月

还常听某某人提到他或她的先人受到祖父的提拔或照顾。祖父自己过日子则非常节俭,他没有积蓄,过世后所遗留给子女的只是他的作品和商务印书馆的股票若干。据说当他在世时还被某戚友亦偷亦骗的取去若干;他不曾追寻,也并不介意。[1]

在谈到百年前因经费拮据等原因,北京大学濒临停办,经严复多方奔走,最终才得以复办时,华严说:"祖父辛辛苦苦带着北大走,他把几将断气的学校复苏过来。"

严复家族是中国近代著名的文教世家,从清末到20世纪50年代,曾出过许多学者、教授乃至作家、翻译家、大学校长和中科院院士,如族侄严培南曾任北大数学系教授;族侄严伯鋆曾留美专攻数学,后任唐山大学数学系教授、山西、福建盐务管理局局长等职;此外,家族中还出过辛亥革命的志士和为国捐躯的抗日烈士,如严复的侄儿严伯勋就是一位曾参与刺杀袁世凯的"暗杀大王"[2],严复的族弟严传经,则是一位为国捐躯的抗日烈士。[3]

---

[1] 华严:《吾祖严复》,《严复国际学术研讨会论文集》(1993)。
[2] 严伯勋,谱名家鹄,生于1880年。马尾海军学校毕业,在校期间即参加同盟会。1912年1月16日,严伯勋等四人在北京东安门大街设伏刺杀袁世凯。当场炸死袁世凯贴身卫士、警卫营长袁金镖,并炸伤十余个警卫,袁世凯侥幸逃过一命。严伯勋后在北洋政府海军部及国民政府司法行政部任职,1933年病逝南京,年仅53岁。其灵柩由海军部派军舰护送回乡,安葬于老家阳岐山下。
[3] 严传经,1920年毕业于烟台水师学堂航海系,毕业后在海军舰艇任职。"七七"事变后调赴长江江防司令部,1938年6月25日,指挥舰艇与敌机激战时壮烈牺牲,年仅43岁。

十、北大：严复经济学讲座

严复是中国近代著名的启蒙思想家和翻译家、教育家，也是京师大学堂改名北京大学后的第一任校长，在传播西学、推动变法图强、促进中西文化交流上做出过卓越的贡献。关于严复的历史地位，有过各式各样的评价，其中最引人注目的，莫过于毛泽东在《论人民民主专政》中的一段话：

> 自1840年鸦片战争失败那时起，先进的中国人，经过千辛万苦，向西方国家寻找真理。洪秀全、康有为、严复和孙中山，代表了中国共产党出世以前向西方寻找真理的一派人物。[1]

一个世纪前，严复把西方的一批社会科学经典著作如《天演论》、《法意》、《原富》等翻译成中文，对中国社会的变革和进步产生了巨大影响。因此，毛泽东在总结中国近代民主革命经验时，把严复和太平天国的洪秀全、戊戌变法的康有为、辛亥革命的孙中山并列，称之为"在中国共产党未出世以前向西方寻求真理的一派人物"，《天演论》被认为影响了几代中国人。

2001年，为了纪念这位卓越的启蒙思想家和北京大学的前校长，由著名经济学家林毅夫领衔的北京大学中国经济研究中心，发起设立了一个以严复命名的经济学讲座——"严复年度经济学纪念讲座"。在研究中心关于"严复年度经济学纪念讲座"的介绍中，对严复的生平及发起讲座的缘由作了全面完整的介绍：

> 严复（1853—1921），中国近代启蒙思想家、翻译家，是最早系统学习和研究西方近代化思想并影响中国现代社会科学发展

---

1 毛泽东：《论人民民主专政》，《毛泽东选集》第四卷，人民出版社1960年出版。

的学者之一。

……

严复与北京大学有很深的渊源,1902年受聘为当时的京师大学堂译书局总办,1912年2月任京师大学堂总监督兼文科学长,同年5月被推荐为京师大学堂改名为北京大学以后的首任校长。

中日甲午战争以后,中国面临空前的民族危机,严复与康有为、梁启超、谭嗣同等一起,成为维新变法的重要代表人物之一。发表《论世变之亟》、《原强》、《辟韩》、《救亡决论》等文,反对顽固保守,主张维新变法。翻译《天演论》,宣传"大宇之内,质力相推,非质无以见力,非力无以呈质",以"物竞天择,适者生存"论点,号召国民救亡图存,"与天争胜",对当时思想界有很大影响。《天演论》宣传的进化论观念,影响了几代中国人,直到现在,进化论已经成为现代中国世界观的基本成分之一。1898年参与向光绪皇帝上万言书,提出变法的具体纲领。戊戌变法失败以后,他继续传播近代西方启蒙思想,翻译《原富》、《群学肄言》、《法意》、《穆勒名学》等一大批能够充分反映西方近代思想文化的书籍,传播西方现代政治经济思想和逻辑学,并加按语,抒发己意,系统地将西方的社会学、政治学、政治经济学、哲学和自然科学介绍到中国。著译编为《侯官严氏丛刊》、《严译名著丛刊》。所著有《严幾道诗文钞》等。

1901年严复以《原富》为书名翻译出版英国经济学大师亚当·斯密的著作《国富论》。这是一本1776年出版的著作,被公认为是经济学成为一门系统的科学的标志。该书及其代表的经济学思想和体系传入中国已经是20世纪的事情了,虽然19世纪也曾经有零星的章节和内容被译介到中国(主要是外国人在中国办的翻译机构所为),但是,严复以《原富》为书名翻译的作品是该书第一部比较完整的中文译本。当时的中国充满变法图强、实业救国的社会空气，因此，《原富》的出版在中国知识界产生了较大的影响，在此之前，仅有三部由英文翻译过来的经济学著作，但传播有限，影响不大。所以，严复翻译出版《原富》是现代经济学传入中国的标志。

北京大学中国经济研究中心的老师和严复先生一样，也都是从海外留学回来，希望对中国的现代化作点贡献，由中国经济研究中心来设立"严复经济学纪念讲座"，每年邀请一位国际知名经济学者来发表演讲，既是为了缅怀先贤的贡献，也是为了继承先人的志愿继续推动中国现代经济学科的发展，为中国的强盛，为中国的现代化作点贡献。

严复经济学纪念讲座首讲于 2001 年 10 月举行，辜振甫先生的女儿辜怀群代表父亲辜振甫和母亲严悼云，专程从台湾来到北京出席严复经济学纪念讲座。首讲题目为"新千年的汇率稳定"，演讲者为 1999 年度诺贝尔经济学奖获得者、美国著名经济学家罗伯特·蒙代尔。

自第一届严复经济学纪念讲座之后，2002 年 7 月又举行了第二届严复经济学纪念讲座。讲座题目为"评估不平等和贫困的概念性挑战"，演讲者为 1998 年度诺贝尔经济学奖获得者阿玛蒂亚·森。

此后，由于种种原因，位于北京大学万众楼里的中国经济研究中心，连续两年没能如期举办该讲座。直到 2005 年才又重新开始举办。当年 9 月，第三届严复经济学纪念讲座揭幕，讲座题目为"自然与经济发展 如何思考两者的关系？"演讲者为英国剑桥大学教授帕萨·达斯古普塔。

2006 年 3 月，北大中国经济研究中心举办了第四届严复经济学纪念讲座，讲座题目为："呼唤和谐的全球化发展"，演讲者为美国著名经济学家、哈佛大学肯尼迪政府学院教授丹尼·罗德里克。

2007 年 11 月，第五届严复经济学纪念讲座在京举办，演讲题目为"财富的概念和生活水准的衡量",演讲者为美国加州大学教授普拉桑塔·帕坦尼克。

2008年3月,哈佛大学教授詹姆斯·鲁宾逊以"国富国穷,原因何在?"为题,在第六届严复经济学讲座发表演讲。他指出,当今世界国家之间的繁荣程度差距很大,这些差距三百年前就已开始出现。他从英国、荷兰的历史经验出发,探讨了这两个国家经济成功的因素,包括机构创新、投资创新和有效分配资源的激励机制等。他认为正是这些因素的差异导致当今国家之间在经济发展和收入上的巨大差异。

2009年11月,88岁高龄的美国著名经济学家、1972年诺贝尔经济学奖获得者约瑟夫·阿罗以"可持续性和财富测量"为题在第七届严复经济学讲座发表演讲。他在报告中分析了影响财富可持续增长的各类因素,总结了目前各种测量国家财富方式的利弊,进而提出新的测量财富增长的模型,并就其适用性和局限性作了详细的阐述。

此后,从2010年到2018年,北大中国经济研究中心、北大国家发展研究院又分别举办了第八至第十六届严复经济学讲座,分别邀请伦敦政治经济学院经济学和政治学教授蒂莫西·贝斯利、美国加州大学戴维斯分校经济学教授罗伯特·芬斯特拉和美国威斯康星大学教授斯蒂文·杜尔劳夫、哈佛大学经济学教授罗伯特·巴罗、威斯康星大学麦迪逊分校经济学教授查尔斯·恩格尔等,就"理解国家能力"、"中国有多大?——兼评真实国内生产总值衡量之谜"、"社会因素和个人选择"、"安全资产和风险溢价"、"资本流动管理与汇率政策"发表主题演讲……

一届又一届的严复经济学讲座,不仅传播了现代经济学理念和前沿的经济学动态,使每一位听众都受到极大的感染,而且把严复对国家前途命运始终如一的关心、对社会安定和民生疾苦的关注思考以及对历史的责任感、使命感,深深植入了北大莘莘学子的心中。

对北大而言,严复在校长任期内至少做出了三方面的贡献:

一是推动了北大的改革。在《分科大学改良办法说帖》中,严复详细阐明了创办新式北京大学的指导思想与改革措施。在他的主持和领导下,北大的办学和改革在极为艰难的条件下有声有色地开展了起来。从学科的归并到教学内容的改进，从有关西方文化的新课程的开设到对外语学习的重视与提倡，从师资管理的加强到高素质人才的引进，严复无不精心谋划，积极推动，并取得了可喜的成效。

二是为保留北大付出了艰辛的努力。在得知教育部打算停办北大的消息后，严复立即向教育部提交了《论北京大学不可停办的说帖》，阐述了需办北京大学的理由："北京大学创建十有余年，为全国最高教育机关"；"今若将其废弃，是举十余年来国家全力惨淡经营，一旦轻心掉之，前此所糜百十万帑金，悉同虚掷"；"今世界文明诸国著名大学，多者数十，少者十数。吾国乃并一已成立之大学，尚且不克保存，岂不稍过？"

关于经费问题，严复郑重指出："国家肇建万端，所需经费何限，区区一校所持以存立者，奚翅九牛一毛"。关于程度问题，严复认为，北京大学的程度"与欧美各国大学相提并论，固不可同年而语"，但仍不失"为全国中比较高之学校"。而且"程度亦何尝之有，吾欲高之，终有自高之一日，若放任而不为之所，则永无能高之时"。关于教员问题，严复认为北京大学"所聘教习，如非万不得已，总以本国人才为主。其聘请之法，则选本国学成与欧美学生各科中卒业高等而又沉浸学问，无所外慕之人，优给薪水，一面教授，一面自行研究本科，如此则历年之后，吾国学业可期独立，有进行发展之机。"[1] 严复的上书使当政者无话可说，加之当时北京大学师生坚决反对停办，教育部不得不发布"解散之事，全属虚无"的声明掩盖其尴尬的脸面。

三是为北大精神的创立奠定了基础。在执长校政期间，严复提出"兼收并蓄，广纳众流，以成其大"的办学思想，主张把北大办成中国思想界、文化界、教育界的"中心"。同时鼓励教师在学术上自由探索、自行研究，支持学校招收女生。这些都为若干年后蔡元培掌校后提出的"思想自由、兼容并包"的北大精神开辟了"荆榛"。

从 1912 年 2 月上任，到同年 10 月卸任，严复在北大仅仅 8 个月时间，就为北大做了这样三件具有深远影响的事情，可谓"筚路蓝缕，嘉惠后人"。但严复在取得"胜利"的同时，也给他自己埋下了无形的隐患。由于得罪了教育部的当权者，他只好于 10 月 7 日辞去北大校长，离开汉花园回到家里，继续做他

---

[1] 严复：《论北京大学校不可停办说帖》，北京大学档案馆藏。

的寓公。

实际上，对于辞职严复是有思想准备的。5月16日，严复在家信中就写道："大学堂已于昨日开学，事甚麻烦，我不愿干，大约做完这学期，再行扎实辞职。"[1] 严复的心态无疑是矛盾的，作为一个封建士大夫，他自然也有事功之心，这从他多次参与科考、力求走仕途之路就可以看出；但对于晚年的严复来说，毕竟不再有当年的"万丈豪气"。在给知心友人的书信中他写道：

> 旧历献岁以来，政府以复誓行管理大学堂总监督。以复素啖虚名，故京外人士属望甚殷，极以为愧！惟是款项支绌，旧存银行之款，角尖不能取用，而财部稍有所获，辄以镶军为亟，致受事匝月，不能定期开学，更无论拾遗补缺，有所改良矣。[2]

这在相当程度上反映出刚上任的严校长的复杂心理。

总体来说，严复虽为经费等事务所困，但"在其位则谋其政"，对于北大的发展，他仍萦怀在心。他的规划是相当用心的，视事也不可谓不尽力，但由于多方掣肘，办学的效果并不理想，甚至近乎"焦头烂额"使他深感"心有余而力不足"，于是辞职成了他最好的选择。而这对于北大来说，则是一个巨大的损失。

严复不仅是北大的，而且是中国的。对于近代中国而言，严复至少有三大贡献：

第一，严复对近代中国的启蒙发挥了巨大的作用，成为近代中国最著名的启蒙思想家。在他翻译的一系列著作中，大都是反映西方资本主义社会政治、经济及其价值观念的富有代表性的作品，这些著作共同构筑成一个较为系统的思想体系，基本反映了资本主义社会的文化背景和理论基础，对于中国人认识西方、看清世界大势，具有震撼心灵的启蒙作用。他译书的目的，正是为了挟持译介"西学"的声势，沟通中西文化，宣传自己的思想主张，启迪人们走上救亡图存的道路。因此，胡适称其为"介绍西洋的近世思想的第一人"，可谓恰如其分。

人们不能不佩服严复的目光如炬，在令人眼花缭乱的西方思潮中所"精选"

---

[1] 王栻编：《严复集》，中华书局1986年版，第三册书信，与夫人朱明丽书（1912），第776页。
[2] 王栻编：《严复集》，中华书局1986年版，第三册书信，与熊纯如书（1912），第602页。

的作品，总能切中近世中国的"要害"；在汗牛充栋的西方典籍中所选译的那几本著作，却都影响重大，启蒙与教育了一代国人。他所译的八种世界名著，被尊为"严译八经"，而他自己，也成为近代中国开启民智的一代宗师。

严复提倡西学，但他反对洋务派"中学为体、西学为用"的观点，认为"中学有中学之体用，西学有西学之体用，分之则两立，合之则两止"。他认为应做到"体用一致"，"本来一致"。

严复的译著和传播西学的实践，对近代中国产生了深远的影响。后人因此评价说："近代中国翻译介绍西学者多矣，因翻译而以启蒙思想家享誉后世的，似乎只有严复一人"。

第二，严复提出的"信、达、雅"的翻译原则和标准，对我国翻译理论和实践产生了重大的影响，并使他成为我国近现代翻译史上具有划时代意义的翻译家。

在艰深的翻译实践中，严复吸收中国古代佛经翻译思想的精髓，并结合自己的经验，在《天演论》译例中鲜明地提出了"信、达、雅"的翻译原则和标准。"信"（faithfulness）是指忠实准确地传达原文的内容；"达"（expressiveness）指译文通顺流畅；"雅"（elegance）可解为译文有文采，文字典雅。

这三条翻译原则构成了完整的翻译标准，对后世的翻译理论和实践影响很大。在近现代中国翻译界，几乎没有一个人不受它的影响，并以之为标准来严格要求自己的。严复在谈及"信、达、雅"的翻译标准时说道：

译事三难，信、达、雅。求其信已大难矣。顾信矣，不达，虽译犹不评也，则达尚焉。

译者将全文神理，融会于心。则下笔抒词，自然互备。至原文词理本深，难以共喻，则当前后引衬，以显其意。

凡此经营，皆以为达；为达即所以为信也。《易》曰："修辞立诚。"子曰："辞达而已"。又曰："言之无文，行之不远。"三者乃文章正轨，亦即为译事楷模。故信、达而外，求其雅尔。此不仅期以行远已耳，实则精理微言,用汉以前字法句法则为达易，

未名湖畔忆名儒
——严复、林纾、辜鸿铭的北大岁月

用近世利俗文字则求达难，往往抑义就词，毫厘千里。审择于斯二者之间，夫固有所不得已也。……[1]

严复提出的"信、达、雅"三标准不仅常被后人所称道，而且成为学界公认的标准，严复自己在译书中也身体力行，努力做到"信、达、雅"兼备。他的译著不多，字数也不过170多万字，他所译的八种著作，只有《原富》、《法意》、《群学肄言》、《社会通诠》四书系取原书全译；《群己权界论》不过是长篇论文；《天演论》也只是赫胥黎著《进化论与伦理学》中的导论和其中两节；至于《穆勒名学》尚不及原书一半。他的译著数量不多，却几乎部部都是精品。但严复译书，字字推敲，句句斟酌，翻译态度严肃认真、一丝不苟；而且他把翻译作为一项学术工作来做，凡与原著有关的书，他都涉猎；他所作的案语，旁征博引，解说详明，或批评原著，或阐发意旨，或触类旁通，或中西对比，对读者正确理解原著和译者的思想，自然有极大的帮助。这也是严复作为翻译家常被人们称誉并引为典范的地方。

最早对严复译著做出评价的是吴汝纶，他说："文如几道，可以言译书矣。……今赫胥黎之道，……严子一文之，而其书骎骎与晚周相上下。然则文顾不重耶？"[2]对严氏译文大加赞赏。

蔡元培也赞誉说："他（指严复）的译文，又很雅驯，给那时候的学者，都很读得下去。所以他所译的书在今日看起来或嫌稍旧，他的译笔也或者不是普通人所易解。但他在那时候选书的标准，同译书的方法，至今还觉得很可佩服的。"[3]

胡先骕则指出："严氏译文之佳处，在其殚思竭虑，一字不苟，'一名之立，旬月踟蹰'。故其译笔信雅达三善俱备，吾尝取《群己权界论》、《社会通诠》，与原文对观，见其义无不达，句无滕义。……要为从事翻译者永久之模范也。"[4]

王佐良认为："在翻译实践上，严复不斤斤于求得与原文的形似，而着意使译文合乎中国古文传统的体式。例如他翻译赫胥黎的《天演论》，往往以单句译

---

1 冯保善：《严复传》，团结出版社1998年版，第158-159页。
2 吴汝纶：《〈天演论〉序》，王栻编：《严复集》，中华书局1986年版，第1318页。
3 蔡元培：《五十年来之哲学》，《最近之五十年》，上海申报馆1923年。
4 胡先骕：《论胡适五十年来中国之》，《学衡》第18期（1923），第7页。

复句,以平列代主从,改第一人称为第三人称,化平实的叙述为生动的敷演……"[1] 对严复的翻译给予了高度评价。

第三,严复为中国近现代教育事业贡献了几乎毕生的心血,在中国教育史上写下了浓墨重彩的一章。

严复一生,不仅有留学英伦的教育背景,而且有执教北洋水师学堂二十年的经历,还有执长中国南北方两座最高学府——北京大学和复旦大学教的可贵经验。应当说,这既是严复之幸,也是现代中国教育之幸。它使严复可以施展"教育救国"的胸襟抱负,为这位留英学人借鉴英国大学理念、参与现代中国建设提供了一块充分的平台。正是在这块平台上,严复"长袖善舞",抓住时机,为国家培养了许多优秀的人才。仅在北洋水师时期,就有黎元洪、张伯苓、伍光建、刘冠雄等众多中国近代史上赫赫有名的历史人物。

严复在思想领域、翻译领域和教育领域都为国家做出了重大的贡献。但真正把他镌刻在中国近代史丰碑上的,既不是教育家,也不是翻译家,而是"启蒙思想家"!

从19世纪末到20世纪初,他"致力于译述以警世",先后翻译出版了亚当·斯密的《原富》、斯宾塞的《群学肄言》、穆勒的《群己权界论》和《穆勒名学》、甄克思的《社会通诠》、孟德斯鸠的《法意》、耶芳斯的《名学浅说》。这些译作部部"对症下药",把现代西方富强之本、中国人闻所未闻的古典自由主义经济学、自由主义哲学、法学、社会学、逻辑学第一次较为系统地介绍到中国来,成为中国迫切需要的"新知"。而正是这些新知,不久之后就使中国思想界"面貌一新",严复于此"功不可没"。

1931年和1981年,商务印书馆曾两度将严复翻译的八部西方名著汇集出版,时人称为"严译名著"。严复也因此被称为"西洋留学生于翻译史上有贡献之第一人;亦介绍西洋哲学至中国之第一人,并发明翻译书籍必遵照信雅达三个标准之第一人。其翻译之书籍,于中国政治社会学术思想皆有较大之影响"[2]。

今天,时光已经过去了100多年,中华民族似乎不再有亡国亡种之虞,《天

---

[1] 王佐良:《严复的用心》,《论严复与严译名著》,商务印书馆1982年版。
[2] 王森然:《严复先生评传》,《近世二十家评传》。

演论》离我们似乎也已然十分遥远。然而，只要我们回首历史，就不能不正视《天演论》曾经卷起的巨大风暴及在华夏大地留下的深深印痕。当年如果没有《天演论》的问世，没有新思想的出现，没有一批批热血志士的奋斗，今日中国也许早已被列强瓜分得四分五裂。因此，人们不应轻易抛弃《天演论》中"物竞天择，适者生存"的思想，更不应高枕无忧，不思进取，不求富强，以至忘记自己随时有被开除"球籍"的危险。

当年严复基于对国情民性的独特把握，始终对"革命"抱有疑虑。1904 年，严复曾与孙中山在英国会晤，却由于两人思想不合而不欢而散。思想家严复认为，革命要有个过程，不能操之过急，更不可诉诸暴力。革命家孙中山则对严复的教育救国论无法认同，他说："俟河之清，人寿几何，君为思想家，鄙人乃实行家也。"其中体现的不同政见和操守，无疑值得后人深思。

严复一生，不仅立身修行秉持儒家伦理，学术上也保持独立原则，绝不人与亦云；在翻译学上更是为一时之先，其翻译风格影响了后代一大批著名翻译家，他的众多译著是留给后世的宝贵遗产。严复一生的功过是非与成败得失，无疑值得后世认真总结。作为严复曾经担任首任校长的北京大学，对此更应责无旁贷。

在以往对严复的评价、尤其是晚年思想转变的评价中，主要存在着三方面的不同意见：

第一种意见（如周振甫）认为，严复早年进取，晚年转而为保守、倒退。[1] 北大学者梁柱大致也持同样的立场，他说：

> 严复一生的学术思想和社会活动，明显地分为前后两个不同的时期。在戊戌维新及其后的一个时期，作为民主启蒙先驱者的不可替代的作用，成为他一生事业的辉煌时期。而在他的后期，却一改前期倡导西学、痛斥中学的激进观点，主张"尊孔读经"。领衔发起孔教会，对当时风起云涌的革命运动持保留态度，他的思想观点和社会活动明显趋于保守，前后对比判若两人。[2]

---

1 周振甫：《严复思想书评》，台湾中华书局 1987 年版。
2 梁柱：《先驱者的历史功绩与历史评价》，《政协天地》2004 年第 3 期。

不过，梁柱也指出：

> 后期的严复虽然思想观念发生变化，但仍不改其救亡之初衷，继续从事唤醒民族精神的学术活动，爱国情操贯穿这位杰出思想家的一生。他晚年对中西文化的反思，从文化意义上说，这对于克服过去对两者评价上的片面性，更多地看到西方文明的不足，更多地挖掘传统文化中的优秀矿藏，仍然有积极的意义。[1]

第二种意见（如史华慈）认为，严复具有矛盾、冲突的"两面人"特征。他认为，严复的思想有两方面：一方面追求国家富强、独立、自我伸张、竞争等等；另一方面则在神秘主义之中寻求精神苦痛的避难所。在他看来，严复晚年极其痛苦，并有贬低自由价值的倾向，显然，这是严复"对自由在追求富强所扮演之角色的重新评估。""严复晚年所关怀的终极价值仍是富强，而非自由，当他发现一个比自由更有效的追求国家富强的方法时，他会放弃自由。"[2]

第三种意见（如黄克武）认为，严复的思想虽然因时代的影响有所变化，同时处于中西文化冲击、交会时代的严复，在传统与现代的双重影响下，具有一部分矛盾、两歧的性格，但他一生的思想有其连续性，他的现代性方案与终极关怀之间具有内在凝聚性与一致性。

黄克武指出，严复和1920年代以后中国思想界的一些学者如梁启超、梁漱溟等人类似，一方面看到西方物质文明的过度发展，导致毁灭性的战争；另一方面则引起对自身文化的信心，希望在东方的精神文明之中寻找出路。他批判西方科学畸形发展、爱国主义与种族之争所导致的残酷战争，期望回归中国传统，因而形成了一个与五四反传统运动截然不同的思路。

黄克武认为，如果把五四当作唯一的"启蒙"，那么严复自然就成为"反启

---

[1] 参见梁柱：《中国近代启蒙思想家》，方志出版社2003年版。
[2] 参见黄克武：《惟适之安——严复与近代中国的文化转型》，社会科学文献出版社2012年出版，第15-16页。

蒙"的了。不过如果我们接受高力克、许纪霖等人在研究杜亚泉思想时所提出的观点，认为五四时代除了有胡适、陈独秀所提出的彻底改变的转化型的启蒙思想之外，还有一种以严复、梁启超、杜亚泉、章士钊、蔡元培等人所代表的温和渐进的调适型启蒙传统。这是一种温和的、中庸的启蒙。从此角度观察，严复的思想可谓五四时期调适型启蒙的重要源头。换言之，严复与五四思想家之差异不是"传统"与"现代"的不同，而是中国现代性内部自由与保守之争、反传统与肯定传统之辩。[1]

其实，严复一生，早年与晚年，前期与后期，可以说既有变化，也有传承。他坚持救亡图存，宣扬爱国精神和主张君主立宪，不支持激进革命，这是他始终如一的主张；而主张"尊孔读经"，重新审视中西文化的价值，则是他晚年的积极变化，而非保守、退步。任何一个历史人物，在其一生中都在变化和相承的交织中移动着。只有变换视角、革新思维，才能对此做出全面而公允的评判。

今天，当复兴与弘扬传统文化成为主流话语时，人们对严复晚年的思想给予了更高的评价，盛赞他晚年的转变是由于"一开始就对现代性有异乎寻常的认识"，因此"对于现代性的负面效应始终持警惕态度"等等。[2]

2001年，在严复逝世80周年之际，福建省严复学术研究会和清华大学共同编写了一部纪念严复的论文集——《科学与爱国——严复思想新探》，清华大学校友、时任福建省省长习近平为该书撰写了"序言"。在"序言"中，习近平写道：

> 这是我第二次为纪念严复论文集撰写序言。上次是在1993年，福州市第一次举办严复思想研讨会，着重对中国近代史上启蒙思想家、翻译家、教育家严复的学术思想进行一番总的分析和评介。而这次的论文集则突出严复科学与爱国这一主题，通过多侧面地阐述与探索，较全面地论证了这位先哲的历史地位和卓越贡献。
>
> 1840年鸦片战争后，中国沦为半封建半殖民地社会。在帝国

---

1 黄克武：《惟适之安——严复与近代中国的文化转型》，第2-4页。
2 雷颐：《严复的进步与保守》，经济观察网。

主义坚船利炮之下，腐败的清王朝与帝国主义列强先后签订了《南京条约》、《望厦条约》、《瑷珲条约》、《天津条约》、《北京条约》、《中俄勘分西北界约记》、《伊犁条约》、《中法越南条约》、《马关条约》等一系列丧权辱国的不平等条约。尤其是1894年中日甲午战争后，中国更成为帝国主义列强任意宰割、蚕食瓜分的对象，面临亡国灭种的危险。正是在这种历史背景下，严复挺身而出，高声疾呼，投入救亡图存斗争之中。他高举科学与爱国两面大旗，以"开民智"、"鼓民力"、"新民德"为己任：一方面，"摒弃万缘，惟以译书自课"，先后译注了《天演论》、《原富》、《法意》、《穆勒名学》、《群学肄言》、《群己权界论》、《社会通诠》和《名学浅说》等十余部西方学术名著，内容涉及生物学、社会学、伦理学、经济学、法学、哲学、政治学等诸多学科，以图师夷制夷，疗贫起弱；另一方面，以高度的爱国热忱，针砭时弊，抨击封建专制，鼓吹变法维新，连续发表《论世变之亟》《原强》《辟韩》和《救亡决论》等政论文章，以警醒国人，企求"治国明民"之道，挽救民族危机。严复的这些译著和评论，在当时因循守旧、固步自封的清王朝统治下的旧中国思想界，宛如巨石投入深潭死水，产生了极为深刻的影响。时至今日，严复的科学与爱国思想仍不过时。

最近，我的母校——清华大学，由刘桂生、朱育和、蔡乐苏、王宪明、张勇等教授倡议设立"严复研究中心"，遵循"中西融汇、古今贯通"的学术传统，对严复的学术思想进行系统深入研究，本人对此甚表赞成。今受福建省严复学术研究会和清华大学之托，谨序，并藉以纪念严复逝世八十周年。[1]

---

[1] 习近平：《科学与爱国——严复思想新探》，清华大学出版社2001年版，序言。

2012年，北大这座饱经风霜的中国最高学府之一，迎来了京师大学堂更名为"北京大学"一百周年和严复出任北京大学首任校长一百周年。我怀着崇敬之情，走近安放在北大校园里的严复铜像，透过他那双睽睽有神的目光，我仿佛穿过历史的尘烟，看到了百年来北大发生的沧桑巨变，看到严复当年梦寐以求的"鼓民力"、"开民智"、"新民德"，正在中国大地上一步步成为现实。严复在天有知，一定也会为这中华民族的辉煌而喝彩！

中篇

林纾：孤山处士音琅琅

一、北大：忘却的纪念

在北大人的记忆中，未名湖是那样的温馨、浪漫、迷人。一位在燕园里生活了半个多世纪的诗人写道：

> 那湖畔柳荫度过的每一个日子，那花神庙边午夜的悄语，那荷花池旁傍晚的幽约，那月下花前，一圈又一圈的环湖漫步……若有若无的远近灯火，如幻如梦的笑语笙歌，那水，那湖，那树，那花，那漂浮在空气中的青春气息，那种道不明、说不尽的诗意和梦想的思绪，有点隔，有点远，又有点空茫，但却是那样实在和久远。这一切如今已融入了我的血脉之中，它将与我的生命相终始。[1]

花神庙

诗人记忆中的花神庙就位于未名湖南岸，又名慈济寺。庙门临湖，入门后拾级而上，有一座北向的正殿，并有东西配殿，连同周围的垣墙，都建在小山坡上。后来庙宇毁于大火，仅存一座庙门，经过重修，被改建成了一座赭红色建筑，默默地立于湖边，岁岁年年，点缀着未名湖的景色。

花神庙顾名思义，就是人们祭祀花神的地方。立于燕南园北门的花神庙碑，镌刻着敬献花神的祈祷词。它是乾隆年间皇家御

---

[1] 谢冕：《多情最是此湖水》，《红楼钟声燕园柳》，北京大学出版社2008年版，第84页。

园——圆明园的总管们，为祈求园内"吐艳芬芳，四时不绝"而进献给花神的，距今已有300多年的历史了。

在经历了1860年的那场大火之后，圆明园几乎化为了灰烬。而花神庙碑则幸存了下来，并被移到与圆明园相邻的淑春园（今燕园）。饱经沧桑的花神庙碑凝聚着历史的厚重，石碑上的字迹虽然有些模糊，却还依稀能辨：

> 近侍掖庭，典司艺花之事于内苑，拓地数百弓，结篱为圃，奇葩异卉，杂莳其间，每当露蕊晨开，香苞午绽，嫣红姹紫，如锦如霞，虽洛下之名园，河阳之花县，不是过也。伏念天地间一草一木胥出神功，况于密迩宸居，邀天子之品题，供圣人之吟赏者哉。爰列像以祀司花诸神，岁时祷赛，必戒必虔，从此寒暑益适其宜，阴阳各遂其性。不必催花之鼓，护花之铃，而吐艳芬芳，四时不绝，于以娱睿览。养天和与物同春，后天不老；化工之锡福，岂有量乎。若夫灌溉有时，培护维谨，此小臣之职，何敢贪天功以为己力也。

立碑者为乾隆十年的圆明园总管王进忠、陈九卿、胡国泰三人。

十年树木，百年树人。悠悠百年的北大，培育了万千学子。培育他们的老师被喻为园丁，他们和花神一起守护着满园桃李。春来秋去，这燕园里的一位位园丁和名师，无不以自己一生的实际行动，培护着这满园春色、四季芬芳……

然而，却有这么一位北大人，他曾经行走在马神庙街的四公主府，为严复主持的京师大学堂译书局翻译法国历史书籍；曾经和马其昶、姚永概、姚永朴等著名桐城派学者一起，为建校之初北大的莘莘学子讲授艰深的古文辞；曾经和胡适、陈独秀、钱玄同、刘半农等人在新文化运动中纵论白话文的长短。

他翻译的法国文学名著《茶花女》等上百部西洋小说曾经使鲁迅和周作人着迷，使钱钟书爱不释手，并因此被胡适和郑振铎称为中国"介绍西洋近世文学的第一人"，严复则有"可怜一卷《茶花女》，断尽支那荡子肠"之誉。

他就是我国近代著名翻译家、文学家和诗人林纾（林琴南）。这位横亘晚清和民国两个时期的文化名人，虽然不懂任何外文，却借助于口译者的合作，笔译了英、法、美、俄等十几个国家的一百多部西洋小说，开启了近代中国"翻译世界的文学作品的风气"。他也因此成为一位杰出的、影响深远的西方文学翻译家，被誉为"译界之王"。

可是，在北京大学的校史上，林纾却很少被提及，人们似乎有意无意地把他给淡忘甚至遗忘了。

新中国成立以来，出入北大的学子们，对这位翻译巨匠翻译的《茶花女》也许耳熟能详，而对他的其他译作以及他在古文辞和诗书画方面的贡献却知之甚少；对这位硕学名儒在新文化运动中的"保守"立场也许有所了解，而对他在新文化运动中的"另类贡献"以及他与北大的历史渊源却鲜有人知。

然而，"林译小说"后来却对许多现代作家产生了深刻的影响，包括鲁迅及周作人两兄弟。当年他们在日本留学，只要林纾的译作一出，他们便从书店买回，看完后还拿到订书店去改装成硬纸板书面、青灰洋布书脊的精装书，以便于收藏。郭沫若和钱钟书也说，他们少年时最嗜好的读物便是"林译小说"。

钱钟书回忆说："林纾的翻译所起的'媒'的作用，已经是文学史上公认的事实……我自己就是读了他的翻译而增加学习外国语文的兴趣的。商务印书馆发行的那两小箱《林译小说丛书》是我十一二岁时的大发现，带领我进了一个新天地，一个在《水浒》、《西游记》、《聊斋志异》以外另辟的世界。"[1]

想当年，当朋友们向林纾介绍法国著名作家小仲马的名著《茶花女》，并对他说"你的文笔那么好，我们可以合作把它译出来"时，林纾推托再三才答应下来。此后，在王寿昌手捧法文原著绘声绘色地讲述、林纾笔走龙蛇般的翻译中，著名的《巴黎茶花女遗事》诞生了。林纾透彻地领悟原著的精神和风格，调动自己精深的古文造诣和活跃的才思，使浅近的文言译文忠于原著，语句流畅，富于感情，引人入胜。这部译作问世后，不仅迅速流传开来，而且引起了巨大轰动，多家书局连续翻印尚且供不应求，一时洛阳纸贵。

《巴黎茶花女遗事》的翻译成功并获得满堂喝彩，促使林纾继续与王寿昌、

---

[1] 钱钟书：《林纾的翻译》，《旧文四篇》，上海古籍出版社1979年版。

魏易、曾宗巩、陈家麟、力树萱、王庆通、毛文钟等多位通晓外文的学者合作，在此后近二十年中，先后翻译出西洋文学著作一百八十种以上。许多中国人第一次读到莎士比亚、狄更斯、司哥特、笛福、欧文、雨果、大仲马、小仲马、巴尔扎克、易卜生、塞万提斯、托尔斯泰、孟德斯鸠，并喜欢上这些西方文学大师的名著，就是大名鼎鼎的"林译小说"和"大翻译家林纾"的翻译之功。

一位学者在评述林纾的译作及其文学史意义的文章中写道：

> 每次重读林纾，笔者都为琴南先生博瞻秀美的文字功夫所慑服倾倒。林译小说恰似一扇洞开的窗牖，晚清国人首先从这里瞥见西方的文化与人生。林译小说滋养了新文学的整整一代人，很多现代作家坦承，对西方文化之兴趣，实从林译小说始；中国小说现代叙事话语之成形，林译小说实有开拓之功。中国小说作为"文学之上乘"地位之奠立，梁启超的力倡自然功莫大焉，然林译小说恰为梁氏言论之最有力支撑——如果没有大量的林译小说向人们展现小说本身的丰富美感，仅靠梁氏等数量有限而美感不足的政论文式的"政治小说"、"科学小说"，实难想象现代小说真的会在短暂时间彻底征服传统文人，由"小道"、"下流"跃升为"上乘"，导致传统小说观念根本改变。中国新文化的诞生，林纾实乃其先驱。[1]

平易浅近的林译文言小说成了近代中国人看世界的一个窗口，当时大量青年学生为"林译小说"而着迷，后来他们中的一些人成了民国文化界和新文化运动的中坚。

林纾（1852—1924），字琴南，号畏庐，晚称春觉斋主人。这位出生于福建闽县（今福州市）的前清举人，一生浸淫古文，不仅是一个出色的翻译家，

---

[1] 吴欣：《齿牙吐慧艳似雪 文采照人清如秋——浅论林纾的译作及其文学史意义》，《江苏科技大学学报》2005年第2期。

而且是晚清最出色的古文大师之一。他研究欧阳修25年，研究韩愈40载，并发表了众多的诗词、文论、散文、随笔乃至小说、戏剧等，被收于《畏庐文集》《韩柳文研究法》《春觉斋论文》《左孟庄骚精华录》《左传撷华》《古文辞类纂选本》《文法讲义》等数十种作品中。其作品不仅数量可观，而且质量上乘，如《畏庐文集》，于闲漫细琐之处，曲曲传情，与归有光文相近。正如林纾自己所言："六百年中，震川（归有光）外无一人敢当我者。"[1] 他的古文辞修养因此深受桐城派大师吴汝伦的欣赏。

可是，偌大的北大校园里，又有几个学子知道这些呢？林纾——这位中国文学翻译史上的杰出人物，这位北大校史上值得认真书写的历史人物，似乎被人们遗忘了。

2009年，纪念五四运动九十周年之际，一部《重返五四现场》的历史论著，把人们带回了"百年淬厉电光开"的五四运动场景，同时也勾起了人们对诸多五四历史人物的回忆。于是，林纾又重新出现在人们面前：他"载酒行吟"，"忍辱负重"；挺身而出，知错必改；道德文章"堪为师表"，人物形象栩栩如生……

---

[1] 参见《林畏庐先生手札》。

二、从福州到杭州

福州繁华的东街口西南面,有一片区划整齐、排列有序的古民居,占地达660多亩,它就是中国现存唯一坊巷格局的老街——"三坊七巷"。"三坊"即衣锦坊、文儒坊、光禄坊,"七巷"则是杨桥巷、郎官巷、塔巷、黄巷、安民巷、宫巷和吉庇巷。

街坊里那些古香古色的建筑大多建于明清时期,住户也多为明清两代的官宦大户人家,因此被人们誉为"明清建筑博物馆"。那幽深的巷子,宽敞的院落,高高的粉墙,斑驳的青瓦,无不向人们诉说着它往日的辉煌。

被称为"译界之王"的林纾,从小便生活在"三坊七巷"中的文儒坊。他的父亲虽然只是一个小商人,而母亲陈蓉却是在文儒坊长大的,陈家在明代为显宦,陈蓉的父亲陈元培也是太学生,堪称"书香门第"。

1852年11月8日,林纾出生在福州城东莲塘。先祖为农,祖父辈开始入城治艺,到父亲林国铨时已成为在闽北经营盐务的商人。1856年,林纾5岁那年,其父往建宁运盐途中,因船触礁沉没,导致倾家荡产。此后其父便背井离乡,渡海到台湾打拼。幼年的林纾只好寄养在文儒坊龙山巷里的外祖母家,由外祖母教其读书识字。外祖母郑氏知书明理,她极疼爱外孙,对外孙的要求也很严格。

林纾早年生活艰难,全家靠母亲和姐姐辛苦劳作的收入维持生活。但他从小天资聪颖,7岁进入私塾。11岁时受塾师薛则柯的影响,对古文产生了兴趣,从此与文学结下不解之缘,杜诗、欧文都读得十分精熟。13岁时又跟随朱韦如习八股文。

林纾自小嗜书如命,零花钱大多用于买书,有时买不起就借,借来就抄,甚至还以代人补缀破书或贱价收买残书来进行研习。15岁时,他已"积破书三橱,读之都尽",偶尔有人送他一两本旧书,便如获至宝,读了又读。童年、少年时代,他便是这样"杂收断简零篇用自磨治"。贫困的生活和外祖母的教诲,决定了他奋发有为的学习生涯，有一次他甚至在自家居室的墙上画了一口棺材，旁边写道："读书则生，不则入棺。"后来他回忆说，自己有志于学，"生平得力于太孺人之训者为多"[1]。

16岁时，林纾到台湾，帮父亲做些记账会计类的事。两年后他返乡娶妻，这门亲事是8岁时家人为他定下的，妻子叫刘琼姿。但是准岳父刘有棻对他并不十分满意，后来读了他给外祖母郑太孺人的信，颇为感动，便把女儿嫁给了他，婚后还出资供他读书。婚后次年，林纾连逢"三丧"，不仅身心交瘁，而且得了严重的肺病。"日必咯血，或猛至者，则盈碗矣"[2]。即使身患重病，他仍不得不挑起养家的重担，开始去给人家做家庭教师。

就这样，林纾一边读书自学，准备参加科举考试；一边教书授徒，养家糊口。他读书十分刻苦，而且博学强记，年仅二十已博览群书达数千卷之多。读书对他来说，如饮醇酒。对生平所嗜书，他则沉酣求索，从而奠定了深厚的文学根基与学问基础。他挺着咯血的身子苦读，留下了掷地有声的名言："好游是乐事，然如傍晚出户，趁凉西行，渐渐向黑；力学是苦事，然如四更起早，犯黑而前，渐渐向明。"1882年（光绪八年），林纾31岁时，终于中了举人。从一个穷秀才一跃成为举人，这对他来说是具有转折性意义的。在摆脱贫困窘境的同时，他广结师友、饱读诗书。

与林纾居住的文儒坊相邻，有一条街坊叫光禄坊，它位于"三坊七巷"的最南端。街坊中原本有一座寺院，名叫法祥寺。宋熙宁三年（1070年），光禄卿程师孟任福州知府时，曾到寺里游览，并题写了"光禄吟台"四个字。于是，"光禄吟台"外的巷子便被称作了"光禄坊"。后来，法祥寺被废，这里改建成了民居，清嘉庆年间，一位名叫叶敬昌的文人住在此地，便把这里改称"玉尺山房"。

19世纪80年代，"玉尺山房"的主人换成原福建船务大臣沈葆桢的女婿李端。李端有两个儿子，老大叫李宗言，老二叫李宗祎。林纾与李宗言相识后，发现他们兄弟"积书连楹"，便逐一借来阅读。"非但经、子、史籍，凡唐宋小说家言也无不搜括"，后来由博览转为精读。

---

1 林纾：《谒外大母郑太孺人墓记》，《畏庐小品》第三辑《苍霞旧梦》，北京出版社1998年版。
2 林纾：《畏庐三集·述险》，商务印书馆1924年版。

李宗言兄弟性情相近，志趣相投，都热衷于藏书、赋诗、舞文弄墨。为了吟咏唱和，兄弟俩牵头组织了一个诗社，参加诗社的19人中，便有林纾及陈衍（后来成为同光体诗派的代表人物）、郑孝胥（后来成为伪满洲国总理）等人，李宗言及他们三人于1882年同榜中举。诗社每月举行四五次活动，都在玉尺山房辛夷楼雅集，专赋七律，彼此互相唱和。

每逢诗社活动，林纾都很积极参加。即使在活动间隔时间，他也经常出入于玉尺山房，目的就是为了借书。李家那三四万卷的藏书，像磁铁一样吸引着林纾。诗社活动持续了十年之久，林纾也利用这些年时间，把李家的藏书几乎读了个遍。后来他能翻译如此众多的西洋小说，与他这段时间里"饱读诗书"是分不开的。

参加诗社活动的那些年，林纾虽已过而立之年，但他仍不辞辛苦，七次赴京参加礼部会试。没想到，却屡试屡败。从此他决意放弃仕途，专心致志地走上了文学创作的道路。

1895年春天，林纾和陈衍等进京参加会试。其时，中国刚刚在甲午战争中被日本打败，清政府派李鸿章作为全权代表赴日"求和"谈判。4月17日，李鸿章代表清政府签订了中日《马关条约》：清政府承认日本对朝鲜的控制，割让辽东半岛、台湾全岛和澎湖列岛给日本，赔偿日本军费白银两亿两……

消息传来，举国沸腾，那些恰好在京参加会试的举人们，更是感到无比悲怆和愤怒。眼看亡国大祸临头，再不清醒只有死路一条。于是，举人们汇聚宣武门外的松筠庵，联名上书朝廷，要求变法。康有为、梁启超以及林旭等1300余人先后在"万言书"上签了字，这就是近代史上有名的"公车上书"。在京的林纾、陈衍等人虽然没有直接参与"公车上书"，但他们也走出书斋，联名上书都察院，反对割让辽东半岛和台湾等领土；他们还积极与维新派人士串联，并参与了他们的一些活动。

1898年3月，林纾再度入京参加会试，并与福州老乡、后来成为"戊戌六君子"之一的林旭相识，由此卷入了维新变法运动。此时，林旭已是闽学会的实际领袖，在康有为、梁启超策动的第二次"公车上书"中，他动员了包括林纾在内的360多位福建籍士子率先响应。5月底，由于北京局势动荡，在陈衍的极力劝说下，林旭南下杭州暂避风头，林纾等人与他结伴同船而行。旅途中，林旭与林纾相谈甚欢,便委托林纾为其祖父写一篇传略。

就在林旭与林纾一行南下途中,反对变法的恭亲王奕䜣突然病故,使得朝廷中变法的阻力大减。6月11日,光绪皇帝颁布了"明定国是"诏书,宣布实行变法。林旭闻讯后,兴冲冲地赶回了北京。而林纾却没有走,他留了下来,以在杭州完成自己人生的第二次婚姻大事。一年前,他的发妻刘琼姿去世后,他一直处于忧伤之中,此次再娶杨氏,对他来说无疑是一剂"疗伤的良药"。

林旭回到北京后不久,光绪皇帝于8月29日亲自召见了他。9月5日,年仅23岁的林旭与杨锐、刘光第、谭嗣同等四人一起被授予四品卿衔充军机处章京,协助光绪皇帝处理各种政务,尤其是"新政"事务。当时,军机处内,凡有奏章都须经他们四人审阅;凡有上谕也都由他们四人拟稿。然而,仅仅半个月之后,惊心动魄的"百日维新"便宣告失败!

9月21日,光绪皇帝被囚禁南海瀛台,慈禧太后下令捉拿维新派人士。康有为、梁启超连夜逃往海外,林旭于慈禧太后软禁光绪后,为报光绪帝知遇之恩,不顾安危,向慈禧太后力谏保存光绪。惹至慈禧太后大怒,将他掷入黑狱。

几天后,林旭与杨锐、刘光第、谭嗣同、杨深秀、康广仁等六人一起惨遭杀害,血染宣武门外菜市口,时称"戊戌六君子"。年轻的林旭才华尚未得到充分施展,便为变法维新献出了自己年轻的生命。临刑前,他仰天长啸:"君子死,正义尽!"然后大笑,声若洪钟。

林旭殉难后,其妻子沈鹊应(福建船政大臣、两江总督沈葆桢的孙女,林纾好友李宗言的表妹)痛不欲生,此后天天以泪洗面。婚后七年他们恩爱有加,却尚未有孩子,如今夫君竟撒手西归。沈鹊应在极度悲伤之中,亲撰了这副献给丈夫的挽联:

> 伊何人,我何人,只凭六礼传成,惹得今朝烦恼;
> 生不见,死不见,但愿三生有幸,再结来世姻缘。[1]

---

1 转引自北北著:《三坊七巷》,时代文艺出版社2006年版,第15页。

第二年正月初一夜,她在影堂前设奠,不久坠楼自尽。

刚刚新婚留在杭州的林纾,此时正在福州老乡林孝恂家的私塾教馆里任教。遥望着京城的风云变幻,以及同乡好友林旭所

经历的大起大落和大喜大悲,林纾心中不免感慨万千。他既为自己感到些许的"庆幸",又为林旭感到无比惋惜和悲伤,一个年轻的、有才华的生命就这样消失了!为了悼念林旭,林纾倾力完成其生前所托,为林旭的祖父林福祚撰写了一篇传略,这说明他们之间在思想和感情上是共通的。

而林纾的好友、同样曾在9月被光绪皇帝召见的严复,由于在戊戌变法中没有参加实际政治活动而未被追究。目睹了政变惨烈的他,在《哭林晚翠》一诗中,表达了对林旭的深深悼念:

相见及长别,都来几昼昏。池荷清浣暑,丛桂远招魂。

忆昨皇临极,殷忧国命屯。侧身求辅弼,痛哭为黎元。[1]

令人有些费解的是,1898年,当维新志士们手执《天演论》高歌猛进时,严复本人却在这场运动中保持了若即若离的姿态。一次耐人寻味的对话发生在9月14日,当严复被光绪皇帝诏令觐见时,年轻的皇帝迫不及待地问他,应该变什么法才好?严复回答,请皇帝去外国走一走,以联各国之欢,并到中国各处,以结百姓之心。君臣两人并没有谈及实质性的变法内容。严复虽然支持变法,但反对急于求成,对于康有为等主张迅猛变革的维新派,他后来指责道:"轻举妄动,虑事不周,上负其君,下累其友。"[2]

尽管身为进化论的盗火者,但在社会变革上,严复从来不是一个激进者。他常引用英国"社会达尔文主义之父"斯宾塞的一个论断:"民之可化,至于无穷,惟不可期以之骤。"严复认为,进化过程和轨迹由客观环境所决定。他反复强调当今中国最需要的,是"鼓民力""开民智""新民德",将百姓从几千年的蒙昧渊薮中拉出来。倘若在中国已成病夫的情况下,用药太猛,只能让情况更加恶

---

[1] 冯保善著:《严复传》,团结出版社1998年版,第97—98页。
[2] 王栻编:《严复集》,中华书局1986年版,第三册书信,第533页。

化，导致速死。而这个道理，在一个情绪日趋激烈的社会中，并不是每个人都能理解的。

林纾担任教席的这家私塾教馆，是福州同乡林孝恂于1893年开办的。林孝恂是光绪十五年己丑科进士，先后在浙江担任过金华、孝丰、仁和、石门等州县的地方官。此时，他21岁的儿子林长民（1876—1925）刚刚在一年前考中秀才，一边在杭州东文学校学习日语和英语，一边在自家教馆里和家族子弟们一起学习旧学与新学。

坐落于杭州万安桥畔的林氏家塾，分东西两斋，东斋讲授经史子集、诗词歌赋，即旧学；西斋讲授经世之学、中外时事，即新学。

林纾和夫人杨郁及儿子（右二）、女儿（左二）全家照

"闽中名士"林纾就是被教馆"东斋"专门请来教授古文辞赋的。在他来之前四年，教馆"西斋"里已有一位福州来的老师，他就是后来创办《中国白话报》、曾担任民国总统府秘书兼直隶省督军署秘书长、1926年因揭露军阀黑暗内幕而被捕牺牲的著名报人林白水。1897年教馆又分别聘请加拿大人华惠德、日本人嵯峨峙来教英文和日文，林孝恂本人也因此以"开通风气"而著称。

林纾在杭州林家教馆里当了两年多老师。教学之余，他帮助林长民等人创办了一本翻译杂志——《译林》，以开启民智为宗旨，作维新事业之助。《译林》于1901年在杭州创刊，身为老师的林纾一度还兼任了杂志的"监译"。

1901年，林纾举家由杭州迁至北京，担任金台书院讲席，同时在五城中学堂（今北京师大附中）兼任国文教员，授修身国文等课。其古文由于受到桐城派大师吴汝纶的推重，因此在京城中名声日著。1902年，同乡好友严复出任京师大学堂译书局总办，林纾也应严复之邀到译书局担任译员（笔述），而他在翻译上的合作者魏易此时也在京师大学堂担任英文教习，这使得他们之间的关系更加密切了。在译书局期间，林纾和魏易先后合作翻译了法国历史《布匿第二次战纪》和《拿破仑本纪》二书。

林纾离开杭州后，林长民于1904年东渡日本，回国后不久再度赴日，进入东京早稻田大学攻读政治和法律，并担任了留日福建同乡会会长。林长民赴日前，林纾写了《赠林长民序》给他："长民固不愿取决于庸俗之眼，求幸于蒙昧之获，宜可肆力自进于古之立言者"，以此激励林长民。

1909年林长民回国后，返乡担任了福建咨议局书记长，并与刘崇佑一起创办了福建私立政法学堂。民国初期先后出任参议院秘书长、内阁司法总长、外交委员会委员兼事务主任等。1925年，林长民受邀担任奉系将领郭松龄的幕僚长，在乘火车秘密出关时被流弹击中，不治身亡。

林长民去世时，他的女儿林徽因和未来的女婿梁思成正远在美国宾夕法尼亚大学读书，听到父亲的噩耗，他们自然无比的悲伤。而作为林长民的老师，林纾也不禁深为这位颇有才学和救国抱负的学生感到痛惜……

三、1899：巴黎茶花女遗事

可怜一卷茶花女，断尽支那荡子肠。

这是1905年严复在《甲辰出都呈同里诸公》一诗中，对林纾翻译《巴黎茶花女遗事》一书在社会上引起巨大反响的盛赞。区区十余字，便使得这部当年风靡华夏的译作激荡人心的情形跃然纸上，永远铭刻在历史的记忆中。

林纾是一位对古文很有研究的学者，他涉入译界、翻译出版《茶花女》实在是一件极为偶然的事，他的译作如此畅销更是大大出乎他自己和人们的意料之外。

1897年（光绪二十三年）2月，与林纾相伴28年、为他生育了两男一女的夫人刘琼姿不幸病故。而在此之前，他的母亲也不幸于1895年去世。加之这几年林纾在科举中也多次"名落孙山"，可谓"运气不佳"。好在痛失亲人与科场失利之际，林纾的一群朋友们变着法子给了他许多劝慰和帮助。

正是在这些朋友们的劝说下，这年春天，满怀伤感的林纾来到地处福州东郊的马江散心。闽江口的风景虽然宜人，可心境不佳的林纾却依然感到郁闷。这时，从法国留学归来的同乡魏翰（时任船政局工程处道员）、王寿昌（时为船政学堂法文教习）[1]等几位好友，把一部名为《茶花女》的法国文学作品介绍给他，说该书十分感人，巴黎倾城男女为之倾倒，并邀林纾一同翻译此书。他们认为这既可让林纾于新奇中淡忘哀伤，帮助他逐渐走出消沉的处境，也可介绍西方文学名著于中国，让国人一饱眼福，可谓"一举两得"。不懂洋文的林纾起先一再推脱，后经魏翰等人再三相劝，林纾才答应下来，并要求魏翰请他游览闽江滨海风光。魏翰自然一口答应，随后兑现承诺，买舟导游。

于是，人们在闽江边的一艘小船上，看到了这样一幅景色：留法学人王寿昌

---

[1] 王寿昌（1864-1926），字子仁，号晓斋，福州人。父亲王葵梅曾任广东知府。14岁考入福州马尾船政前学堂制造班，1885年4月以优异成绩被选送法国巴黎大学，攻读法律兼修法文。1891年毕业回国，到母校任法文教师，后到天津、武汉，参与洋务活动。曾任汉阳兵工厂总办、三省铁路学校校长、湖北交涉使等职。1912年春回福州，任福建省交涉司司长。

未名湖畔忆名儒
——严复、林纾、辜鸿铭的北大岁月

手捧小仲马的《茶花女》原著,一边浏览,一边不停地口述,其神姿优雅从容;而晚清文士林纾则展开纸笔,笔端不停摇动。虽有中西观念、习俗的差异,但天资聪颖的林纾,立刻能将原著的情感和魅力,用带有桐城派风格的古文表达出来。有时两人突然都不作声,默然相对,也许是小说中的情节感人至深,也许是现实中的场景触人痛处,林纾的眼中不觉已溢然泪下。

就这样,王寿昌和林纾两人,一个口译原文,一个"耳听手写",在波光摇荡的闽江上开始了在近代翻译史上著名的《巴黎茶花女遗事》一书的翻译。林纾也以《巴黎茶花女遗事》一书的翻译出版,开启了"林译"外国文学名著的先声。

1899年,《巴黎茶花女遗事》在福州刊行。起初只刻印一百本,分送林、王、魏三人亲友,不料迅速流传开来,多家书局连连翻印还供不应求,引起了极大的社会轰动。由于林纾的中文译作晓畅通顺、温文尔雅,其译笔妙语连珠,郁于情感,加之又是中国介绍西洋小说的第一部,为国人见所未见,于是很快风靡海内。国人推崇备至,誉为"外国版的《红楼梦》",一时"洛阳纸贵",其风靡程度反倒胜过那些懂双语的翻译家的作品。

《巴黎茶花女遗事》

林纾原本以为,这只是一次排遣愁绪、偶尔为之的翻译之举,不值得过于张扬,因此,这本红极一时的译著,只署了个无人知晓的笔名——"冷红生"。林纾在《巴黎茶花女遗事》一书中,开门见山地写道:

> 晓斋主人(即王寿昌)归自巴黎,与冷红生(即林纾)谈巴黎小说家均出自名手,生请述之。主人因道仲马父子文字,于巴黎最知名,《茶花女马克格尼尔遗事》尤为小仲马极笔。暇辄述以授冷红生,冷红生涉笔记之。[1]

---

[1] 林纾:《巴黎茶花女遗事》,商务印书馆1981年版。

林纾嫡孙则在回忆中追述了祖父当年翻译这部译著时的情景：

> 王寿昌临窗而坐，手捧《茶花女》法文原本，一边浏览，一边口述。船中，我祖父临桌站立，提笔泼墨，挥洒成篇，友人在一旁喝彩。就这样，在近代文学翻译史上曾产生巨大反响的《巴黎茶花女遗事》，以奇特的方式，从不懂一句外文的祖父手中用古文译出，自此，在中国文坛上第一次有了外国小说的影子。
>
> 书译成后，由魏瀚（著名造舰专家）出资交由城内最有名的刻书匠吴玉田镌刻印刷。1899年2月，《巴黎茶花女遗事》正式在福州发行，书印成的时候，我的祖父和王寿昌都未敢用真名，我的祖父署名冷红生，王寿昌署名晓斋主人。未敢用真名的原因，在于当时小说的文学地位很低下，为士大夫之流所不屑为。但没想到的是，小说问世之后，立即轰动全国。[1]

《巴黎茶花女遗事》的成功翻译和出版，大大鼓舞了林纾翻译西方文学作品的信心和勇气。其时，正值中日甲午战争失败后西方列强掀起瓜分中国的狂潮，国家陷入前所未有的危机中。于是，他决意走译书之路，以启发民智，救国图存。

此后，他便"一发而不可收"，开始了真正的"翻译"生涯。为了"多译有益之书"，以伸"赤心为国之志"，振作国人爱国志气，林纾从1901年起，先后翻译了美国著名小说《黑奴吁天录》（今译《汤姆叔叔的小屋》）以及《伊索寓言》《滑铁庐战血余腥记》《雾中人》等作品。

《黑奴吁天录》是美国女作家斯陀写的一部流传甚广的反奴隶制小说。林纾的合译者魏易在谈到翻译此书时说：

> 近得美儒斯土活氏所著《黑奴吁天录》，反复披玩，不啻暮鼓晨钟。以告闽县林先生琴南，先生博学能文，许同任翻译之事。

---

1 杨闻:《林纾嫡孙谈林纾》，《新文化报》，2002年6月29日。

未名湖畔忆名儒
——严复、林纾、辜鸿铭的北大岁月

易之书塾,与先生相距咫尺,于是日就先生讨论。易口述,先生笔译,酷暑不少间断,阅月而书竣,遂付剞劂,以示吾支那同族之人。[1]

林纾在谈到翻译该书的目的时指出:"余与魏同译是书,非巧于叙悲以博阅者无端之眼泪,特为奴之势逼及吾种,不能不为大众一号。"[2] 显然,林纾翻译这部小说有着强烈的政治目的,当时"八国联军"刚刚洗劫京城不久,林纾和许多无辜遭灾的百姓一样,胸中充满着仇恨的怒火。他翻译此书,就是想借此来唤醒民众的爱国热情,反愤图强,拯救中国于"国将不国"之境。因此,它不同于原著的写作目的,这也决定了林纾与魏易在翻译此书时,不可能字字对译,而必然要通过删减、增添、改写来达到他们的翻译目的。

1901年7月,林纾与魏易在杭州求是书院内,仅用66天时间就合作译出了这部政治小说。当时美国由于经济危机,正四处掀起排华运动,许多资本家"酷待甚至监禁、屠杀华工",使华工遭受与黑奴同样的虐待。因此,《黑奴吁天录》的出版,可以说"适得其时"。林纾在《黑奴吁天录·跋》中写道,由于"触黄种之将亡",因此不能不挺身而出,为大众呼号,控诉美国当局"厉禁华工"的罪行,揭穿所谓"文明之国"的假面具。

《黑奴吁天录》出版后,影响力丝毫不亚于《巴黎茶花女遗事》。这部译著先后被改编为戏剧、诗歌、绘画等。1906年,留日中国学生成立"春柳社"话剧团,首先将《黑奴吁天录》改编为一个五幕话剧,于1907年在东京上演。1908年,"春阳"话剧团又将该剧在上海上演。《黑奴吁天录》被认为是改变世界历史的16部作品之一,而它的中文译著也被认为是改变中国近代社会的著名译作之一。

从1897年翻译《茶花女》开始,林纾先后翻译了181种西方文学作品(其中有22种生前未刊)。这些作品中,除少量社会科学著作及人物传记、戏剧、寓言外,基本上都是小说,且多数是长篇小说。林纾向国人介绍的国外著名作家

---

[1] 转引自蔡登山:《魏易:林纾的幕后英雄》,《济南时报》2011年11月20日。魏易(1880-1930),字冲叔,出身杭州书香门第。祖父辈家道开始中落,父魏灏虽以功名获四川重庆道道台,却不幸于赴任途中遇风覆舟殒命。遗下三孤子,魏易年仅10岁。母亲陪嫁使女率孤儿扶柩返杭,并承担抚养之责。魏易初受旧式教育,十六七岁时入上海梵王渡学院(圣约翰大学前身)就读。毕业后在杭州得遇林纾。

[2] 林纾:《黑奴吁天录》跋,商务印书馆1901年版。

包括莎士比亚、狄更斯、司各德、笛佛、欧文、雨果、大仲马、小仲马、巴尔扎克、易卜生、塞万提斯、托尔斯泰、孟德斯鸠、哈葛德等。世界文坛上著名的《老古玩店》（林译为《孝女耐儿传》）、《艾凡赫》（林译为《撒克逊劫后英雄略》）、《大卫·科波菲尔》（林译为《块肉余生述》）、《董贝父子》（林译为《冰雪因缘》）、《九三年》（林译为《双雄义死录》）、《堂·吉诃德》（林译为《魔侠传》）、《汤姆叔叔的小屋》（林译为《黑奴吁天录》），还有《鲁滨逊漂流记》和《茶花女》，都有林纾的中译本，而且绝大部分是最早的中译本。

可是，这样一位誉满天下的文学翻译家，本人竟然不懂外文！这似乎有些令人难以置信，但事实就是如此。林纾虽然不懂外文，但他能和懂外文的翻译家密切合作。他的翻译方法是请一位懂得外语的人口译，然后由自己"耳受口追"，用带有桐城派风格的文言文笔述成篇。这种翻译方法在中国古代佛典翻译和明清之际的"格致之书"中已经出现，因此林纾式的"对译"在当时并未遭到人们的非议。林纾晚年曾说过："今已老，无他长，但随吾友魏生易、曾生宗巩、陈生杜蘅（家麟）、李生世中之后，听其朗诵西文，译为华语。畏庐则走笔之。"[1]

王寿昌是林纾翻译第一部小说——《巴黎茶花女遗事》的"口译者"，如果没有他，林纾未必能走上翻译之路。虽然他们只合作过一部作品，却具有不同寻常的意义。而魏易与林纾合译的欧美作品达50余种，"林译小说"中诸多优秀之作，皆出自魏易的口译。

魏易当年大学毕业后回到杭州，正好得遇林纾，于是，两人合作翻译了《黑奴吁天录》，并由此开始了他们此后多年的合作翻译历程。

1903年，张元济主持商务印书馆编译所，拟出翻译小说丛书，以每千字银圆六元的稿酬向林纾索稿，林纾便邀约魏易一起翻译。自1904年起，林纾、魏易几乎专为商务印书馆译小说。其单行本主要由商务印书馆刊行，未出单行本之前则多在《小说月报》、《小说世界》上刊载。

林纾与魏易合作翻译的作品自然不无可议之处，如所有的"林译小说"都存在讹译、错译或大段删节的地方。钱钟书在《林纾的翻译》一文中曾指出，林纾不但喜欢删削原文，有时还忍不住"插嘴"，将自己的意思或评语加进去。

---

[1] 林纾：《爱国二童子传·达旨》，商务印书馆1907年版。

魏易的女儿魏惟仪在《我的父亲——魏易》一文中说："林先生不太了解译书必须忠于原文，不可随意窜改，往往要把自己的意思加进去，自然不免有时会与父亲发生争执；结果林先生总是顺从了父亲的意见，仅将自己的想法写在眉批里。"[1] 后来人们在"林译小说"中看到的林纾冠以"外史氏曰"的按语，便大多为他自己的"窜改"。

1909 年后，魏易放弃了教师及翻译工作转入仕途，先后担任大清银行正监督秘书、北洋政府熊希龄内阁秘书长、顺直水利委员会主任委员等职。后弃官从商，改任开滦煤矿公司总经理。1930 年死于咯血症，年仅五十，可谓"英年早逝"。

在和林纾的长时间合作中，魏易不断提高自己的文学修养，并开始独立进行翻译工作。1913 年翻译了狄更斯的《二城故事》（即《双城记》），此后还翻译了法国作家勒东路易的《冰蘖余生记》、大仲马的《苏后玛丽惨史》和历史学名著《元代客卿马哥波罗游记》。

林纾一生以自己奇特的方式，在译坛上辛勤耕耘，在近二十年的时间里，每年都有十种左右译作问世[2]，而且这些译作多为中长篇小说。在如此短的时间内，有如此多的译作问世，这真是近代翻译史上的一大奇观。因此"林译小说"同"严译名著"一样，成了中国翻译史上的一个专有名词。如果说"严译名著"开了近代中国思想界维新风气之先；那么也可以说，"林译小说"开了中国文学界维新风气之先。

一位林纾研究者评价说："差不多在整个 20 世纪中，几代人都认同这样一个事实：论及国近现代的外国文学翻译，如果不提及林纾，抑或没有给予这位翻译家足够的重视，任何讨论都不可能是全面的。但凡说到林纾，十有八九要先从《巴黎茶花女遗事》谈起。这部译作不单是林纾个人译介外国文学的发轫之作和代表作之一，而且也是中国历史上第一部产生广泛而深刻影响的外国文学译作。因此，它在近代历史上的意义及其作为现存翻译文学资源的重要价值是显而易见的。"[3]

---

1 魏惟仪：《我的父亲魏易》，《林纾、魏易合译小说重刊后记》（台湾，1990）。魏惟仪系前台湾"驻美大使"沈剑虹的夫人。
2 惟 1911 年因辛亥革命，仅有一种译作。
3 刘树森：《漫谈〈巴黎茶花女遗事〉》，《译林书评》，1999 年第 4-6 期。

四、执教京师大学堂

孤山处士音琅琅,皂袍演说常登堂。

1906年8月,林纾在北京五城中学堂担任三年国文总教习后,因其古文造诣精深,在京城颇负声名,因此,京师大学堂总监督李家驹便聘请他到京师大学堂担任预科及师范馆经学教师。同时,林纾仍继续兼任五城中学堂的教职。

京师大学堂开设"文学史"课程,是从1903年开始的。此前一年颁布的钦定《京师大学堂章程》,规定京师大学堂"中国文学门"开设"西国文学史"、"历代文章流别"等课程,并指出"历代文章流别"的教材,可仿日本《中国文学史》"自行编纂讲授"。

在此之前,中国学堂讲授辞章,通常都以吟诵、品味、模拟、创作为主,着眼于训练技能;如今改为文学史,则是一种知识传授,并不要求配合写作练习,"此举更接近日本及欧美汉学家的研究思路"。1904年,国文科教员林传甲刊印了《中国文学史》讲义,这是当时国内第一部借鉴和运用西方文学史著述体例撰写的中国文学史教材。

1906年秋季,被视为"桐城派"人物的古文家兼翻译家林纾进入京师大学堂任教。实际上,林纾从未把自己当作桐城派,[1]他只是对桐城文章情有独钟而已,"当时桐城派的几位主要人物也并未将他列入门墙。也许将林纾作为桐城派的同盟者来看待,更为贴切些。"[2]

不久,桐城派文学家马其昶、姚永概、姚永朴等人先后进入京师大学堂任教,姚永概还曾一度担任文科教务长。于是,桐城派文学家的势力便逐渐在京师大学

---

[1] 桐城派在方苞、刘大櫆与姚鼐"三祖"开山之后,"姚门四弟子"方东树、管同、姚莹、梅曾亮继其余绪,但未能挽救古文于衰微;至曾国藩以"中兴名臣"的强大政治与文化资源推动桐城古文的中兴,才改变了古文一蹶不振的局面,使桐城古文一时独霸晚清文坛。张裕钊、黎庶昌、薛福成、吴汝纶均文宗桐城派,有曾氏"四大弟子"之称。其中吴汝纶与严复、林纾有着较为密切的关系。有记载称严复、林纾等四人曾"执贽请业,愿居门下",吴"谢不敢当"。
[2] 王枫:《林纾非桐城派说》,《学人》第9辑,江苏文艺出版社1996年版,第605—620页。

堂文科中居于优势。他们的课堂讲授和有关讲义从传统文论入手，而不是从文学史入手，回到了原来的老路上去。

林纾的古文论，以桐城派提倡的"义法"为核心，以左、马、班、韩之文为"天下文章之祖庭"，以为"取义于经，取材于史，多读先儒之书，留心天下之事，文字所出，自有不可磨灭之光气"。同时，林纾也看到了桐城派的一些弊病，提出反对墨守成规，要求"守法度，有高出法度外之眼光；循法度，有超出法度外之道力"，并提醒人们："盖姚文最严净。吾人喜其严净，一沉溺其中，便成薄弱"；专于桐城派古文中揣摩声调，"亦必无精气神味"。他认为学桐城，不如直接学"左、庄、班、马"及"韩、柳、欧、曾"。在他看来，在学习中应知变化，做到能入能出，"入者，师法也；出者，变化也。"

林纾不承认自己是桐城派，显然有他的苦衷。一般说到桐城古文，都会着眼于三个方面。其一是义法，即方苞所说的"言有物"和"言有序"，也就是表达技巧的问题、怎样去描写和叙述的问题。桐城派处于中国古典散文发展的最后阶段，它具有清代文学一个重要特征，就是对以前作品技法的细心归纳，以求取一些规律，转而应用于创作。

其二是语言。方苞亲手为桐城古文定下了许多清规戒律，如沈廷芳所说："南宋、元、明以来，古文义法不讲久矣。吴、越间遗老尤放恣，或杂小说，或杂翰林旧体，无一雅洁者。古文中不可入语录中语，魏晋六朝人藻丽俳语，汉赋中板重字法，诗歌中隽语，南北史佻巧语。"[1]这些戒律的目的是从消极方面使语言雅洁。

其三是载道。桐城派古文家重视孔孟道统、程朱理学，以弘扬道统作为文章的理想。因为要载道，许多与载道无关的题材，如男女之感情，悲怆的情调，都很少写及。

作为林纾来说，在义法方面，他与桐城派息息相通。这是他擅长的技艺，也是他与桐城派中人沟通最相得的一环。在他漫长的翻译事业中，他最擅长的就是借用桐城古文家义法的绝技，用来介绍、分析西方小说，又把西方小说和中国的叙事文学相比较。

在语言方面，林纾并不想受困于桐城派的种种清规戒律，事实上在当时西方

---

[1] 沈廷芳：《书方望溪先生传后》，《桐城派文论选》中华书局2008年版。

文化冲击的环境下，以他的维新思想，特别是在翻译外国小说时，要守这些清规戒律也是不可能的。

在载道方面，林纾早年从岳丈刘有棻受程朱道学，本与桐城派气味相投，但其为文"出之以血性""强半爱国思亲作""无大题目"，又与桐城文派大相径庭。

林纾一再抗拒"桐城派"的标签，显然是出于自知之明与写作自由之追求；桐城中人引他为知己，是出于"统一战线"的考虑；局外人把他列为桐城派，则是有意无意的"误会"了。

林纾虽然不作桐城派，但并不妨碍于他作古文家。避开了语言的清规戒律与题材的画地为牢，他的写作空间陡然扩大，适应了他自己与社会的种种需要：包括宣扬改良的需要，抒写激情的需要，时代的需要，读者的需要，以至于他一己经济的需要。

桐城文派自鸦片战争以后，在西方文化冲击的新环境里，已出现了严重的适应危机，自龚魏以下的改革家、思想家，大都也不以古文家自命。

林纾的做法较为特别，他仍然坚持当古文家。但他为古文作了重新定位，打破了语言的禁忌，开拓了题材，引进了前所未有的悲怆感伤情调，又以古文义法为手段去沟通中西文学，适应了时代的需要，使古文在危亡中重拾一些尊严，最后一次发出夺目的光彩。尤其难能可贵的是，他使古文适应了市场需求，使古文成了"有利可图"的作品。这显然是桐城古文家所做不到的。

1908 至 1910 年，林纾应商务印书馆的约稿，编选注释并出版了共计十卷本的《中学国文读本》。这套《读本》由清代一直上溯至先秦，林纾不仅精选篇目，而且逐篇评注，每卷前都印有精心撰写的序言。如在评选王船山的史论中，他说：因为中学生课业门类繁多，"虽有通敏之才，亦仅括其大略，即欲求精，不复可得"，"不得已采选船山史论，取其博辩者，逐篇讲解。间有疑义，则随时发明。或出口授，或笔篇末，久之笔者成帙"。这是近代文人编选的一套有影响的历代古文选本，在近代教育史上是应当留下一笔的。

林纾在担任京师预科和师范馆经学教员时，不但讲文论，而且讲修身课程。他取孙奇峰《理学宗传》中诸理学家语录，诠释讲解，先后主讲了三年，并编成《修身讲义》二卷。

在《修身讲义》上卷中，林纾摘引了程颢这样一段语录："儒者只合言人事，不得言有数。直到不得已，然后归之命可也。"林纾在讲解中插入这样一段话：

> 吾辈身处今日，尚有作用之时。人人各存一国家思想，无惮强邻之强。亦正由彼中有男子，解得人事，故国力雄伟至此。我黄种人思力志节，何一稍逊于彼族？彼以强之故，目我为贱种，蔑我以属国，据我之利权，夺我之土地，此仇真不共戴天！今幸得陪诸子讲席，罄我所欲言之隐，与诸君子言之：须知强国在人心，全不在天数。乃今日各国人人自振，讵天意专佑白种而不佑我黄种耶？亦在讲人事与不讲人事耳。今一言以蔽之曰：讲人事，于富国可十得八九；讲天意者，但有亡国灭种，此外别无言说。[1]

而在卷末，林纾则摘引了北宋哲学家张载的这样一句语录："利于民则可谓利，利于身，利于国，皆非利也。"林纾在讲解时对此进行了说明：

> 综言之，西方之所以能强，意专在民。吾国则视民贱，而取民之道复多而不穷。即有富民，非投身异籍亦窟藏不出。生利之道，既壅而不通，而取民之政，因窘而加厉。纾心忧之久矣！所愿同学诸君子，力求实业，专意商战，庶几吾华有生苏之望。编述至此，泪与笔俱矣。[2]

通过中西对比，林纾指出了现实中存在的问题，忧国忧民之心溢于言表。他所主张的"儒者只合言人事"，"强国在人心，全不在天数"，"力求实业"，"意专在民"等等，不仅深深感染了莘莘学子。而且显示了他贯穿一生的基本信念。尽管他的探索不一定完全正确，也不一定都为人们所接受，甚至有可能存在

1　林纾：《修身讲义》上卷，商务印书馆1916年版，第17页。
2　林纾：《修身讲义》上卷，商务印书馆1916年版，第17页。

失误，但其心可鉴、其情可感，却是毫无疑问的。

1910年2月，京师大学堂开始分科，林纾不再给师范生讲课，而改教大学经文科，这一年他已54岁。在教授经学和古文中，他进一步发扬桐城派古文家重视文论的传统，把古文讲得深入浅出，通俗易懂。尤其是在讲解中极注重音调，每篇句读之长短，抑扬顿挫，用其所操之福建乡音，读得丝丝入扣，声情并茂，余音绕梁，令学生大饱耳福。如有一次讲授韩愈的《祭十二郎》一文，他刚读出首句"呜呼！余少孤"五字，由于其声凄楚呜咽，似闻啜泣，学生中竟有身世境遇相似者情不自禁地哭了起来。他讲解这五个字费了一小时还没有结束，接连四堂课才讲完这篇文章。

林纾在教学中十分认真负责。有一次一门课程排在下午两三点钟，是人一天中精神最不济的时刻，特别是在夏日。林纾见课堂中不少学生开始昏昏欲睡，他把课本一合说："现在我给大家讲个故事。"学生们一听，忙打起精神。林纾娓娓道来："有一个风流和尚，某日走到一座桥边，见一位美女姗姗而来。"学生此时已集中精神准备听下文，林纾却突然不讲了。学生们请他继续讲下去，他却慢吞吞地说："没什么，一个向东，一个向西，走了。"一阵笑声过后，学生们的睡意也被驱走了。

林纾还十分注重教学与研究相结合，在古文论研究与教材编写上，包括为中学生编写历代古文选上下了许多功夫。这与他"合中西二文为一体"的文化理想与教育理念是分不开的。早在1906年，他在翻译《洪罕女郎传》的跋语中就说：

> 予颇自恨不知西文，恃朋友口述，而于西人文章妙处，尤不能曲绘其状。故于讲舍中敦喻诸生，极力策勉其恣肆西学，以彼新理助我行文，则异日学界中定更有光明之一日。或谓西学一昌，则古文光焰灭矣。余殊不谓然，学堂中能将洋汉两门，分道扬镳而指授，旧者既精，新者复熟，合中西二文为一体，彼严几道先生不如是耶？[1]

---

[1] 林纾：《洪罕女郎传》跋，商务印书馆1906年版。

未名湖畔忆名儒
——严复、林纾、辜鸿铭的北大岁月

1913年春夏之交，林纾在为京师大学堂文科学生毕业纪念册作序时写道：

> 今同学诸君子，皆彬彬能文者。乱余复得聚首，然人人皆悉心以古自励。意所谓中华数千年文字之光，得不暗然而着，所恃其在诸君子乎？事变日滋，文字固无济于实用。苟天心厌乱，终有清平一日。则诸君力延古文之一线，使不至于颠坠，未始非吾华之幸也。临别，郑重申之以文。余虽笃老，尚欲与诸君子共勉之。[1]

从中可以看出，林纾作为京师大学堂的教师，在对学生的引导方面，是既"极力策勉其恣肆西学，以彼新理助我行文"，又期待其"力延古文之一线，使不至于颠坠"的。片面夸大后者，而有意无意地忽略前者，是无法把握林纾思想与教学活动的全部真实的。

在京师大学堂任教期间，林纾一方面尽其教师的职责，另一方面仍坚持不懈地翻译西洋文学作品。尽管此前他已翻译出版了《巴黎茶花女遗事》（1899）、《黑奴吁天录》（1901），产生了很大影响，但他仍不满足，从1903—1910年他在京师大学堂任职、任教期间先后完成了很多重要译作，包括狄更斯的五部文学作品，即《孝女耐儿传》（1907，今译《老古玩店》），《块肉余生述》（1908，今译《大卫·科波菲尔》），《滑稽外史》（1907），《贼史》（1908），《冰雪因缘》（1909，今译《董贝父子》）。

尤其难能可贵的是，林纾在翻译这些文学作品的同时，又以自己独到的眼光，对这些文学作品作了中肯的评价。在《孝女耐儿传》的序中，他指出："从未有刻画市井卑污龌龊之事，至于二三十万言之多，不重复，不支离。……则迭更司盖以至清之灵府，叙至浊之社会，令我增无数阅历，生无穷感矣。"他把《孝女耐儿传》和我国的《石头记》（即《红楼梦》）进行了比较：

> 中国说部，登峰造极者无若《石头记》。叙人间富贵，感人

---
[1] 林纾：《京师大学堂文科学生毕业纪念册》序。

情盛衰，用笔缜密，着色繁丽，制局精严，观止矣。其间点染以清客，间杂以村妪，牵缀以小人，收束以败子，亦可谓善于体物，终竟雅多俗寡，人意不专属于是。若迭更司者则扫荡名士美人之局，专为下等社会写照；奸绘骀酷，至于人意未所尝置想之局，幻为空中楼阁，使观者或笑或怒，一时颠倒至不能自已，则文心之邃曲宁可及耶！

林纾堂谓古文序事，惟序家常平淡之事为最难着笔。……以史公之书，亦不专为家常之事发也。今迭更司则专写为家常之言，而又专写下等社会家常之事，用意着笔为尤难。[1]

在《块肉余生述》前编序中，林纾写道：

若迭更司此书，种种描摹下等社会，虽可秽可鄙之事，一运以佳妙之笔，皆足供人喷饭。英伦半开化时民间弊俗，亦皎然揭诸眉睫之下，使吾中国人观之，但实力加以教育，则社会亦足改良，不必醉西风，谓欧人尽胜于亚，似皆生知良能之彦。[2]

他把此书与施耐庵所著《水浒》相比较：

《水浒》一书从史进入手，点染数十人，成历落有致。至于后来，则如一群之骆，不复分疏其人，意索才尽，亦精神不能持久而周篇之故。……若（迭更司）是书，特叙……家常至琐至屑无奇之事迹，而迭更司乃能化腐为奇……[3]

---

1 林纾：《孝女耐儿传》序，商务印书馆1907年版。
2 林纾：《块肉余生述》前编序，商务印书馆1908年版。
3 林纾：《块肉余生述》前编序，商务印书馆1908年版。

在《贼史》序中，林纾又指出："所恨无迭更司其人，能举社会中积弊著为小说，用告当事，或庶几也。"[1]

可以说，林纾是我国近代文学史上最早引进英国批判现实主义的翻译家，也是在我国小说史上第一次明确提出"专为下等社会写照"、"专写为家常之言"、"举社会中积弊著为小说"等命题的作家。他主张小说无情地揭露社会黑暗，直接面对惨淡的人生，把小说的描写对象由英雄豪杰、才子佳人转向社会底层，大力提倡描写下等社会，写家常琐事，写普通平凡的人生……这在当时无疑是破天荒的主张。

它表明，林纾是自觉地从世界文学名著中吸取各民族长处的；同时他也清醒地看到了传统文学的弱点，希望加以改进；他的工作已从翻译的领域跨入比较文学的园地。正如郑朝宗在《林纾评传》序言中所说，林纾的这些译介对"后来的新文学巨子"是一种"启蒙教育"。

在这一时期为自己的译作撰写的"序跋"里，林纾反复思考如何用炽热的爱国激情来唤醒沉睡的民族灵魂。早在1903年，他在翻译《埃司兰情侠传》一书的序言中就明确表示："余取而译之，亦特重其武概冀以救吾种之衰惫，而自厉于勇敢而已。"1907年，他在翻译《剑底鸳鸯》时进一步指出："恨余无学不能著书以勉我国人，则但有多译西产之英雄外传，俾吾种亦去其倦敝之习，追躐于猛敌之后，老怀其以此慰乎？"这与鲁迅译《斯巴达之魂》"借异国士女之义勇来唤起中华垂死的国魂"，可谓"异曲同工"。

在这些"序跋"中，林纾对卑劣怯懦的奴性展开了批判，他一针见血地指出："自光武欲以柔道理世，于是中国姑习之弊起，累千数百年而不可救。吾哀其极柔将见饫于人口，思以阳刚振之"。在《黑太子南征录序》中，他对"让不中礼"及所谓"示弱"提出了自己的不同看法：

嗟夫！让为美德，让不中礼即谓之示弱。今吾国人之脑力勇气，岂后于彼？顾不能强者，即以让不中礼，果人人当敌不惧，前僵

---

[1] 林纾：《贼史》序，商务印书馆1908年版。

后踵，国亦未有不强者。今吾国人之脑力勇气，岂后于彼顾不能强者，即以让不中礼，若娄师德之唾面，尚有称者，则如荏弱之夫不可与国也。悲夫！[1]

他主张崇拜强者，讴歌英雄精神，甚至呼唤野性。他盛赞未开化的埃司兰之民的气概："其中之言论气概，无一甘屈与人，虽喋血伏尸，匪所甚恤。嗟夫！此足救吾种之疲矣！"他倾心于狼侠洛巴革的独立自由精神：

洛巴革者，终始独立，不因人苟生者也。

无论势力不敌，亦必起角，百死无馁，千败无怯，必复其自由而后矣。

明知不驯于法，足以兆乱，然横刀横马，气概凛然，读之未有不动色者。[2]

他进而大声疾呼："有志之士，更当无忘国耻！""偷安之国无勇志！"他对人民尚未觉醒、精神陷于麻木中感到痛心："吾同胞犹梦梦焉，吾死不瞑目矣！"

这些主张和思想，目的正是借文学的译介来"改造国民性"，它清楚地表明了林序小说与五四新文学革命之间的思想联系。

然而，刚到1913年，这位思想颇为新潮的古文家却辞去了北大的教职。《林畏庐先生年谱》云："是岁，仍与姚永概共事大学堂，既皆弗合而去。"[3]

"弗合"的原因，钱基博在《现代中国文学史》中有如下说法：

初纾论文持唐宋，故亦未尝薄魏晋。及入大学，桐城马其昶、姚永概继之。其昶尤吴汝伦高等弟子，号为能绍述桐城家言者，

---

[1] 林纾：《黑太子南征录》序，商务印书馆1909年版。
[2] 林纾：《鬼山狼侠传》序，商务印书馆1905年版。
[3] 参见朱羲胄编：《林畏庐先生年谱》1913年，世界书局1949年版。

咸与林纾欢好，而林纾亦以得桐城学者之盼青睐为幸，遂为桐城张目，而持韩柳欧苏之说益力。既而民国兴，章炳麟实为革命先觉，又能识别古书真伪，不如桐城派学者之以空文号天下。于是，章氏之学兴，而林纾之说惨。纾、其昶、永概咸去大学，而章氏之徒代之。[1]

而林纾在家信中则强调，辞去北大教职的主因是时任北大校长何燏时"思用其乡人"。1913年初，林纾在寄其三子林璐的信中说：

> 大学堂校长何燏时，大不满意于余，对姚叔节（按：即姚永概）老伯议余长短。余闻之失笑，以何某到校时，余无谄媚之容，亦无趋承之态，故憾我次骨，实则思用其乡人，亦非与我有仇也。[2]

1913年阴历二月十日在寄林璐的信中又说：

> 大学堂薪水，截至阴历三月止，四月便停课不上堂，须至八月招生。至于请我与不请我，尚在未定。校长何某，目不识丁，坏至十二分，专引私人。钟点既多，余老不能堪，幸《平报》尚可支至今年。[3]

同年阴历五月二日的信中，他再次说：

> 刻下大学堂学生，大闹风潮，驱逐校长。何燏时系小人之尤，

---

[1] 钱基博：《现代中国文学史》，岳麓书社1986年版，第194页。
[2] 张俊才、王勇著：《顽固非尽守旧也：晚年林纾的困惑于坚守》，陕西人民出版社2012年版，第1页注①。何燏时（1878—1961），字燮侯，浙江诸暨人，与章炳麟同为浙江。其时章炳麟虽未到北大任教，但他的一批弟子却相继涌进北大，形成了北大文科的"浙系"。
[3] 张俊才、王勇著：《顽固非尽守旧也：晚年林纾的困惑于坚守》，陕西人民出版社2012年版，第1页注①。

> 不知怪我何事，及对缪荔生说我品行不端，学问卑下，其实怪我
> 不会打他马屁，做此妖言。尔父义命自安，凡事任天，即不为大
> 学堂教习，亦有淡饭之地。不图彼糟蹋我不成，转为学生驱逐，
> 皇天有眼，一一不爽。[1]

确实，在进入民国之后，林纾与姚永概因时任校长何燏时谋求"整顿学校"、校园里频现人事纠纷及"文派"之争（两人均与在北大主魏晋文的章氏弟子一派不合），因此，在1913年相继离开北京大学，从此对魏晋文派也深有成见。

林纾离开北大后第二年，胡仁源出长北大，夏锡祺被任命为文科学长，章太炎一系的学者被大量引进，章太炎的弟子马裕藻、沈兼士、钱玄同、黄侃等陆续进入北大任教。

其时，姚永朴虽然仍在北大讲授桐城派文学理论，所著《文学研究法》也颇得时誉。但桐城派与文选派在文学观念上始终针锋相对，而桐城派自林纾、姚永概离去后已是元气大伤，《文选》派则因有章门弟子作后盾而士气正旺，并逐渐占据了上风。如黄侃在北大讲授《文心雕龙》，其后汇集讲义而成《文心雕龙札记》一书，颇得好评，成为代表《文选》派的文论名著。

林纾离开北大后，并没有因此放弃对古文的讲学与研究。1914年他的《韩柳文研究法》出版，马其昶为该书作序。同年，他又应邀为康有为主持的孔教会讲古文，力倡唐宋八家。

1915年前后，林纾在为国学扶轮社编纂的《文科大辞典》写的序言中说：

> 综言之，新学既昌，旧学日就淹没，孰于故纸堆中觅取生活？
> 然名为中国人，断无抛弃其国故而仍称国民者。仆承乏大学文科
> 讲习犹兢兢然日取左国庄骚史汉八家之文，条分缕析，与同学言之。
>
> 明知其不适于用，然亦所以存国故耳。[2]

---

[1] 张俊才、王勇著：《顽固非尽守旧也：晚年林纾的困惑于坚守》，陕西人民出版社2012年版，第1页注①。
[2] 林纾：《文科大辞典》序，参见《后人眼中的林纾》，《我的父辈与北京大学》。

未名湖畔忆名儒
——严复、林纾、辜鸿铭的北大岁月

1917年林纾发起组织古文讲习会，并亲自担任主讲。1918年他出版了《古文辞类纂选本》，这是桐城派作家的文选。而在十年前，1908年林纾在为商务印书馆编《中学国文读本》《国朝文》卷时，其中就率多桐城派的文章。由于他在言行两方面都与桐城派中人接近，当时人也就视他为桐城派。

1917年，刘师培也来到北大任教，他基本摒弃了桐城派以传统文论代文学史的套路，恢复了当年林传甲编《中国文学史》时的初衷——以"文学史"作为知识传授的主要途径；并出版了《中国古文学史讲义》，使《文选》派在文派之争中进一步获得胜利，在文学史教学与研究方面奠定了垂之后世的典范。

刘师培对桐城派颇为不满，他认为："近代文学之士，谓天下文章，莫大乎桐城，于方、姚之文，奉为文章之正轨。由斯而上，则以经为文，以子史为文；由斯以降，则枵腹蔑古之徒，亦得以文章自耀，而文章之真源失矣。"[1] 在《论近世文学之变迁》等文中，刘师培对桐城也多有指斥之言，如"枵腹之徒，多托于桐城之派，以便其空疏"；"其墨守桐城文派者，亦囿于义法，未能神明变化。故文学之衰，至近岁而极。"[2]

姚永朴恰好在这一年离开了北大，象征着桐城文派完全退出了北大讲台。从此，北大由崇尚唐宋古文，转为提倡魏晋六朝文。当然，"其后白话盛行，两派之争，泯于无形"。但《文选》派所推崇的魏晋风度、六朝文章，经章太炎及鲁迅、周作人兄弟的努力转化，却成了现代中国最值得重视的传统文学资源。

令人未曾想到的是，在林纾和诸多桐城派人物离开北大百年之后，北京大学却于2011年12月在被誉为"中国文都"的安徽桐城建立了企业家论坛基地。这是北大与桐城继110年前桐城派大家吴汝纶筹建京师大学堂后与桐城中学再续前缘，被称为开启了高校与地方文化经济合作的序幕。[3]

寒冬时节，在桐城举行的北京大学企业家论坛上，北京大学企业家与安徽商界精英会聚一堂，共话文化产业与中国经济转型。北京大学校长周其凤在论坛上说，北大与桐城有着深厚历史渊源。历史悠久的桐城是江淮文化圈的发祥地和集

---

1 刘师培《文章原始》，《刘申叔遗书》，江苏古籍出版社1997年版，1646页。
2 《刘申叔遗书》，江苏古籍出版社1997年版，第1648页。
3 新华网合肥１２月１７日电（记者任沁沁）：北大·桐城百年后再续前缘 开启高校与地方文化经济合作序幕。

中地，桐城学派是文学史上迄今时间最长、作家最多、影响最大的散文流派；北大以传承中华文脉，推进文化交流、谋求文化创新为己任，与国家民族命运紧密相连。"北大与桐城在精神气质上交相辉映，相得益彰。"北大企业家论坛落户安徽，是希望用北大及北大校友的力量助力安徽文化经济发展，同时把"富而有道"的北大企业家精神在安徽传扬光大。

北大校友、新东方教育科技集团董事长俞敏洪表示，通过设立桐城基地让北大企业家走进安徽，为地区文化经济发展贡献力量，是北大企业家对文化产业和中国经济转型所担负的责任。

"文章甲天下"的桐城派故里，正在实施史无前例的文化兴市战略。"经济工作做到极处，就是做文化。文化工作做到实处，就是做经济。"桐城市委书记王强表示，文化是桐城最重要的特质和资源，桐城将坚持发挥人文优势与推进城市建设相结合，提升城市软实力。[1]

---

1 新华网合肥１２月１７日电（记者任沁沁）。

五、译才并世数严林

《巴黎茶花女遗事》一书的轰动效应，极大地激发了林纾的译书热情，使他在不谙外文的特殊情况下，沿着翻译文学作品的道路继续走下去。

从1901年开始，林纾几乎每年都有译作问世，最多的年份竟达15种。据统计，自46岁初涉翻译，到70岁辍笔，林纾与王寿昌、魏易、严培南、严璩、曾宗巩、李世中、陈家麟、力树萱、王庆骥、廖琨、王庆通等曾留学海外的才子们通力合作，共翻译出版英、美、法、俄、德、日本、瑞士、希腊、挪威、比利时、西班牙等11个国家98位作家的184种作品，其中世界文学名著有四十余种。包括英国作家狄更斯的《块肉余生述》（《大卫·科波菲尔》），英国哈葛德的《天女离魂记》，俄国托尔斯泰的《恨缕情丝》，西班牙塞万提斯的《魔侠传》（《唐吉诃德》），法国森彼得的《离恨天》，英国司哥特的《撒克逊劫后英雄略》（《艾凡赫》）、笛符的《鲁滨逊漂流记》，斯托夫人的《黑奴吁天录》（《汤姆叔叔的小屋》），兰姆的《吟边燕语》（《莎士比亚戏剧故事》）以及《孝女耐儿传》（《老古玩店》）、《贼史》（《雾都孤儿》）、《海外轩渠录》（《格列佛游记》）、《伊索寓言》等等。实为中国近代译界所罕见。

林纾译得最多的是英国作家哈葛德的作品，包括《迦因小传》《鬼山狼侠传》等二十种；其次为英国柯南道尔，有《歇洛克奇案开场》等七种。林译小说中世界名著占了相当大比重，包括俄国托尔斯泰的《现身说法》等六种，法国小仲马《巴黎茶花女遗事》等五种，大仲马《玉楼花劫》等两种，英国狄更斯的《贼史》等五种，莎士比亚的《凯撒遗事》等四种，司各特的《撒克逊劫后英雄略》等三种，美国欧文的《拊掌录》等三种。[1]

---

[1] 此外，还有希腊伊索的《伊索寓言》，挪威易卜生的《梅孽》，瑞士威斯的《鹣巢记》，西班牙塞万提斯的《魔侠传》，英国笛福的《鲁滨孙漂流记》，菲尔丁的《洞冥记》，斯威夫特的《海外轩渠录》，斯蒂文森的《新天方夜谭》，里德的《吟边燕语》，安东尼·霍普的《西奴林娜小传》，美国斯托夫人的《黑奴吁天录》，法国巴尔扎克的《哀吹录》，雨果的《双雄义死录》，日本德富健次郎的《不如归》等。

这些西洋小说向中国民众展示了丰富的西方文化，开拓了人们的视野。它像一扇洞开的窗牖，使国人从此洞悉西方世界的文化与人生，可以说，"林译小说"滋养了新文学整整一代人。同时，它也牢固确立了林纾在近代翻译史上的开拓者和奠基人地位，使他被誉为"译界之王"。

林纾墨迹

林译小说的译笔一般轻快明爽，有其独到的特色和成功处。从内容的转达上说，林纾的翻译同时达到了"再现"和"叙述"的境地。他的译作不但保持了原文的风格情调，甚至连原作中的幽默风味和巧妙的遣词造句也能惟妙惟肖地表达出来，大部分兼有文字和神韵之美，有些甚至高于原作。如所译《撒克逊劫后英雄略》，不仅能保持原文格调，人物也能传原著之神。在《孝女耐儿传》中，写"胖妇劝主妇之母为主妇出气以重罚其夫"一段，不仅原作情调未改，而且表达了其中的幽默笔调。不少学者由此认为，林纾是我国第一个"有创作精神"的文学翻译家，其翻译的狄更斯作品比其原作更胜一筹。[1]

林纾译书的速度是他颇为自豪的。口述者未毕其词，而林纾已书在纸上。他每天工作4个小时，可翻译6000字左右。有时一小时左右就能译就千言，而不改一字。与林纾一起合译美英作品的有魏易、曾宗巩、陈家麟、毛文钟等，合译法国作品的有王寿昌、王庆通、王庆骥、李世中等。

林纾是古文家，喜欢用古文义法来讲他所翻译的小说。他赞美狄更斯"扫荡名士美人之局，专为下等社会写照"，善于"刻画市井卑污龌龊之事"，善叙"家常平淡之事"（《孝女耐儿传自序》），而用《史记·外戚传》写窦长君的话作比，认为《史记》中此等笔墨亦不多见。又说《红楼梦》虽亦"善于体物，终竟雅多俗寡"。通过用《史记》、《红楼梦》作对比，是大家赏识狄更斯的笔墨，为中国读者打开了眼界。

他在《不如归序》里，称德富健次郎"夹叙甲午战事甚详。余译既，若不胜

---

[1] 许渊冲：《文学与翻译》，北京大学出版社，2003年出版。

有冤抑之情，必欲附此一伸"。他感慨地说："纾年已老，报国无日，故日为叫旦之鸡，冀吾同胞警醒。"[1]这说明他翻译小说，不仅是要把外国小说艺术和技巧介绍到中国来，更是要把他的爱国热诚，通过翻译感动读者；

林纾凭着自己的文学素养，用译笔来补某些原作的不足，使他的译作有时竟胜过一些原作。正如林纾研究者吴欣所说：他以"史汉之笔"而能解原著之意，可谓"一时无二"，如《罗密欧与朱丽叶》开首部分：

The two chief families in Verona were the rich Capulets and the Montagues. There had been an old quarrel between these families, which was grown to such a height, and so deadly was the enmity between them, that it extended to the remotest kindred, to the followers and retainers of both sides, in so much that a servant of the house of Montague could not meet a servant of the house of Capulet, nor a Capulet encounter with a Montague by chance, but fierce words and some time bloodshed ensued.

白话文的译本是这样的：[2]

有钱的凯普莱特家和蒙太古家是维洛那城的两个大族。两家之间旧日发生过一场争吵，后来越吵越厉害，仇恨结得非常深，连最远的亲戚，甚至两方的侍从和仆役都牵连上了，弄得只要蒙太古家的仆人偶然碰到凯普莱特家的仆人，或是凯普莱特家的人偶然碰到蒙太古家的人，他们就会骂起来，有时候还会接着闹出流血的事情。

---

1 林纾：《不如归序》，商务印书馆1908年版。
2 [英]兰姆．萧乾译：《莎士比亚戏剧故事集》，中国青年出版社1956年版，第249页。

再看林纾的译文：

> 微鲁纳城中有两巨家，一曰加波勒，一曰孟太格。二家有夙仇，累世莫释，甚而臧获（古代对奴婢的贱称。奴曰"臧"，婢曰"获"）相见，亦必愤争，至于出刃格斗。[1]

其文字之秀美简略，由此可见一斑。林纾用文言翻译西方小说，以中国文人认可的"雅语"讲述琐碎而包容万千的西方世俗人情，为填平中国千年文学"雅与俗"的鸿沟作了最初的可贵尝试。没有他当初出入三坊七巷中的"玉尺山房"，在李宗言家如饥似渴地"淘书"、借书，先后校阅古籍2000余卷，"对生平所嗜书，沉酣求索，如味醇酒，枕籍至深"，要有此种深厚功夫和如此华美文字，显然是不可能的。他的译作推进了中国现代文学话语建构的进程和中国的文化现代性，因此人们赞誉说："中国新文化的诞生，林纾实乃其先驱"。

林纾自称所选译作，"力翻可以警觉世士之书，以振吾国人果毅之气"，为"爱国保种之一助"。但他不懂外文，需借助他人口译来翻译小说，选择原本之权也多操于口译者之手，因而也产生了一些疵误：如翻译了一些不值得翻译的三四流著作；把名著改编或删节的儿童读物当作名著原作；把莎士比亚和易卜生的剧本译成小说，把易卜生的国籍误成德国等。译作中的错译、误译之处当然也不少，而且因合作者水平不一，其译作在忠于原著方面，质量也不均衡。

林纾近30年的翻译生涯，以1913年译完《离恨天》为界，大致可分为前后两期。前期林译作品十之七八都很醒目，后期译笔逐渐退步，"色彩枯暗，劲头松懈"，甚至使读者产生"厌倦"之情。曾朴认为，其根源在于林纾没有认识到白话文为大势所趋，坚持使用古文体翻译外国小说，这是他翻译生涯最大的缺陷。应当说，这是颇为中肯的评价。倘若林纾能在翻译创作盛期用通俗的白话文翻译小说，势必会有更多的普通民众读到美轮美奂的外国文学作品。

但是，即使存在这样那样的不足，林纾毕竟在有生之年翻译了四十余种世界

---

[1] 林纾：《铸情》，《吟边燕语》，商务印书馆1904年版。

名著，可谓"前无古人、后无来者"。况且那是一个国门初开、国人对外国文化如饥似渴的时代，平易浅近的文言"林译小说"成了中国人看世界的一个窗口。当时大量青年学生为林译小说而着迷，后来他们中的一些人成了民国文化界和新文化运动的中坚，如鲁迅、茅盾、郭沫若、郑振铎、庐隐、苏雪林等。

鲁迅和周作人在整个学生时代，几乎都与林译小说相伴，《知堂回想录》及《周作人传》等书均谈到林纾对他们的影响：

> 虽然梁任公的《新小说》是新出的，也喜欢它的科学小说，但是却更佩服林琴南的古文所翻译的作品。

> 对于林译小说有那么的热心，只要他印出一部，来到东京，便一定跑到神田的中国书林，去把它买来，看过之后鲁迅还拿到钉书店去，改装硬纸板书面，背脊用的是青灰洋布……[1]

林译小说还直接促成了周氏兄弟翻译西方小说，并对其文风产生了影响。不过，林纾在翻译外国小说时所使用的语言，并非像周氏兄弟翻译《域外小说集》那样，使用更为古奥的魏晋古文，而是使用较为通俗且富于弹性的文言，并杂以口语和外来语，从而创造出一种独特的、有别于传统古文的新文体，即"林译小说体"。这类文体与梁启超的"新文体"，有着异曲同工之妙。

郭沫若被誉为新文学中的"浪漫主义巨子"，而他对西方浪漫主义的最初印象，便是通过阅读林译小说获得的。他说：

> 林译小说对于我后来的文学倾向上有决定影响的，是Scott的《Ivanhoe》，他译成《撒克逊劫后英雄略》。这书我后来读过英文，他的误译和省略处虽很不少，但那种浪漫主义的精神它是具象地提示给我了。[2]

---

1 钱理群：《周作人传》第二章，山东画报出版社2009年版。
2 郭沫若：《我的童年》，文学出版社1965年版。

钱钟书走上研究外文道路，也受到林译小说的影响，他读了林译小说，钦服之余又深感不过瘾，觉得如果看的不是译文而是原文该多好，于是勤奋学习外文，后来成了学贯中西的大学者。

翻译西方小说，对于林纾来说无疑是十分成功的，只是林纾对此难免有"以末技扬名"的悻悻。因为就文章水平而论，即便别人说他的浅近文言译文再好，他自己觉得真好的，还是他的古文诗文。

林纾的翻译本身也可算作中国现代文学的一部分。林纾用骈体古文翻译西洋小说作品，意在拯救中国没落的传统古文，而译作一方面向国人介绍了殴美著名作家的优秀小说作品，另一方面也不自觉地向国人展示了引人入胜的西方社会文化，开拓了人们的视野。其中部分译作间接揭示了西方资本主义社会的阴暗面，在中国当时反帝反封建运动中发挥了积极作用。

令人未曾想到的是，林译小说的出现，竟使得北大舆论一时哗然，甚而"群情激愤"。20世纪初叶，文化界正掀起声势浩大的白话文运动，主张提倡白话文，反对文言文，使文言的主导地位受到撼动，并由此拉开了新文化运动"文学革命"的序幕。于是，林纾小说的出版，便被定论为"开历史的倒车"。胡适等断言"文言是死文字""古文是死文学"，甚至抨击古文学家是"选学妖孽，桐城谬种"。林纾对此极为不满，作"论古文之不当废"一文起而反对，反唇相讥曰白话乃"引车卖浆之徒所操之语"，"不值一哂"。

作为19世纪末20世纪初最负盛名的翻译家，严复和林纾不仅同为在京的福州同乡，而且也是私交甚笃的好友。1896年林纾翻译了法国文学家小仲马的小说——《巴黎茶花女遗事》，使中国读者了解到西方大都市中青年男女的情感生活；1897年严复在《国闻汇编》上连载自己翻译的赫胥黎的社会学著作——《天演论》，让中国知识分子接触到当时最新的西方思想。两人都获得了巨大的成功，康有为因此在诗中高度评价他们，称"译才并世数严林"[1]。

然而，严、林两人对这个评价却都有异议。林纾虽然翻译了一百八十种外国文学作品，但他不屑于做一个"翻译徒"，他自诩是古文高手，而康有力却只赞赏他的"译才"。而严复则认为："康有为胡闹，天下哪里有一个外国字不识的

---

[1] 康有为：《琴南先生写万木草堂图题诗见赠赋谢》。

'译才',自己羞与为伍。"[1]

的确,严复所译的那些西方理论名著,别说不识外文的文人不能翻译,就是一般译才也无法胜任。严复的译著与同时期林纾的译著相比,在数量上虽然明显见少,但在质的方面,林纾却绝不可与严译同日而语,这也是严复羞与林纾为伍的原因。如从翻译的态度和译品的高低比较,严复确实远在林纾之上。因此,严复的辩白是可以理解的,就他在近代翻译史上的地位及其贡献而言,同时代的其他翻译家可以说无人可与之匹敌。

林纾研究者吴欣指出,从严格的字面翻译的意义上说,林纾的译文虽然不能算是忠实的翻译,而是一种改写和译述,但正是这样的改写和译述,构成了一种独特的林译文体。林纾将自己的理解建立在对原著有意误读的基础上,从而达到了用翻译来服务于他本人的思想倾向和意识形态的目的,实际上起到了对原文形象的变异作用,这些变异产生了新的意义。因此,按照严复"信达雅"的标准,从"信"的层面上对林译进行严格审视,林纾当然不能算作一位十分成功的翻译家,但从文化的高度、"雅"的层面和文学史建构的视角来看,林纾又不愧是一位灵活运用现代性话语的成功实践者。[2]

五四时期的不少作家与其说在文体上受外国文学影响颇深,倒不如说他们更直接地受到了林译"外国文学"的影响。郑振铎曾十分中肯地评价林纾的翻译对中国现代文学的积极作用和影响。在他看来,林译的三大功绩体现在:第一、使中国近现代知识分子通过阅读西方文学作品真切地了解了西方社会内部的情况;第二、使中国近现代知识分子不仅了解了西方文学,而且知道西方"亦有可与我国的太史公相比肩的作家";第三、提高了小说在中国文学文体中的地位,开创了中国近现代翻译世界文学作品之风气。[3]

著名学者钱钟书对林纾颇有研究,在《林纾的翻译》一书中他说,自己后来重温了大部分"林译"小说,发现许多作品都值得认真研读。林纾对原作不仅有删节,也有增补,有些地方"功力"甚至胜过原作,令他有"宁可读林纾的译本,

---

[1] 钱钟书:《林纾的翻译》,商务印书馆1981年版。
[2] 参见吴欣:《齿牙吐慧艳如雪,文采照人清如秋》。
[3] 郑振铎:《林琴南先生》,《中国文学研究》,作家出版社1957年版。

不乐意读哈葛德的原文"的感慨。[1]

钱钟书在书中不仅盛赞林纾的译笔，而且高度评价其在近代中外文化交流史上的重要作用。他说："林纾的翻译所起的'媒'的作用，已经是公认的事实——接触了林译，我才知道西洋小说会那么迷人"。在他看来，林译的最大成功之处就在于将外国的文字"归化"为中国的文化传统，从而创造出一种与原体既有相似又有差异的新的中国现代文学话语。

著名翻译家高克毅对林译小说也赞不绝口，他说：

> 拿魏、林译本来跟《Nicholas Nickleby》原书对照，我发现许多地方译文流畅，简洁而传神，难怪英国翻译大家韦理（Arthur Waley）要说林纾译狄更斯的文字有去芜存菁之妙。[2]

作家苏雪林则指出，林译文体在当时非常风行：

> 五四前的十几年，他译品的势力极其伟大，当时人下笔为文几乎都要受他几分影响。青年作家之极力揣摩他的口吻，更不必说。近代史料有关的文献如革命先烈林觉民遗妻书，岑春萱遗蜀父老书笔调都逼肖林译。[3]

郑振铎、钱钟书、高克毅、苏雪林等众多作家、翻译家的评论，为人们正确认识林纾的翻译对中国现代文学的形成所产生的积极意义奠定了基调。

1　钱钟书：《林纾的翻译》，商务印书馆1981年版。
2　转引自蔡登山：《林纾与魏易》，《湘声报》2008年10月31日。
3　苏雪林：《林琴南先生》，《人间世》，1934年10月第14期。

六、在白话文运动中

文学革命何疑！且准备擎旗作健儿。

要前空千古，下开百世，将他腐臭，化我神奇。

为大中华，造新文学，此业吾曹欲让谁？[1]

这是新文化运动前夕，正在美国哥伦比亚大学研究院读书的胡适用半白话文填写的一首《沁园春》，表达了自己欲"推翻旧文学"的万丈豪气。

其时，胡适与梅光迪、任叔永、杨杏佛等一批思想活跃的中国留美学生，正围绕着"文学革新"问题进行广泛的切磋探讨。没想到，胡适与任叔永却因为一首"泛湖即事"的四言长诗打起了"笔墨官司"。胡适认为其中的"载笑载言"是"三千年前之死语"；任叔永颇不服气，认为"可用以达我今日之情景，即为今日之语"。

哈佛大学研究院出身的梅光迪出面为任叔永抱不平，他批评胡适说：

足下所矜持为"文学革命"真谛者，不外乎用"活字"以入文，于叔永诗中稍古之字，皆所不取，以为非"二十世纪之活字"。……然此非尽屏古人所用之字，而另以俗语白话代之之谓也……[2]

梅光迪、任叔永等人虽然都赞成"文学革命"，但他们并不认为文言与白话之争是"文学革命"的关键。他们不反对在小说、演说中采用白话，但认为诗歌不行，因为诗歌是"高级的文学形式"。

---

[1] 胡颂平：《胡适之先生年谱长编》，台湾联经出版事业公司1984年版。
[2] 转引自叶曙明：《重返五四现场》，中国友谊出版公司2009年版，第55页。

梅光迪、任叔永、杨杏佛等人恰好又都是国内影响很大的"南社"成员，南社在政治上支持共和，反对袁世凯复辟；文化上则主张保存国粹，坚守传统文化。

胡适写了一首一百多句的白话打油诗给梅光迪作为答复："老梅牢骚发了，老胡哈哈大笑。且听平心静气，这是什么论调！文字没有古今，却有死活可道。……"[1]

梅光迪看完胡适这首满纸俚词鄙语的诗，更加气不打一处来，他直斥胡适"读大作如儿时听'莲花落'，真所谓革尽古今中外诗人之命者！足下诚豪健哉！"[2]这一场争论，胡适不仅没能"占上风"，反而在朋友中变孤立了。他决然宣布"自此以后，不更作文言诗词"，并悲壮表示要"单身匹马而往"，"新辟一文学殖民地"，可惜"不能多得同志，结伴同行。然我去志已决……"[3]。

不久，战场转移到了国内。1916 年 9 月 1 日，沉寂了半年的《青年杂志》复刊，并改名为《新青年》，创办者陈独秀隔洋向胡适约稿。于是，胡适便把自己在美期间对"推广白话文"的思考整理成文，在 1917 年 1 月 1 日出版的《新青年》（第 2 卷第 5 号）上，发表了《文学改良刍议》一文，明确提出："以今世历史进化的眼光观之，则白话文学之为中国文学之正宗，又为将来文学必用之利器，可断言也。"[4]文章批评了传统国文的弊端，如"无病呻吟""烂调套语"等，主张要改良旧文学，做到"言之有物，讲求文法；不摹仿古人，不用典；不讲对仗，不避俗字俗语"。

《新青年》创办人陈独秀紧随其后，在 2 月 1 日出版的《新青年》（第 2 卷第 6 号）上发表了更为激进的《文学革命论》，表示"余甘冒全国学究之敌，高张'文学革命军'大旗，以为吾友之声援"，并提出"文学革命"的"三大主义"，即"推倒雕琢的阿谀的贵族文学，建设平易的抒情的国民文学；推到陈腐的铺张的古典文学，建设新鲜的立诚的国民文学；推到迂晦的艰涩的山林文学，建设明了的通俗的社会文学"[5]。同时，他还把明代"前后七子"和"桐城三祖"（方苞、刘大櫆、姚鼐）列为"十八妖魔"，加以声讨。

---

[1] 转引自叶曙明：《重返五四现场》，中国友谊出版公司 2009 年版，第 56 页。
[2] 转引自叶曙明：《重返五四现场》，中国友谊出版公司 2009 年版，第 57 页。
[3] 转引自叶曙明：《重返五四现场》，中国友谊出版公司 2009 年版，第 57 页。
[4] 胡适：《文学改良刍议》，《新青年》第 2 卷第 5 号（1917 年 1 月 1 日）。
[5] 陈独秀：《文学革命论》，《新青年》第 2 卷第 5 号（1917 年 1 月 1 日）。

未名湖畔忆名儒
——严复、林纾、辜鸿铭的北大岁月

陈独秀

章太炎的得意门生钱玄同也在同期发表了一封《寄陈独秀》的长信，毫无保留地支持胡适："顷见5号《新青年》胡适之先生《文学刍议》，极为佩服。其斥骈文不通之句，及主张白话体文学说最精辟。……具此识力，而言改良文艺，其结果必佳良无疑。惟选学妖孽，桐城谬种，见此又不知若何咒骂。"[1] 钱玄同在信中不仅盛赞胡适的文章"实足祛千年来腐臭文学之积弊"，而且捎带着把清末民初的"桐城派"、"选学派"等旧文学也攻击了一番。

钱玄同的助阵，使胡适、陈独秀在寂寞中倍受鼓舞。陈独秀在复信中说："以先生之声韵训诂大家而提倡通俗的新文学，何忧全国不景从也。"[2] 胡适更是"受宠若惊"，在海外受到的"冷遇"不期在国内遇到"知音"，他说："钱教授是位古文大家。他居然也对我们有如此同情的反映，实在使我们声势一振。"[3]

林纾看到《新青年》杂志发表的相关文章后却深感忧虑，他担心照此路途走下去，可能"国未亡而文字先亡"。于是，他于2月1日在天津《大公报》发表《论古文之不宜废》一文，批驳胡适等人的观点，反对废止古文。林纾在文中指出了"古文不宜废"的理由：

> 然而一代之兴，必有数文家挂于其间，是或一代之元气盘礴郁积发而成至文，犹大城名都，必有山水之胜状用表其灵淑之所钟。文家之发，显于一代之间，亦正类此。呜呼，有清往矣，论文者独数方姚，而攻掊之者麻起，而方姚卒不之踣或其文固有其是者存耶。
>
> 方今新学始昌，即文如方姚亦复何济于用，然而天下讲艺术

---

[1] 钱玄同：《寄陈独秀》，《新青年》第2卷第5号（1917年1月1日）。
[2] 陈独秀：《复钱玄同》，转引自王开林：《国士无双》，华文出版社2012年版，第121页。
[3] 陈独秀：《复钱玄同》，转引自王开林：《国士无双》，华文出版社2012年版，第121页。

者仍留古文一门，凡所谓载道者皆属空言，亦特如欧人之不废腊丁耳，知腊丁之不可废，则马班韩亦自有其不宜废者。吾识其理，乃不能道其所以然，此则嗜古者之痼也。

民国新立士皆剽窃新学，行文亦泽之以新名词，夫学不新而唯词之新，匪特不得新且举其故者而尽亡之。吾其虞古系之绝也，向在杭州日本齐少将谓余曰：敝国非新，盖复古也。时中国古籍如宋楼之藏书日人则尽括而有之。呜呼，彼人求新，而惟旧之宝，吾则不得新，而先殒其旧。意者后次求文字之师，将以厚币聘东人乎？夫马班韩柳之文，虽不协于时用，固文字之祖也，嗜者学之用其浅者以课人，转转相承必有一二钜子出肩其统，则中国之元气尚有存者；若弃掷践唾而不之惜，恐国未亡而文字已先之，几何不为东人之所笑也！[1]

文章观点鲜明，义正词严，尤其是指出"知腊丁之不可废，则马班韩柳亦自有其不宜废者。"林纾根据自己对西方近代文化发展史的了解，强调西方人讲维新讲变革，不仅没有将拉丁文作为文化垃圾予以废弃，而是有意识地从拉丁文中汲取营养，作为近代思想文化的资源。同时，他批评那些赶时髦的"新学家"——"夫学不新而唯词之新"、"未得其新，而先殒其旧"。

然而，林纾关于"古文不当废"的温和说法并没有被新学诸子所接受，相反，他的文章一出，即在新学阵营中引起了强烈的反弹。

在5月1日出版的《新青年》（第3卷第3号）上，胡适致信陈独秀说："顷见林琴南先生新著'论古文之不当废'一文，喜而读之。林先生为古文大家，而其论'古文之不当废'，'乃不能道其所以然'，则古文之当废，不亦既明且显耶？"[2] 胡适认为："吾识其理，乃不能道其所以然"，"此正是古文家之大病。古文家作文，全由熟读他人之文，得其声调口吻，读之烂熟，久之亦能仿效，却

---

[1] 林纾：《论古文之不宜废》，天津《大公报》1917年2月1日。
[2] 胡适：《寄陈独秀》，《新青年》第3卷第3号（1917年5月1日）。

实不明其所以然。此如留声机器,何尝不能全像留声之人之口吻声调?然终是一幅机器,终不能'道其所以然'"[1]。胡适以调侃的口吻挑剔林纾文中的表述毛病,而对林纾文章中的"真知灼见"自然置之脑后,不屑一顾。

不过,胡适仍把林纾的意见作为学术问题。他在信中说:文学改良这种事情,其是非得失,非一朝一夕所能定,亦非一二人所能定。因此,"甚愿国中人士能平心静气与吾辈同力研究此问题!讨论既熟,是非自明。吾辈已张革命之旗,虽不容退缩,然亦决不敢以吾辈所主张为必是而不容他人之匡正也。"[2]

陈独秀则不以为然,他在回信时以不容讨论的姿态表达了自己的主张:

> 鄙意容纳异议,自由讨论,固为学术发达之原则;独至改良中国文学,当以白话为文学正宗之说,其是非甚明,必不容反对者有讨论之余地,必以吾辈所主张者为绝对之是,而不容他人之匡正也。[3]

显然这已不是学术探讨,而是"思想专制"了。钱玄同认为陈独秀"此种论调虽若过悍,然对于迂谬不化之选学妖孽、桐城谬种,实不能不以如此严厉面目加之。"[4] 把不同的学术派别称之为"选学妖孽,桐城谬种",这已不是简单的学术论争,而是带有一定人身攻击的意味了。

同期《新青年》还发表了刘半农的文章——《我之文学改良观》,对新旧两派针锋相对的文言与白话之争,提出了自己的意见,他说:

> 文言、白话可暂处于对待的地位。何以故?曰,以二者各有所长、各有不相及处,未能偏废故。胡(适)、陈(独秀)二君之重视"白话为文学之正宗",钱(玄同)君之称"白话为文章

---

1 胡适:《寄陈独秀》,《新青年》第3卷第3号(1917年5月1日)。
2 胡适:《寄陈独秀》,《新青年》第3卷第3号(1917年5月1日)。
3 陈独秀:《答胡适》,《新青年》第3卷第3号(1917年5月1日)。
4 钱玄同:《寄陈独秀》,《新青年》第3卷第3号(1917年5月1日)。

之进化"。不固深信不疑,未尝稍怀异议……今既认定白话为文学之正宗与文章之进化,则将来之期望,非做到"言文合一"或"废文言而用白话"之地位不止。[1]

胡适

从胡适、陈独秀,到钱玄同、刘半农,新文化运动的闯将以或温和或激烈的态度和言辞陈说文言文的危害,并指名或不指名地对林纾进行批评乃至"冷嘲热讽",但林纾并未予以回应反击。而且此后两年,他或者觉得"该说的已说了",或者也说不出更多的道理,或者因为不屑与青年人争论,林纾只是在文学讲习时通过讲授古文,或者编撰《古文辞类纂选本》等实际行动,以期"力延古文之一线"。

然而,早年曾师从蔡元培、章太炎的"南社"骨干柳亚子,对"自命新人"的胡适的"做派"却有些看不下去,于是在4月23日的上海《民国日报》上发表文章批评胡适:

> 彼倡文学革命,文学革命非不可倡,而彼之所言,殊不了了。所作白话诗,真是笑话。中国文学含有一种美的性质,纵他日世界大同,通行'爱斯不难读'(世界语),中文、中语尽在淘汰之列,而文学犹必占有美术中一科,与希腊、罗马古文颉颃,何必改头换面,为非驴非马之恶剧耶?[2]

柳亚子言犹未尽。几天后,他又向胡适"开了一炮",称陈独秀所论"文学革命","未免为胡适所卖"。他说:

---

[1] 刘半农:《我之文学改良观》,《新青年》第3卷第3号,1917年5月1日。
[2] 上海《民国日报》,1917年4月23日。

> 弟谓文学革命，所革当在理想，不在形式。形式宜旧，理想宜新，两言尽之矣。又诗文本同源异流，白话文便于说理论事，殆不可少；弟亦宜简洁，毋伤支离。若白话诗，则断断不能通。
>
> 若胡适者，所谓画虎不成反类犬，宁足道哉！宁足道哉！[1]

此时远在美国的胡适，似乎有些"哑巴吃黄连，有苦说不出"。不过他正忙于5月底的博士论文答辩，大约也没空"搭理"柳亚子。他只在私人日记上对柳亚子的"愤愤之气"作了简单的点评，而未作公开回应。6月9日，胡适在完成哥伦比亚大学研究院的博士学位考试后，踏上了波诡云谲的归国旅程。

7月6日，胡适尚在归国途中，柳亚子在《民国日报》发表文章时，忍不住又把胡适扯出来"开涮"一番：

> 去岁以来，始有美国留学生胡适，昌言文学革命，谓以白话易文言，殆欲举二千年来优美高尚之文学而尽废之，其愿力不可谓不宏，然所创白话诗，以仆视之，殊俳优无当之用。[2]

四天之后，胡适抵达上海。他是否看到了柳亚子"开涮"他的文章，人们不得而知。可以肯定的是，他"到了上海，看了出版界的孤陋，教育界的沉寂"，"方才打定二十年不谈政治的决心，要想在思想文艺上替中国政治建筑一个革新的基础。"[3]

从新文化运动初期文言与白话的争论看，赞成者力挺"白话"，并且为了宣传白话，把文言说得"一无是处"；而反对者反对的只是废止文言，并不反对白话文。两者的根本分歧，在于提倡白话是否就要废除古文。

林纾提出"古文之不宜废"，并非一时"心血来潮"或激于"一时之义愤"，而是在研究和总结东西方文学发展的经验后得出的结论。

---

[1] 上海《民国日报》1917年4月27日。
[2] 上海《民国日报》1917年7月6日。
[3] 胡适：《我的歧路》，《胡适文集》（三），北京大学出版社1998年版。

早在 1904 年，林纾在莎士比亚故事集《吟边燕语·序》中就指出：

> 莎氏之诗，直抗吾国之杜甫，乃立义遣词，往往托象神怪。而西人果文明，则焚弃禁绝，不令混世知识。然证以吾之所闻，彼中名辈，耽莎氏之诗者，家眩户诵，而又不已，则付之梨园，用以为院本。士女联艺鬐而听，欷歔感涕，竟无一斥之为思想之旧，而怒其好言神怪者，又何以故？
>
> 英人固以新为政也，而不废莎氏之诗。余新译莎诗纪事，或不为新学家之所屏乎？[1]

显然，他已经意识到自己的观点和做法可能将为"新学家所屏了"。在《伊索寓言·序》里，他进一步指出：

> 伊索产自希腊，距今二千五百有余岁矣。近二百年，哲学家辈起于欧西，各其创见，立为师说。斯宾塞氏撰述，几欲掩盖前人，命令当世。而童蒙学者，仍不废伊索氏之书。[2]

因此，在《论古文之不宜废》一文中，林纾重申"亦特如欧人之不废腊丁耳。知腊丁之不可废，则马班韩柳亦有其不宜废者"。可以说，这是他长期思考的结果。而在这一思考的背后，则隐含着他强烈的民族危机感。他在文中特别提到："中国古籍如宋楼之藏书，日人则尽括而有之"，他担心"恐国未亡而文字已先之，几何不为东人之所笑也"[3]。

在 19 世纪西学东渐的过程中，林纾是主张"新学旧学并行"，并积极引进西学的，他提出"古文之不当废"的观点也是基于这一理念。在他看来，西方文明与东方文明各有其价值，也自有其不足，正可以相互补充。因此，传播西方文

---

[1] 林纾：《吟边燕语·序》，商务印书馆 1904 年版。
[2] 林纾：《伊索寓言·序》，商务印书馆 1903 年版。
[3] 林纾：《论古文之不宜废》，《大公报》1917 年 2 月 1 日。

明的新学与坚守传统文明的旧学,同样应当相互补充。

1906年在《洪罕女郎传·跋》中,林纾表达了自己的良好愿望:

> 或谓西学一昌,则古文光焰灭矣。余殊不谓然,学堂中能将洋汉两门,分道扬镳而指授,旧者既精,新者复熟,合中西二文融为一体,彼严几道(严复)先生不如是耶?[1]

1907年,在所译《拊掌录·跋》中,林纾指出:"须知天下守旧之谈,不尽出之顽固"。在他看来,守旧与顽固不能画等号,新学也并非一定要建立在旧学的废墟上不可,没有旧文化,又哪来的新文化呢?文化本身具有连续性,同时也承载着当下许多文化人的情感价值和个人权益。不允许别人提倡旧学,不同样是一种"文化专制"吗?林纾对"新学家"提倡白话文所表现出的强烈"排他性"深感不安,担心其"未得其新,而先殒其旧"。

1915年,林纾在为"国学扶轮社"编纂的《文科大词典》作序时写道:"新学既昌,旧学日就淹没。孰于故纸堆中觅取生活?然名为中国人,断无抛弃国故而仍称国民者。"而他自己提倡古文,"明知其不适于用,然亦所以存国故耳。"[2]

林纾并非不知旧学之弊,更非头脑僵化的"冬烘先生"。在引进、推介西方文学方面,他当之无愧是"中国第一人"。他用典雅的文言翻译了一百多种西洋文学名著,其桐城风格的精妙词句与和谐的声韵,叫人连连拍案叫绝;他将原著中的情节、说白加以改写,以更加委婉的故事情节将欧美小说翻译成清末流行的小说;他还较早尝试用民间语言来丰富文言、用民间俗语俚语来进行书面创作。

在戊戌变法前一年,林纾就用白居易讽喻诗手法创作了《闽中新乐府》(三十二首),其中不少是讥讽、抨击时弊之作。这不仅表明林纾在政治上是维新的,而且说明他在文学表现手法上具有创新意识,善于汲取民间文学的营养。例如,他在诗中生动描绘了鸦片烟鬼的形象:

---

[1] 林纾:《洪罕女郎传·跋》,商务印书馆1906年版。
[2] 林纾:《文科大词典》序,《畏庐续集》,商务印书馆1916年版。

> 生骷髅，生骷髅，眶陷颐缩如狝猴；痰声来，痰声续，黔到指头疲到足；汗渍眉心泪注目，逆气辘轳转心腹；溺泄便溏沾被褥，明明有鬼如钳梏。斗然眼见芙蓉膏，一时神妙穷秋毫；对灯抽吸才几转，意气直蹶青云高。[1]

在白话文推广方面，林纾也进行过努力。20 世纪之初，白话文刚刚兴起，寓居杭州的林纾就在林白水等人创办的《杭州白话报》上开辟专栏，作"白话道情"，曾风行一时。可以说，早在百年前，林纾就是中国近代文学改良运动的先驱者之一。他承认旧的白话小说具有一定的文学价值，同时认为，如果人们不能大量阅读古典文学作品，汲取古典文学营养，就不能写好白话文。

在文学观念上，林纾虽然信奉桐城派，主张以义法为核心，以左丘明、司马迁、班固、韩愈等人的文章为天下楷模，强调取义于经，取材于史，多读儒书，多留心天下事，使"文字所出，自有不可磨灭之光气"。但是对于桐城流派，他也有自己的认识，并不墨守成规，而是主张"守法度，但要有高出法度的眼光；循法度，但要有超出法度之外的道力。"[2]

正因为林纾研究过白话和文言问题，研究过白话为什么不应该成为中国人"唯一的"语言工具，研究过文言为什么不应该被完全放弃，因此，他敢于本着自己的良知发表文章，提出异议。而与他"心有灵犀"的同乡与好友严复也表达了类似的观点：

> 北京大学陈、胡诸教员主张文白合一，在京久已闻之，彼之为此，意谓西国然也。不知西国为此，乃以语言合之文字，而彼则反是，以文字合之语言。今夫文字语言之所以为优美者，以其名辞富有，著之手口，有以导达要妙精深之理想，状写奇异美丽之物态耳。如刘勰云："情在词外曰隐，状溢目前曰秀"；梅圣

---

[1] 林纾：《闽中新乐府》，1897 年刻版印行。
[2] 转引自马勇：《重构五四记忆：从林纾方面进行探讨》，《团结报》2010 年 6 月 17 日。

俞云："含不尽之意，见于言外，状难写之景，如在目前"；又沈隐候云："相如工为形似之言，二班长于情理之说。"今试问欲为此者，将于文言求之乎？抑于白话求之乎？诗之善述情者，无若杜子美之《北征》；能状物者，无若韩吏部之《南山》。设用白话，则高者不过《水浒》、《红楼》；下者将同戏曲中簧皮之脚本。就令以此教育，易于普及，而斡弃周鼎，宝此康瓠，正无如退化何耳。[1]

其实，白话文在古代中国已存在了很长时间，只是没有登上大雅之堂，没有成为文化的正宗而已。一位学者指出，看看唐宋以来的佛教语录及《朱子语类》，就知道白话文作为口头语言始终都在流行和使用，并非到近代才有。古人的口头表达也不是采用书面的文言，只是在书面表达上，为了简洁和准确才转换为文言。

胡适和陈独秀倡导白话文的目的，就是要把人们口头表达的语言变成书面语言，并彻底替换书面的文言。这原本是一件好事，因为它带来文学载体的革命和文学形式的解放，是文化基本范式、国人思维习惯乃至日常生活习惯的革命。然而，陈独秀所持的文化专断主义立场，却是有害的。从这个立场出发，人人都认为自己的主张是正确的，正确到不容别人讨论而只能执行、采纳的程度，就可能"出问题"。五四新文化运动后期出现的激进主张，其思维方式与陈独秀的主张和思维倾向几乎完全一致。

胡适对此则另有一番"高见"。他说，陈独秀"这样武断的态度，真是一个老革命党的口气。我们一年多的文学讨论的结果，得着了这样一个坚强的革命家做宣传者，做推行者，不久就成为一个有力的大运动了。"[2]

在新文化运动阵营中，同为北大教授的李大钊则显得比较清醒，他在《新旧思潮之激战》一文中曾经说过这样一段话：

宇宙的进化，全仗新旧二种思潮，互相推进，互相推演，仿

---

1 《严复集》第三册：《与熊纯如书·八十三》。
2 胡适：《逼上梁山——文学革命的开始》，《胡适自传》，黄山书社1986年版，第132页。

佛像两个轮子运着一辆车一样；又像一个鸟仗着两翼，向天空飞翔一般。我确信这两种思潮，都是人群进化必要的，缺一不可。我确信这两种思潮，都应该知道须和它反对的一方面并存同进，不可妄想灭尽反对的势力，以求独自横行的道理。我确信万一有一方面若存这种妄想，断断乎不能如愿，徒得一个与人无伤、适以自败的结果。我又确信这二种思潮，一面要有容人并存的雅量，一面更要有自信独守的坚操。[1]

"文学革命"以及由此引发的白话文运动，是胡适首先提出的，确切地说是胡适的倡导引起了知识界的重视，使文体改革从个别人的行动走向整个知识群体的共同试验。它是近代中国向现代中国转变的一件大事，胡适和新文化运动的闯将们无疑功不可没，但反对者的言论也并非没有值得参考的价值。

林纾五十八岁照

在这些反对者中，"先有胡适的留美同学梅光迪、任鸿隽，后有著名文学翻译家林纾、南社著名诗人柳亚子以及以'怪杰'而著称的辜鸿铭，再有北大教授刘师培、黄侃、林损及马叙伦，还有著名学者章士钊以及《学衡》派的一班人，如吴宓、胡先骕等"。他们所主张的，是在提倡白话文的同时，不要刻意将文言文彻底消灭掉，而应该为文言文留下一定的生存空间，不致使中国文化的这一重要载体"失传"。

林纾研究者马勇指出，林纾并非新文化运动的反对派，而是新文化运动中相对稳健、保守的一派。他有心变革中国的旧文学，但反对将旧文学彻底抛弃；他主张在追求进步的同时，保持适度的保守，而不要过于激进。他的《论古文之不宜废》，反复强调的是古文对现代语言的资源价值，认为古文不应被革弃，而应当像西方对待拉丁文那样加以保存。

---

[1] 李大钊：《新旧思潮之激战》，《每周评论》第12号，1919年3月9日。

未名湖畔忆名儒
——严复、林纾、辜鸿铭的北大岁月

在深爱古文的林纾眼里，废除文言无异于返回野蛮。他与新文化派的分歧，在于提倡白话是否就一定要废除古文。林纾对新文化派将古文传统斩尽杀绝的姿态感到痛心疾首，他慨叹：欧洲文艺复兴并没有将他们的"古文"——拉丁文全部废除，中国的"文学革命"为何要如此极端呢？[1]

"古文者白话之根柢，无古文安有白话？"林纾的这个论断无疑是正确的。即使今天白话文已成为文学的主体，古文依然魅力无穷，依然是现代语言的智慧资源。但在当时那种气氛中，林纾的意见根本没人"理睬"。尽管如此，林纾在此后两年并没有刻意反对白话文运动和文学革命，甚至到1919年3月，他依然还为《公言报》开辟"劝世白话新乐府"专栏，并相继发表《母送儿》、《日本江司令》、《白话道情》等诗文，俨然是白话文运动中的一员"开路先锋"。

然而，胡适等人后来在回顾与建构"五四"新文化运动谱系时，有意无意地忽略了林纾的贡献，片面扩大了林纾的反对意见。在五四的主流话语中，林纾似乎成了一个守旧者和反面形象，这显然有失真实。

时光悠悠，在"五四"近百年后的今天，回望当年的"白话与文言之争"，人们发现：倡导白话文虽然起到了文化普及的功效，具有积极的意义；但是由于"矫枉过正"，兴"白"灭"文"的结果，也使中国传统文化经典的学习受到阻碍，推而极之，甚至可能使中华语言文字的血脉被截断。

林纾研究者吴欣指出：自汉语言诞生起，文言文就伴随着汉民族的繁衍而不断发展昌盛。它承载着厚重、古老的中华文明，承载着中华民族的辉煌和艰辛。中华古文明孕育了汉语、汉字、文言文，而汉语、汉字、文言文也忠实记录和促进了中华文明。只看到文言文的缺陷，而忽视文言文在中华文明发展中的历史作用，是一种割断历史传承关系的不负责任行为。

他认为，文言文和中华古文明是不可分割的统一体。只要国人还需要汲取中华古文明的营养，就不能不学习文言文。将文言文和白话文简单地视为新旧事物，并把它们对立起来，是非常荒谬的。文言文与白话文应当互相依存、互为补充，这才是汉语言嬗变发展的正确轨道。

相较于绵延数千年的文言文，白话文尚为稚嫩，需要文言文来滋养它。中国

1　马勇：《新文学谱系中的林纾》，《安徽史学》2011年第1期。

数千年的文化历史、优秀文学作品都是以古代汉语为载体的,要学习、研究、继承古代文化,欣赏优秀的古代文学作品,就应当认真学习和掌握古代汉语,而不能因其"难学难用"而加以抛弃。[1]

白话文应当兴,文言文不当废,这正是林纾当年的态度,也是人们今天对待文言文的应有认识。

---

[1] 吴欣:《齿牙吐慧艳似雪,文采照人清如秋》,《江苏科技大学学报》2005年第2期。

七、林纾与蔡元培

山雨欲来风满楼。

1917年1月,蔡元培出任北大校长。此时,新文化运动已经"山雨"欲来,白话文与文言文之争的"前哨战"正在蓄积能量,近代中国文化史上一场史无前例的暴风雨即将到来了。

蔡元培出任北大校长时,林纾离开北大的教学岗位已经三年多了。他们虽然没能在北大共事,但是,新文化运动的风风雨雨却把他们牵扯到一起,并在现代文化史上写下了"悲欣交集"的一页。

新文化运动的重点是文学革命。一方面文学是国人思想情趣、道德精神的集中体现,变革文学无异于抓住了变革文化的枢纽;另一方面中国是一个文学古国,自古文运关系国运,文学不仅只是艺术的表现,而且是民族精神之所在。梁启超当年曾写诗痛陈:"诗界千年靡靡风,兵魂销尽国魂空。"把晚清国家积贫积弱的原因归罪于"靡靡诗风"。

文学革命从晚清时就已开始酝酿。语言是文学的工具,它决定着一个民族的思维。由于流传千年的文言文是传统思想文化的载体,因此文学革命的核心便瞄准了语言变革,即由文言文变为白话文。

从1917年1月起,胡适、陈独秀先后在《新青年》发表了《文学改良刍议》、《文学革命论》等文章,在提倡白话文的同时主张废除文言文;钱玄同、刘半农等新文化运动的闯将随后跟进,以激烈的态度和言辞痛说文言文的危害,从不同角度精心论证和大声疾呼废除文言、倡导白话是文化上的当务之急。

林纾、柳亚子等人也分别在报刊上发表《论古文之不当废》等文章,对此提出了不同意见。然而,与新文化运动闯将们的声势和力度相比,却显得相当"势单力薄"。这多少有些出乎"文学新人"们的意外,甚至让他们觉得有些"不过瘾"。

1918年开始，《新青年》改为"同人刊物"，由陈独秀、胡适、钱玄同、刘半农、沈尹默、李大钊六人轮流编辑，全部采用白话。杂志销路不广，令陈独秀大感头痛；不遗余力地"攻击"文言文，也没有激起多大反响。刘半农叹曰："自从提倡新文学运动以来，颇以不能听见反抗的言论为憾。"[1]

这沉寂冷清的场面让新文化闯将着急了起来。经过一番"密谋"，他们决定一不做、二不休，干脆由钱玄同和刘半农演一出"双簧戏"：一个写反对白话文的文章，另一个写驳斥的文章，在报上展开论战，以吸引社会注意。在他们看来，没人骂就自己骂，总比"自说自话、对空挥拳"要好些。

1918年3月，由钱玄同和刘半农所导演的这场"双簧戏"出场了。[2]

在3月15日出版的《新青年》（第4卷第3号）上，钱玄同化名读者"王敬轩"，写了一篇《致〈新青年〉编者书》，以一种泼妇骂街的姿态，从胡适的新诗骂起，直骂到"贵报诸子，工于媚外，惟强是从"，使得"辛亥国变以还，纪纲扫地，名教沦胥"，"有识之士，童焉心伤"。文章装模作样地把林纾吹捧了一番：

> 林先生为当代文豪，善能以唐代小说之神韵，迻译外洋小说。所叙述者皆西人之事也，而用笔措辞，全是国文风度，使阅者几忘其为西事。是岂寻常文人所能企及？……林先生所译小说，无虑百种，不特译意雅健，即所定书名，亦往往斟酌尽善尽美。如云'吟边燕语'，云'香钩情眼'，此可谓有句皆香，无字不艳。'香钩情眼'之名，若依贵报所主张，殆必改为'革履情眼'而后可，试问尚复求何说话？[3]

---

[1] 刘半农：《复王敬轩书》，《新青年》第4卷第3号，1918年3月15日。刘半农（1891—1934）原名寿彭，改名复，字半农。江苏江阴人。辛亥革命时曾任革命军文书，后写过旧体小说。1917年成为《新青年》重要撰稿人，是新文化运动的倡导者之一。1920赴欧留学，研究音韵学。回国后任北京大学教授，并继续从事杂文著作。作品自然洒脱、幽默风趣。主要著作有《半农杂文》等。
[2] 钱玄同（1887～1939），原名钱夏，号疑古，浙江吴兴人。19岁留学日本，翌年加入中国同盟会，曾从章太炎治小学。1913年始，先后任北京高等师范、北京大学教授。1917年在《新青年》上发表杂感，力主"文学革命"，成为《随感录》的重要作者。五四后，任北京师大国文系主任，参加语丝社，并致力于音韵学研究，从事文字改革工作，1928年任北平大学中文系主任。
[3] 钱玄同：《致〈新青年〉编者书》，《新青年》第4卷第3号。

刘半农则以记者身份,在同期《新青年》所载《复王敬轩书》中,针锋相对地驳斥"王敬轩",实际上是拿林纾来"开涮":

> 林先生所译的小说,若以看"闲书"的眼光去看他,亦尚在不必攻击之列;……若要用文学的眼光去评论他,那就要说句老实话:便是林先生的著作,由"无虑百种"进而为"无虑千种",还是半点儿文学的意味也没有!
>
> 林先生之所以能成其为"当代文豪",先生之所以崇拜林先生,都因为他"能以唐代小说之神韵,迻译外洋小说";不知这件事,实是林先生最大的病根。
>
> 先生既不喜新,似乎在旧学上,功夫还缺乏一点。倘能用上十年功,到《新青年》出到第二十四卷的时候,再写书信来与记者谈谈,记者一定"刮目相看"!否则记者邓就要把"不学无术、顽固胡闹"八个字送给先生"生为考语,死为墓铭"![1]

文章嬉笑怒骂,语气尖酸刻薄,连胡适都有些看不下去,认为这种自己与自己辩论的做法,未免过于游戏人生,不是正人君子所谓。然而,新文学的闯将们以林纾作靶子,不仅是因为林纾的名气大,被认为是当时头号"古文大师",而且对"废文言"已提出了不同看法;其目的也不仅在于批评今人而作古文的文学现象,更重要的是要引起社会关注,造成声势,进而为推行白话文扫清道路。于是,林纾被"无辜"地拖进了这趟"浑水"中。

不久,《新青年》收到一封"读者来信",为"王敬轩"抱不平:"读《新青年》,见奇怪之言论,每欲通信辩驳,而苦于词不达意,今见王敬轩先生所论,不禁浮一大白。王先生之崇论宏议,鄙人极为佩服,贵志记者对于王君议论,肆口侮骂,自由讨论学理,固应如是乎!"[2]

---

[1] 刘半农:《复王敬轩书》,《新青年》第4卷第3号。
[2] 转引自:《重返五四现场》,第100页。

陈独秀在复信中，把"反对之言论"分为三等：立论精到者、是非未定者和不屑与辩者，主张对"妄人"的闭眼胡说，"则惟有痛骂之一法"。[1]

大洋彼岸的《留美学生季报》也发表了汪懋祖的来信，批评《新青年》刊登的有关文章。信中说：

> 文也者，含有无上美感之作用，贵报方事革新而大阐扬之，开卷一读，乃如村妇泼骂，似不容人以讨论者，其何以折服人心，此虽异乎文学之文；而贵报固以提倡新闻学自任者，似不宜以"妖孽"、"恶魔"等名词输入青年之脑筋，以长其暴戾之习也。[2]

《新青年》转载了这封来信，胡适特地复函读者，主张听取"诤言"。他说：

> 从前我在美国时，也曾写信与独秀先生，提及此理。那时独秀先生答书说文学革命一事，是"天经地义"，不容更有异议。我如今想来，这话似乎太偏执了。我主张欢迎反对的言论……人类的见解有个先后迟早的区别。
>
> 本报将来的政策，主张尽管趋于极端，议论定须平心静气。一切有理由的反对，本报一定欢迎，决不致"不容人以讨论"。[3]

胡适的主张与陈独秀"不容匡正"的思路，显然已有了距离。

恰在此时，林纾当年在正志中学任教时的学生、现在北大法科政治系读书的张厚载，在《新青年》（第4卷第6号）发表了一篇文章——《新闻学及中国旧戏》。他赞成文学改良，但认为"凡一事物之改革，必以渐，不以骤；改革过于偏激，反失社会之信仰，所谓'欲速则不达'，亦即此意。改良文学，是何等事，决无

---

[1] 陈独秀：《答崇拜王敬轩者》，《新青年》第4卷第6号。
[2] 汪懋祖：《读新青年》，《新青年》第5卷第1号。
[3] 胡适：《读新青年》，《新青年》第5卷第1号。

一走即到之理。"[1]

针对钱玄同把旧戏贬得"一无是处"、"无一足以动人感情"的观点，张厚载也提出了不同意见，他说：

> 戏子之打脸，皆有一定之脸谱，"昆曲"中分别尤精，隐寓褒贬之义，为可以"离奇"二字一概抹杀之。总之，中国戏曲，其劣点固甚多；然其本来面目，亦确有其真精神。[2]

由于张厚载是林纾的学生，又反驳了钱玄同的观点，一时在新文学阵营中引起强烈反应。陈独秀、钱玄同、刘半农、胡适此时也顾不得"师生名分"，竟一起出动，各写一文批驳张厚载，以期对林纾"敲山震虎"。钱玄同更是直斥旧戏脸谱"实与一班非作奴才不可的遗老要保存辫子，不拿女人当人的贱丈夫要保存小脚同是一种心理"。[3]

偏激的钱玄同在此之前，甚至提出了推翻汉文的宣言："欲使中国不亡，欲使中国民族为二十世纪文明之民族，必以废孔学、灭道教为根本之解决；而废记载孔门学说及道教妖言之汉文，尤为根本解决之根本解决。"[4]

远在大洋彼岸的任叔永看不下去，便致函《新青年》，把钱玄同狠狠数落了一番。他说：

> 我想钱先生要废汉文的意思，不是仅为汉文不好，是因汉文所载的东西不好，所以要把它拉杂摧烧了，廓而清之。我想这却不是根本的办法。吾国的历史，文字，思想，无论如何昏乱，总是这一种不长进的民族造成功了留下来的。此种昏乱种子，不但存在文字历史上，且存在现在及将来子孙的头脑中。所以我敢大

---

1 张厚载：《新闻学及中国旧戏》，《新青年》第4卷第6号。
2 张厚载：《新闻学及中国旧戏》，《新青年》第4卷第6号。
3 钱玄同：《寄刘半农》，《新青年》第5卷第2号，1918年8月15日。
4 钱玄同等：《中国今后之文字问题》，《新青年》第4卷第4号，1918年4月15日。

胆宣言，若要中国好，除非把中国人种先行灭绝！可惜主张废汉字汉语者，虽然走于极端，尚是未达一间呢！

一面讲改良文学，一面讲废灭汉文，是否自相矛盾？既要废灭不用，又用力去改良不用的物件。我们四川有句俗语说，"你要没有事做，不如洗煤炭去罢"。[1]

这一年，林纾已是年近古稀的66岁老人，而胡适却是血气方刚的23岁青年。对新文化的年轻闯将们把自己作为靶子来攻击，以扩大"废文言倡白话"的影响，林纾原本不想理睬。后来发现文学革命的矛头已指向孔孟之道与纲常伦理，并出现了废除汉字、烧毁古书、全数封闭旧戏曲等种种偏激主张，他担心中国历史文化从此湮灭，内心极为痛苦。于是只得挺身而出，"拼此残年以卫道"。

1919年初，陈独秀在《新青年》发表《本志罪案之答辩书》，列举了社会上对该杂志"破坏孔教，破坏礼法，破坏国粹，破坏贞节，破坏旧伦理、旧艺术、旧宗教、旧文学、旧政治"等等的责难，并表示对"一切政府的迫压，社会的攻击笑骂"在所不辞。此时，林纾回想起一年前《新青年》演的那出"双簧戏"，似乎仍"余怒未消"，他决定"以其人之道还治其人之身"，用自己写小说的"拿手好戏"予以反击。他很快写了一篇短篇小说《荆生》，在1919年2月17日、18日上海《新申报》的《蠡叟丛谈》专栏上发表。

小说描写三个书生，即"皖人田其美"（影射陈独秀）、"浙人金心异"（影射钱玄同）和"新归自美洲"的"狄莫"（影射胡适）同游陶然亭，饮酒歌呼，放言高论，对孔学、伦常和文言肆意攻击。这时，住在陶然亭西厢的"伟丈夫"荆生破壁而出，指着三人先是一通大骂："汝适何言？……尔乃敢以禽兽之言，乱吾清听！"然后痛打一顿，赶下山去。

林纾在跋语中故意埋怨荆生"多事"，说道："禽兽自语，于人胡涉？"但他也知道自己心目中盼望的"伟丈夫"荆生实际上难以出现，于是又无奈地说："如果混浊世界，亦但有田生、狄生足以自豪耳，安有荆生？"

---

[1] 任叔永：《致胡适》，《新青年》第5卷第2号，1918年8月15日。

紧接着，林纾又创作了另一个短篇小说《妖梦》，在3月19日至22日的《新申报》上发表。他在小说开篇中说："夫吉莫吉于人人皆知伦常，凶莫凶于士大夫甘为禽兽。此《妖梦》之所以作也。"小说讲述陕人郑思康作了一个怪梦，梦见一个长髯人请他往游阴曹地府，并告诉他"阴曹大有异事"，"凡不逞之徒，生而可恶，死亦不改，仍聚党徒，张其顽焰"。他们来到一座城市，见一所"白话学堂"，门前有一联云：

白话神通，红楼梦、水浒真不可思议！
古文讨厌，欧阳修、韩愈是什么东西？

入学堂后进第二门，见门匾上大书"毙孔堂"，也有一联云：

禽兽真自由，要这伦常何用？
仁义太坏事，须从根本打消！

校中有三个"鬼中之杰出者"，包括校长元绪（影射蔡元培）、教务长田恒（影射陈独秀）和副教务长秦二世（影射胡适）出来与他们相见，作者描述"田桓二目如猫头鹰，长喙如狗；秦二世似欧西之种，深目而高鼻"。他们咒骂孔丘，攻击伦常，郑思康愤而告辞。忽见金光闪处，罗目候罗阿修罗王直扑白话学堂，"攫人而食，食已大下，积粪如邱，臭不可近"。陕人最后大笑说："快哉！……果如是者，国家承平矣！"

令林纾颇为懊恼的是，他在小说《妖梦》中写的一个人物"元绪"影射了北大校长蔡元培。而偏偏在小说稿送给报社后，蔡元培给他来信，请林纾和梁启超、章太炎一起为刘应秋的遗著作序。林纾急忙让人向报社追回稿子，然而为时已晚。

小说发表后，林纾的学生、负责向报社转送文稿的张厚载只好代师受过。他致函蔡元培校长，表示道歉，并希望"倘有渎犯先生之语，务乞先生归罪于生，

先生大度包容，对于林先生游戏笔墨，当亦不甚介意也。"¹

与此同时，林纾索性在《公言报》发表了致北大校长蔡元培的公开信——《致蔡鹤卿书》。林纾在信中以忧国伤时的情怀，痛陈清末民初历次"革命"并没有使国家获得进步的现实，批评北大新派人物"覆孔孟、铲伦常"及在教学上尽废古书、专用白话的做法。

林纾在信中说："外国不知孔孟，然崇仁、仗义、矢信、尚智、崇礼，五常之道，未尝悖也，而又济之以勇。弟不解西文，积十九年之笔述，成译著一百二十三种，都一千二百万言，实未见中有违忤五常之语。"①他质疑新学诸子的叛亲蔑伦主张，究竟是从西洋文化中学来的，还是从其他旁门邪道学来的？

就"尽废古书，行用土文字"问题，林纾主要阐明了以下主张：

——若云死文字有碍生学术，则科学不用古文，古文亦无碍科学。

——若尽废古书，行用土语为文字，则都下引车卖浆之徒所操之语，按之皆有文法，……据此则凡京津之稗贩，均可用为教授矣。

——若《水浒》《红楼》，皆白话之圣，……作者均博极群书之人。总之，非读破万卷书，不能为古文，亦不能为白话。

——使人读古子书，须读其原书耶？……若读原书，则又不能全废古文矣。²

从《致蔡鹤卿书》中，可以看出，林纾所坚持的，是儒家的传统道德、伦理纲常，是古文与白话的并行不悖；他最不愿意看到的，就是新文化派欲将传统文化彻底推翻的姿态；他希望在白话文学蓬勃发展之时，也能够为古文留下一片生存空间。

---

1 转引自《重返五四现场》，第147页。
2 《公言报》1919年3月18日。

公开信在《公言报》发表后，遍登于京沪诸报，反响甚大。可以说这封信代表了林纾当时的真实思想，不仅语气和缓，而且说理较为充分。与他"图一时之愤"发表的那两个短篇小说——《荆生》与《妖梦》，显然不可同日而语。

对林纾的"游戏笔墨"，蔡元培固然可以"一笑置之"；但对林纾的公开信，他则不能熟视无睹。三天后，蔡元培在《公言报》发表了《答林琴南书》，作了公开答复。蔡元培在信中针对林纾的指责，作了两点申辩与反驳：一是在北大并无"覆孔孟、铲伦常"之说，《新青年》杂志中偶有对于孔子学说之批评，然亦是由于"孔教会"等托孔子学说以攻击新学而发，初非直接与孔子为敌；二是北大教学并未尽废古书而专用白话，而且提倡白话者均"博极群书"，"能作古文"。同时，蔡元培委婉地对林纾提出批评：

> 公书语重心长，深以外间谣诼纷集，为北京大学惜，甚感。惟谣诼必非实录，公爱大学，为之辨正可也。今据此纷集之谣诼，而加以责备，将使耳食之徒，益信谣诼为实录，岂公爱大学之本意乎？[1]

蔡元培在这封公开信中再次宣示了自己的办学主张，他说：

> 弟在大学，则有两种主张如下：
>
> 一、对于学说，仿世界各大学通例，循"思想自由"原则，取兼容并包主义，与公所提出之"圆通广大"四字，颇不相背也。无论为何种学派，苟其言之成理，持之有故，尚不达自然淘汰之运命者，虽彼此相反，而悉听其自由发展。
>
> 二、对于教员，以学诣为主。在校讲授，以无背于第一种之主张为界限。其在校外之言动，悉听自由，本校从不过问，亦不

---

[1] 蔡元培：《致公言报并答林琴南君函》，《公言报》1919年3月21日。

能代负责任。

　　夫人才至为难得，若求全责备，则学校殆难成立。且公私之间，自存天然界限，譬如公曾译有《茶花女》、《迦茵小传》、《红礁画桨录》等小说，而亦曾在各学校讲授古文及伦理学，使有人诋公为以此等小说体裁将文学，以狎妓、奸通、争有妇之夫讲伦理者，宁值一笑乎？然则革新一派，即偶有过激之论，苟于校课无涉，亦何必强以其责任归之于学校耶？[1]

与此同时，蔡元培以师长的名义给张厚载写了一封信，对张厚载提出批评，口气既温和又严厉：

　　在兄与林君有师生之谊，宜爱护林君。兄为本校学生宜爱护母校。林君作此等小说，意在毁坏本校名誉，兄循林君之意而发布之，于兄爱护母校之心，安乎，否乎？

　　仆平生不喜作谩骂语，轻薄语，以为受者无伤，而施者实为失德。林君仆，仆讲哀矜之不暇，而又何憾焉？惟兄反诸爱护本师之心，安乎，否乎？往者不可追，望此后注意。[2]

该信虽然对林纾责备用词甚重，对张厚载却似乎有"网开一面"的意思。然而，新学阵营中却是群情激愤，非把张厚载开除出校不可。尽管有本班全体同学说情，有《新申报》出面辩白，甚至有教育总长傅沅叔替他写信，以胡适为首的北大评议会最终仍以"在沪报通讯，损坏校誉"为由，把这位还剩三个月就要毕业的大学生开除了学籍。

蔡元培时代的北大从不轻易开除学生，而开除张厚载的理由无异于"以言论

[1] 蔡元培：《致公言报并答林琴南君函》，《公言报》1919年3月21日。
[2] 蔡元培：《复长缪子君书》，《蔡子民先生言行录》（1973年影印版）。

入罪",它开了一个不好的先例。文化论争原本不应借权力报复,何况林纾被拖入论战,本来就是北大新学中人蓄意而为,结果演"双簧戏"损人的老师啥事没有,而为林纾送稿给报社的学生却被开除学籍?这似乎让人感到,代表了时代潮流的新文化派阵营,在现实中同样轻车熟路地采用了"以权势压人"的手段。

致函蔡元培的第二天,林纾即已预料到可能将遭遇年轻闯将们的一场"恶骂"。在《演归氏二孝子》一书的跋语中,他表白说:

> 吾译小说百余种,无言弃置父母且斥父母为无恩之言。而此辈何以有此?吾与此辈无仇,寸心天日可表。……盖所争者天理,非闲气也。……吾所争者,争其议论之不是,非愿讦其隐私。……至于将来受一场毒骂,在我意中,我老廉颇顽皮憨力,尚能挽五石之弓,不汝惧也。[1]

后来,当林纾看到得意门生因自己而受到牵连以致辍学,原本性格狷鲠的他深感内疚,同时也反省自己,辱骂并非君子之道。于是,在心绪平静下来后,他写了《林琴南再致(答)蔡鹤卿书》,承认自己有听信传闻及"有过激骂詈之言"等过错,希望蔡元培见谅;并连续三天在北京《公言报》、天津《大公报》和上海《新申报》登载了这封信。信中说:

> 弟辞大学九年矣,然甚盼大学之得人。幸公来主持,甚善。顾比年以来,恶声盈耳,至使人难忍,因于答书中孟浪进言。……至于传闻失实,弟拾以为言,不无过听,幸公恕之。……与公交好二十年,公遇难不变其操,弟亦至死必伸其说。[2]

一个年近古稀的文化名宿,在发现自己行为有过激之处时,敢于在报上公开

---

1 林纾:《演归氏二孝子》跋,商务印书馆。
2 林纾:《林琴南再致(答)蔡鹤卿书》,《公言报》1919 年 3 月日。

致歉，如此童心无垢、不遮不掩的真性情，不仅反映了林纾"明是非、重公理"的品德，同时也使得遭他辱骂的陈独秀等人感慨不已，并给予了积极回应："林琴南写信给各报馆，承认他自己骂人的错处，像这样勇于改过，倒很可佩服。"[1]

反观新文学阵营，在对传统文学的评价中，把不同文学流派斥为"选学妖孽，桐城谬种"又何尝公允？这不是人身攻击辱骂是什么？跟《荆生》、《妖梦》又有什么区别？林纾为自己骂人道歉，可新文化阵营里又有谁为骂人"妖孽""谬种"道歉过呢？

对林纾、蔡元培、陈独秀之间的纷争，坊间有议论调侃说：清朝举人林纾上书清朝进士蔡元培，状告清朝秀才陈独秀，互相攻讦，斯文扫地矣！著名启蒙思想家严复对此也不屑一顾，他在致友人的信中说：

> 革命时代，学说万千；然而施之人间，优者自存，劣者自败；虽千陈独秀，万胡适、钱玄同，岂能劫持其柄？则亦如春鸟秋虫，听其自鸣自止可耳。林琴南辈与之论较，亦可笑也。[2]

林纾在写信给报馆的同时，也不忘写信劝勉张厚载"临窗读孔孟之书"，"无所戚戚于其中也"。不久，林纾在《公言报》上发表《腐解》一文，流露出一个"殉道者"的孤独无奈之情：

> 予乞食长安，蛰伏二十年，而忍其饥寒，无孟韩之道力，而甘为其难。名曰卫道，若蚊蚋之负泰山，固知其事之不我干也，憾吾者将争起而吾弹也。然万户皆鼾，而吾独作晨鸡焉；万夫皆屏，吾独悠悠当虎蹊焉！七十之年，去死已近。为牛则羸，胡角之砺？为马则弩，胡蹄之铁？然而哀哀父母，吾不尝为之子耶？巍巍圣言，吾不尝为之徒耶？苟能俯而听之，存此一线伦纪于宇宙之间，

---

[1] 参见《林纾研究资料》，知识产权出版社2010年版，第193页。
[2] 《严复集》，第三册书信，与熊纯如书（1919年7月14日）。

> 吾甘断吾头，而付诸樊於期之函。裂吾胸，为安金藏之，剖其心肝。
> 黄天后土，是临是监！子之掖我，岂我之惭？[1]

这是一个殉道者的悲叹。可是，在那个激进的时代，又有几个人能理解他呢？正如一位评论者所说：那个激进时代需要的是以白话取代文言的正宗地位，而要撼动源远流长、经典充栋的古文，就必须矫枉过正——把文言说得一文不值，把白话夸得美若桃花。那个激进时代没有时间去探究林纾观点中的合理部分，它要的就是变革，反对变革乃至倾向温和改良的，都会被胜利者称为"小丑"。

其实，林纾在新文化运动中与新派人物的分歧，不在于要文言还是要白话，而是在要白话的同时还要不要文言？他愿意要白话，可新文化阵营却坚决不要文言。林纾实在想不通，在提倡白话文的同时，为什么一定要把文言斩尽杀绝？难道新文学的兴起，就意味着传统文学一文不值？

1919年5月，林纾在《文艺丛报》上发表《论古文白话之相消长》的文章，依然论证古文、白话并行不悖的道理，主张白话必须以古文为根底，"无古文安有白话？""不读《史记》而作《水浒》，能状出尔许神情邪？"[2] 他强调指出，废古文用白话是不知所谓古文，因为古文白话自古以来就相辅相成，所谓古者，其实就是白话的基础，没有古文基础，就不可能写出好的白话。能读书阅世，方能为文，如以虚枵之身，不特不能为古文，亦不能为白话。

林纾对古文的衰落感到无奈，悲哀之情溢于言表。他在文中说："至白话一兴，则喧天之闹，人人争撤古文之席，而代以白话。……此古文一道，已属声消烬尽之秋，何必再用革除之力？"[3] 林纾说得很清楚，古文早就快要烟消云散了，何劳再来倡导"革命"，多此一举呢？

《论古文白话之相消长》发表之后，林纾似乎觉得松了一口气。在新派人物咄咄逼人、把文言文讨伐得体无完肤的时候，林纾本能地捍卫起自己钻研一生、从中得到无尽滋养的文言文。他不只是一个普通的、受过传统儒学浸染的文人，

---

1 林纾：《腐解》，《公言报》1919年4月5日。
2 林纾：《论古文白话之相消长》，《文艺丛报》1919年5月。
3 林纾：《论古文白话之相消长》，《文艺丛报》1919年5月。

而是当时著名的古文大家，古文造诣是他的生命价值所在，对古文的全面否定就是对他的生命价值的否定。从个人自尊和安身立命的根基来说，他也容不得文言被弃如敝屣！于是，他不得不以古稀之年站到时代潮流的风口浪尖，他其实是被新派人物的激进态度逼到对立面去的！

新文化运动在很短时间内就以排山倒海之势取得了重大进展，白话文很快获得了正宗地位。1920年，北洋政府教育部发文决定教科书正式采用白话文，新文化阵营取得了全面胜利。

在那个激进的时代过去之后，新文化阵营逐渐对自己的思想观点和反对阵营中的一些合理观念有了一些理性的反思，1924年10月，一代古文宗师林纾逝世，新文学阵营的作家给予了他一定的肯定，在内心里表露了对他的尊敬。

1924年11月，林纾逝世仅一个月，郑振铎就在《小说月报》上发表长文《林琴南先生》，不仅称赞林纾"是一个非常热烈的爱国者"，"是最可令人佩服的清介之学者"，而且对林纾的白话诗《闽中新乐府》以及林纾的小说创作和翻译进行了较为系统的评述。郑振铎此举明显是想矫正新文化运动中人们对林纾"不很公允"的批评。[1]

1924年12月，胡适在《林琴南先生的白话诗》中说："我们这一辈的少年人只认得守旧的林琴南，而不知道当日的维新党林琴南。只听得林琴南老年反对白话文学，而不知道林琴南壮年时曾做过很通俗的白话诗，——这算不得公平的舆论。"[2]

同年12月，周作人也发表文章，认为林纾"在中国文学上的功绩是不可泯灭的"。[3] 1925年3月，刘半农在《语丝》上发表《自巴黎致启明的信》，他在信中提及林纾时表示"后悔当初之过于唐突前辈了"。

1935年2月，寒光在中华书局出版了《林琴南》一书，这是国内出版的第一部关于林纾的专著。书中论及林纾的生平、思想、翻译与创作、文学价值与功绩等诸多方面，并就新文化派对林纾的粗暴批判提出了质疑，他说：

---

[1] 郑振铎：《林琴南先生》，《小说月报》，第15卷第11号。
[2] 胡适：《林琴南先生的白话诗》（1926年），姜文华主编《胡适学术文集新文学运动》，中华书局1993年版，第461页。
[3] 周作人：《林琴南与罗振玉》，《语丝》1924年第3期。

我们只要读一读林氏早年的文章和他的《闽中新乐府》，就会知道他是怎样的富有维新思想，不然他绝不会努力于翻译事业的。可怜那时的林氏，不但给无知的人骂为什么顽固派，甚至连林氏辛辛苦苦介绍的外国文学也捏直了种种的谬误来大肆攻击！……像这样物理的论调，无非想打翻林氏个人一时的声价，却并他伟大的功绩也要埋没它，未免太过了！

我个人虽也极力拥护新文化运动，但总很为难林氏直到了现在还蒙着一个不白的大冤枉，觉得很有检讨一番的必要。[1]

---

[1] 寒光：《林琴南》，中华书局1935年版。

八、文采照人清如秋

齿牙吐慧艳似雪，文采照人清如秋。

这是人们对林纾的译作和文采的赞叹。在清末民初的中国社会，林纾主要是作为文学翻译家闻名于世的，尤其是他"不懂外文"而又翻译了众多西洋文学作品，更为他增添了许多传奇色彩。然而，除了文学翻译，林纾在传统文学方面也有很高的成就。他一生浸淫古文研习，研究欧阳修25年，研究韩愈40载，不仅具有浓郁的古文情结，而且发表了许多古文研究成果，是清末民初唐宋派的古文大家。

早在1901年林纾在北京五城中学堂任国文总教习时，其所作古文就颇为桐城派大师吴汝纶所欣赏。他曾与吴汝纶讨论《史记》"为文之用心"，深得吴汝纶的肯定。在《桐城吴先生点勘史记读本序》中，两人互相推重，他称赞吴汝纶评点《史记》是"发神枢鬼藏之秘"，吴汝纶则夸赞他的文章是"抑遏掩蔽，能伏其光气者。"[1]

1906年后，林纾在京师大学堂（后更名为北京大学）任教，教的就是古文。他与当时的桐城派古文家马其昶、姚永概等人同台任教，同享盛名。1907年，林纾应商务印书馆之约，开始选编《中学国文读本》，内容由清朝上溯至周朝，逐篇详加评语。从1908年5月到1910年底，先后分十卷出版。此后，林纾在传统文学方面的研究和创作成果一发而不可收。

在小说创作方面，林纾在辛亥革命后创作了长篇小说《京华碧血录》。书中虽以恋爱故事为主干，但涉及戊戌变法、义和团起义、八国联军进攻北京等重大历史事件，描写的生活面极其广阔，在当时颇受读者欢迎。后来，他又陆续创作了《金陵秋》、《劫外昙花》、《冤海灵光》、《巾帼阳秋》等长篇小说和一系列短篇小说，生动地反映了当时的社会现实。

---

[1] 林纾：《赠马通伯先生序》，《畏庐续集》第25页。

在诗歌创作方面，林纾自称"吾诗七律专学东坡（苏轼）、简斋（陈与义）；七绝学白石（姜夔）、石田（沈周），参以荆公（王安石）；五古学韩（愈）；其论事之诗则学杜（甫）"[1]。他创作的诗歌大部分集于《畏庐诗存》，而白话诗则集于《闽中新乐府》。

在散文创作方面，以小品文为主，多描写凡人琐事，叙述亲情友情，善于"叙悲"，情真意切。他的游记摹山范水，写景状物，独特不俗。钱基博说他"工为叙事抒情，杂以恢诡，婉媚动人，实前古所未有"[2]。他自称"六百年中，震川（归有光）外无一人敢当我者"[3]。他的《畏庐文集》，于闲漫细琐之处，曲曲传情，与归有光文相近。

在文论研究方面，他著有《韩柳文研究法》《春觉斋论文》《文微》，并编有《古文辞类纂选本》《文法讲义》《左孟庄骚精华录》《左传撷华》等古文教材、讲义集多种。

此外，他还留下了数量可观的随笔、传奇和剧本等文学作品。其中笔记有《畏庐漫录》《畏庐笔记》《畏庐琐记》《技击余闻》等，传奇有《蜀鹃啼》《合浦珠》《天妃庙》等。

林纾的古文推崇韩愈、柳宗元，主张"意境、识度、气势、神韵"，认为"文必己出"，"取义于经，取材于史"。他推重桐城派，其文简洁、委婉，善于变化，文字雅洁隽永，很得古文妙处。当时一些文人认为古文已死，而他却把古文描写得活色生光，多姿多彩，旧文体的内蕴在他笔下娓娓荡漾，散发着无尽的情调。

作为我国文学史上最后的古文名家，当桐城派刻意追求"严净"、不免失之枯淡的文风蔚然成宗之时，林纾为文独能自抒性灵，卓然名世，留下了若干经得起大浪淘沙考验的佳作。在这些作品中，林纾表现出了一个古文大家的不凡造诣和文采风韵。

林纾的散文主要可分为四类：一是义理之文，如《析廉》、《黜骄》、《原谤》、《原习》、《惜名》等；二是交游赠友之文，如《赠林长民序》、《送严伯玉之巴黎序》、《送周松孙比部出宰如皋序》等；三为纪传之文，如《先妣事

---

[1] 参见《林畏庐先生手札》。
[2] 参见钱基博：《现代中国文学史》，世界书局1935年版。
[3] 参见《林畏庐先生手札》。

略》、《陈猴传》、《书郑翁》、《书葫芦丐》、《冷红生传》等；四为纪游之文，如《记九溪十八涧》、《游西溪记》、《湖心泛月记》等。这些散文无不散发着古典散文的独特风韵。

老年林纾

林纾研究者吕东亮认为，林纾的义理之文分析详明，说理透彻，但缺乏韩文的汪洋恣肆。而交游赠友之文，在劝勉友人的同时，表达了自己对国计民生的关切，行文意深笔长，但自创新意的较少。林纾最为得意的乃是他的纪传之文与纪游之文。他的纪传之文写的大都是小人物，所选素材也多为生活琐事。他所致力的，是用平凡生活的温情唤起潜藏在每个人内心深处的感动。[1] 如在《亡室刘孺人哀辞》中，他描写自己对亡妻的思念：

残月向尽，雁声自远而今。余戏孺人："鬼啸乎？去尔无多日矣！"孺人凄然莫应。更七日，余幸能步，孺人夜四鼓即起，作糜食余。

既殁，弃所遗衣，均缕裂见絮，数袭皆然。生平未尝衣帛衣，享专味，夏月食瓜，见子妇至，立授之，辞则怒发。性直毅，论事每与余左，往往至失欢。呜呼！早知及此，恨其不让吾孺人也！余年且五十，遗落世事，将杜门读书，资孺人以待老。乃孺人竟不终事余，天也！[2]

林纾对亡妻一往情深，悼念之文写得情真意切、令人动容。回想起自己与妻子斗嘴，自己总是倔强多于忍让，如今却成了难偿的遗恨。话虽平淡，却在平淡中见惨淡，成为人间至哀之文。这种感情的传达，不是强烈的震撼，却如滴水穿

---

1 参见吕东亮：《论作为散文家的林纾》，《开封教育学院学报》第27卷第2期，2007年6月20日。
2 林纾：《亡室刘孺人哀辞》，《畏庐小品》，第三辑，苍霞旧梦。

石,"未成曲调先有情"。

又如在《先妣事略》中,他描写母亲对自己的思念:

> 宜人忽梦纾病于析津,遽起,开门见月,乃觉其梦,即以弗寝。日上,移榻廊隅,望门待邮者。二日析津书至,无病,而宜人愈矣。高氏妹尝语纾曰:"母恋兄,意殊不在得官。兄南归多以五月,苍霞之洲,大水新落,家具杂沓横亘,日影停窗纸上。母指麾家人,为兄解装庋书籍,往来笑悦,兄忆之耶?"呜呼!无母之戚,得妹言愈弗堪矣![1]

这些文字,无不倾注了林纾的一腔深情,语调亲切,娓娓道来,使读者感到十分亲近,感情油然而生。它虽不像忠臣义士那样给人以心灵的震撼,却也避免了使读者在高山仰止的同时产生心理上的距离感。他曾深有感触地说:"余尝谓古文中叙事,惟叙家常平淡之事为最难着笔。"这无疑是他的经验之谈。

《畏庐小品》一书的选编者林薇指出:不拘一格,落墨无端,是林纾艺术手腕圆熟的标志。如《徐景颜传》,其文如挟秋霜悲肃之气而至,深得《史记》之神韵,摇宕一两笔,便觉满纸呜咽,悲塞天地。《赵聋子小传》则写得活泼风趣,近乎稗官家言,嘲讽相士,亦以嘲讽世态及官场中人。至于《冷红生传》,则是一篇别开生面的自传,其中既有林纾的谐谑幽默,也有他的真率执拗,可以说是一幅带有漫画意味的心灵自画像。他用坦白的心理分析手法,记录了自己的罗曼史,揭示了在意识深层结构中理与情、灵与肉的冲突。无怪乎人们要用弗洛伊德学说的眼光来分析林纾译作言情小说的心理了。[2]

相比之下,林纾的纪游之文则显得较为纯净雅洁。他的《记翠微山》、《明湖泛雨记》等文,清新简雅,没有冗余枯淡的文句。其纪游从容有致,移步换景,条理井然。如《记翠微山》:

---

1 林纾:《先妣事略》,《畏庐小品》,第三辑,苍霞旧梦。
2 参见林薇:《畏庐小品》选编后记,北京出版社1998年版。

翠微非名胜也。近龙王堂，林木始幽阒。山势下趣，望山上小树，皆斜伏如迎人状。肩舆转入林阴，始得一小寺。凭轩下瞰，老柏三数章，碧翳天日。有石阶数十，所谓龙王堂即在其下。细泉涣然，循幽窦泻于小池，池鱼迎泉而喋，周以石阑。早月出树间，筛碎影于襟袖之上。[1]

　　这些游记多数像诗境小品，幽清隽永，耐人寻味。在《游颐和园记》、《游西海子记》、《游玉泉山记》等文中，林纾投注了更多的感情，字里行间弥漫着黍离之悲，花草树木、亭台楼阁，"物物皆着我之色彩"。

　　林纾在文中并不单纯写景，而是睹物思人，融情于景，感慨怆唶，情深意长。他对此颇为得意，在《春觉斋论文》中曾说："意境者，文之母也。一切奇正之格，皆出于是间。不讲意境，是自塞其途，终身无进道之日矣。"[2]

　　在林薇看来，林纾的写景文清丽淡雅，抒情文含蓄深沉，同时又韵趣横生，流露出他"好谐谑"的个性。如他的一组西湖游记，将湖山灵秀之气尽收笔底，令人不禁忆起柳宗元的《永州八记》、张岱的《陶庵梦忆》、《西湖梦寻》这些名作。而他的《记超山梅花》诸文，则使人感到仿佛远离了喧嚣的尘世，徜徉于湖光山色舒卷如画的艺术境界之中：玉雪一色、冷艳飘香的超山梅花；松篁夹路、翠络拂水，半山红叶、一荡芦花的西溪；白云堆絮、横岱拖翠、老虬松涛、梵唱传于天外的花坞；箫声凄怨、湖水清碧，画船桥影依稀的白堤月夜……景色幽艳凄迷，令人浸于冰壶沉碧之中。看他写的《湖心泛月记》：

　　雾消月中，湖水纯碧，舟沿白堤止焉。余登锦带桥，霞轩乃吹箫背月而行，入柳阴中。堤柳蓊郁为黑影，柳断处乃见月。霞轩着白夹衫立月中，凉蝉触箫，警而群噪，夜景澄澈。[3]

---

[1] 林纾：《记翠微山》，《畏庐小品》，第二辑，岚翠屐痕。
[2] 林纾：《春觉斋论文》，《畏庐三集·序》，商务印书馆1924年版。
[3] 林纾：《湖心泛月记》，《畏庐小品》，第二辑，岚翠屐痕。

通篇不足百字，文字平易浅显，纯系白描，淡墨轻染，令人如闻如见。然而隽永空灵，意韵流动，景致如画，诗情弥漫。踏月而行，蝉噪愈幽，心境澄澈，溶于湖光月色。美丽的文字自成天地，神游其中如同身游、更胜身游。他读书多，旧学根底厚，但他却不以正统文章为宗，对乡野逸事多有关照，充满了平民气息。

至于抒情之文，高梦旦称其"以血性为文章"，"叙悲之作，音吐凄梗，令人不忍卒读。"[1]如他的《苍霞精舍后轩记》，通过记轩以表现伤逝怀旧之情。苍霞精舍后轩是林纾故居，他曾经在这里度过自己一生中最为恬静愉悦的岁月。文章追忆苍霞旧事，娓娓叙述家常，充满了家庭温馨气息，生活情趣盎然。如今，一切都已成为过去，苍霞旧事如落花残梦，杳然无踪。文章迤逦写来，如清溪流水，潺湲而下，至此则奇峰突起，陡成绝壁。前面的铺叙、追忆，皆以状此日此时之断肠：

> 栏楯楼轩，——如旧。斜阳满窗，帘幔四垂，乌雀下集，庭墀阒无人声。余微步廊庑，犹谓太宜人昼寝于轩中也。轩后严密之处，双扉阖焉，残针一，已锈矣，和线犹注扉上，则亡妻之所遗也。[2]

此时，母亲早已亡故，妻子琼姿也已物化。故地重历，景物依然，一时，旧梦前尘尽都涌上心头。岁月流逝，世事沧桑，然而，睹物思人，那饱经时间蚀蚀的一枚残针竟赫然入目！伊人已逝，旧泽犹存，淡淡几笔带着心弦的震颤，亡妻茹苦含辛的一生顿时浮现眼前，那深沉的哀悼之情如泉涌一般溢于言表。这篇散文是足以与归有光的《项脊轩志》相媲美的佳构。

林纾的散文，从题材到写作方式都深受归有光的影响，如《先妣事略》明显得益于归有光的同名散文。而他的《浩然亭记》、《苍霞精舍后轩记》等，与归有光的《畏垒亭记》、《项脊轩志》，皆抒表心志，伤怀故人，文章的意蕴情调、

---

[1] 转引自张光芒：《真诚的遗老——民初时期林纾思想重评》。
[2] 林纾：《苍霞精舍后轩记》，《畏庐小品》，第三辑，苍霞旧梦。

遣词造句也都十分相近。但两者之间并不存在模仿与被模仿的关系，而是远年知音的关系。林纾还曾步桐城派首领姚鼐的《登泰山记》，写了同题古文。

林纾的纪游散文融柳宗元"漱涤万物，牢笼百态"与桐城派"发挥义理、天人合一"之所长，形成以意境为焦点、识度为灵魂，辅以气势、声调、筋脉、风趣、情韵，而臻于神化至境，但又不像桐城派文章那样谨严、平顺。

林纾译书"运笔如风落霓转"，口停笔落，"且不加点窜"；但他写作古文，却苦苦构思，字斟句酌，"或经月不得一字，或涉旬始成一篇"，且多加修改。"盖古文者，创作自我，造境为难"[1]。林纾自少时便喜读《史记》，至老弥笃，其为文自然深受其感染。他的纪传之文最突出的一个特点便是注重生活细节，且常用小说家笔法和翻译家笔法。他在翻译中所会心的古文妙处，常不由自主地潜入到他的散文写作中。

林纾凭着对古文的熟稔，以其笔法译著小说，他完全摈弃了中国传统长篇小说的章回形式，不仅用语奇特，而且在多数时候惟妙惟肖地传达了西方原著的幽默。由于古文的妙处散落其间，加之故事的离奇，情境的新鲜，使读者读起来觉得很有味道。

在小说创作上，林纾的一大转变是由翻译小说改为写作小说。辛亥之前林译小说风行海内，但他自己从未创作过小说，辛亥之后兴趣陡转。这自然与其在思想情感上的动荡大有关联。在1913年出版的《践卓翁小说》的《自序》中，他对自己的这一变化作了解释："翁年六十以外，万事皆视若传舍。幸自少至老，不曾为官，自谓无益于国民，而亦未尝有害。屏居穷巷，日以卖文为生。然不喜论时政，故着意为小说。"[2]而在另一篇"序"中，他在解答外界"言林译何久不出"的疑问时，则说自己"既罢讲席，益不与人延接，长日闭户，浇花作画，用消闲居清况。""年垂古稀，而又嗜画，日必作山水半幅，遂无暇及此"。[3]

林纾的解释大都是他当时真实心态的反映。辛亥后他之所以"不喜论时政"，其实也正是他对"共和"失望后的不满之辞，或者说是他未能忘情于世的另一种

---

[1] 参见钱基博：《现代中国文学史》。
[2] 林纾：《践卓翁小说》自序，1913年都门印书局印行。
[3] 林纾：《劫外昙花序》，转引自陈平原等《二十世纪中国小说理论资料》，第一卷，北京大学出版社1989年版。第388页。

表现。因此，在他"着意"而为的小说创作中必然要流露出他的政治思想、道德理想及抑郁于胸中的愤激不平之气。

从民初至1917年，在短短四五年的时间里，林纾的小说创作数量不菲。仅长篇小说就有五种：包括《剑腥录》（又名《京华碧血录》，1913年10月由北京都门印书局出版），《金陵秋》（1914年4月商务印书馆出版），《劫外昙花》（发表于1915年1月至2月《中华小说界》第1卷第1期至第2期，1918年1月中华书局出版单行本），《冤海灵光》（发表于1915年10月至12月《小说月报》第六卷第10期至第12期，1916年6月商务印书馆出版），《巾帼阳秋》（1917年8月上海小说社出版，后改名为《官场新现形记》）。短篇小说及随笔数量更大，先后出版小说集《践卓翁短篇小说》（1913）、《技击余闻》（1914）、《铁笛亭琐记》（1916）、《畏庐笔记》（1917）等，其中有不少发表于《平报》，共400篇左右。此外，他还于1917年出版了《蜀鹃啼传奇》、《合浦珠传奇》和《天妃庙传奇》三部剧本，并发表了数百首诗。

林纾研究者张光芒指出：林纾的这些文学作品充分反映了世纪之交一个介于新旧之间的文人的内心矛盾。[1]

首先是愤世嫉俗与政治保守的矛盾。在文学观上，林纾通过翻译外国小说，对小说的社会作用有着较为深刻的认识，同时他对清末文坛上出现的《孽海花》、《官场现形记》等揭露现实黑暗的"鼓荡国民英气之书"也十分推崇，并呼唤文坛上出现更多像迭更司（现译狄更斯）、老残、曾朴这样使"社会之受益宁有穷耶"的作家。

林纾自己的许多作品也都具有一定的社会批判与社会讽喻的意义。

如短篇小说《破产知县》，写某知县强行索贿造成无辜者破产；《水先生》则揭露了官府与豪绅互相勾结，勒索财物、夺人妻女的丑恶现象。

又如，长篇小说《剑腥录》、《金陵秋》、《官场新现形记》着意描写从"戊戌变法"至"袁世凯称帝"这一时期的重大历史事件，较为客观地反映了近代以来中国社会的种种矛盾和各种势力之间错综复杂的斗争，同时对晚清以来封建统治集团的腐朽狡诈、卑鄙无耻的本性及其贪权夺利、鱼肉百姓的罪行作了有力揭

---

[1] 参见张光芒：《真诚的遗老——民初时期林纾思想重评》，《枣庄师专学报》2000年第4期。

露和谴责。

尤其是在《官场新现形记》中，作者一反"不喜议时政"的作风，明确表示要将混乱如丝的时事写出来。如题目所言，小说将袁世凯从策划兵变、巧拒迁都、制造宋案、胁迫议会选举总统、宣布称帝直至毙命归天的全过程，作了辛辣的嘲讽与暴露，颇具批判现实主义的力度。

但在这些反映历史与现实生活、针砭时弊的作品中，作者又带着立宪派人和遗老的墨色眼镜，将一切斗争都看成是毫无可取之处的黑暗。《剑腥录》中就将拳民们描写成一群愚昧无知的群氓和拦路抢劫的强盗；《官场新现形记》中则把革命党人与专权弄利者等量齐观，视为利欲熏心、心术不正的小人。这样就难以对历史与现实中的事件与人物进行符合事物本质的正确描写，充分表现出他既十分爱国又对现实绝望，既崇尚社会进步又满怀对古老封建秩序的依恋等一系列的思想矛盾。

其次是伦理道德上反封建与恪守封建之道的矛盾。林纾自称写作喜"拾取当时战局，纬以美人壮士"，且以野史自居。他甚至还说："小说一道，不著以美人，则索然如啖蜡然。"[1] 这自然与当时文坛的创作风气不无关联，并形成了他大多小说"以爱情为纬，以国事为经"的结构模式，其中自然也涉及诸多关乎情爱和道德伦理的矛盾。

林纾是一位颇讲"婚姻自主，仁政也"的维新派，在小说中自然宣传比较开明的爱情婚姻观。如《吴生》中的狐女为追求爱情夜访吴生；《盈盈》中的主人公虽身陷空门却无法熄灭情爱之火，最后终于冲破森严的佛门禁锢而取得成功；《娥绿》描写爱情的力量最终战胜门当户对的世俗观念；还有一些作品直接描写了真挚的爱情如何冲破"父母之命，媒妁之言"的限制。但总的看来，林纾的小说虽然承认并尊重男女之间那种倾心相爱的真挚感情，却并没有冲破那套"发乎情止于礼义"的封建观念。他的一些作品直接鼓吹"忠孝节义"等封建意识，即使在一些"循时尚，稍涉于自由"的小说中，他也绝不让主人公放纵情欲，反复强调的是男女之间既相爱又决不越礼失节、苟且偶合，言情而不言性，更不涉于淫乱。

---

[1] 林纾：《译余剩言》，转引自张俊才：《林纾评传》，南开大学出版社1992年3月版，第198页。

林纾对此有自己的一套见解，他认为"女学当昌，即女权亦当讲，惟不当为威斯马考之狂放"；他提倡的是一种"有学而守礼"的女子解放，对"女权既大伸，而为之夫者，纲维尽坠，不敢箝制，则恣其所为，无复过问"颇不以为然。[1] 可见"唯女子与小人难养也"的观念在其思想中是根深蒂固的，纵有对情爱自由的渲染，也脱不去这层厚重的外壳。

第三，林纾的内心矛盾还表现在其作品的艺术形式与美学追求之中。一方面，他得力于西方美学思想的熏陶，在艺术表现手法、艺术结构、文学语言等方面尝试创新。如其言情小说就有意突破传统爱情小说中男女"中间必有谗构之人"的陈规俗套，而寻求用不同的方式处理不同的爱情故事，表现出由旧向新、逐步过渡的痕迹。在语言文体上，他力求平正简洁，其文体既"不算高古艰涩，也不算浅陋近俗"，"最适于调适古文与小说之间的距离，也最便于一般读者的阅读接受，故林纾的小说文体在清末民初独步一时"[2]。但另一方面，林纾小说在形式上仍然过于陈旧，人物形象不够鲜明，语言描写也较为陈旧。尤其在文学主张上，越到后期其保守性愈趋顽固，以致其创作上的进步性与价值都几乎被后人遗忘了。

在文论研究方面，林纾后半生看惯了政治的云翻雨覆，对世情百态渐趋冷落。他心灵的唯一寄托便是古文了，他把自己的热情全力倾注在古文的研究和创作中。

1916年，他把在京师大学堂讲授古文的讲义整理成《春觉斋论文》，并编选了大量的古文选本，如《中学国文读本》、《左孟庄骚精华录》及古文名家的选集，为古文的普及竭尽心力。此外，他还撰写了《韩柳文研究法》、《文微》等著作。连他的反对者、魏晋文派的代表人物黄侃对他的《文微》也极力推崇："谓彦和以后，非无谈文之专书，而统纪不明，伦类不析，求如是书之笼圈条贯者，盖已稀矣。"

对事变乱离中的林纾而言，古文是他的精神家园。古文所承载的信念，令他在价值混乱的时代寻找到心灵安居的地方。林纾清楚地意识到"古文之蔽久矣"，他大胆地打破陈规，删繁就简，提出"讲意境、守义法"作为古文创作的原则。在《国朝文序》中，他明确反对"统系派别，为此为彼，使读者炫惑其目力，莫

---

[1] 转引自《陈平原小说史论集》（中），河北人民出版社，第824页。
[2] 参见陈平原：《二十世纪中国小说史》，北京大学出版社1989年版。

知其从，则已格其途而左其趣矣"，他认为"获理适道"才是为文之根本，而经生之文、史家之文"均不足以明道"。

即使对比较推重的桐城派，林纾也有所保留，而并非推崇所有的作家和作品。如他对方苞"义法说"比较赞成，对考据入文就不以为然。在《春觉斋论文·述旨》中，他指出古文如果"无篇不加考据"，其结果必然"如求馔于厨门，充腹即已，谓之能久久留其余味于胸中耶？"[1] 林纾是提倡纯文学的。他论文以意境为主导，讲求识度、气势、声调、筋脉、风趣、情韵、神味等，以追求自然天真之妙为最高境界，这也正是他高于一般文人的地方。

林纾多才多艺，不仅在古文、诗词方面卓有成就，而且在绘画方面也有很深的造诣。无论是是绘画技巧还是画品，皆为人所称道。早在少年时期，年仅14岁的林纾就拜清代名画家汪瘦石、谢琯樵的高足、"石颠山人"陈文台为师，习花鸟，兼习诗书。陈文台是温陵人，"长身玉立，疏髯古貌，善诗工书，能写高松及兰竹，亦间为翎毛花卉。"[2] 林纾随师26年，直到陈文台病逝。

林纾学画缘于自己的肺病。父亲病重时，他因"号啕大哭、吐血不止"而得下了这个病。从20岁到30岁的十年中，他坚持不吃药，而每日挥笔作画，硬是以书画当药，以天然的空气疗法和人为的气功疗法治愈了咯血之病。

林纾的花鸟画得其师陈文台之传，淡墨薄色，神致生动。加之他将翎毛用墨之法变化到山水中去，被老师赞为"不拘一法，触类旁通"。由于奖掖备至，林纾绘画日益精进。他的山水画，初灵秀似文徵明，继而浓厚近戴熙，偶涉石涛，故其浑厚之中颇有淋漓之趣。他的画多工细渴笔，走的是戴醇士一路家乘笔法。在一首题画诗中他写道：

平生不入三王派，家法微微出苦瓜。

我意独饶山水味，何须攻苦学名家？[3]

---

[1] 林纾：《春觉斋论文·述旨》，都门印书局1916年印行。
[2] 林纾：《石颠山人传》，《畏庐小品》第一辑，浮生掠影。
[3] 林纾：题画诗。后来他专门作了一幅《东陵种瓜图》。

未名湖畔忆名儒
——严复、林纾、辜鸿铭的北大岁月

诗中抱负甚高,但要说他画中的苦瓜味,却很难能品味到。

他的书斋里总是摆着书桌和画台,写写画画,交替进行,从不间断。中年以后,林纾肆力于画,每天经常站着作画数小时。后来因忙于翻译和作文教习(由教家馆到教京师大学堂),无暇作画,一放就是十多年,直到晚年他辞去教习、放下译笔,才重提画笔。不仅为康有为绘了《万木草堂图》,还为严复绘了《尊疑译书图》。莆田籍监察御史江春霖七次上疏弹劾庆亲王,被清廷斥退,辞官归里,林纾特为之绘《梅阳归隐图》,并作序送行。

林纾晚年居北京,致力于传统山水画创作。其画风工细严整追求宋元遗韵,师石谷而以己意出之,有些则是摹仿清"四王"。林纾作画时对笔墨材料的把握十分独特,他根据自己对墨分五色的理解,把不同深浅的墨分盛五碗,作画时分醮使用,用墨力求干净。

林纾墨迹

他的画室设两案,一案作画、一案作文,左右开弓,绝少暇时。虽一帧画值数十金,但求者盈门,积压索书画之纸绢盈案,且多为社会名流。求者多以山水,而花鸟则不复作矣。其流传作品有《理安山色图》、《仿王畦山水图》、《江亭饯别图》、《篝灯纺织图》、《秋夜课图》等等。他还出版有画作《畏庐遗迹》、绘画理论专著《春觉斋论画》,被美术界誉为"后学之津梁,迷途之宝筏"。

其书法受清代学颜真卿之风的影响,得颜字最多,兼参米南宫、苏东坡诸家笔意,故落笔厚重,朴茂丰润;而小字结体紧密,线条沉雄而矫健。如他的一副对联书法:"两三竿竹皆秋色,千万叠山有雨容。"写来随意天成,洒脱自然,大有颜书之风。

林纾不仅绘画才华出众,而且操守严谨,其在画界的名气不亚于他的文学创作和翻译。作为一个在琉璃厂挂单的职业画家,他所作的画,1921年的润格标准就已达"五尺堂幅28元,五尺开大琴条四幅56元,三尺开四幅小琴条28元,斗方及纨折扇均5元"（当时1元银洋相当于现在近100元）。[1] 由于名气大，某些附庸风雅的权贵自然也以收藏他的作品为荣。秀才出身的军阀吴佩孚一向自命不凡，51岁生日时愿出巨资请林纾画一幅祝寿图，林纾鄙夷其执政时草菅人命，一口拒绝了吴佩孚的要求，一时在京城传为佳话。

对于自己欣赏的画家，林纾则竭尽全力予以扶持。1919年，55岁的湖南老画师齐白石初到京城，当时他的知名度还不大，人们对他的小写意花鸟山水也还不赏识。为了打开局面，齐白石登门拜访林纾，林纾不仅将他带来的画全部收购，而且在自己编审的《平报》上发表评论文章，对齐白石的画作给予高度评价。在林纾等众多名流的帮助下，齐白石在北京的名气与日俱增，最终成为一代国画大师。当时齐白石在琉璃厂订的润格仍是1910年吴昌硕为他定的标准："四尺12元，五尺18元，六尺24元，八尺30元，册页折扇每六元。"比林纾的同期润格还略低。

齐白石成名后，林纾曾以一把团扇请齐白石为其题字，白石题诗称：

如君才气可横行，百种千篇负盛名。

天与著书好身手，不知何苦向丹青？[2]

齐白石作诗，多以浅近平易之村语白话，有时也不乏诙谐幽默，此诗意思也不言自明：你已有著述译书这副好身手，何必再来画画和我们"抢饭碗"呢？

辛亥革命后，鲁迅初到京城，供职于教育部。有相当一段时间他沉浸在搜集汉画像、抄写古碑帖上，并经常光顾琉璃厂古玩铺，偶尔也买几幅画。据《鲁迅日记》（1912年11月9日）载："赴留黎厂（即琉璃厂）买纸，并托清秘阁买林琴南画册页一叶。付银四元四角，约半月后取。"11月14日的日记又载："午后清秘阁（伙计）持林琴南画来，亦不甚佳。"被鲁迅购买的林纾的这幅山水作品，静穆素雅，有宋人气，在韵律上有习习古风。鲁迅虽然觉得这幅画作与自己的期待有差距，但还是将它珍藏保存了下来（收于鲁迅博物馆画库）。鲁迅

---

[1] 郑逸梅：《林琴南卖画》，转引自《人物》2010年3月。
[2] 齐白石：《题林畏庐画》，《齐白石诗集》，广西师大出版社2009年版。

收藏此画的情结，应当是源自他年轻时喜读林译作品，对其文字的感念之情吧！

林纾画作中的一些题画诗，大都是有感而发，或写画中之景，或借景抒情，或直抒胸臆。李响泉编撰的《清画家诗史》中收录了他的题画诗六首，其一为：

> 雨暗西泠万柳低，孤山隐隐草萋萋。
> 遗民低首行宫路，循过苏堤又白堤。
> 自注：西泠打桨。西湖惟西泠桥最幽邃，可通苏堤，小舟往往循
> 行宫而过，年来景物当不堪问矣。[1]

林纾的画如其文，走的是古典路径，单纯中透出一种古朴、厚重的书卷气，作品风格典雅高古。文名加上画名，使得喜爱林纾画作的藏家不少。

在一幅描绘家乡福州鼓山的山水画上他题道：

> 从无俗客扣岩扃，积翠重重扑小厅。
> 分付山灵休破睡，松涛留待五更听。

显然，这是他晚年在京思乡感怀之作，文字还是那样的清新、雅洁，而且不乏幽默和俏皮。他在题记中写道："余宿石鼓时有此景状，离乡二十三年，山中猿鹤应嘲笑我矣！林纾记"。钤朱文印"畏庐七十以后作"。二十三年前的故乡山水在他的心底还是那样的澄明、清净，他50岁前居住福州，鼓山是他流连之地。他说："石鼓涌泉寺，学者甚盛，吾每岁就辄数往游，计至山二十七度矣。"

画作中的石鼓景状应该是一种虚境，描绘的是他心目中的理想之国、自由之国。山中云雾袅绕、苍松积翠，似还能听到鸟儿啾啾的鸣声呢！一人去冠束发，策杖而行，分明就是他——他在急急赶路，仿佛还能听到他的喘气，或许山中有位他急着要拜访的隐者呢！这或许是他心目中最美的图景了。

---

[1] 林纾：《甲寅（1914）秋日为李响泉写纪游册并题钞三》。

中篇　林纾：孤山处士音琅琅

林纾晚年的画作经常描绘淳朴宁静的故乡生活情景，如他在题画中所写的：

故园清地是烟霞，遭乱年来不忆家。
点染乡山图画里，先生独坐注华南。[1]

由此可见人到暮年的他对故乡的无比眷恋。

除了故乡题材之外，在林纾晚年的画作中，与雪景、冬天有关的画特别多，如"寒斋画雪图"、"西溪雪霁"（1900）、"江皋雪霁"、"雪景山水"（1910）、"雪隐人家"等，反映了他对时世（冬天）和雪景（高洁）的感怀。正如他在一首题画诗中所说：

十年卖画隐长安，一面时贤即胆寒。
世界已无清白望，山人写雪自家看。[2]

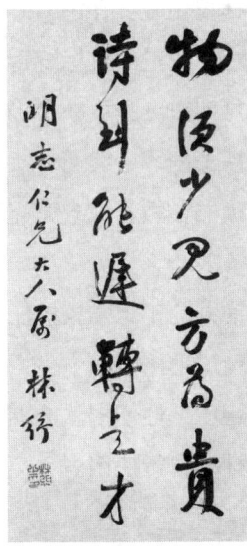

林纾书法

林纾不仅画风高古，其书法也是静穆妍美，风韵独到，别有文人翰墨趣味。起笔尖锋直入，收笔时铺毫重按，一笔一画写得沉缓又不失流畅，线条优美而富有弹性，结体厚拙可爱，既丰满又不失飘逸，颇有晋唐风致，体现极高的造诣和修养。

"傲骨原宜老布衣"。林纾一生未涉官场，始终为一自食其力之人，对功名富贵也"视若弃灰"。闽籍京官、礼部侍郎郭曾炘、邮传部尚书陈璧曾举荐他为官，他坚辞不就，这在同时代的举人中是极为罕见的。后来旅居京城时，他一身三任：既有北京大学教习的固定薪俸，又有丰厚的小说翻译版税收入，更有高润

---

[1] 林纾：《畏庐诗存》，商务印书馆1923年版。
[2] 林纾：《晨起写雪图有感因题一首》，《畏庐诗存》卷上，第24页。

格的卖画所得，可谓"财源滚滚"。福州同乡陈衍因此戏称林家为"造币厂"。

虽然家财颇丰，但林纾为人仗义疏财、乐善好施，知恩图报。在他译作畅销海内的那几年，他的月收入近万，其中相当一部分被他用来扶危济困及资助家境贫寒的学生上学。他自己没有留过洋，却资助了不少学生到国外深造。陈衍因此赞誉说"纾颇疏财，遇人缓急，周之无吝色"。

林纾年少时，与乡里的林述庵、王薇庵是"总角之交"。当时林纾家境贫寒，加上感情热烈，嫉恶过严，又多爱怒骂人，乡人目为狂生，认为其"狂悖顽钝"，不敢相近。王薇庵不仅常给以其劝解、鼓励，而且见他一时找不到工作，便请他到自己家坐馆，而自己就馆于别家。林纾后来回忆说："戊寅之间，君馆余于家，君别出馆于史氏。数日必归，归必把余之手而谈。时雨盛屋穿，数易其座，渗随及之。君与余方纵谈世务，倾吐肝胆，怡然有得，而各忘其贫。"[1] 王薇庵中年早逝，林纾发誓独任托孤之重。他亲视亡友入殓后，将其遗孤王元龙带回家中，筹措四百金为本金，以利息供养薇庵妻女生活。元龙在林纾家12年，林纾待之亲逾骨肉，直到其完婚、中举、以诗鸣于时，林纾才了却夙愿，感到足慰亡友，不负当年一诺。

林纾的另一好友林述庵于1890年去世，林纾将其幼子林复生收养在家，一住十年，衣食训诲备至，后来复生从军。1908年在新军第九镇任三十五标统管带，积极从事革命活动。辛亥革命后，随镇江都督林述庆攻打南京，身中数弹仍奋勇向前，为辛亥革命立了功，被孙中山夸为模范军人，并授予陆军少将衔。

林纾一生，先后收养了亲友孤儿十多人，供养他们膳宿读书，教养成人，充分体现了他的侠肝义胆。

晚年，林纾的经济情况大不如前。他曾在北洋军人徐树铮办的正志学校担任教务长，后在北京以译书售稿与卖文卖画为生。那些当年曾受过他接济的学生，此时多已学成回国，在社会上崭露头角。为了帮助恩师度过窘境，他们捐款成立了一个基金会，名为支持林纾的翻译工作，实际上款项都由林纾自行使用。

在《七十自寿诗》（其四）中，林纾写道：

---

[1] 林纾：《告王薇庵文》，《畏庐小品》第五辑，雪泥鸿爪。

总角之交两托孤，凄凉身正在穷途。

当时一诺凭吾胆，今日双雏竟有须。

教养兼资天所命，解推不吝我非愚。

人生交友缘何事？忍作炎凉小丈夫？[1]

林纾在其文学作品中所致力赞颂的，正是人生历程中所遇所识的友情亲情，虽然都是平淡的，却是血泪的文字。20世纪80年代，福建文学家郑朝宗在回忆林纾的一篇文章中，曾提到林纾培育王元龙之事：

灼三（薇庵）的儿子名元龙在后来有点名气，我曾在福州基督教青年会的礼堂里看过他写的笔力矫健的一副对联：座上岂容凉血辈，此间大有热心人。[2]

郑朝宗后来出任厦门大学中文系主任。他像林纾一样，时常自允"叫旦之鸡"，努力为福建的文学、文化鼓而呼。他说："生平深愿是使本省文化恢复到严复、林纾时代居国内前列的水平"，"使落后的福建再度蜚声全国"。正如他在诗中所说：

八闽文献久消沉，敢有豪情继严林？

已分冥顽同槁木，山灵触我旧时心。[3]

---

1 林纾：《七十自寿诗》（其四），朱羲胄：《林琴南先生年谱》。
2 郑朝宗：《"不祧之祖"与"开山之祖"》，《林纾评传》，南开大学出版社1992年版。
3 郑朝宗：《"不祧之祖"与"开山之祖"》，《林纾评传》，南开大学出版社1992年版。

九、从维新学者到亡清遗老

2012年盛夏,我来到位于福州六一中路莲宅社区的林纾故居,参观设在故居里的林纾纪念馆。虽然曾无数次地开车经过六一中路的环岛,却不知道这鳞次栉比的高楼后面,竟隐藏着一代文豪、译界泰斗林纾的清雅故居。

这是一座白墙黛瓦的闽地传统民居,也是林纾走向辉煌而悲壮的一生的起点。故居占地不大,方圆不到一亩,建筑面积只有360平方米,坐西朝东,由门廊、天井、披榭、厅堂、厢房组成,占地面积近400平方米。厅堂面阔三间,进深两间,穿斗式木构架,两侧马鞍形山墙。由石门框、插屏门、厅堂、厢房、天井、披榭等组成,是一幢典型的清代建筑。

林纾故居

林纾故居于1992年被福州市政府列为挂牌保护的名人故居。2005年移交给鼓楼区政府管理,并辟为林纾故居纪念馆,对外开放。由于坐落在社区里,又与社区居委会相邻,因此"林纾故居"似乎颇不寂寞。故居边门常年洞开,社区的居民们闲暇时经常会来串串门。一些喜爱评剧、书法、剪纸乃至布贴画的民间文艺爱好者,也隔三岔五地会聚在这里,作作画、写写字、剪剪纸,互相品评欣赏,可谓其乐融融。

名人故居的人文遗泽感染了社区居民。一位深爱国画艺术的居民常携画具悠然来到故居的天井,泡一壶茶,摊开画纸挥毫作画。他说:"在这里,能感应到先贤的气场,浮躁的心也会平静下来。"

来自林纾家乡的研究者指出,林纾生活的晚清时期,正是列强不断侵略,祖国山河沦丧,内乱频仍、民不聊生的危难之秋。在晚清士林中,林纾常常扮演带有"新党"色彩的激进人物角色。1884年8月,法国舰队入侵马江,停泊在福州马尾港的法国军舰突然向中国军舰开炮,击沉中国军舰十多艘,福建水师全军覆没,海军官兵死伤达七百余人。林纾闻讯,在大街上与其好友林松祁抱头痛哭,令观者为之动容。事后不久,钦差大臣左宗棠来福州督办军务,林纾与好友周长庚在福州街头拦马请愿,请求朝廷查办当初谎报军情、掩盖损失的军务官员,二人相约"不胜,则赴诏狱死耳。"这一年林纾作诗百余首,皆伤时感乱之作。

1894年中日甲午战争爆发,警报每日数次传至福建,林纾"感愤郁勃,无可自适。"1895年《马关条约》签订时,林纾正在北京,他与陈衍、高凤岐等好友义愤填膺,上书清廷,抗议日本侵占我国辽东半岛及台湾、澎湖。1897年德国借口曹州教案,强占我胶州湾。翌年,林纾与高凤岐、伯莴等人三次到御史台上书,抗议德军强占胶州湾,并陈述筹饷、练兵、外交、内治四项建议,甚至要求光绪皇帝下罪己诏,以整顿朝纲,激励国人。

林纾狷鲠的性情中,有一点游侠做派,这大约跟他少年时代曾拜乡间拳师学过武艺的经历有关。他一度曾以"佩剑任侠、被酒行吟"而得"狂悖"之名。他在历史小说《剑腥录》中塑造的主人公邴仲光,就是这样一位具有游侠气质的志士形象。他在《荆生》中刻画的"伟丈夫"荆生,也不同于一般负笈游学之士,其所带的行李除"书一簏"外,还有操武功的"铜简一具"。

林纾年轻时多次考进士不第,后来索性抛开应试学问,终身不问仕途。无论在政治上还是文学上,他都有些"君子不党"的倾向:尽管他一直鼓吹维新,却不是维新党;尽管他曾与吴汝纶、马其昶等桐城派古文家"惺惺相惜",却不愿意跻身桐城派。

他不主张文学划分流派,在他看来:

> 诗之有性情境地,犹山水之各善其胜。沧海旷渺,不能疚其不为武彝匡庐也。唐之李杜,宋之苏黄,六子成就,各雄于一代之间,不相沿袭以成家。即就一代人言之,其境界各别。凡奢言宗派,收合党徒,流极未有不衰者也。[1]

---

[1] 林纾:《畏庐文集》,《序郭兰石增默庵遗文集》。

林纾对文学的见解一点也不迂腐，他说："诗之道，以自然为工，以感人为能"；"诗者，不得已之言也。忧国思家，叹逝怨别，吊古纪行，以人情之所本有，播之音律……"[1] 这种倡导文学是情感自然表现的观念，不正是人类一切艺术家永恒追求和捍卫的基本准则吗？

来自林纾家乡的研究者分析说，林纾在与友人相聚时，"每议论中外事，慨叹不能自己"，于是将议论所得仿白居易讽谕诗的乐府体裁，编成儿童启蒙读物——《闽中新乐府》。书中愤念国仇，忧闷时俗，倡导新政的思想溢于言表。其中第一首诗即题为《国仇》："国仇，国仇在何方，英德法俄偕东洋。"在《村先生》一诗中，他写道："今日国仇似海深，复仇须鼓儿童心"。

《闽中新乐府》的许多诗篇表达了林纾要求变法维新、热心向西方学习的思想。在《破兰衫》一诗中他写道："救时良策在通变，岂抱文章长守株"。在《知名士》一诗中则说："解否暹罗近渐强，一经变法生民康"。显然林纾已把变法视为救亡图存的唯一途径了。他在诗中还提倡兴女学、禁缠足、废奴婢、反八股等。

林纾一生曾经翻译过180多种外国小说，每翻译一种小说，他必写序、跋、识语、达旨等，字里行间洋溢着炽热的爱国情怀。如在《不如归·序》中，他说："余老矣，报国无日，故日为叫旦之鸡，冀吾同胞惊醒，恒于小说序中掳其胸臆……"。在《伊索寓言·识语一》中，他尖锐指出："今有强盛之国，以吞灭为性，一旦忽言弭兵，亦王狮之约众耳。弱者国于旁，果如兔之先见耶？"[2] 这段话提醒人们注意：以吞灭为性的列强欲望是不会满足的，它的停战只不过是"王狮约众"的策略手段，弱国在它旁边，随时有像兔子一样被吞噬的危险，因此千万不可丧失警惕。

林纾认为，只有国力强，国威盛，才能在国际上争公法，保护在海外的侨民，否则更无公理、人情可言。他联想海外华工"无国度之惨"和国内同胞"犹梦梦焉"的状态，悲愤地呼喊："吾死不瞑目矣！"爱国之心，跃然纸上。在《雾中人·叙》中，他向国人敲响要"严防行劫及灭种者之盗"的警钟，他说："其于白人蚕食非洲，累累见之于译笔，非好语野蛮也"，他借此说明，白种人可以并

---

1 林纾：《梅花诗境记》，《畏庐小品》，第五辑，雪泥鸿爪。
2 林纾：《伊索寓言·识语》十六，《畏庐小品》第六辑，稗海艺潭。

吞非洲，即可以并吞中亚，因此亡国灭种危险迫在眉睫。他认为："今黄人之慧，乃不后于白种，将甘为红人之逊美洲乎！"[1]

在《鬼山狼侠传·叙》中，他嘲笑那些具有奴性、任人宰割、哀鸣如牛狗的"中国至下之奴才"；在《埃司兰情侠传·序》中，则赞扬冰岛人民不甘"坐受人侮"的反抗精神，并以自己"老惫不能任兵，为国民悍外侮"为憾事，字里行间流露出拳拳爱国之心。

林纾与维新派代表人物，不仅在思想上是相通的，而且彼此互有往来。林纾为康有为画过一幅《万木草堂图》，康有为则题诗"赋谢"，把林纾与严复相提并论，称"译才并世数严林"。[2]

林纾研究者邓华祥、肖忠生认为，综观林纾一生，其维新思想主要表现在以下几个方面：[3]

其一，提倡治西学，向西方学习。在《斐洲烟水愁城录·序》中，林纾说："欧人志在维新，非新不学，即区区小说之微，亦必从新世界中着想，斥去陈旧不言，若吾辈酸腐，嗜古如命，终身又安知新理耶。"[4] 他批评"勋阀子弟，为谋求仕途宦达而有终身不近西学，宁钻故纸者"。

在《畏庐文集·大学堂师范毕业生纪别图记》中，他指出："顾不治新学，徒守其门户而将以祛客，客将愈求进而无艺"。他对西学非常推崇，把治西学（即新学）看成是保种保国的一项措施，自恨年纪老大，"不能抱书从学生之后，请业于西师之门，凡诸译著，均恃耳而屏目。"[5] 他不仅翻译西洋小说，同时也是提倡向西方学习最力之人。在《伊索寓言·识语十四》中，他说："今日黄人之势岌岌矣！告我同胞，当力趣于学，庶可化其奴质，不尔，皆奴而驴耳。"这话虽说得骇人听闻，却也使人看到他确实把"学"看得异常重要。在《洪罕女郎传·跋语》中，他主张"敦喻诸生，极力策勉其恣肆于西学"，并将洋汉两门，"分道扬镳而指授"，做到"旧者既精，新者复熟，合中西二文溶为一片"。

---
[1] 林纾：《雾中人·叙》，《畏庐小品》第六辑，稗海艺潭。
[2] 康有为：《琴南先生写<万木草堂图>题诗见赠，赋谢》，《庸言》第一卷第七号（1913年）。
[3] 邓华祥、肖忠生：《试论林纾的爱国维新思想》，《福州师专学报（社科版）》，第19卷第1期，1999年3月。
[4] 林纾：《斐洲烟水愁城录·序》，《畏庐小品》第六辑，稗海艺潭。
[5] 林纾：大学堂师范毕业生纪别图记，《畏庐文集》，商务印书馆1910年版。

但林纾并不认为外国的东西都比中国好。在《块肉余生述·前编序》中，他说："不必心醉西风，谓欧人胜于亚，似皆生知良能之彦。"他鼓励青年学习外语，但十分鄙视"无志之人，偶通西语，其自恃俨然西人也。"[1] 林纾学习西方的原则是："学盗之所学不为盗，而但备盗。"他在《雾中人·叙》中说："吾恒语学生曰：彼盗之以劫自鸣，吾不能效也，当求备盗之方。"也就是说"学盗"是为了"备盗"。他举例说，这是"学拿破仑兵法，以御拿破仑"，实际上他是希望通过"师夷长技以制夷"的办法，来抵御帝国主义的侵略，把中华民族从危机中解救出来。林纾向西方学习的新思想也是他译介西洋小说的一个原因，他说："余老而弗慧，日益顽固，然每闻青年人论变法。未尝不低首称善。"[2]

其二，提倡振兴实业，发展工商，厚植国力。在《爱国二童子传·达旨》一文中，林纾说："凡朝言练兵，夕言变法，皆不切于事情，实业之不讲，皆空言耳。"他认为振兴实业是致富致强之路。"须知实业者，强国之粮储也。"他以比利时为例，说明振兴实业与国家独立、民族兴亡有着密切关系。他说："比利时之国何国耶？小类邺、鄘，而尤介于数大国之间，至今人未视之如波兰、印度者，赖实业足以支柱也"。他要求人人有志于学，人人务其实业，则民富国强，屈指可待。

在1913年写的《离恨天·译余剩语》中，他为振兴实业、发展工商大声疾呼："今之法国，则纯以工艺致富矣。德国亦肆力于工商，工商者，国本也……工商者，养国之人也"。他认为中国应该"讲解实业，潜心图存"。在《爱国二童子传·达旨》中，他详细介绍了1792年法国拿破仑被联军战败，但法国人人咸知国耻，两个爱国儿童周游法国全境，沿途见国人皆治实业以图自强，于是两少年也安心归农，以实践其报国之志。他描写法国的嘉纳谭思有爱国思想，他力图制胜于外，培植子弟为工程师，办无数实业学堂，法国人民非常崇敬他，至今他的铜像还巍然屹立着。他大力赞扬《爱国二童子传》作者法国沛那为天下第一仁人，她写的实业小说使法国读者皆受鼓舞，"既益学界，又益商界，归本则政界亦大被其益"。林纾的这些言论客观反映了近代资产阶级发展资本主义的欲望。

1　林纾：《伊索寓言·识语》十七，《畏庐小品》第六辑，稗海艺潭。
2　林纾：《美洲童子万里寻亲记·序》，《畏庐小品》第六辑，稗海艺潭。

其三，提倡兴办教育，培养人才。这是林纾维新思想和实践的重要内容之一。早在1897年，林纾就大力呼吁兴办新式中学堂，并与陈宝琛一起创办了苍霞精舍（后改为苍霞中学堂、福建高级工业学校，今福建工程学院），并担任过该学堂的汉文总教习，为学生讲授《毛诗》、《史记》等。1899年，素隐书屋托昌言报馆代印林纾小说《巴黎茶花女遗事》，林纾将报馆所给的版价捐给了福州蚕桑公学。他认为：要救国就必须首先办教育，培养人才。

在《爱国二童子传达旨》一文中，他指出："今日学堂，几遍十八行省，试问商业学堂有几耶？农业学堂有几耶？工业学堂有几耶？盐业学堂有几耶？"他认为："西人之实业，以学问出之；吾国之实业，付之无知无识之沧荒，且目其人，其事为贱役。此大类高筑墙垣，厚储兵甲，而储粮一节，初不筹及，又复奚济？"

他主张多办学堂，进行实业教育。在《不如归·序》中，他对"朝议争云立海军"之事提出了自己的看法。他说："未育人才，但议船舰，又何为者？所愿当事诸公，先培育人才，更积资为购船制炮之用，未为晚也。"为此他建议"广设水师及将弁学校，以教育英隽之士"。1913年，他在《论中国丝茶之业》中更明确地提出："今若振顿丝业，则宜多立蚕学分馆，又广立女子蚕学堂，经费悉出官中，然合伙立至巨之公司，则庶几可与外争衡矣。"[1]林纾的这种思想，即使在今天看来，也是十分可取的。

其四，倡女权，兴女学。女权问题是林纾关注较多的一个问题。在《红礁画桨录·序》中，他说："综言之倡女权，兴女学，大纲也。轶出之事，间有也。今救国之计，亦惟急图其大者尔。"同时，他也反对在女权问题上的浅薄作法。他在《蛇女士传·序》中说："夫所谓女权者，盖欲天下女子不归于无用，令有裨于世界。又何必养蛇蹴鞠，吹觱篥（音闭栗，吹古代管乐），吃烟斗，始名为权耶？"他认为，要讲女权，必须首先兴女学："畏庐一心思倡女学，谓女子有学，且勿论其他。但母教一节，已足匡迪其子。其他有益于社会者，何可胜数？"1897年，他在印行《闽中新乐府·兴女学》中曾写道："女学之兴系非轻，兴亚之事当其成"。林纾的女弟子王芝青后来回忆说，民国初年，林纾私人招收的学生中

---

[1] 《平报》1913年2月24日。

有将近一半是女生,这在当时是十分罕见的。[1]

其五,存君主,立宪政。这是当时改良派最基本的政治主张。1906年,林纾在《爱国二童子传·达旨》中,就公开主张君主立宪。他说:"若立宪之政体,平民有爱国之心及能谋所以益即可立达议院。"1909年冬,清政府坚持顽固态度,拒绝各省咨议局"速开国会、组织责任内阁"的请愿。林纾闻讯,指出清廷"将失民心"。1910年,林纾在《送高子盖之官云南序》中又指出:"嗟夫,今日中国如沉瘵之夫,深讳其疾,阳欢诡笑以自镇。"

辛亥革命取得胜利后,君主立宪被严酷的事实所粉碎。林纾在《论中国专制与统一》一文中写道:"中国数千年来,人民但知有专制,不知有共和,不惟不知有共和,而且长安于专制。""盖不统不一,则势必破坏。纵使采美制也,采法制也,终须有指臂运动之牵连,使上下成为一气,方是共和之真面目。"[2]

林纾曾经天真地希望南北议和,握手言欢,和衷共济,以使国家走上富强之路。想不到民国建立后,政局依然一片黑暗,国家内忧外患丝毫未减。林纾的理想破灭了,他更加怀念未曾实现的君主立宪政体,认为光绪皇帝是一位明君,而康、梁等改良主义志士是忠臣,如果戊戌变法能够成功,中国是可以中兴的。

作为一个爱国者的林纾,既要挽救祖国危亡,又要维护封建君主制度;既向往新事物,又固守旧礼教,他确实感到"两难"。林纾不赞同废除帝制,晚年甚至以清遗民自居。他对清朝的留恋,流露出了一种人格的力量,一种道德的坚持。

在《畏庐诗存·自序》里他说,"革命军起,皇帝让政。闻闻见见,均弗适于余心","惟所恋恋者故君耳"[3]。他虽然没有在清朝做官,却先后十次去拜谒光绪帝的陵墓。

1913年三月初三深夜,60岁的林纾译完法国小说《离恨天》(今译《保尔和薇吉尼》Paul et Virginie),他忽然想起16年前翻译的另一部法国小说《巴黎茶花女遗事》,不禁感慨万千,老泪纵横。抚今追昔,他写道:"凡事以不推测为佳。呜呼,达哉!长生之人,犹海舶中不眩晕之人也。尽人皆僵皆呕,

---

[1] 王芝青:《我的绘画老师林琴南》,《人物》,1982年第二册。
[2] 《平报》1913年4月1日。
[3] 林纾:《畏庐诗存·自序》,商务印书馆1923年版。

卽一人独行独饮独食，又何生趣之有？"[1]

译完《离恨天》三天之后，三月初六，林纾第一次前去拜谒崇陵的光绪陵寝。他痛哭流涕，这不同于他译《巴黎茶花女遗事》时的溢然清泪，也不同于三天前他译毕《离恨天》时的有感而泣。这一次他是以帝国时代一个普通读书人的身份来参谒已逝的皇帝，他自有他的一番苦心衷肠。或许，他在《离恨天》译毕之后所写的"著者引言"中的最后那段文字，便是他以60岁的老残病躯对光绪皇帝的最后呈奏和对帝国的最后献言：

> 呜呼！此为中国今日言耶？抑为欧洲昔日言耶？欧洲昔日之俗，卽中国今日之俗。卢骚去今略远，欧俗或且如是。今之法国，则纯以工艺致富矣；德国亦肆力于工商，工商者国本也。独我国之少年，喜逸而恶劳，喜贵而恶贱，方前清叔末之年，纯实者讲八股，佻猾者讲运动，目光专注于官场，工艺之蚓，商务之靡，一不之顾，以为得官则万事皆足，百耻皆雪，而子孙亦跻于贵阀。至于革命，八股亡矣，而运动之术不亡，而代八股以趋升途者，复有法政。于是父兄望其子弟，及子弟之自期，而目光又专注于官场，而工艺之蚓，商务之靡，仍弗之也。譬之赁舆者，必有舆夫，舆乃可行，今人咸思为生舆之人，又人人恒以舆夫为贱，谁则为尔抬此舆者？工商者，养国之人也，聪明有学者不之讲，俾无学者为之，欲与外人至聪极明者角力，宁能胜之耶？不胜则财疲而国困，徒言法政，能为无米之炊乎？呜呼！法政之误人，甚于八股，此意乃无一人发其覆，哀哉，哀哉！[2]

林纾不厌其烦地讲述他的维新观念、治国观点，可惜已逝的光绪皇帝再也听不到了，活着的宣统皇帝也无法东山再起、施行变法了。不难想象，林纾的这一

---

[1] 林纾：《离恨天》著者引言，商务印书馆1913年版。
[2] 林纾：《离恨天》著者引言，商务印书馆1913年版。

大段言论不是说给自己听的,他的眼泪不光为自己而流,也为昔日的帝国而流。

乱哄哄的 1913 年,到处是兵变、独立、谋杀和条约。林纾在《离恨天》前言中写道:"余自辛亥九月侨寓析津,长日见闻,均悲愕之事。西兵吹鼓伐角过余门外,自疑身沦异域。"这是一个已经进行革命,却未见得已恢复的中华;也是一个西风频频东渐,却未见得国富民强的民国。林纾不无激愤地写道:

> 天下有太过之事,必有太过之事与之相抵。魏武之篡汉,而司马氏卽蚀其子孙;司马氏之奸谋,而子元子上,奸乃尤甚,然八王之祸,兄弟屠戮,及于南渡,又为寄奴所有,国中初无宁日,所谓太过相抵者,乃加甚焉。故欲立身安命,当自不贪便宜始。[1]

"欲安身立命,莫贪便宜",这就是林纾在这乱世的处世哲学。那年 11 月 16 日,光绪皇帝的陵墓终于竣工,林纾立即前往祭拜。时值大雪漫天,冰冻三尺,林纾刚至陵门,遥望数十丈外的祭殿,情不自禁,匍匐陵下,哀声大呼:"呜呼!沧海孤臣犯雪来叩先皇陵殿"。三叩九顿之后,他伏地失声大哭。这一哭惊动了被废黜的宣统皇帝溥仪,后来他亲笔题写了"四季平安"春条一幅,颁赐林纾。林纾为表感激之情,也精心绘制了一幅《谒陵图》,并作《谒陵图记》,称颂光绪与隆裕皇后的恩德,表示"图付吾子孙,永永宝之。俾知其祖父身虽未仕,而其恋念故主之情,有如此者。"[2]

林纾重感情,事亲至孝,他小时候与外祖母相依为命,感情深厚。外祖母去世后,每逢清明总要去祭拜,摆祭品,点香烛,跪地祭拜,24 年坚持不懈。如今,他对故主的爱恋也是如此,其中蕴含着他对现实社会的深感绝望。他对一切可能发生的"未来"都感到悲观,作为一个不无真诚和"气节"的知识分子,一个将道德生活和精神生活看得重于一切的文人,他带着一种对现实的逆反心理回到过去所曾凭依的精神世界之中。故国、天命、皇恩以及与此相关的文化秩序与道德生活成为他推持生命的精神支柱。在 1918 年八谒崇陵时,林纾写道:

---

[1] 林纾:《离恨天》著者引言,商务印书馆 1913 年版。
[2] 林纾:《谒陵图记》。

又到丹墀伏哭时，山风飒飒欲砭肌。

扪心赖有纲常热，恋主能云犬马痴？

陵早尚斑前度泪，殿门真忍百回悲。

可怜八度崇陵拜，剩得归装数行诗。[1]

诗中表达了对故主的爱恋和对纲常的渴慕，不仅有自悼自叹之情，也不乏自命清高之意。在《危峰积雪》中，他又写道：

万事尽灰冷，岂复畏寒雪！

一白直到天，吾亦表吾洁。

高哉袁安卧，卓哉苏武节。

丈夫畏污染，所仗心如铁。

持赠宫中人，与彼浇中热。[2]

这不仅是自赏自叹，而是在古老道德王国的高蹈中沉醉不已了。

此后，林纾的谋生方式发生了转变。他不再单纯依赖译书挣取稿酬，而开始替人画画贴补家用。从1921年6月到10月出版的各期《文学旬刊》一、四版中缝中，林纾都为自己的绘画作了广告，一则题为《畏庐更定润格》的广告：

八尺堂幅四十八元，六尺堂幅三十四元……三尺堂幅二十元，

二尺堂幅十六元……斗方及纨折扇均五元，折扇大者加二元……

限期不画，磨墨费另加一成。

从八尺到二尺的画幅，从斗方到折扇的规格，林纾一一标明价格，看得出来，

---

[1] 林纾：《谒陵礼成志悲》，《畏庐诗存》，商务印书馆1923年版。
[2] 林纾：《危峰积雪》，《畏庐诗存》，商务印书馆1923年版。

未名湖畔忆名儒
——严复、林纾、辜鸿铭的北大岁月

绘画收入是他译著收入之外的重要经济来源。在这折广告的最后,林先生还附上一首自嘲的打油诗:

亲旧孤孀待哺多,山人无计奈他何?
不增画润分何润,坐听饥寒作甚么!

在诗中,林纾以"山人"自况,他再一次重新识别了自己的社会身份,既不是落第秀才,也不是大清遗臣;既不是译界先锋,更不是什么西学先知。他以"山人"这一模糊的社会符号形象,界定了自己被社会边缘化的弱势姿态。他只想安心卖画,而不卖知识和情感了。

林纾的译著工作仍在继续,和绘画一样,他留下的遗作尚不在少数。只是译著的内容更倾于"神怪"、"侦探"之类,于当时流行趋势亦步亦趋。虽然他还是执意保留了译文的文言文格式,始终不与白话文的"通俗"为伍;但内容选材上则一概不论,只要有口译者合作,他统统接单。上百部外文小说就这样逐一出笼。对他来说,这只是养家糊口而已。能让他郑重其事做的事情,已所剩无几,那就是自1913年起至1921年的十年中,连续10次不间断的拜谒光绪皇帝的陵墓。

1922年清明节,71岁的林纾拖着孱弱老病之躯,第11次也是最后一次拜谒光绪皇帝的陵墓,为他整整10年的悲怆之举画上了句号。这年秋天,溥仪新婚大典,林纾再一次施展绘画才华,精心绘制四镜屏晋献。溥仪感念林纾的赤诚,特书"贞不绝俗"匾额赠予他。

为了"贞不绝俗"这四个字,林纾感激涕零,作《御书记》云:"呜呼!布衣之荣,至此云极,一日不死,一日不忘大清,死必表于道曰:'清处士林纾墓',示臣之死生,固与吾清相终始也。"

1924年2月5日(农历甲子正月初一),林纾的心情似乎并不太好。他撰写了一副对联:"遂心惟有看山好,涉世深知寡过难"。到了5月,他的眼睑肿胀,延请中医诊治,进补药数剂,仍不见消肿,且精神更为困顿。于是改服甘寒汤剂,病情有所减轻,自觉舒畅。

尽管如此，直至生命最后一息，林纾仍坚守着他的孔孟之道和古文阵地。1924年5月，他已病入膏肓，但还亲往孔教大学讲解司马迁的《史记·魏其武安侯列传》，这是他一生中最后一次讲学。课后留下一首《留别听讲诸子》，诗云：

> 任他语体讼纷纭，我意何曾泥典坟？
> 驽朽固难肩此席，殷勤阴愧负诸君。
> 学非孔孟均邪说，话近韩欧始国文。
> 荡子人含禽兽性，吾曹岂可与同群！[1]

8月28日夜，他时而寒战，时而高烧，很快进入昏迷状态。德国医生前来诊治，说是心力衰竭。抢救醒来后，他卧床不起，每日服药，进食牛奶等流质。他自知不久于人世，于是强自撑持着斜倚病榻，以板承笺，用毛笔书写遗嘱：

> 清举人林纾，于甲子 月 日死。长子圭，以母命嗣弟泉。今以圭长子大颖，为次子钧后，发丧。临命书此，与京中及海内至交并及门诸子为别。林纾绝笔。[2]

逝世前一个月，林纾写下《遗训十事》，勉励其子林琮说："古文，万不可释手，将业必为世宝贵！"逝世前一日，他已不能言，犹以指在林琮手掌上写道："古文万无灭亡之理，其忽怠尔修！"林纾的临终遗嘱，显示出一个古文家的坚定信念。

1924年10月19日（农历甲子九月十一）凌晨丑时，这位辛劳了一生、奋斗了一生的老人终于因病辞世，终年73岁。

林纾病逝后，对其执"弟子"礼的北洋"儒将"徐树铮曾致信国务总理段祺瑞，信中称："林畏庐与姚叔节两先生，先后病殁，至为痛惜。树铮辟地频年，

---

[1] 林纾：《留别听讲诸子》，《畏庐诗存》，商务印书馆1923年版。
[2] 林纾父林国铨及弟林秉耀均远涉台湾谋生，后秉耀病死台湾，故以长子嗣爱弟。

奔走南北，兄姐亲爱，死丧迭仍，皆为私痛，未至过戚。惟两翁之殁，不能去怀，每一念及，辄复涕零。"[1] 表达了对林纾的深切怀念。

想当年，徐树铮因雅好古文辞，故拜林纾为师，执弟子礼甚恭。林纾对军阀虽有成见，对这位弟子却颇为赏识。对徐氏评点的《古文辞类纂》，林纾作序称："又铮长日旁午于军书，乃能出其余力以治此，可云得儒将之风流矣。"两人亦师亦友，彼此文字交往颇多，林纾曾作《徐又铮填词图》赠之，还先后担任徐树铮创办的正志学校教务长及《平报》编纂等职。新文化运动中，众多新派学者误认为林纾要借徐树铮的"武力"来解决新旧两派之争，这无疑是主观想象和误判，却成为当时一大"公案"。

林纾去世后第二年（1925年），其遗孀杨道郁及其子林琼从京城扶棺返回故里，将老人安葬于福州市郊白塔垅山。

位于福州市北郊新店过溪村白塔垅山的林纾墓，坐西北朝东南，面对着五凤第一峰。墓园占地面积180平方米，面宽10米，纵深18米。墓为三合土筑造，呈靠背扶臂椅形式。墓前有落地式墓碑，高1.50米，宽0.63米，墓碑上楷书"清莲塘林畏庐先生之墓"，旁署"长乐高凤岐拜题"。墓碑左右为三折素面侧屏，折转至左右山墙，在侧屏与山墙转角处有两根石柱，柱上隶书题着一副对联："著述傥沾东越传，功名早淡北山文"，概括表达了墓主人的愿望与文风。山墙正中书一大"福"字。墓地计三重台，台前有一道横屏，外表简朴。

此墓是林纾生前营建的。题写碑文的高凤岐是福州长乐人，也是林纾同年中举的好友，曾任广西梧州知府。高凤岐比林纾早离世15年，可知这碑文是林纾生前委托高凤岐书写的。林纾墓如今属于省级文物保护单位。

2012年秋天，我来到林纾墓园。望着这简朴的墓园，遥想当年林纾著书立说的风采以及他多次上书朝廷、要求变革时的激情，回顾新文化运动前后他的种种是非功过，我不禁有些默然。林纾留给我们的，究竟是一个什么样的形象呢？

林纾无疑是一个性情中人，而且是一个有思想、有文化、重感情的性情中人。

---

[1] 徐树铮：《上段执政书》，《徐树铮先生文集年谱合刊》，台湾商务印书馆1989年出版，第48页。徐树铮（1880-1925），字又铮，江苏萧县人。曾留学日本，并辅佐段祺瑞"三造共和"。入民国后先后出任陆军次长、国务院秘书长等职。1917年组织安福俱乐部；1919年任西北筹边使兼西北边防军总司令，为维护边疆安定和国家统一做出贡献。后因军阀间的矛盾积怨而遭暗杀。

以亲情而言，林纾自幼家贫，父亲出外经商长期不在，他和母亲、弟弟相依为命，并在外婆家读书识字，因此对母亲和外婆感情很深。虽然生活艰难，但亲人间的情意也时时令他感到温暖，对亲情的讴歌成为他散文一以贯之的主题。

在林纾看来，情与理并非毫不相容，"止乎礼"就是对感情尊重的一种表现。她对母亲十分孝顺，是远近闻名的孝子。对自己的前妻也是一往情深，悼亡之文写得情真意切、令人动容。而对续弦他同样真情贯注，虽然始终没有把她扶正。

林纾读书较晚，早年读书也没有系统。这使他读书良莠不齐，浪费了很多宝贵光阴；同时也使他摆脱清代学人常有的门户之见，得以领略各家著述。这期间，他最感兴趣的书是《史记》。婚后，岳父刘有棻教之以程朱理学，施以恩信，对他影响颇深。程朱理学遂为林纾日后出处行藏的依据。纵观林纾一生，不依汉学、亲近桐城都可以从这里找到根据。

对子女，林纾也是谆谆教诲，一往情深。在给三子林璐的信中，他写道：

字谕祥儿知之：差事垂定，尔当放心，然尚有须知者，宜戒者，列后示汝。

——英文最要紧，务先学语言文字，尤以会话为急；

——字须平妥，勿写别字，每日宜作字数开，切切；（右"须知二条"）

——汝交友当和睦，切切不可告假，逐日按时必赴衙署；

——晚上早归学英文，切勿熬夜致不能早起。（右"宜戒二条"）

以上至容易之事，初行颇苦，久则自然矣。

父字[1]

在赠给另一个儿子林蘩的"美洲瀑布"扇面中，林纾在扇面上题写了这样两段话：

---

[1]《后人心目中的林纾》，钱理群、严端芳主编：《我的父辈与北京大学》，北京大学出版社2006年版。

此为美洲之瀑,其采无穷,滔滔不息者也,孔子曰:源定混混,不舍昼夜,比当人精进之学业。一日无可息,息即自弃。儿爱余写瀑布,因写此赐之。儿果知吾意,即当奋勉读书,如瀑布之滔滔不息,则不负汝翁所言矣。(正面)

戒暴怒,暴怒伤脑。戒妄想,妄想亦伤脑。时时念及父母爱汝之心,则不敢为恶。养心宜静,则肝木自宁。待人宜和,则仇怨不结。沉默寡言是养生第一法。慕儿属书格言。(背面)[1]

以友情而言:他对朋友鼎力相助,乐善好施,言必信,行必果,一时传为佳话。林纾20岁时,与富家子丁凤翔结成莫逆之交。当时林纾肺病经常复发、咯血不止,丁凤翔则每日陪伴身边。林纾50岁时客居北京,此时他已成了名人,当他得知丁凤翔家道中落,生计无着,靠给人写状纸糊口,生活困窘,无钱求医时,不仅寄信去问候,而且经常给丁凤翔寄钱寄物,一直持续了13年。丁凤翔73岁那年自沉江中,林纾挥泪写下祭文,尔后尽心尽责抚育他的幼孙。

正如林纾在《答周生书》中所说的:"窃谓五伦中,忽有朋友一伦,戚非兄弟,分则路人,而古人于忧危丧亡之交,冒死捍卫,颇以为过……"。林纾从朋友那里获取力量和知识,同时也把朋友当作人生的至宝,对朋友掏心掏肺。

以个人性情而言,林纾幼年家贫,父亲为生计奔波,颇为艰辛。后来父亲因船难出事后,全家屡遭苦难,亲人流离。林纾在这样的家庭环境中长大,在饱尝艰辛的同时,看尽世态炎凉,从而也练就了一身傲骨。

他自幼苦心向学,但是学问并没有给他带来荣华富贵。他只能屈居乡村,当一名学究。韩愈言:"大凡物不得其平则鸣。"对于满腹经纶的林纾而言,狷介耿直、狂放傲岸便成了他性格中最为引人注目的一面,时人因此谓之"狂生"。

30岁后,林纾始中举人。举人身份给他的生活带来了很多改变,其中最为重要的是交游范围的扩大,这令林纾眼界大开,并开始关注时事。然而,从32岁到47岁连续七次会试的失败,使他从此绝意仕进,成为一名另类文人,或译书,

---

[1] 此画真迹藏于福州莲宅林纾故居纪念馆。

或授业，或撰文，活跃在近现代文坛。

林纾对自己的性格及作为有着清醒的认识，他在《冷红生传》中曾说：

> 冷红生居闽之琼水，自言系出金陵某氏，顾不详其族望。家贫而貌寝，且木强多怒。少时见妇人踮踏隅匿，尝力拒奔女，严关自捍。……洲左右皆妓寮，有庄氏者，色绝一时，夤缘求见，生卒不许。邻妓谢氏笑之，侦生他出，潜投珍饵，佀童聚食之尽，生漠然不闻知。……生闻而叹曰："吾非反情为仇也，顾吾褊狭善妒，一有所狃，至死不易志。人又未必能谅之，故宁早自脱也。"所居多枫树，因取"枫落吴江冷"诗意，自号曰"冷红生"，亦用志其癖也。生好著书，所译《巴黎茶花女遗事》尤凄婉有情致。尝自读而笑曰："吾能状物态至此，宁谓木强之人果与情为仇也耶？"

林纾翻译的外国文学名著在当时的影响实在太大了，以至于很多名门闺秀，乃至歌妓，在读了"林译小说"之后，流尽眼泪，对林纾油然而生爱慕之情。但林纾却始终与她们保持距离，远远躲避，使得那些多情怀春的少女们无不因失意而怨恨林纾。

有一位蝶仙姑娘，完全为林纾的小说所倾倒，她百般追求而不得，万般柔情竟得不到半点回报。于是愤愤地对别人说："林琴南（林纾）诗词乐府，不知赚了多少人的眼泪，骗了多少少女的感情，为什么竟然如此薄情？"林纾知道此事后，特地写了一首诗赠给她，以表明自己的心迹。诗曰：

不留凤萼累儿孙，不向情田种爱根。

绮语早赊名士习，画楼宁负美人恩。[1]

---

[1] 林纾：《七十自寿诗》，参见《林琴南先生年谱》。

郁达夫有"曾因酒醉鞭名马,生怕情多累美人"一句传世,二者的分界是郁达夫感情选择是多元的,林纾却是自始而终的尊重感情。在爱情选择上,他只有一元,妻终是妻,此外目不斜视。对在杭州娶的后妻杨道郁,他也是一以贯之的专情。林纾崇尚程、朱理学,读程朱二氏之书"笃嗜如饫粱肉"。他维护封建礼教,指责新文化的闯将们"欲废黜三纲,夷君臣,平父子,广其自由之途辙",认为"荡子人含禽兽性,吾曹岂可与同群"。林纾内在性格中的执着,一直伴随了他一生。他的激情、他的沉痛都可由此得到解释。

以爱国热情而言,林纾青年时代便关心世界形势,认为中国要富强,必须学习西方。中年而后,"尽购中国所有东西洋译本读之,提要钩元而会其通,为省中后起英隽所矜式"。他不懂外语,不能读原著,只能靠"玩索译本,默印心中",并常向马尾船政学堂师生"质西书疑义"。壮年时,他不仅用一腔爱国热血挥就了百余篇针砭时弊的文章;而且用犀利、恰切的文笔完成了《畏庐文集》、《讽喻新乐府》、《巾帼阳秋》等40余部著作,形象地勾勒了中国近代社会的人生百态。

林纾一生不曾为官,然而他对国家、社会的热情却不曾衰歇过。官场疏离者的姿态使他更为深切地体察世态民情,也使他对人之处境的体悟达到前所未有的高度。他在《畏庐记》中写道:

> 深知所畏,而几于无畏,斯难矣。深知所畏,而几于无畏,事不在变而在常,用不在气而在志。[1]

在《析廉》《黜骄》等篇中,他对封建知识分子的人格做了深刻的批判。他怀抱着圣洁的信念,自然对世道人心的沦落极为悲愤。也正因此,林纾并不像晚清大变局中其他人物一样,随世俯仰,而是坚守属于自己内心的东西。他的一生,并不是保守派,他赞成变法、提倡女性解放;他通过翻译了解西方,认识到东西方存在着共有的、属于人类本性的问题,并由此加强了自己的文化信念,这在当

---

[1] 林纾:《畏庐记》,《畏庐小品》第四辑,探赜发微。

时都是极为难得的。

民国以后的十余年里，林纾以遗老孤臣自居，眷怀故主光绪，先后十一次谒崇陵，并撰文作诗绘画，抒发谒拜感受，进而与逊帝溥仪相通问，俨然成为清皇室的"忠贞义士"，世人于此多有微词。其实，林纾作为一个文人，终生以教书鬻文为业，虽有举人身份，但政治上与清廷并无瓜葛，直至宣统退位，他仍保持着清纯的"处士"之身。他对光绪帝的崇尚，纯属士人的价值判断所致。共和之后，天下纷争，政客们只顾党派纷争和个人势利，全不以国家民族为念，社会的实际情形甚至还不如前清。这使得他愈加感怀光绪帝，愈加虔诚、频繁地哭谒崇陵，思慕那已成前尘往事的前清时光。

林纾的"遗老癖"，虽然有些令人不可思议，但它却从一个侧面显现出清末民初社会大变革之际某种迷离乖张的人情世态，其中所包容的社会内涵无疑是值得探究的。

十、北大：重拾历史的记忆

五四时期的喧嚣转眼间已过去了 90 多年。今天，人们透过历史的烟尘，已经比较容易看清历史的真面目，也比较容易看清当时像林纾一样的"国粹派"的良苦用心了。

林纾北京故居位于宣武门外校场口内芝麻街。林纾曾七次进京考试，但都没有考中进士。他发誓不入仕途，转行教学。1902 年，林纾 50 岁时定居北京，先在金台书院担任讲席，后在五城学堂（今北师大附中）、京师大学堂、闽学堂、高等实业学堂、正志中学、励志学校和孔教大学等多所学校讲授经文、古文和伦理学。其中，在京师大学堂（北京大学）任教的七年是他教学生涯的最高峰，也是他一生最难忘的经历。

2006 年 1 月，由钱理群、严端芳主编的《我的父辈与北京大学》一书由北京大学出版社出版。该书收录了一批知名"老北大人"的后辈撰写的回忆文章，其中第三篇便是林纾的嫡孙撰写的"后人心目中的林纾"。正如作者在文中所说：

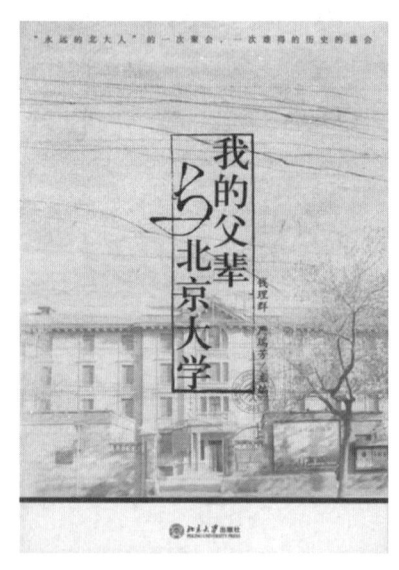

《我的父辈与北京大学》

先祖父林纾先生是一位近现代文学史、思想史和北京大学校史上不可忽视而又备受争议的人物。作为后人，如何认识这位生活在新旧交替时代的先辈，更是长期困扰于心、难以释怀。今应《我的父辈与北京大学》一书之约,聊作短文一篇,回顾往事,略说己见,以祭奠先祖在天亡灵。[1]

对于恢宏壮阔的北大历史来说,林纾至少留下了三个深深的烙印:

其一,在文言文备受攻击的日子里,敢于挺身而出,坚持自己的学术主张。

林纾晚年参与的"文白之争",是当时北大一件颇为轰动的事,也是他与新文化倡导者论争的焦点。由于白话文初兴,胡适等人主张"言文合一",废弃文言,使用白话,建立"国语的文学,文学的国语"。林纾则主张文白并存,"古文不当废"。主张废止文言文的人言语难免激烈,兴废之间也难免矫枉过正,林纾作为一介书生和古文家,以文人的固执,挺身捍卫他视作生命的古文化,发表了《论古文之不当废》、《论古文白话之相消长》等文,引来他人的群起攻之。其实林纾年轻时就用白话写过诗,所译小说中也常用俗语,本意并不反对白话文,只是强烈反对废止古文,但他还是成了因循守旧的"遗老"代表,毫无悬念地败北。

林纾沉默了,不再发文争辩,但绝没有放弃。逝前数月,重病缠身的老先生,去大学讲授的最后一课是《史记・魏其武安侯传》,逝前一个月写下《遗训十事》,之一便是"古文万不可释手",逝前一日写下最后遗言:"古文万无灭亡之理,其勿怠尔修",悲壮感人。时至今日,每年的语文高考依然有古文试题,文言文成了汉字文化不可撼动的根基,林纾可以在天微笑了。

其二,在传统文化备受摧残的岁月里,敢于坚持信仰,"拼将此身以卫道"。

在当年席卷北大的思潮中,"打到孔家店"成为新文化运动和五四运动的一面旗帜。为了把人们从"孔教"的蒙昧中解救出来,激进的知识阶层对儒家进行了猛烈的攻击。在他们看来,"'孔教'本失灵之偶像,过去之化石",儒学日益与保守、落后、顽固结合在一起,以儒家为代表的中国文化是一种落后的文化,不适应现代文明发展和中国走向独立富强的需要,是一种应该抛弃的文化。陈独秀指出:

---

[1] 《后人心目中的林纾》,钱理群、严端芳主编:《我的父辈与北京大学》,北京大学出版社2006年版。

固有之伦理、法律、学术、礼俗，无一非封建制度之遗，持较晳种之所为，以并世之人，而思想差迟，几及千载；尊重二十四朝之历史性，而不作改进之图，则驱吾于二十世纪之世界以外，纳之奴隶牛马黑暗沟中而已，复何说哉？于此而言保守，诚不知为何项制度文物，可以适而生存于今世。吾宁忍过去国粹之消亡，而不忍现在及将来之民族，不适世界之生存而归消灭也。呜呼！[1]

在国会讨论孔教提案时，陈独秀等人对于将孔教立为国教的议案提出了尖锐的批评。他在《宪法与孔教》一文中说："以宪法而有尊孔条文，则其余条文，无不可废；盖今之宪法无非采用欧洲，而欧洲法制之精神，无不以平等为基础。吾见民国宪法草案百余条，其不与孔子之道相抵触者，盖几希矣，其将何以并存之？"[2]

张勋复辟失败后，陈独秀进一步认定尊孔和复辟是"相依为命"的，他强调说："孔教和共和乃绝对两不相容之物，存其一必废其一，此义愚屡言之。张、康亦知之，故其提倡孔教必掊共和，亦犹愚之信仰共和必排孔教。"[3] 孔教和共和成了一种非此即彼的选择。

而林纾等"尊孔派"则认为，孔教和儒学自有其内在的精神价值，传统的纲常礼教维系着中华民族几千年来的生存与发展，"忠孝仁义"更是深入人心。辛亥革命之后，共和政体虽然得以确立，但内忧外患依然如故，社会秩序和价值观处于无序状态之中，人们的失望和焦虑情绪迅速蔓延。在这样的"乱世"，要收拾人心、重整社会秩序，只有靠儒学与孔教及流传几千年的传统纲常伦理。因此，"孔孟不可覆，伦常不可铲"。

林纾以一种卫道者的坚定信念与殉道者的悲壮情怀，对新文化倡导者们对孔教的非难与攻击，进行了毫不示弱的猛烈还击，力图拯救传统文化的命运。在他

---

1 陈独秀：《敬告青年》，《新青年》第一卷第一号，1915年9月15日。
2 陈独秀：《宪法与孔教》，《独秀文存》，安徽人民出版社1987年版。
3 陈独秀：《复辟与尊孔》，《独秀文存》，安徽人民出版社1987年版。

看来，旧学与新学、传统文化与共和政体并非是不可调和或水火不相容的，而是可以互为补充、互为支撑的。传统文化不仅不是一无是处，而且还将有着强大的生命力。

而陈独秀等人则认为，东方文化和西方文化是绝对不同的两种体系，东西文化的差别不是多元化的表现，而是新旧两种不同时代文化的差别。"新旧之间，绝无调和两存之余地"，"要拥护那德先生，便不得不反对孔教、礼法、贞节、旧伦理、旧政治。要拥护那赛先生，便不得不反对旧艺术，旧宗教。要拥护德先生又要拥护赛先生，便不得不反对国粹和旧文学。"[1]

在这种非此即彼的选择之下，中国传统的一切都在摒弃之列，家庭、姓名、文言文等等，甚至是汉字也应该拼音化，原因很简单，这些结构和物质都与传统价值观不可分离。当时的一部分青年人似乎陷于一种急于与自己的传统割断联系的狂热之中，对于儒家思想的攻击则是割断这种联系的主要手段。

正是这种"非此即彼"的思想方法把林纾逼入了"绝境"，使他不得不起而捍卫传统文化，以期保留民族的"命脉"。今天，五四新文化运动虽然已作为中国现代启蒙运动载入了史册，但陈独秀等人对儒家的批判所带来的负面效应同样不可忽视。

其三，林纾以自己的作为诠释了"思想自由、兼容并包"的北大精神。

在举世滔滔的反孔浪潮中，林纾不是轻易改变自己的主张，或像墙头草一样左右摇摆；而是始终如一的坚持自己的认识。即使被称为"四川省只手打倒孔家店的老英雄"吴虞把儒学说得一无是处，对孔子的圣人地位、儒家的纲常伦理也作了彻底的否定；即使"新文化运动的旗手"鲁迅在《狂人日记》中把"仁义道德"说成是"吃人"的礼教，林纾仍不为所动。

在传统文化的熏陶中成长起来的他，与传统文化、与儒学经典有着血肉相连的联系，他不忍看见传统文化遭践踏，更反对把桐城派古文家斥为"桐城谬种"、"选学妖孽"。在北大任教多年的他，对"思想自由、兼容并包"的北大精神是高度认同并身体力行的。当年在给蔡元培的信中他就直抒胸臆："与公交好二十年，公遇难不变其操，弟亦至死必伸其说。"

---

[1] 陈独秀：《本志罪案之答辩书》，《新青年》第6卷1号，1918年1月15日。

林纾并不掩饰自己对这班新潮人物和主张的反感，但是"你走你的阳关道，我走我的独木桥"，彼此都有存在的理由和生存的空间。你可以写文章攻击文言文，我为什么不可以撰稿为古文辩护？然而，新文化派却对他"不依不饶"，大有赶尽杀绝之势，使这位孤身出来迎战的"野狐禅"古文家深感悲怆。

这是一种悲愤的抗争。一位年近七十的老人，独自与一群偏激青年鏖战。表面上看，林纾似乎有点被"逼"，或是他那"燥烈不能容人"的性格因素所致，实则是他作为传统文人固守的人格精神和道德价值之使然。它展现了一个学者敢于坚持自己学术观点而不随风摇摆的风范，以及为传统文化奋不顾身、无私无畏的"英雄主义"气概。

虽然在那个孔孟之道被批得体无完肤、文言古文也被"束之高阁"的乱世中，他没有"赢得身前身后名"，而且成为新派人物的众矢之的，最终"抱恨而逝"。但他的执着和勇气，却给后人留下了对于"思想独立"和"思想自由"的完美诠释。

林纾不该被人们遗忘。正如《我的父辈与北京大学》一书的编者所说：

> 子孙对先辈的零距离观察，多有历史大叙述所遗漏的具体可触的细节，或是并非目见的家族口口相传的历史，更具一种精神传递的意义"；它"虽然从个人、家族的记忆出发，但指向却是北京大学的历史，或者说，是要将个人的、家族的历史变成北京大学历史的有机组成部分，展示其丰富性与具体性。[1]

2012年夏天，我怀着对林纾的崇敬之情来到位于福州郎官巷的琴南书院。书院与严复在郎官巷的故居相隔仅仅50米左右。走进琴南书院，紫红色的三叶梅开得正艳，大榕树也毫无落叶凋零。水墨色院墙，两扇清漆木门洞开，门楣上挂着黑底金边的匾额，上题"琴南书院"四个字，着了竹绿色，大方文气。

一进门，是青石铺地的天井、四周风火高墙，几丛翠绿清秀的竹子，疏密有致，不像砖墙或木雕影壁那般厚重华丽，却有一份挡不住的书卷气迎面扑来。书

---

[1] 参见《我的父辈与北京大学》前言。

院不大不深只有两进，但承袭了南方古宅的风格，小院三面回廊，挂满了字画，正面连着敞开式的厅堂，两间小耳房，堂上一幅山水画和对联，落款"林纾"，横匾赫然书着两个大字：畏天。取的是林纾一生的座右铭"畏天而循分"之意。回廊的墙上挂着一幅《林纾（琴南）的社会关系》简图，以树形结构标出林纾的师长、至交、学生，勾勒出林纾广泛的文人圈子。

这座书院是林纾后人创办的一个集商业、休闲、文化为一体的文化会所，也是福州著名古民居"三坊七巷"所着力塑造的"会所"的典型代表。书院的前院是林纾纪念馆，包括三个展厅，是对林纾少年、中年和老年生活情境的再现。后院是著名艺术家、文化名流的沙龙，常有福州的文人雅士在此聚会，抚琴赋诗，挥毫作画，品茶清谈。据林纾后人林明云介绍，琴南书院将打造成为以传播林纾生平事迹为主的文化交流之地，并将在此建立林纾文化研究会。

琴南书院回廊里的一幅字画，紧紧攫住了我的目光。字画很简洁，一摞书，一口棺。八个醒目大字："读书则生，不则入棺"。这是林纾19岁时题壁励志之言，寥寥数笔，把文人读书的志向表露无遗，中国文人的风骨跃然纸上。

南书院天井的地上，用篆书题写着"巴黎茶花女遗事"七个大字，看款识，是描摹清末民初沅陵丁可钧的题字。正厅较为宽敞，东西厢房房间不大，但是布置得很雅致。走廊、房间空白之处得体地悬挂着书法作品，吸引了不少人观赏。

"巴黎茶花女遗事"篆书题字

这一系列书法作品，字如画，用墨洒脱，行云流水，字体飘逸，落落大方。福州坊间有"三巨人"之说：政治巨人林则徐，思想巨人严复，文学巨人林纾。林则徐虎门销烟，人人皆知；严复是北京大学第一任校长，桃李满天下；相比之下，林纾的知名度似乎较小。

然而，这位知名度较小的"文学巨人"至少为中国近现代文学做出了三个方面的"巨大贡献"：

第一，他是我国西洋文学翻译的"鼻祖"。林纾通过他翻译的180多种外国文学作品,向国人介绍世界文学名著,传播西方资产阶级思想文化意识,在客观上提高了小说,尤其是翻译小说的地位。

第二,他是我国现代文学的"不祧之祖"。作为清末民初著名的文章大家,他的著述多达40余部,涉及散文、诗歌、小说、剧本、文论、笔记和绘画等多种,其中以古文《畏庐文集》全三集最为著名,可谓著作等身。他还创造了一种有别于传统语文的新文体,促进了语言和文体的变革。或者说,当年由曾国藩强力推动而实现中兴的桐城古文,经过严复、林纾等以先秦文体表达现代思想这一中介,实际上开启了现代文化载体转型的先声,成了五四新文学运动的过渡与前驱。

周作人曾经发表专论,揭示"桐城古文——严林以古文体传播新思想的话语系统——现代新文学"之间的内在关联,他说:

> 假如说姚鼐是桐城派定鼎的皇帝,那么曾国藩可以说是桐城派中兴的明主。在大体上,虽则曾国藩还是依据桐城派的纲领,但他又加添了政治经济两类进去,而且对孔孟的观点,对文章的观点,也都较为进步。虽则曾国藩不及金圣叹大胆,而因为他较开通,对文学较多了解,桐城派的思想到他便已改了模样了。
>
> 其后,到吴汝纶、严复、林纾诸人起来,一方面介绍西洋文学,一方面介绍科学思想,于是经曾国藩大范围后的桐城派,慢慢便与新要兴起的文学接近起来了。后来参加新文学运动的,如胡适之、陈独秀、梁任公诸人,都受过他们的影响很大,所以我们可以说,今次文学运动的开端,实际已是被桐城派中的人物引起来的。[1]

第三,他是我国比较文学的"开山之祖"。郑朝宗指出:"林纾是个天分极高的人,虽然不懂外文,但在做了一些'笔述'之后,竟然'比直接读外文的助手更能领会原作的文笔',更进而悟到'天下文人之脑力,虽欧亚之隔,亦未有

---

[1] 周作人:《清代文学的反动——桐城派古文》(下),《中国新文学的源流》,第三讲,江苏文艺出版社2007年版。

不同者'(林纾语,转引自钱文),于是便'把《左传》、《史记》等和迭更司、森彼得的叙事来比拟',企图以我之长济彼之短,浑不管翻译和创作的区别。这样做的结果是从翻译的领域跨入比较文学的园地。林纾当然不会梦想到世间有所谓'比较文学'这门学问,但通过翻译实践他结结实实地给中西比较文学提供了许多有趣的实例和不无可取的见解,他终于成为比较文学在中国的开山之祖。"[1]

1987年9月,应《林纾评传》作者张俊才之请,郑朝宗为该书作序,给予林纾高度的评价:

> 林纾是福建人,他对我国现代文学和世界文学既然有了这样一些贡献,我们福建人决不应该忘记他。
>
> 关于林纾的事,我从父亲口里听得最多。父亲一生敬仰"琴南先生",常向我们宣扬他的学问和人品。他非常佩服林纾思想敏捷,文字雅畅,往往口译者声尚未止,而笔述者笔已放下,没有这样的捷才是无法达到每小时译千字的速度的。正因为译得快,所以字迹异常潦草,且常出现误字,这就需要像我父亲那样心细的人为他一一校正誊清,然后送交出版社。林纾一生勤劳,每日译书、作文、绘画,在那间被陈衍唤作"造币厂"的工作室里忙个没完没了。
>
> 从人品看,林纾是无可指摘的。他出身寒微,从不忘本,中了举人后,不肯当官,一辈子自食其力;他热爱祖国,痛恨外国侵略者,也曾倾向维新,醉心改革;清帝逊位后,虽怀恋主之情,却无企图复辟的罪行。林纾是个多方面的人才,他的诗、文、绘画都有相当造诣,但随着时光的流逝,大多都逐渐被人们遗忘了。唯有他的翻译至今仍受到人们宝爱。[2]

---

[1] 郑朝宗:《"不祧之祖"与"开山之祖"》,《林纾评传》,南开大学出版社1992年版。
[2] 郑朝宗:《林纾评传》序,南开大学出版社1992年版。

未名湖畔忆名儒
——严复、林纾、辜鸿铭的北大岁月

古朴的琴南书院述说着过往的故事。尽管空间中摆放着沉稳的中式家具，却因设计师在动与静、上与下之间采用了不同的铺设方法，使得空间产生富有情趣的视觉美感。当光线慢慢爬上这些家具，遒劲的脉络呈现着清晰可见的力量。或许正是这种沁人心脾的质感，才让后人如此沉醉于对传统文化的追问。纯朴的材质与踏实的功能决定了欣赏的寿命，在岁月中愈发淳雅的物件也更加真实。

我静静地坐在书院的回廊边，轻轻翻阅着《林纾评传》。林纾的一生随着全书一章章、一节节的展开，在我的眼前越来越清晰地呈现出来。作者张俊才在写作该书时曾这样说过：

> 我必须在广阔的历史进程和个人生活环境的双重背景上对林纾生平的每一阶段都作出深入的评析：他在这一阶段何以会有这样的作为？这样的作为和整个历史进程构成什么关系？这一阶段在林纾的整个生命之链中属于什么样的中介环节？总之，我应该在'评'与'传'的有机结合中描画出和历史进程息息相关的林纾动态的生命过程。
>
> 作者通过对林纾一生从读书到中举，从维新到守旧的完整叙事，全方位、多视角地展示了林纾一生的进退浮沉，以及在人生历程中所经历的喜怒哀乐、是是非非，塑造了一尊多姿多彩的人物雕像：他竟象近代社会、近代历史本身一样地复杂，一样地充满着矛盾：他是一个热情的爱国者；他是一个顽固的卫道者；他是译述西洋文学的先驱；他是传统古文的殿军；他是"五四"新文学的不祧之祖；他是"五四"新文化运动的顽固反对者；他拥护维新变法；他崇奉程朱义理；他是一位较早觉醒的人物；他是一位效忠清室的遗老……[1]

---

[1] 张俊才：《林纾评传》，中华书局2007年版。

全书正是围绕这种复杂性，给人们绘制了一幅能够反映"林纾活脱脱的人品和个性"、贴近历史人物真实面貌的立体画卷。郑朝宗对《林纾评传》一书也给予了较高的评价：

> 这本字数近二十万的《林纾评传》，到目前为止，是我所见的最完整详尽的一部关于林纾的专著了，其中不仅把林纾自幼而老的一生经历毫无遗漏地叙述出来，而且把他的所有精神产品——诗、文、小说、翻译等一一加以精细的评介，使读者对这位曾经雄视一代的文坛巨子的人品和才情有了较深刻的印象。[1]

一代文化巨人林纾实在不幸，因为他生不逢时，不经意间就成了五四新文化运动的对立面。同时，他又是非常幸运的。在那个屈辱黑暗的时代，他以倔强的性格和超人的毅力，努力奋斗、进取，从寒门子弟出落为一个多方面的人才，"他的一枝笔靠在福州南门城墙上简直无人搬得动"。在走出故里之后，他更是鹰击长空，以自己独特的翻译方式奉献给社会大量的西洋小说，滋养了一代文学新人，开创了一代文学新风，在近现代文学史上可谓功不可没。

历史给予他的虽然不尽公平，但却使后人从中吸取了历史的教训，它同样发人深思、耐人寻味。

从上个世纪初两个知识群体的文化论争及林纾与北大新学诸子的论争中，人们发现，其中缺少了一种必要的张力，一种在现代与传统中寻求平衡的张力。

1916年，陈独秀在元旦到来之际，完全以元旦献词的口吻宣布了"新纪元"的伊始：

> 从前种种事，至一九一六年死；以后种种事，自一九一六年生。吾人首当一新其心血，以新人格，以新国家，以新社会，以新家庭，以新民族。必迫民族更新，吾人之愿始偿。吾人始有与晳族

---
[1] 郑朝宗：《林纾评传》序，南开大学出版社1992年版。

周旋之价值，吾人始有食息此大地一隅之资格。青年必怀此希望，始克称其为青年而非老年。青年而欲达此希望，必扑杀诸老年而自重其青年，且必自杀其一九一五年之青年而自重其一九一六年之青年。[1]

此后，新文化派言必称"新"，"新青年、新道德、新社会、新理想、新国家"，几乎无处不新。而且在他们眼中，

新与旧是泾渭分明、不可调和的，一言以蔽之，"旧死新生"。

而传统文化派则聚焦在中国传统文化的源头和原典上，矢志不渝地坚守着民族传统文化的阵地。对视传统文化为敝屣、只一味求新的对手，传统文化派批评道

彼等非创造家，乃模仿家。彼等最足动人听闻之说，莫逾于创造。新之一字，几为彼等专有物，凡彼等所言所行，无一不新。

侯官严氏曰：名义一经俗用，久辄失真。审慎之士，已不敢用新字，惧无意义之可言也。彼等以推翻古人与一切固有制度为职志，诬本国无文化，旧文学为死文学，放言高论，以骇众而玄俗。然夷考其实，乃为最下乘之模仿家。[2]

这段话的确击中了新文化派的"命穴"。

实际上，在文化的发展、更新上，新旧之间并非不可调和，就如同科学发展过程中"发散式思维"和"收敛式思维"存在着互补性一样。[3] 如果把新旧、中西截然对立起来，使它们失去必要的张力，文化的发展便可能走向极端，社会的变革则可能误入歧途。历史证明，只有必要的张力，才能为文化思想史的发展提供原初的动力。也许这就是林纾——中国近现代文学史上一位颇有争议的人物给我们留下的最值得珍惜的生命感悟。

---

1 陈独秀：《一九一六年》，《青年杂志》第1卷第5号。
2 梅光迪：《评提倡新文化者》，《学衡》1922年1月第1期。
3 库恩：《必要的张力》，福建人民出版社1987年版，第223页。

"吾辈已老,不能为正其非,悠悠百年,自有能辨之者。请诸君拭目俟之。"这是林纾当年颇有先见的预言。今天,人们可以告慰他的是,历经岁月的淘洗,孔子依然活在国人的心中;孔孟思想对民族是否有益,历史也早已做出了回答。

回恋手植柳,秋态含春姿。林纾泉下有知,终将可以安息了!

下篇

辜鸿铭：菊残犹有霜枝俏

一、北大一景：辫子教授

常向湖光会意思，偶从塔影悟精神。

湖光潋滟的未名湖，原是前清淑春园所在地，石舫横卧，塔影依稀，垂柳环湖，美不胜收。林中小径蜿蜒曲折，常伴琅琅书声；湖中小岛树木掩映，可见微波荡漾。纵目驰怀，指点江山，令人平添多少豪气！

未名湖北岸小山坡上，并排矗立着四扇青石屏风，人称"乾隆石屏风"。每扇石屏风自成一体，四扇屏风则联为了一体。屏风上乾隆皇帝御笔题写着两副对联，一副是："画舫平临蘋岸阔，飞楼俯映柳荫多"；另一副是："夹镜光澄风四面，垂虹影界水中央"。

这四扇石屏风原为圆明园"四十景"之一——"夹镜鸣琴"的一部分。圆明园被毁弃后这四扇石屏风一度被埋没于乱岗荒草之中，直到燕园修建时才被迁移到了这里。四扇石屏风依山临水，面湖而立，别有一番景致。屏风上部均刻有荷叶卷边纹，显得雍容华贵。从石屏上那28个潇洒遒劲的行书字体看，不难想象当年乾隆皇帝题写这两副对联时的从容自信和优雅闲适。

不幸的是，康乾盛世之后，乾隆帝的子孙们再也没有了他当年的从容自信和优雅闲适。从道光、同治到咸丰、光绪，几乎一代不如一代，直至把自己逼上"穷途末路"。

1911年10月，辛亥革命的枪声震响了古老中国的上空，也打碎了清朝上国千年统治的美梦。

1912年2月，清廷正式宣布退位。三个月后，京师大学堂改为北京大学校。5月3日，民国临时大总统袁世凯正式任命严复署理北京大学校校长。5月15日，北京大学校举行了隆重的开学典礼，校长严复与教育总长蔡元培分别致辞，对北大寄予厚望。没想到，仅仅过了两个月，蔡元培便辞去教育总长，飞赴欧洲进行

未名湖畔忆名儒
——严复、林纾、辜鸿铭的北大岁月

教育考察;五个月后,为保留北大竭尽心力的严复也辞去了北大校长。

1915年,当严复的福建老乡辜鸿铭应邀进入北京大学任教时,严复校长早已离去,而蔡元培尚未上任北大校长;延续了200多年的大清已宣告灭亡,末代皇帝宣统也已逊位了四年。然而,这位从海外归来的"洋博士"却仍然穿着长袍、拖着辫子,保持着清代的标准装束,这不仅与民国的时代氛围相距甚远,而且与北京大学的文化环境也不相吻合。

想当年,清朝入主中原,从一入关起就把"削发"问题作为政治忠诚的表现。崇祯十七年(1644年)四月,清军打败李自成进入山海关,入关当天就下令汉人剃头。改朝换代,移风易俗,这无疑是清朝作为异族统治者寻求自我心理安慰的一种手段。

在相当长一段时间里,它曾遭到明朝遗民的坚决反抗,有的为了保住头发而与妻子一同跳井寻死,有的举族迁到深山之内以逃避削发。后来,失去皇天庇佑的遗民终究抵挡不住武力的强制,不得不削发留辫。毕竟削发与留头,还是留头重要。何况古人云:"留得青山在,不怕没柴烧。"

如今,历史走了一个轮回。辛亥革命驱逐了"鞑虏",光复了中华,汉人扬眉吐气,纷纷把剪除辫子当作与前朝决裂、进入民国新时代的形象表现。此时留辫子,则成了少部分汉族士人表达对前朝政治忠诚的"高风亮节"行为。也可以说,它是前清遗老的标志,象征着在政治上忠于已经退居紫禁城一隅的大清宣统皇帝溥仪。

而辜鸿铭的"留辫子"则另有他的一番"苦衷"。早在11岁时,即将离家赴英的辜鸿铭,跪拜在祖宗的牌位前聆听父亲的临别教诲。父亲辜紫云摸着他的辫子说,今后不论走到哪里,都不要忘记你是中国人:第一不可信耶稣,第二不可剪辫子。从此,摇摆在他脑后的辫子就成了一个国家的象征。辜鸿铭在欧洲生活了十多年,那根左右摇摆的辫子始终跟随着他。一些西方人的不解和嘲笑,反倒让他记住了自己是一个"有辫子"的中国人。

1885年回国之后的二十余年,辜鸿铭在张之洞麾下做幕僚,凭着自己对国际政局和欧洲文化的了解,受到张之洞的赏识和器重。在这二十余年里,他不仅逐渐增补了自己对华夏文化的认识,而且对中国社会有了更为深入的了解。在他心底里，对大清皇帝和大清"封疆大吏"张之洞，始终有着知遇之恩的感激；对作为那个王朝意识形态的传统文化，也有着深厚的感情。更何况革命后的中国，不过是多了一群军阀的争斗和无止无休的暴力。

这不免使他感到失望和不满，使他怀念大清统治下的"文明"与秩序。拖在他脑后的辫子，便饱含着他对故土、故人和已故皇上的思念，饱含着他对社会现状的不满和对华夏文化传统的追忆。

1917年，同样从海外归来的前教育总长蔡元培来到北大，出任北大校长。他主张"思想自由，兼容并包"，并以此作为自己办学的指导方针。于是各种不同政治信仰、不同学派的学者名流都被他请进了北大。

此时，辛亥革命已经过去了6年，而辜鸿铭依然留着他长长的辫子，可谓"大胆"。而蔡元培不为习俗所左右，敢于聘用留着长辫的辜鸿铭，在新文化运动的"漩涡"北大教书，则更为大胆。它不仅表现了蔡元培"不拘一格降人才"的爱才之心，而且表现了他"兼容并包"的胸怀和气度。

于是，留着长辫的辜鸿铭成了北大著名的"辫子教授"。无论他走到哪里，辫子便随着他飘到哪里，无形中成了"北大一景"。周作人在《北大感旧录》中曾经这样描写辜鸿铭和他的车夫：

> 生得一副深眼睛高鼻子的洋人相貌，头上一撮黄头毛，却编成了一条小辫子，冬天穿枣红宁绸的大袖方马褂，上戴瓜皮小帽；不要说在民国十年前后的北京，就是在前清时代，马路上遇见这样一位小城市里的华装教士似的人物，大家也不免要张大了眼睛看得出神吧。
>
> 尤其妙的是那包车的车夫，不知是从哪里乡下去特地找了来的，或者是徐州辫子兵的余留亦未可知，也是一个背拖大辫子的汉子，同课堂上的主人正好是一对，他在红楼的大门外坐在车兜上等着，也不失车夫队中一个特殊的人物。[1]

---

[1] 周作人：《北大感旧录》，《知堂回想录》，安徽教育出版社2006年版。

辜鸿铭把留辫子作为一种"忠诚"来看待。他认为,中国人对皇帝的忠诚是一种宗教,它正是儒教国家的基石。自己的忠诚不仅表现在政治立场上,而且表现在文化立上。正如他自己所说:"我的忠诚不仅是对我世受皇恩之王朝的忠诚,也是对中国政教的忠诚,对中国文明之根本的忠诚。"[1]

辜鸿铭的日本友人萨摩雄次在回忆中写道:"先生还常以拥有发辫而感到自豪,若有人问及此事,他就会摇头晃脑地说:'这是我的护照'。"

胡适曾经说,辜鸿铭留着辫子,当初是"立意以为高",如今是"久假而不归",并不是留念前朝,而只是标新立异。辜鸿铭则自我辩解说,中国之存亡,在德不在辫。

给学生上课时,辜鸿铭晃着小辫走进课堂,学生们都觉得十分滑稽,一片哄堂大笑。辜鸿铭却平静地说:"我头上的辫子是有形的,可以剪掉;你们脑袋里的辫子却是无形的,就不那么好剪啦!"[2]

平素狂傲的学生们闻听此言,一片哑然,似乎理解了这位看上去颇为清高的老师。

辜鸿铭的学问是先西后中、由西而中,辜鸿铭的装束也是先西后中、由西而中。他在回国之后,乃至到当幕僚期间,一直都是西装革履;后来却是长袍马褂,头顶瓜皮小帽,足蹬双梁布鞋,脑后拖着一条黄毛小辫。进入民国之后也依然衣冠不改往日,因而被称为"怪人"。

在崇洋惧洋成风的年代,他始终高举崇尚中国传统文明的大旗。在《在德不在辫》一文中,他指出:"洋人绝不会因为我们割去发辫,穿上西装,就会对我们稍加尊敬的。我完全可以肯定,当我们中国人变成西化者洋鬼子时,欧美人只能对我们更加蔑视。事实上,只有当欧美人了解到真正的中国人——一种有着与他们截然不同却毫不逊色于他们文明的人民时,他们才会对我们有所尊重。"[3]

事实上,辜鸿铭的辫子,既反映了他性格中的狂放,也反映了他性格中的孤独和不合流俗。在他辫子的背后,透着一个学者的独立精神。辛亥革命成功了,

---

1 辜鸿铭:《雅各宾主义的中国》,《牛津运动的故事》,《辜鸿铭文集》,海南出版社1996年出版,第290-291页
2 辜鸿铭:《所有受过英语教育的中国人应读之文》,《辜鸿铭文集》197页。
3 辜鸿铭:《在德不在辫》,《张文襄幕府纪闻》,1910年版。

又怎么样？我偏偏要留着辫子；清朝垮了，又怎么样？我偏偏要穿着清代的着装打扮；想要嘲笑我，没那么容易，我偏偏要活得自在些，给自己留出一个属于自我的空间。

可以说，辜鸿铭的本色，就是活得自在。一个人如果能够按照自己的意愿活着，别人的责难丝毫也不能影响他，这至少说明他内心有一种强大的力量，使他原本平凡的人生显得不再平凡。无论是不满、愤懑，还是苦楚、憋屈，都不能使他屈服。这样的个体生命，这样的人生，该是多么的精彩！

也许中国人缺乏的，就是这样一种独立精神，就是这样一种追求自由的人生态度。

标新立异，特立独行，活得自在，这就是辜鸿铭！[1]

---

[1] 本节内容参见《站在辜鸿铭的立场又如何》，李扬帆著：《晚清三十人》，世界知识出版社2008年版。

二、从南洋到西洋

"生在南洋,学在西洋,婚在东洋,仕在北洋",这是辜鸿铭自撰的一副"四句联",也是他自己颇为自豪的人生历程。

辜鸿铭(1856—1928),名汤生,字鸿铭,号汉滨读易者、读易老人。1857年出生于马来半岛西北部槟榔屿的一个华侨世家。在欧洲留学期间他以"Koh(Kaw)Hong Beng"为名(即辜鸿铭的闽南语发音),回国后改用"Ku Hung-Ming"著书立说。

辜鸿铭祖籍福建同安,祖辈早年由福建泉州府惠安县迁居南洋,在英国殖民者踏上马来半岛之前,其曾祖父辜礼欢就已经在这片土地上定居了。1786年8月,赖特率领英国东印度公司的十余艘船只,占领了马来半岛的槟榔屿,并改其名为"威尔士王子岛"。第二年,赖特委任"最可尊敬之华人"辜礼欢担任英属槟榔屿的第一任行政首脑"甲必丹"。此后,他在东印度公司的资金支持下,在亚齐岛上引进胡椒,开辟了一个颇具规模的胡椒园,还获得了承包两处市镇酒税的大宗收入,成了一个富有的商人。

辜礼欢膝下有八男三女。其中有三个儿子在事业上比较出色。

一是辜安平,幼年时就被送回国内读书,后通过科举考试进士及第,长期在林则徐部下为官,后调到台湾任职,其孙辈如辜显荣等在台湾从商,成为"一方之富"。辜安平也是台湾海基会董事长辜振甫的曾祖父。

二是辜国材,1819年1月,莱佛士爵士率英国殖民者在新加坡登陆时,他便是随同人员之一;正是这次登陆,使莱佛士以3000英镑的年金换取了英人在新加坡的居留权。后来他成为莱佛士的得力助手,协助莱佛士把新加坡建设为自由港。在短短时间内,就使新加坡人口由500多人激增至万人以上,贸易额远超由荷兰人经营多年的马六甲。

三是辜龙池,即辜鸿铭的祖父。他的一生,均在英属槟榔屿吉打州的殖民政府任公职，是一位镇守家族基业的人物。辜龙池有一个儿子，名叫辜紫云（即辜鸿铭的父亲），他既没有在祖父的胡椒园里工作，也没有像父亲一样出任公职，而是在槟榔屿一家英国人经营的橡胶园里担任总管。会讲一口流利的英语、马来语和闽南话，并娶了一位葡萄牙人的后裔为妻子。

辜鸿铭的母亲是一位活泼大方的西方女性，金发碧眼，会讲英语和葡萄牙语。她生了两个儿子，长子辜德生和次子辜鸿铭，均是高鼻梁、双眼泛着微蓝的混血儿。在中欧混血家庭中长大的辜鸿铭，自幼聪明伶俐，活泼可爱，并且对语言有着出奇的理解力和记忆力。在岛上最好的学校——英国王子中心小学读书时，他的学习天赋得到了进一步的开发。

辜鸿铭父亲工作的那家橡胶园的园主布朗是一位苏格兰传教士，致力于在当地传播基督教福音。他与辜紫云交谊深厚，由于没有子女，便认辜鸿铭为义子。布朗家的豪华书房也成了辜鸿铭渴求知识的地方，从各式书刊画册中，他认识了英、法、美和中国的许多历史人物，包括克伦威尔将军、伊丽莎白女王、拿破仑皇帝和华盛顿总统以及孔子、老子、秦始皇等。

1867年，辜鸿铭11岁时，布朗夫妇由于忍受不了马来半岛的热带气候，决定返回苏格兰老家。在征得辜紫云夫妇同意后，他们决心把小鸿铭带到英国读书，以便他能接受更好的教育。临行前，辜鸿铭的父亲在祖先牌位前焚香告诫他说："不论你走到哪里，不论你身边是英国人，德国人还是法国人，都不要忘了你是中国人！"父亲还特别叮嘱他两件事，一是不能入耶稣教，二是不能剪掉头上的辫子。

辜鸿铭随义父踏上苏格兰土地后，被送到苏格兰首府爱丁堡一所著名的中学——苏格兰公学读书，后来又转入爱丁堡文法学校，接受了严格的英国古典文学训练和拉丁文、希腊文教育。课余时间，布朗还亲自教辜鸿铭学习德文。由于辜鸿铭天资聪颖又勤奋好学，布朗便把对他的培养方式由学校教育与家庭教育并举逐渐变成家庭教育和游学教育。

布朗自己担任辜鸿铭的数学教师，并请了一位家庭教师来教理化课程。此外，布朗督导辜鸿铭大量背诵各种欧洲文学名著。布朗的教育方法与众不同，有些像是中国的塾师。他首先教辜鸿铭背诵英国著名诗人弥尔顿的《失乐园》，这是一部由 6500 多行无韵诗组成的长篇诗篇,要把它完全背下来,无疑是一件十分艰难和痛苦的事。然而,在布朗的循循善诱和百般鼓励下,辜鸿铭以惊人的毅力把它逐段逐段地背了下来。

之后,布朗开始教辜鸿铭学莎士比亚戏剧。他为辜鸿铭定下每半月学一部戏剧的计划。八个月后,他发现辜鸿铭记诵、领会都很出色,又把计划改为每半月学三部。就这样,仅用一年多时间,辜鸿铭就把莎士比亚的 37 部戏剧都读完了。

来到英国的第三年末,布朗决定带辜鸿铭赴德国柏林学习德语。布朗的外祖父家就在柏林,他小时候曾在柏林生活过。如今在柏林也有一座豪宅。布朗要求辜鸿铭随他一起背诵歌德的长诗《浮士德》。布朗对辜鸿铭说:"在西方有神人,却极少有圣人。神人生而知之,圣人学而知之。西方只有歌德是文圣,毛奇是武圣。要想把德文学好,就必须背熟歌德的名著《浮士德》。"[1]

布朗讲课时始终有说有笑,轻松有趣,他常常一边比画,一边朗诵,并要求辜鸿铭模仿他的动作来背诵。辜鸿铭很想知道《浮士德》一书究竟讲的是什么,布朗却不肯逐字逐句为他讲解。他对辜鸿铭说:"只求你读得熟,并不求你听得懂。听懂再背,心就乱了,反倒背不熟。等你能把《浮士德》倒背如流时,我再讲给你听!"[2]就这样,辜鸿铭花了半年多工夫,把一部《浮士德》大致背了下来。第二年,布朗才开始给辜鸿铭讲解《浮士德》。他认为越是迟讲,了解可能越深,因为经典著作不同于一般著作,任何人都不可能一听就懂。

学完《浮士德》后,布朗又安排辜鸿铭读卡莱尔的历史名著《法国革命》。辜鸿铭由此基本转入自学,自己慢慢读慢慢背,遇有不懂的词句再去请教别人。

布朗对养子寄予的希望很高。他告诉辜鸿铭:"现在欧洲国家和美国都想侵略中国,但也有一些欧洲国家和美国的学者想学习中国,向往东方的伟大文明。我希望你能够学通中西,以便将来能够承担起强化中国,教化欧美的重任!"[3]

在布朗的指导下,辜鸿铭从西方最经典的文学和历史名著入手,以最笨拙的死记硬背办法很快掌握了英文、德文、法文、拉丁文、希腊文。1873 年,他以优异的成绩考入著名的爱丁堡大学,并得到大学校长、著名作家卡莱尔的赏识。

---

1 转引自李玉刚:《狂士怪杰——辜鸿铭别传》,人民文学出版社 2002 年版,第 50 页。
2 转引自李玉刚:《狂士怪杰——辜鸿铭别传》,人民文学出版社 2002 年版,第 50 页。
3 李玉刚:《狂士怪杰——辜鸿铭别传》,第 46—47 页。

辜鸿铭在大学里专修英国文学，同时兼修拉丁文、希腊文。他立志遍读爱丁堡大学图书馆所藏希腊、拉丁文的文、史、哲名著。刚开始时，他读多少页便能背诵多少页；后来随着阅读量的逐渐增大，渐渐感到有些吃不消了。他要自己坚持，再坚持。辜鸿铭晚年忆及此事时曾说："说也奇怪，一通百通，像一条机器线，一拉开到头。"

1877年春，辜鸿铭以优异成绩通过拉丁语、希腊语、数学、行而上学、道德哲学、自然哲学和修辞学等多门学科考试，荣获爱丁堡大学文学硕士学位。这一年辜鸿铭年仅21岁，正好是他来到英国的第十个念头。接着，他赴德国莱比锡大学学习土木工程，获工科学位。莱比锡大学是著名诗人歌德的母校，当蔡元培到莱比锡大学求学时，辜鸿铭已是学校里的知名人物；而40年后，当林语堂来到莱比锡大学时，辜鸿铭的著作已是学校指定的必读书了，林语堂在自己所著的《京华烟云》一书中曾提及辜鸿铭。之后辜鸿铭又赴巴黎，在巴黎大学学习法文，同时涉略法学和政治学。

1880年，他从欧洲学成归来，返回槟榔屿，此时辜鸿铭仅23岁，却已遍读西方科学、文学、哲学著作，并熟谙各国语言，造诣确非一般中国留学生可比。14年的留学生活使富有天赋的少年辜鸿铭成为精通西方文化的青年学者。到后来，不仅希腊、拉丁文，即如法、俄、意各国的语言、文学，辜鸿铭也能做到一学就会，触类旁通。据说辜鸿铭回国后，除本国语言外，能操九种文字与人交流，其基础主要是在爱丁堡大学读书时打下的。他曾因为六国使节充当翻译而被孙中山先生誉为"中国第一"。德国著名教授纳尔逊则感慨道："他广泛地集西方文化于一身并加以消化吸收；这个人熟悉歌德就像一名德国人；熟悉爱默生就像盎格鲁—撒克逊人；通晓《圣经》就像一位真正虔诚的基督徒……"[1]

返回槟榔屿不久，辜鸿铭就受马来亚总督府派遣，到新加坡英国海峡殖民政府辅政司任职。虽然工作舒心惬意，生活优裕有加，但辜鸿铭内心深处，却始终没有忘记养父和恩师的教诲和训诫，即成为一位真正会通中西的学者。尤其是看到西方列强的强盛和自己国家的贫弱，他更是深受刺激。

1882年，辜鸿铭巧遇归国途径新加坡的清朝官员马建忠，两人一见如故，

---

[1] 转引自嗣銮：《辜鸿铭在德国》，《人间世》1934年第12期。

未名湖畔忆名儒
——严复、林纾、辜鸿铭的北大岁月

长谈三日。马健忠时任中国驻法公使郭嵩焘的高级译员,且刚获得法国巴黎大学的法学博士学位,称得上是一位学贯中西的人物。[1] 学识渊博的马建忠为他讲述祖国的文物典籍,剖析博大精深的中华文化,唤醒了他内心深处的中国情结。在马建忠的劝说鼓励下,满肚子洋墨水的辜鸿铭对古老的中国文化产生了无限的向往,对这个古老的国度也充满了好奇。为了深得中国文化之三昧,产生耳濡目染、身临其境之效,收潜移默化、事半功倍之功,辜鸿铭决定回到祖国,研究中国典籍和文化,做一个真真正正的中国人。

不久,他即辞去殖民政府职务,回到槟榔屿老家,蓄发留辫,从衣食住行各方面开始"中国化"的第一步,包括补习中文,读线装书,学习中国文化。同时,他开始留心大清王朝的内政、外交、军事等要闻,以及普通百姓的生活状况,为日后返国做准备。

半年之后,恰巧有一支英国探险队要经华南到缅甸旅行,急需一名兼通中英文的翻译,辜鸿铭欣然应聘,随探险队第一次踏上了自己祖国的土地。从广东、广西到云南,直至滇缅交界的边境地区,辜鸿铭一路领略了祖国的幅员广阔和山川秀丽,耳闻目睹了各地的风俗人情和普通乡民的生活艰辛。

从云南返程途中,他决定暂时在香港居住下来,以便继续学习中文和了解中国的实际情况。在香港的近三年中,辜鸿铭一头栽进故纸堆中闭门苦读,同时与德国传教士花之安等汉学家经常在一起切磋探讨,互相辩难。

来到华洋杂处的香港,埋头苦读汉学著作和中国经典,对中国学术思想恍有所悟,写就平生第一篇有关中国的论文《中国学》,文章概述了西方十九世纪以来的汉学发展情况,严厉批评了西方汉学家们的治学态度和学术不足。此文在《字林西报》(英国人在上海办的英文报纸)上连载后,他兴冲冲地赶到上海,请教马建忠,未遇,乃随处旁听一些塾师讲授四书。"汤之《盘铭》曰:'苟日新,日日新,又日新'。"《大学》里这句本是说洗澡问题的话,给汤生留下至深印象,他进一步悟道:精神上的洗礼,品德上的修炼,思想上的改造,又何尝不是如此?联想基督教徒的每日忏悔,汤生决意要使自己废旧图新,追求中国精神,并使之完美。他借用"汤之盘铭"之句,给自己取字鸿铭。鸿者,大之意。商汤

---

[1] 马建忠后来成为一位著名的语言学家,撰写了中国第一部系统的古汉语法专著《马氏文通》。

王在洗澡盆上刻写警语，汤生将之放大，刻在心中，使之成为座右铭。

其间，他还专门到上海拜师学习古籍经典。经过几年的认真学习钻研，辜鸿铭不仅读完了《四书》等国学主要经典，而且中文也有了相当基础，但他一时还无法参透深奥的中国古代典籍，还无法把握中国传统文化的精髓。不过，他精湛的西学造诣与文化素养，为他了解和认识中国传统文化提供了一个极好的参照系，使他在把握中国传统文化时获得了一个基本的立足点和相当的高度。

在研习西方汉学家撰写的各种汉学著作后，辜鸿铭也看出了其中存在的问题。他不满于某些汉学著作的水平之低，更不满于某些所谓汉学家对中华文明的轻视和污蔑，他期盼着尽快回到祖国，以自己之所学，报效危难中的祖国。

1885年，辜鸿铭在一次由厦门开往香港的航程中，恰好与时任广州知府的大清命官杨汝树同船。杨汝树受两广总督张之洞委派到闽海前线视察，正取道香港回广州。他在船舱中看见年轻的辜鸿铭操着一口流利的德语，正在与一群德国人侃侃而谈，他眼睛一亮，走上前去与辜鸿铭攀谈了起来。经过一番交流，杨汝树不仅对辜鸿铭的家世、学历及目前的生活状况有了全面的了解，而且被他的才学完全折服了。回到广州之后，他把在船上巧遇辜鸿铭的事向张之洞的首席幕僚赵凤昌作了介绍，并由赵凤昌向张之洞举荐了辜鸿铭。

时值中法在广东、福建沿海一带"剑拔弩张"之际，张之洞深知"海警需才，署中德文译员颇简陋"，因此对这个精通9国外语的洋博士格外看中，当即决定邀之入幕，让他主持翻译外国文稿，以资筹办洋务借鉴。于是，这位"生在南洋、学在西洋"的饱学之士开始了他"仕在北洋"的幕僚生涯。

三、张之洞的"洋文案"

踏破铁鞋无觅处,得来全不费工夫。

1885年,正当辜鸿铭处心积虑准备回国之际,与杨汝树的巧遇使他遂心如愿,进入了晚清权臣张之洞的总督府,先是充任德文译员,后担任张之洞的"洋文案"(相当于外文秘书),成为张之洞的重要幕僚,并深得张之洞的器重。此后他跟随张之洞转战粤汉,贴身相随,长达二十年之久。

张之洞生于1836年,直隶南皮人,人称"张南皮"。书香世家出身,父亲曾担任贵州兴义知府,族兄张之万为朝廷军机大臣。张之洞14岁中秀才,16岁应直隶顺天府乡试,中第一名举人,遂以少年英才闻名朝野。1863年(同治三年),28岁的张之洞入京参加会试,高中"探花",被授为翰林院编修。供职翰林院的十余年间,张之洞以敢于直言、不畏权贵而著称,尤其是同治皇帝去世后关于"继统"与"继嗣"之争的参奏案和"中俄伊犁交涉"中关于严办崇厚的参奏案,使其在京师声誉卓著。此后,在慈禧太后的赏识和军机重臣李鸿藻等的大力扶持下,张之洞平步青云,先后出任陕西巡抚和两广总督。

为了迎接辜鸿铭入幕,张之洞派赵凤昌亲自到香港接辜鸿铭来粤。其时,辜鸿铭年仅28岁。当时张之洞正在广州用西洋新法编练军队,请德国军官做军事教练。但德国教官拒绝穿戴中国军服、军帽,拒行跪拜礼,众人都束手无策。辜鸿铭依靠着出色的口才,说服德国人不但穿上了中国军队服装,而且还同意行中国跪拜礼。自此,张之洞对辜鸿铭格外器重。

在晚清一代封疆大吏中,张之洞不仅是一位热心洋务、具有改革意识的政治家,而且是一位具有深厚国学造诣的学者型官员。他历来主张"致用"需以"通经"为前提,西学需以中学为根底。他的幕府是晚清继曾国藩幕府之后规模最大的幕府,以张之洞的地位、声望、和思想、品行,许多有识之士都愿意投身到他的门下,因此他的幕府成员中学者型幕僚居多,有着较浓郁的文化氛围。辜鸿铭充分利用张之洞幕府的有利条件，认真请教长官、同僚、，博览经史子籍、诗歌词赋，20年勤学不辍，终于学有所成。

在辜鸿铭学习中国传统文化的道路上，张之洞称得上是他的第一个启蒙老师。他亲自教辜鸿铭查汉语字典，读儒学入门的《论语》等典籍，还借各种机会给辜鸿铭引荐名师。同时，张之洞对辜鸿铭也给予了很大的包容。

辜鸿铭生长在西方，处事方式多是西方的明朗率直，而中国人处事讲求含蓄迂回。当鸿铭因为认耿直秉性不被周围人接受时，张之洞就利用自己高明的处事方式，庇护辜鸿铭，尽量让周围的幕僚能以最大的雅量容纳他。有时辜鸿铭"越俎代庖"，张之洞也不以为责。

例如，庚子事变时，张之洞曾委托辜鸿铭用英文写一篇文章，将自己对义和团运动的态度公之于众，意在向列强表明态度，可见张之洞对辜鸿铭的信任。然而，在事先没有告知张之洞的情况下，辜鸿铭却自作主张写了有关评论文章，在外交上给张之洞带来了麻烦。张之洞了解事情原委之后，认为"不知者不为罪"，由此可见其对辜鸿铭的包容。

更有甚者，1902年慈禧太后寿辰，两湖地区各衙门张灯结彩，张之洞召集中外官员为慈禧祝寿，大家都在歌颂皇恩、粉饰太平，并唱新编的"爱国歌"以示庆祝。参与庆祝活动的辜鸿铭却对另一幕僚梁鼎芬说："满街都在唱'爱国歌'，竟未闻'爱民歌'的。"梁鼎芬回答说："那你就编出歌词来给人家唱吧。"辜鸿铭毫不含糊，即席编唱了《爱民歌》："天子万年，百姓花钱；万寿无疆，百姓遭殃"[1]，满座皆哗然。事后，由于张之洞的保护，犯了"大不敬之罪"的辜鸿铭才没有被追究。

在辜鸿铭学习中国传统文化的道路上，幕府内对他影响比较大的，就有梁敦彦、沈曾植、梁鼎芬、赵凤昌、罗振玉、郑孝胥等人。虽然这些旧学鸿儒一开始对辜鸿铭有些排斥，认为他志大才疏，生性乖张，甚至视他为"异物"；但后来在深入了解之后，都先后转变了对他的看法，从不同层面给予他指导和帮助，对辜鸿铭的文化人格产生了深刻的影响。

罗振玉后来回忆说：辜鸿铭"读五经诸子，日夜不释手。数年，遂遍涉群籍，

---

[1] 刘成禹、张伯驹：《洪宪纪事诗三种》，上海古籍出版社1983年版。

爽然曰：道固在是，不待旁求也。"[1]通过研读传统文化，辜鸿铭对中西方文化产生了新的认识："谓欧美主强权，骛外者也；中国主礼教，修内者也。言一时强盛，似优于中国，而图长治久安，则中国之道盛矣、美矣！文襄闻而大异之，延入幕府，不烦以常职，有要事就询焉。"[2]

在这些幕僚中，辜鸿铭最钦佩的是后他入幕、有"旧学第一，国中名士"雅称的光绪进士沈曾植；而与他相交最久、互为莫逆的，则是与他同年入幕的耶鲁大学毕业生、曾任福州船政学堂和天津北洋电报学堂英文教习的梁敦彦。与辜氏生性乖张、疏野狂悖不同的是，梁敦彦温和笃实、不事张扬，其深厚的国学造诣和文化修养，使辜鸿铭自叹不如。而在幕府之中，也只有梁敦彦和蔡锡勇，才能够与辜鸿铭纵论漫谈西学。

张之洞对这些幕僚都非常器重，甚至将自己与赵凤昌、蔡锡勇、凌兆熊、梁敦彦、辜鸿铭等五名幕僚共称为"六君子"。但张之洞生活习惯比较反常，常是下午就睡觉，凌晨起来工作，幕僚都得适应他的作息时间，工作任务也很重。

1889年，张之洞奉钦命由粤调鄂，出任湖广总督，辜鸿铭和梁敦彦、赵凤昌等一批幕僚也随节入汉。不久，恰逢俄国皇太子尼古拉及其内戚希腊亲王一行来到中国游历。当他们来到武昌时，辜鸿铭作为高级翻译随张之洞前往迎接。在欢迎宴会上，尼古拉与希腊亲王用俄、法和希腊语窃窃私语，相约"以节量为宜"，以为在场的中国人听不懂，结果却被辜鸿铭听到，并用法语友善地告知他们"这些菜肴既讲究，又卫生，请不必多虑，务得尽兴方好"，令这些外国人大吃一惊。尼古拉事后称赞说："各国无此异才"。临别时，还特意送给辜鸿铭一只刻有皇冠的怀表以示崇敬和歉意。

辜鸿铭在武昌见端方时，端方说他准备创办一所厘金学堂。辜鸿铭毫不客气地问端方："是不是也得办一所封疆大吏学堂？"他进而说："学问之道，有大人之学，有小人之学，小人之学讲艺，大人之学明道。"端方一时无言以对。

1891年夏天，时长江流域教案迭起。从安徽芜湖到江苏丹阳、无锡、江阴以至湖北武穴、麻城、利川，几乎蔓延了整个长江流域地区。其导火索或因拐贩

---

[1] 罗振玉：《外务部左丞辜君传》，《东北丛刊》1931年第13期。
[2] 罗振玉：《外务部左丞辜君传》，《东北丛刊》1931年第13期。

幼童，或因虐待幼儿，或因霸占田产，使得诸地乡民群情涌动，激情难抑，发生了多起焚毁教堂、殴死教士的事件。这些教案虽然也有少数绅民盲目排外的因素及中西文化、宗教冲突的成分，但究其实质，乃是列强侵略和民族组压迫的产物。

当时，一些西方人士大造舆论，歪曲中国人民反洋教运动真相，谩骂中国人野蛮，叫嚷要用"炮舰镇压"。血浓于水的民族尊严使辜鸿铭拍案而起，用英文撰写专论《为祖国和人民争辩——现代传教士与最近教案关系论》，以"一个中国人"为笔名送到上海《字林西报》刊发，谴责一些西方传教士借不平等条约和特权在中国土地上为非作歹，对他们的丑恶行径进行义正词严的批驳，堂堂正正为中国人民的反洋教运动向世界作辩护。辜鸿铭文章被英国《泰晤士报》摘要转载并加评论，引起英国人民对这些不法传教士的不满和对中国人民的同情。有的报纸甚至怀疑此文的作者并非出于中国人之手，因为那"行文的语气中，绝不会有那种高贵的镇定"。

中日甲午海战后，伊藤博文到中国漫游，在武昌时，与张之洞有过一些接触，辜鸿铭是张的幕僚，作为见面礼，他送了伊藤一本自己刚出版的《论语》本。伊藤早知辜氏是中国保守派中的先锋大将，便乘机调侃他道："听说你西洋学术，难道还不清楚孔子之教能行于两千多年前，却不能行于二十世纪的今天吗？"辜鸿铭见招拆招，回答道："孔子教人的方法，就好比数学家的加减乘除，在数千年前，其法是三三得九，如今二十世纪，其法仍然是三三得九，并不会三三得八。"[1] 伊藤听了，一时间无词以对。

庚子年间，中国爆发了大规模的、以反洋教为诉求的群众性运动，即"义和团"运动。辜鸿铭写诗为义和团的小伙子们鼓劲：

来斟满我的杯，灌满我的缸；

来跨上我的马，招呼我的人；

亮开旗帜开火吧，跟随强健的端王及其同仁！[2]

---

[1] 转引自《菊残犹有傲霜枝》，《国士无双》，华文出版社 2012 年版。
[2] 转引自李玉刚：《辜鸿铭别传》，第 286 页。

他公开宣称，义和团运动是中国人"像他们的法国兄弟在1789年那样，向全世界发出血的呼吁，呼吁中国人也应当被当作人类对待……"。他指出："中国的人性与欧洲人性是相通的。他们也有一种民族感情，当其遭到践踏伤害时，将对此产生怨恨。"[1]

"庚子事变"中，他为张之洞实行"东南互保"出谋划策，推波助澜；并临危受命，进京襄助庆亲王和李鸿章，与当年的旧友、时任八国联军总司令瓦德西展开磋商、谈判，发挥了积极的作用。

1901年，辜鸿铭把在义和团运动爆发后至庚子议和前后公开发表的英文文章以《尊王篇》在上海结集出版，该书的英文名为《总督衙门论文集》，副标题为"一个中国人为中国的良治秩序和真正文明所作的辩护"。辜鸿铭在文集中呼吁列强尊重中国的主权，不得随意干涉中国内政；约束和管理好在华洋人，勿使其扰乱社会、徒生是非。

针对当时列强诬称中国人为"蛮夷"的常见说法，辜鸿铭满怀激愤地说："真正的夷人，是那些以种族自傲，以财富自高的英国人和美国人；是那些惟暴力是视，恃强凌弱的法国、德国和俄国人；是那些不懂得什么是文明却以文明自居的欧洲人。"[2]

《清史稿》中在"辜鸿铭传"中说："庚子拳乱，联军北上，汤生以英文草《尊王篇》申大义，列强知中华以礼教立国，终不可侮，和议乃成。"[3]

辜鸿铭在文集中还表示："我们现在长江流域享有和平，公认应该归功于南京刘（坤一）总督的智慧、仁慈和政治家的风范，由于显而易见的原因，我不便敷陈张总督阁下的功劳。"[4] 辜鸿铭作为幕僚，不便为张之洞邀功。但是，他对刘坤一"智慧、仁慈和政治家的风范"的赞誉，不也就是对张之洞的赞誉吗？

张之洞深深了解辜鸿铭的桀骜、怪异，深知辜鸿铭的个性不太适合官场，于是在长达十余年的时间中，始终没有举荐辜鸿铭。1903年，张之洞奉旨入京，并被委以"会商学务"全权。辜鸿铭和梁敦彦等少数几个幕僚随同进京，为后来

---

1 转引自李玉刚：《辜鸿铭别传》，第222页。
2 辜鸿铭：《日俄战争的道德原因》，《辜鸿铭文集》上册，第206页。
3 《清史稿》卷486，列传273，中华书局1977年版，第1349页。
4 辜鸿铭：《尊王篇》，《辜鸿铭文集》上册。

清廷颁喻全国实行的"癸卯学制"做出了积极的贡献。其时,梁敦彦由于具有候补道员的品阶荣幸地获得帝后的召见,而辜鸿铭从海外归来、没有经过科举获得共鸣和品阶而被晾在一边,这难免使他感到不平,甚至发出牢骚和不满。在《尊王篇》的序言中他写道:

> 我已为陛下的政府服务了十八年,但至今仍然停留在刚入职的位置上,始终没有得到升迁。我的薪水还不如赫德爵士手下的一个四等助手。……[1]

1905年,辜鸿铭的"官运"终于开始到来。这一年,上海"黄浦浚治局"成立,在张之洞的大力推荐下,辜鸿铭被委任为督办。在外人眼里,这是个责任不大而薪俸不低的肥缺——月俸达八百大洋。但辜鸿铭不是那种只懂得拿钱、不愿意负责的庸吏,更不是那种损公肥私、中饱私囊的贪官。上任不久,通过核查账目,他发现有两个洋人舞弊,冒领了16万两挖河泥工程费。他极为愤怒,并顶住种种威逼利诱,给予了揭露。

1907年,在他担任黄浦浚治局督办近三年并顺利完成工程任务后,适逢张之洞奉旨进京、"入阁拜相",并大力举荐幕府成员,请朝廷授予官职或妥善安排这些人,体现了他对这些老幕僚的关怀与眷念。经张之洞举荐,辜鸿铭被任命为外务部员外郎,后升至郎中、左丞。

这一年,辜鸿铭刚届"知天命"之年。他携妻带子(一家十六口人)随同张之洞北上京都,在北京踏踏实实地住了下来,并过了几年平静、爽心的生活。

入京不久,他便根据自己深厚的中西学识和回国二十多年的观察,草拟了一份长达5000余字的奏疏——《上德宗皇帝条陈时事书》,对朝廷的内政、外事提出了自己的看法。他主张"内政宜申成宪以存纲纪而固邦本,外事宜定规制以责功实而振国势"。他指出:"今日民生凋敝,士气不振,若不体量民力,一意汲汲于筹饷练兵,慕奇功,求奇速,恐此非特不足以御外患,而且必重伤民生,

---

[1] 辜鸿铭:《尊王篇》序,《辜鸿铭文集》上册,第17页。

适足致内乱耳。"[1] 时人罗振玉对他这个奏疏极为赞许，称其为"探根索元，洞见症结，虽贾长沙复生亦不能过是。盖天下之至文、沉疴之药石"[2]。

1909年10月，晚清一代重臣张之洞逝世，辜鸿铭在悲痛之余，写下了一副悼念幕主的挽联：

邪说诬民，孙卿子劝学崇儒以保名教；

中原多故，武乡侯鞠躬尽瘁独矢孤忠。[3]

通观此联，可以看出，辜鸿铭所钦服、盛赞张之洞者，一是保名教，二是忠朝廷。在上联中，他把张之洞比之为荀子，赞扬其在西学东渐、世风逆转的晚清末世，仍不遗余力地弘扬代表中国传统文化的孔孟儒学名教，始终以维护纲常为己任；在下联中，他把张之洞誉为诸葛亮，赞扬其在内忧外患接踵而至、大清朝廷处于风雨飘摇的情况下，依然对清室忠心耿耿，以至鞠躬尽瘁死而后已。其中饱含着宾主相随20余年的感情，同时也委婉地透视出辜鸿铭自己的思想倾向和毕生追求。

辜鸿铭难忘张之洞，也难忘自己在张之洞幕府20余年的生活。1910年，张之洞去世后第二年，辜鸿铭就撰写、出版了《张文襄幕府纪闻》一书。这部文集记录了辜鸿铭在张之洞幕府期间的种种见闻和感受，虽然写作时间不一，但却十分真实感人。它是辜鸿铭仅有的两部汉文作品之一，写作之时，正是中华民族内忧外患、前途渺茫之际，辜鸿铭通过文集表达了对中国文化的尊崇与忧患，同时寄托了对张之洞的哀思之情。他在弁言中写道："余为张文襄属吏，粤、鄂相随二十余年，虽未敢云以国士相待，然始终礼遇不少衰。去年文襄作古，不无今昔之慨。"[4]

在辜鸿铭眼中，张之洞是一个正直清廉、爱惜人才的大清重臣。在《张文襄幕府纪闻》中，他对张之洞的个人修养及其于公于私体现的高风亮节大加歌颂：

1　辜鸿铭：《上德宗皇帝条陈时事书》。
2　罗振玉：《读易草堂文集序》。
3　转引自李玉刚：《辜鸿铭别传》，第143页。
4　辜鸿铭：《张文襄幕府纪闻》弁言，1910年版。

"文襄自甲申后，亟力为国图富强，及其身殁后，债累累不能偿，一家八十余口几无以为生。"[1]对于张之洞的人品，辜鸿铭毫不怀疑，但在大加赞扬之余，也透露出一丝悲哀，认为张之洞虽然清廉，却导致子孙"囊橐萧然"，以至辜鸿铭"为之怆然者累日"。他对张之洞起居无常，夙夜办公，却要下属自己备饭的做法也颇有"意见"，认为不可长年累月如此，否则会影响长官的健康和随僚的积极性。

从廉政的角度出发，辜鸿铭在传统的"君君臣臣、父父子子"之下，加进了一个"官官商商"。他说自古以来，士大夫都不爱理财，对"言利"之徒嗤之以鼻。但是天下之财，却又不可不理。他批评当时社会上把"理财"畸变为"争财"，而"争财"的要害在于官商勾结，即所谓"官而劣则商，商而劣则官"。他因此提出应将"官官商商"置于"君君臣臣、父父子子"之后，对"官官商商"进行规范和限制，封闭官商苟且的渠道，使官好好地做官，商好好地经商。辜鸿铭认为这应当为士大夫所共戒，可以说，这是他的真知灼见。

当然，他也看到，如此一来，商富而官贫，总是不公。"中饱则伤廉，中饿则伤仁"，他认为两者都是弊病，最好都不要出现。而在不得已时则"宁可伤廉，不可伤仁"。

辜鸿铭在书中还记录了张之洞"知人爱才"的一些往事。如留学生渠某为张之洞聘请的洋务幕僚，但是在幕府得不到尊重，于是张之洞就带头，率领学生向渠某表示礼遇，从此，渠某得到大家的敬重。辜鸿铭说他记此事："非特借以著官场炎凉之世态，亦以志文襄之知人爱才，真有大臣风度也。"[2]

而在出版于1910年春季的另一本纪念张之洞的文集——《中国牛津运动故事》中，他着重从思想深度上评价了张之洞作为清流党人的贡献及局限，兼论及张之洞对待维新变法、张之洞作《劝学篇》等问题。在著作的扉页，辜鸿铭题写道："献给张之洞"，他将张之洞作为楷模，认为"我们可以自豪地说，我们所有这些在张之洞手下当差的人，都同我们的首领一样清廉"[3]，表达了他对张之洞的缅怀和感激之情。

---

1 辜鸿铭：《张文襄幕府纪闻》，《辜鸿铭文集》上册。
2 辜鸿铭：《张文襄幕府纪闻》，《辜鸿铭文集》上册。
3 辜鸿铭：《中国牛津运动故事》，《辜鸿铭文集》上册。

在《中国牛津运动故事》的结语，辜鸿铭进一步表达了他对张之洞的爱戴与感情之情，他说：

> 如果不是这本牛津运动故事中所提到的那位名人给予我二十年的庇护，我这条命恐怕早就丢了……感谢他二十多年来给予我的保护。有了这种保护，我不至于在冷酷自私的中国上流社会，降低自我去维持一种不稳定的生活。
>
> 此外，尽管我时常固执任性，他却始终抱以宽容，很善意和礼貌地待我。而且我还荣幸地学会了作为一个新兵，在他的领导下去为中国的文明事业而战。他是中国牛津运动中最优秀和最有代表性的人物，也是最后一位伟大的文人学士……我希望能够再次在他的直接指挥下返回战场，但现在战局还未明了，我们的头领却死去了，告别了！[1]

在辜鸿铭心目中，张之洞是一位慈祥、宽容的长者，也是自己道德上的引路者和事业上的领导者、保护者。遗憾的是斯人已逝！

辜鸿铭和张之洞都信守传统儒家文化，对旧文化抱着难以割舍的情谊，这是他们结下深厚情谊的基础。两人中，一个为权倾朝野的封疆大吏，虽然敬重士人，但难免有傲慢之时，另一个则恃才傲物，以性格乖张闻名于世。两人在20年中之所以能融洽和谐，这一方面在于张之洞对辜鸿铭的包容和特殊礼遇，另一方面也是由于辜鸿铭对张之洞的敬重。

辜鸿铭在张之洞幕府的20年，是他学术和思想上大有收获、在一生中具有特殊意义的20年。辜鸿铭的收获，很大程度上便来自张之洞在工作、学术、生活上对他的支持和帮助。

张之洞是后期洋务派的主要代表人物，辜鸿铭与他既是幕僚与主公，又是学生与老师，更是志同道合的朋友。张之洞提出"旧学为体，新学为用"，正符合

---

[1] 辜鸿铭：《中国牛津运动故事》结语，《辜鸿铭文集》上册。

辜鸿铭"中国文化才是拯救世界的灵丹"的观念。辜鸿铭不是盲从权力，而是张之洞实行的新政，正合辜鸿铭的心意：办新式教育，办实业，练新军。他们都爱国，张之洞力主中法战争中抗法，主张跟八国联军谈判绝不签卖国条约，辜鸿铭为实施张之洞的新政与主张，赴汤蹈火、在所不辞，并累建奇功。

1910年1月，在摄政王载沣的扶持下，清廷举行了晚清废科举以来的第一次进士名衔颁赏，辜鸿铭以"游学专门一等"被赏赐"文科进士"头衔，全国被赏赐文科进士的只有四人，而辜鸿铭排名仅次于他的福建同乡、大翻译家严复之后，名列第二。尽管辜鸿铭自己对获此殊荣并不特别在意，但部内和京中的许多同僚却从此对他刮目相看乃至殷勤了起来。

张之洞去世后不久，辜鸿铭的同事兼好友梁敦彦感到袁世凯有可能卷土重来，而辜鸿铭曾在公开场合骂过袁世凯。梁敦彦担心他会遭到袁世凯的报复，难逃厄运，便劝他离开京城是非之地南下。于是辜鸿铭便于1910年辞去外务部职务，南下上海，任南洋公学监督（相当于校长）。

辜氏在南洋待的时间并不长。随着武昌革命一声枪响，统治了中国200多年的大清王朝走进了坟墓，辜鸿铭精神上构筑的"天朝王国"也轰然倒塌了。在辜鸿铭的脑子里，传统文化是一个国家的精神支柱和群体记忆，中国的近代化不能以牺牲传统文化为代价。在大声呐喊无望的时候，他变得乖戾起来，以极端的方式为中国传统文化辩护。

辛亥革命后不久，辜鸿铭便从南洋公学辞职了。他从南洋辞职的原因，蔡元培是这样说的：武昌起义后，上海望平街有人发传单，一时交通堵塞，"辜先生那时正在南洋公学充教员，乃撰一英文论说送某报，责问公共租界工部局，谓'望平街交通阻滞，何以不取缔？'南洋公学学生阅之，认为辜有反革命意，乃于辜来校时，包围而诘责之。辜说：'言论本可自由，汝等不佩服我，我辞职。'学生鼓掌而散，辜亦遂不复到校。"[1] 辜鸿铭在南洋公学的时间虽然不长，却是他后半生教授生涯的开始。

---

[1] 参见蔡元培：《辛亥那一年的辜鸿铭》。

四、与诺贝尔文学奖"擦肩而过"

1924年4月,印度著名诗人、诺贝尔文学奖获得者泰戈尔应梁启超主持的讲学社的邀请来华讲学。4月23日,泰戈尔抵达北京时,梁启超、蔡元培、胡适、梁漱溟、蒋梦麟等社会名流前往北京前门车站迎接。在京期间,年近七旬的辜鸿铭与泰戈尔在清华大学工字馆亲切会面并合影留念。

1924年印度诗人泰戈尔访华,与辜鸿铭(右二)等人合影

泰戈尔生于印度加尔各答市一个富有哲学和文学艺术修养的家庭,13岁即能创作长诗和颂歌体诗集。1878年赴英国留学,1880年回国后专门从事文学活动。1884至1911年担任梵社秘书,20年代参与创办国际大学。泰戈尔是一位具有世界影响的作家。他的作品反映了印度人民在帝国主义和种姓制度压迫下要求改变自己命运的强烈愿望,描写了他们不屈不挠的反抗斗争,充满了鲜明的爱国主义精神,同时又富有民族风格和民族特色,具有很高的艺术价值,深受人民群众喜爱。

泰戈尔的作品早在1915年就已介绍到中国,并深受中国读者喜爱。陈独秀、刘半农、郑振铎等人都翻译过他的作品。泰戈尔的《飞鸟集》在中国出版之后,中国诗坛上表现随感的短诗开始流行起来,如冰心作的《繁星》《春水》等,其中都可以看到泰戈尔的影响。那些带有哲理、晶莹清丽的小诗赢得了不少人的喜爱，几乎影响了一代诗风。

此次，泰戈尔应梁启超邀请来华讲学，在中国民间掀起了一股"泰戈尔热"。辜鸿铭也参与了接待泰戈尔的活动，并与泰戈尔进行了良好的交流。回想1913年，民国刚刚肇始，辜鸿铭也有幸被学界推举为诺贝尔文学奖候选人，不仅令人感慨万千。

当时提名辜鸿铭的原因，是因为他创造性地翻译了中国古代《四书》中的三部，包括《论语》（1898）、《中庸》（1904）和《大学》，并著有《中国的牛津运动》（原名《清流传》）等书，向西方人宣扬东方的文化和精神，产生了重大的影响。虽然最后获奖的是泰戈尔，但辜鸿铭对传播中国传统文化的贡献却是不可磨灭的。

中国"四书五经"的翻译最早始于明末清初。当时来华的外国传教士和汉学家把《诗经》、《易经》、《论语》、《老子》等中国古代文化典籍移译成多种文字传到欧美，有拉丁文、英文、意大利文、法文等译本。要把中国古代经籍译成西方文字，就得同时精通对译的两种语言，能够透彻理解两国文化，这并非一般人所能担任。而这些传教士和汉学家大多数只是粗通汉语，因此翻译出来的作品中存在着许多不足之处，有的甚至积字成句、积字成篇，根本无法从整体上体现中国文化的精奥之处。

到了近代，著名汉学家理雅各（James Legge）在王韬的协助下，先后把中国"十三经"中的十部经书译成英文，统称为《中国经典》（The Chinese Classics），在西方享有很高的声誉，被许多西方人视为标准译本。但由于英汉两国语言、文化、思维方式等方面存在着巨大差异，因此理雅各的翻译虽较之以前的译著相对准确，仍不免有误解曲解、死译硬译、断章取义的现象。

1884年，辜鸿铭在《中国学》一文中就指出：理雅各翻译《中国经典》的工作虽然数量惊人，但却是应时之需，并不都令人满意。甚至在某种程度上歪曲了儒家经典的原义，并导致西方人对中国人和中国文明产生种种偏见。为了消除这些偏见，他决定自己动手来翻译儒家经典。

1898年，辜鸿铭在上海出版了他的第一本译著《论语》（The Discourses and Sayings of Confucius: A New Special Translation,

Illustrated with Quotations from Goethe and Other Writers）；1906 年又推出了第二本译著《中庸》（The Universal Order or Conduct of Life）；后来他又翻译了《大学》（Higher Education），但是没有正式出版发行。他在《论语》译序中声称：我们只想在此表达一个愿望，希望那些有教养有思想的英国人在耐心读过我们的译作之后，能够反思一下他们对中国人已有的成见，并能因此修正谬见，改变他们对于中英两国人民与人民、国与国之间关系的态度。

辜鸿铭以及他的翻译作品，无论是翻译的风格、方法，还是翻译态度和翻译观点，都具有自己的特色。[1]

辜鸿铭翻译儒经最突出的一个特点是意译法，即采用"动态对等"的方法，使译文在表达思想方面起到与原文相同的作用，而不是原文与译文之间字栉句比的机械性转换。在《论语》译序中，他就明确指出，他的翻译目的是"让普通英语读者能看懂这本给了中国人智力和道德风貌的中文小册子"，因此他努力"使孔子及其弟子的谈话方式，就像有教养的英国人在表达与这些中国俊杰同样的思想时一样。"在《中庸》译序中，他进一步阐明他的翻译观点："彻底掌握其中之意义，不仅译出原作的文字，还要再现原作的风格。"[2]

辜鸿铭在具体的翻译工作中，确实努力实践着这一翻译宗旨。例如：

1.《论语·学而第一》中子贡与孔子的一段对话。子贡曰：法"贫而无谄，富而无骄，何如？"子曰："可也。未若贫而乐道，富而好礼者也。"

辜鸿铭译为："A disciple of Confucius said to him. ' To be poor and yet not to be servile; to be rich and yet not to be proud, what do you say to that?'' It is good, 'replied Confucius, 'but better still it is to be poor and yet contented; to be rich and yet know how to be courteous.'"句中"谄"字译得尤为精彩，servile 远比 flatter 更能表情达意。而且整个译句简洁明了，既符合英语的表达习惯，又与原句语体风格相互呼应。

---

1 参见朱宝锋：《试论辜鸿铭英译儒经的选择》，《名作欣赏》2011 年第 11 期。
2 辜鸿铭：《中庸》译序。

2.《论语·子罕第九》中记载颜回赞叹孔子之道高且深的那段话:"仰之弥高,钻之弥坚。瞻之在前,忽焉在后。夫子循循善诱人,博我以文,约我以礼,欲罢不能。"

辜鸿铭将它译为:"The more I have looked up to it the higher it appears. The more I tried to penetrate into it the more impenetrable it seems to be. When I have thought I have laid hold of it here, lo! it is there. But the Master knows admirably how to lead people on step by step. He has enlarged my mind with an extensive knowledge of the arts, while guiding and correcting my judgment and taste. Thus I could not stop in my progress, even if I would."

辜氏的这段译文很好地保持了原文言简意赅的特点。"仰之弥高,钻之弥坚。瞻之在前,忽焉在后"译成"The more I have looked up to it the higher it appears. The more I tried to penetrate into it the more impenetrable it seems to be.",对仗工整,用词洗练到位。"When I have thought I have laid hold of it here, lo! it is there"一句,则将颜回慨叹孔子之道高深不可捉摸的语气栩栩如生地传递出来,让人如闻其声,如见其人。辜氏将"欲罢不能"译成"Thus I could not stop in my progress, even if I would",充分挖掘了原文的内涵和神韵,并将之生动地再现出来。

辜氏再现原作风格的努力还体现在以诗译诗,即把《论语》《中庸》等书中出现的诗歌片段,同样用诗歌的形式表现出来。由于辜氏精通中英文,所以译得颇为成功。如《论语·微子第十八》中楚狂接舆之歌:"凤兮凤兮!何德之衰?往者不可谏,来者犹可追。已而,已而!今之从政者殆而!"辜氏是这样译的:

O Phoenix bird! O Phoenix bird,
Where is the glory of your prime?

未名湖畔忆名儒
——严复、林纾、辜鸿铭的北大岁月

> The past is useless now to change,
>
> Care for the future yet is time.
>
> Renounce! Give up your chase in vain;
>
> For those who serve in Court and State
>
> Dire peril follows in their train.

全诗分为三节，共 7 行，每行 8 个音节，双行押韵，读后朗朗上口。全诗的关键"Renounce! give up your chase in vain"，把结尾对于孔子没有于乱世之际隐退的不理解和惋惜之情充分表达了出来。

辜鸿铭翻译儒家书籍的另外一个重要特点是引用歌德、卡莱尔、阿诺德、莎士比亚等西方著名作家和思想家的话来注释某些经文，这在儒经翻译史上还是第一次。辜氏在《论语》译序中解释了其用意："为了让读者彻底理解书中思想的含义，我们引用了欧洲一些非常著名作家的话，作为注释。通过唤起业已熟悉的思路，这些注释或许可以吸引那些了解这些作家的读者。"

近代中国与西方的文化交流虽然是双向的，但"西学东渐"的势力始终要比"东学西渐"强大得多，且西方人在对东学进行选择时总是带着殖民者高高在上的蔑视态度，因此，与东方文化的隔膜甚深。在这种情况下，辜氏的儒经注释法对于帮助西方读者理解中国文化无疑是很有意义的。

除了引用欧洲名家作注之外，辜氏还在注释中将书中出现的中国人物、中国朝代与西方历史上具有相似特点的人物和时间段作横向比较。如将颜回比作圣约翰，子路比作圣彼得，尧比作亚伯拉罕等。这样的比较未必完全恰当，但却有助于那些对中国文化知之甚少的西方人更好地把握儒家经典的内容。

辜鸿铭所译的《论语》、《中庸》等较之以前西方传教士和汉学家的儒经译本有了质的飞跃，可以说是儒经西译史上的一个里程碑，但由于思想和时代的局限性，他的译作中仍存在着这样或那样的不足之处。而最大的不足则在于过分意译：

一是在把握大意的前提下，随意增添许多原文没有的内容。如对"学而时习之，不亦说乎？有朋自远方来，不亦乐乎？"[1]一句的翻译。

辜氏的译文为："It is indeed a pleasure to acquire knowledge and, as you go on acquiring, to put into practice what you have acquired. A greater pleasure still it is when friends of congenial minds come from afar to seek you because of your attainments.""

其中"as you go on acquiring"，"greater"，"of congenial minds"和"because of your attainments"都超出了原文的内容。

二是将译文中出现的大量中国人命、地名删掉。如在《论语》中，他只保留了颜回和仲由的名字，而孔子的其他弟子则直接翻译为"孔子的一个弟子"或"另一个弟子"。虽然他这样做的动机是好的："为了进一步除去英语读者会产生的古怪感和奇异感，只要有可能，我们就删除其中的专有名词。"[2]但对于帮助西方读者更好地了解中国文化这一点，并没有好处，因为儒经中出现的中国人名、地名往往包含着丰富的文化内容，删掉之后就会改变原文的文化色彩和民族色彩。翟林奈（Lionel Giles）在他自己的《论语》译本（The Sayings of Confucius）中，就指出辜氏的这种做法只会使刻画人物形象的力度大打折扣，而人物塑造正是《论语》的引人之处。

对于辜氏来说，他的翻译是一种输出，把儒经翻译到西方，希望在西方社会引起西方人对中华文明的重新认识，从而能够尊重中国和中国人。实际上，辜鸿铭翻译儒经也是作为对西学入侵抵抗的一种武器。面对外国对中国的蛮横态度，辜鸿铭怀着救国救世的态度，毅然开始翻译《论语》、《中庸》等儒家经典，向西方传播儒家文化，纠正西方传教士翻译中造成的误解，改变西方人对待中国的态度。[3]

辜氏在《论语》英译序言中说："我们只想借此表达这样一个愿望：即受过教育的有头脑的英国人，但愿在耐心地读过我们这本译书后，能引起对中国人现

1　《论语·学而第一》。
2　辜鸿铭：《论语》译序，上海别发洋行印行。
3　参见孟华：《翻译中的"相异性"与"相似性"之辨》，谢天振主编《翻译的理论建构与文化透视》，上海外语教育出版社2000年版，第192页。

有成见的反思，不仅修正谬见，而且改变对于中国无论是个人、还是国际交往的态度。"¹

如果说辜氏在翻译《论语》时表达其"为中华文明而译"的思想还略显含蓄的话，那么他在《中庸》英译序言中则显得直接得多，他更为强烈地表达了希望西方人改变对中国态度的愿望："如果这本出自中国古代智慧的小书能有助于欧美人民，尤其是那些正在中国的欧美人更好地理解'道'，形成一种更明白更深刻的道德责任感，以便能使他们在对待中国和中国人时，抛弃那种欧洲'枪炮'和'暴力'文明的精神和态度，而代之以道，无论是以个人的方式，还是作为一个民族同中国人交往的过程中，都遵从道德责任感——那么，我将感到我多年理解和翻译这本书所花费的劳动没有白费。"² 显然，对于辜氏来说，翻译儒家经典就是在为拯救和弘扬中华文明而努力。

无论是在其《论语》还是《中庸》英译中，辜氏均把儒家思想看成是一种宗教，并在翻译过程中经常使用西方基督教的观念来翻译儒家思想中的某些词汇。如：

子曰：君子三畏：畏天命，畏大人，畏圣人之言。

Confuciusre marked: There are three things which a wise and good man holds in awe. He holds the laws of God, person in authority, and the words of wisdom of holy men.

辜氏把"天命"译为"the laws of God"，把"圣人"译为"holymen"，其中 God 和 holymen 都是基督教中的用语，这体现了辜氏译文的归化倾向。早在十七八世纪，天主教在中国传教初期采用音译的方法传教收效甚微，而后来利玛窦把基督教义中国化，如把基督教中的"上帝"说成是中国人传统的"天"，保证了日后传教的成功。因此，"在文化交流中只要翻译策略运用得当，相异性因素就有可能在一定程度上转化为身份认同"。辜氏使用归化策略翻译儒经的努

1　辜鸿铭：《论语》译序，上海别发洋行 1904 年印行。
2　辜鸿铭：《中庸》译序，上海英文《文汇报》社 1906 年版。

力，如把"天"译为"God"等，实际上也表现为他希望西方人更容易接受儒家思想。

辜氏的译文希望面向广大的普通读者，但主要还是受过教育的普通英国人。为消除读者的陌生和古怪的感觉，辜鸿铭在译文中尽量去掉中国的专有名称并引用欧洲著名作家的话注释儒家思想。在《中庸》翻译中，辜氏除了大量引用欧洲著名作家的话语之外，还对相关内容做了大量评论，这些都以注释的形式夹杂在译文中，构成了对译文的重要补充。毋庸置疑，辜氏认识到对于受过教育的英国读者，降低源文化带来的陌生感将有助于源文化的传播和接受。

19世纪末20世纪初中国面临的社会危机让辜鸿铭看到输出儒家思想的迫切性和必要性，所以他担当起了传播的重任。译者对翻译策略的选择同样如此，译者个人对翻译的认识、读者对象的把握以及其翻译目的等都影响着他的翻译策略的选择，除此之外，社会历史文化因素的作用不可忽视。辜鸿铭所处的时代欧美在政治经济上实行对外扩张，相应地英语文化在世界范围内也处于强势地位，让英语文化的读者来接受完全不同的中国儒家文化理所当然会遇到巨大障碍，辜鸿铭采用归化的翻译在很大程度上缓和了两种文化的冲突，取得了较好的效果。

文化互动理论认为，外来文化的本土化是两种文化接触后的必然选择。"传播方为了达到更好的传播效果，会针对接受方的实际情况对其宗教哲学思想作形式和内容上的调整与修饰，而接受方则会根据自己的实际需要对外来思想进行翻译、诠释、再创造的工作，从而引起建设性的传播、解释和运用。"[1] 辜鸿铭为了让儒家文化更好地被英国人所接受，所做出的本土化努力（即归化）实际上达到了传播儒家文化的目的，其做法对当代翻译理论和实践仍不乏启迪意义。

对于辜氏英译儒经，曾存在过两种截然相反的评价：一种是赞美推崇，一种是否定批评。持赞赏观点的以林语堂为代表。林语堂在《从异教徒到基督教徒》一书中评价道：

> 他（辜鸿铭）了不起的功绩是翻译了儒家《四书》的三部，不只是忠实的翻译，而且是一种创造性的翻译，古代经典的光透

---

[1] 屠国元、王飞虹，《论译者的译材选择与翻译策略取向》，《中国翻译》，2005年第2期。

过一种深的了然的哲学的注入。他事实上扮演东方观念与西方观念的电镀匠。他的《孔子的言论》，饰以歌德、席勒、罗斯金及朱贝尔的有启发性的妙语。有关儒家书籍的翻译，得力于他对原作的深切了解。[1]

持否定态度的则以王国维为代表。王国维曾认真研读过辜氏翻译的《中庸》，并撰写了《辜汤生英译〈中庸〉后》一文，指陈其中大小弊病若干条，认为辜氏的翻译尝试乃一大失败。

不管人们对辜氏译经活动的评价如何，人们都应该承认他对中华文化的阐释宣扬功不可没。他所译的《论语》，海外购者近万部，流传甚广；所译的《中庸》则被收入《东方智慧丛书》，辜氏也因此在西方声名大噪。他以极大的热情和创造性把中国传统文化介绍给西方世界，在中西文化史上写下了浓墨重彩的一笔。

作为我国近代少有的精通中西文化的著名学者、翻译家，辜鸿铭的贡献不仅是将我国经典古籍《论语》、《中庸》、《大学》等译成英文，而且还将外国诗歌等翻译成中文，主要有威廉·柯伯的《痴汉骑马歌》和柯勒律治的《古舟子咏》，成为近代中国译介西方诗歌的先驱。

正是在研习儒家经典的过程中，辜鸿铭发现传统儒教与卡莱尔倡导的浪漫主义有相通之处。他认为中国文化中包含着可以治疗西方社会现代化弊病的良方，只有中国文明才能力挽西方文明于既倒。于是乎，他孜孜不倦地向西方社会大力弘扬中国悠久的历史文化，为沟通中西文化做出了巨大的贡献。

1924 年，当辜鸿铭与泰戈尔在中国相遇时，可以肯定，泰戈尔一定为中国有这么一位神奇的人物感到惊奇。作为经常用英文写作的印度文化大师泰戈尔，在对待西方文明方面，与辜鸿铭有许多共通之处：

一方面，他们对西方文明均持尊重和友好的态度。只是泰戈尔更能从全人类的角度，以悲天悯人的博大胸怀，关注人类的发展。其立意与辜鸿铭相比，更具现代性。有感于印度的苦难，泰戈尔说：

---

[1] 林语堂：《从异教徒到基督教徒》，陕西师大出版社 2007 年版。

我再次指出，如果真理从西方来，我们应该接受它，毫不迟疑地赞扬它。如果我们不接受它，我们的文明将是片面的、停滞的。科学给我们理智力量，它使我们具有能够获得自己理想价值的积极意识的能力。为了从垂死的传统习惯的黑暗中走出来，我们十分需要这种探索。我们应该为此怀着感激的感情转向西方活生生的心灵，而不应该煽动反对它的仇恨倾向……今天，任何国家把别的国家拒之门外，都不能谋取独特的进步。[1]

可以说，和西方的密切接触使泰戈尔"原已十分广博的人道主义同情心更加宽广，并深化了他对那种激励西方心灵去建立伟大功业的智力和精神的理解"。

另一方面，当第一次世界大战搅乱了人类的和平生活时，泰戈尔和辜鸿铭一样，对战争进行了谴责。只是泰戈尔对交战双方抱以同样的悲悯和谴责。他在诗中写道：

大地万千的痛苦和罪过，

多少暴力的喧哗和凶兆，

今朝一切都汹涌澎湃，

越出河岸，涌向天空。……

今朝，懦怯者的胆小，

强悍者的残暴，贪婪者的无耻，

被宰割心灵的创伤，

民族的傲慢，对神明的亵渎，

这一切戳穿造物主的胸膛。[2]

---

[1] 克·克里巴拉尼著、倪培耕译：《泰戈尔传》，第389页。人民文学出版社2011年版。
[2] 转引自胡勇前：《泰戈尔与西方》，《书屋》2002年第5期。

在北京的讲演中，泰戈尔以"巨人"比之西方的物质文明。他认为：

> 西方文明重量而轻质，其文明之基础薄弱已极，结果遂驱人类入于歧途……此种文明，吾东方人士万不可崇拜之，如崇拜之，则必受其害。吾人今须知人类之精神，须如机械之轮之自强不息。吾人分所应为者乃对于一切压迫之奋斗抵抗，以求到达于自由之路，故吾人今对于大人（即西方文明）须以较机械更良之武器征服之。换言之，即吾人今须以精神战胜物质是也。[1]

这种精神战胜物质的理论，虽然在弱肉强食的世界中不太现实，但却道出了东西方文明的殊异，表达了诗人对东方文明命运的关心。

十九世纪末、二十世纪初的中国社会，正处于中西文明冲撞交汇的特殊时期，不仅有西学东渐的浪潮，也有东学西渐的涌流。在这两股潮流的碰撞中，翻译始终发挥着它不可替代的桥梁作用——让中国人放眼世界，让西方人了解中国。

辜鸿铭倾毕生精力于阐扬传播东方文化，在当时的国际上享有盛誉，西方人对他十分推崇，尊之为东方文化的"圣哲"。在西方人眼中，这个小辫子的学者和印度的泰戈尔同样被视为东方文化的代言人。但由于辜鸿铭的著译多为英文且行事守旧狂放，因而国人对他或不甚了解，或心存偏见。事实上，他在我国翻译史上的贡献，特别是他把中国古籍经典译成外文的成就，绝不亚于近代任何一位翻译家，理应在中国翻译史册上留下一笔。

辜鸿铭曾指出，西方宣扬的个人主义很不成熟，中国道德讲究"仁义"，才是最人道的人际关系。辜鸿铭与张之洞正是用自己的毕生交往，诠释了中国式的、以"仁义"为基础的人际关系。

---

[1] 转引自李扬帆：《晚清三十人》，"回到辜鸿铭的立场又如何"。

五、北大英文门教授

北京大学的前身——京师大学堂建立时,校址设在马神庙街(民国时称景山东街,今称沙滩后街)。光绪末年,为了改善教学环境,清政府在故宫东北一处叫沙滩的地方,另拨了一块近 9000 平方米的空地给大学堂,用以增建校舍。1905 年,先期建设的操场完工,京师大学堂在这里举行了第一次大学运动会,这也是中国大学史上的第一次运动会。

1912 年 5 月,京师大学堂改名为北京大学,原京师大学堂总监督严复成为第一任校长。严复任校长时,学生仅有百余人,教师有数十人。1915 年秋天,当辜鸿铭来到北京大学担任英文门教授时,全校学生也不过数百人。

"英文门"是"英国文学门"的简称,最早出现在"癸卯学制"——《奏定京师大学堂章程》中。这说明,英文门作为一个独立的专业(学科)设置,在 19 世纪末的中国大学就已初具雏形。当时辜鸿铭被英文门聘为"英美文学"课程的主讲教师。

北大外文楼

1915 年 9 月初,北京大学举行新学年开学典礼。时任北大代理校长、工科学长的胡仁原亲自主持典礼,并做了简短的开场白。随后,刚刚加入北大的英文门教授辜鸿铭便站起身来,作了长篇发言。

在发言中,辜鸿铭情绪激动。他既不带稿子,也没有章法,基本上是想到哪说到哪。时而抨击今天的读书人写文章,"不但句子不通,就连所用的名词都不通。如'改良'一词,既然已经是'良'了,还改什么?从前人们只说'从良',现在却说要'改良',难道要改'良'为'娼'吗?";时而他又抨击现在当官的,"都是为了保自己的饭碗。他们的饭碗实在是大得很,不仅可装洋楼、汽车,还可以装姨太太"等等。

1915年考上北大的冯友兰后来在《三松堂自序》中回忆说,在那一年的开学典礼上,他曾看见脑后拖着一条小辫子的辜鸿铭宽袍大袖地坐在主席台上,并亲耳聆听了辜先生别开生面的即席演说。

当年还是北大学子、后来担任清华校长的罗家伦回忆说:"我记得第一天他老先生拖一条大辫子,是用红丝线夹在头发里辫起来的,戴了一顶红帽黑缎子平顶的瓜皮帽,大摇大摆地上汉花园北大文学院的红楼,颇是一景。"

辜鸿铭的学生袁振英在回忆第一次见到辜鸿铭的情景时也留下了同样的印象。几个人的回忆大同小异,却从侧面勾画出一幅辜鸿铭在北大时期的形象写照。

在课堂上,辜鸿铭教学生英文,首先要学生"练基本功"。他把《千字文》和《人之初》译成英文,从"天地玄黄"到"焉哉乎也","Dark Skies above The Yellow earth, Chaos before the Creations Earth……"不仅音调整齐,而且朗朗上口。他站在讲台上手舞足蹈、心醉神迷地念着,下边一班着学生装、留学生头的学生们,整齐合一地跟他念着……说是念,其实更像唱,像全班同学的大合唱。旁人听起来觉得可笑,而辜鸿铭却觉得诙谐滑稽,让学生们乐而忘倦。

这种独一无二的教学方法颇受学生们的喜爱和欢迎,据说连当年风头最劲的胡适也比不上他。辜鸿铭让学生背完《千字文》,接下来就让他们背《三字经》。他告诉学生们:"《三字经》一书,里面有许多科学道理,开宗明义便说'性本善',有关人生哲学问题,与法国大儒卢梭的论调相同。什么'一而十、十而百、百而千、千而万'是数学,'日水火,木金土……'是物理学;什么'三纲五常'是伦理学,'天地人,日月星'又是宇宙论、天文学……。而《三字经》中关于君臣父子的道理，不仅宏大精深，而且很有教导学生的价值。"

冯友兰在回忆辜鸿铭课堂教学的情况时说："他在堂上有时候也乱发议论，拥护君主制度。有一次他说，现在社会大乱，主要原因是没有君主。他说，比如法律吧，你要说'法律'（说的时候小声），没有人害怕；你要说'王法'（大声，一拍桌子），大家就害怕了，少了那个'王'字就不行。"[1]他讲得有声有色，煞有介事，学生们自然也觉得爱听。

1916年元旦，袁世凯宣布复辟。辜鸿铭在北大上课时，站在讲台上，从上课铃响直骂到下课铃响，把袁世凯骂到无以复加的程度。

辜鸿铭对袁世凯的厌恶由来已久。在《张文襄幕府纪闻》一书中，他曾公开讥讽、揶揄过袁世凯。张之洞与袁世凯同入军机处之后，有一次，袁世凯对德国公使说："张中堂是讲学问的；我是不讲学问的，我是讲办事的。"袁世凯的一位幕僚将此作为袁世凯的得意之举告诉辜鸿铭。不料，辜鸿铭不假思索地回答："诚然。然要看所办是何等事，如老妈子倒马桶，固用不着学问；除倒马桶外，我不知天下有何事是无学问的人可以办得好的。"[2]供职外务部时，辜鸿铭应诏陈言，以"用小人办外事，其祸更烈"，直指时任军机大臣、外务部尚书袁世凯。

袁世凯窃取辛亥革命成果后，辜鸿铭公开撰文表示反对，他说："袁世凯之行为，尚不如盗跖贼徒，其寡廉鲜耻无气义乃尔耳。"[3]

这一年6月，袁世凯去世。全国举哀三天，辜鸿铭却特意请来一个戏班，在家里大开堂会，热闹了三天。

他曾公开说："人家都说袁世凯是豪杰，我偏说袁世凯是贱种。"袁世凯当上民国总统后，辜鸿铭非但没有收敛骂袁世凯的架势，反而变本加厉，改用英文大骂袁世凯对朝廷的不忠，使袁世凯在国际上的形象大受影响。

袁世凯对辜鸿铭非常恼怒，却又无可奈何。据德国汉学家卫礼贤在《中国精神》一书中记载，袁世凯为了堵住辜鸿铭那张极具杀伤力的利嘴，曾托人请辜鸿铭到袁家做家庭教师，月薪五百元，希望以此缓和与辜鸿铭的关系。当时辜鸿铭虽然手头有些紧，却毫不犹豫地拒绝了。

---

1 参见冯友兰：《三松堂自序》，三联书店1984年版。
2 辜鸿铭：《张文襄幕府纪闻》，《辜鸿铭文集》上册。
3 辜鸿铭：《贱种》，《《张文襄幕府纪闻》，《辜鸿铭文集》上册。

未名湖畔忆名儒
——严复、林纾、辜鸿铭的北大岁月

辛亥年冬天，效忠于袁世凯的张謇、唐绍仪以孟子"君之视臣如犬马，则臣视君如国人；君之视臣如土芥，则臣视君如寇仇"的"诤言"来游说辜鸿铭一起辅助袁世凯，辜回敬说："鄙人命运不济，诚当见弃。然而你们两人，倒也是一个土芥尚书，一个犬马状元。"[1]

1916年秋季北大新生入学时，学校发现随着学生人数的逐年增多，校舍已无法满足教学所需。于是，学校通过向比利时银行借款，在位于沙滩的学校大操场上新建校舍。

年底，蔡元培被任命为北京大学校长。上任之后，他立即对北京大学进行了一系列整改，包括聘请一批有学问和本领的教授，教员一律按聘约合同工作，水平低下的教员即使外籍人士也必予以解雇。辜鸿铭以其深厚的西学功底被续聘为英文门教授，专讲英文诗。

第一天上课，辜鸿铭就穿着长袍马褂、戴着瓜皮小帽、拖着一条辫子出现在讲台上。座中一班新生看着讲台上这位仿佛古董般的老师，真有些目瞪口呆。

辜鸿铭却毫不在意，唇上颏下几绺胡须，面色红润，一副仙风道骨气派，伸手拣一根粉笔，辫子一抛，便在黑板上大大地写下自己的名字。那根辫子拖在后面，直指学生们。调皮的学生窃窃私语，说谁能将其脑后那根辫子剪下，必定名扬天下，但却无人敢动手。

辜鸿铭抛下粉笔，对学生宣布他的约法三章："我有三条规矩，你们必须知道。第一，我进来时，你们要站起来，上完课我先出去，你们才能出去。第二，我向你们问话或你们向我提问，你们都要站起来。第三，我指定背的书，你们都要背，背不出的不能坐下。"[2] 座中学生听他滔滔不绝地解释约法三章的理由，一个个愣了神。许多学生心里直打鼓，疑惑这位老师究竟是不是讲英文诗的，否则哪能这般古董？

辜鸿铭最后点题，告诫学生们："必须深通文以载道的道理。我们中国人最懂做人的道理，诗文特别发达。但我们为什么还要学习英文诗呢？那是因为你们学好英文后，可以把我们中国人做人的道理，温柔敦厚的诗教，去晓喻那些四夷

---

1 胡思敬：《国闻备乘》卷四，辜鸿铭坚拒袁党，中华书局2007年出版。
2 罗家伦：《回忆辜鸿铭先生》。

之邦。"

在课堂上讲英文诗时,他也不带讲义教材,凭着一张嘴便滔滔陈述起来,他说:"我讲英文诗,要你们首先明白一个大旨,即英文诗分三类:国风、小雅、大雅。而国风中又可分为苏格兰、威尔士……等七国国风。"[1]

辜鸿铭上课并不呆板,有时甚至还很幽默。罗家伦回忆说:

> 辜先生对我们讲英国诗的时候,有时候对我们说:"我今天教你们外国大雅。"有时候说:"我今天教你们外国小雅。"有时候说:"我今天教你们外国国风。"有一天,他异想天开地说:"我今天教你们洋离骚。"[2]

他就这么一会儿英语,一会儿法语、德语、拉丁语、希腊语……引经据典,旁征博引地讲了起来,学生们虽然经过严格考试,却有许多人跟不上这位老师的语言节奏。辜鸿铭得意地告诉学生:

> 像你们这样学英诗,是不会有出息的。我要你们背的诗文,一定要背得滚瓜烂熟才行。不然学到头,也不过象时下一般学英文的,学了十年,仅目能读报,伸纸仅能写信,不过幼年读一猫一狗式之教科书,终其一身,只会有小成而已。我们中国的私塾教授法就很好,开蒙不久,即读四书五经,直到倒背如流。现在你们各选一部最喜爱的英诗作品,先读到倒背如流,自然就有根基,听我讲课,也就不会有困难了。中国人的记忆力是很不错的,用心记忆,而外国人只是用脑记忆。我相信诸君是能做好的。[3]

---

[1] 罗家伦:《回忆辜鸿铭先生》。
[2] 罗家伦:《回忆辜鸿铭先生》。
[3] 严光辉《辜鸿铭传》,第六章《执教北大小试牛刀》,海南出版社2007年版。

学生们只有依着他的意思，日夜用功背诵洋诗。待到上课时，一个个小心翼翼，学生们用中文问他，他却用英文答复你。倘若用英文问他，他又偏偏用中文答复你，逼得学生们不得不下苦功读书。

学生向他请教掌握西学的妙法，他答曰："先背熟一部名家著作作根基。"辜鸿铭曾说："今人读英文十年，开目仅能阅报，伸纸仅能修函，皆由幼年读一猫一狗之式教科书，是以终其身只有小成。"他曾对晚清直隶布政使凌福彭说："学英文最好像英国人教孩子一样的学，他们从小都学会背诵儿歌，稍大一点就教背诗背圣经，像中国人教孩子背四书五经一样。"

他让学生们翻译四书五经，并给予认真指导，使学生们的英文水平大有长进。然后，他教学生们译典雅的英文诗。有一次，学生们翻译一首英文诗时，译出的中文歧义百出，令人啼笑皆非。他只好自己示范，译出来念给学生们听：

上马复上马，同我伙伴儿；男儿重意气，从此赴戎机。

剑柄执在手，别泪不沾衣；寄语越溪女，喁喁复何为！

请谢彼妹子，艳色非所希，岂似同里儿，喁喁泣且悲。

名编壮士籍，视死忽如归。[1]

又译德国《从军辞》曰：

击鼓期锵，胡茄悲鸣。爰整其旅，夫子从征。

英英旗旆，以先启行。我心踊跃。踊跃我情。

赠我战衣，与马从征，自出东门，我马骆骡。

遏云其远，与子同行，爰居爰处，强敌是平。

乐莫乐兮，与子同征。[2]

---

[1] 转引自罗家伦：《回忆辜鸿铭先生》。
[2] 转引自严光辉《辜鸿铭传》，第六章《执教北大小试牛刀》。

整篇都是古风韵味,真是难为了学生们。有一次上课,辜鸿铭突然对学生们说:"今天,我教你们洋离骚。"只见他拿出一本英文诗,原来是英国大诗人弥尔顿的《悼亡友诗》(Lgcidas),是诗人为悼念淹死的亡友而作的,竟被辜鸿铭当作了"洋离骚"。这首长诗,学生们从第一节课读的是第一页,直到最后一堂课翻的仍是第一页。

辜鸿铭在课堂上讲课时,经常滔滔不绝,慷慨陈词,不是骂洋人,就是骂一班坏了君臣大节、礼义廉耻的乱臣贼子;有时又骂那些自命学问不凡的教授诸公,或者回过头来嘲笑所谓民主潮流,他说:"英文democracy(民主),乃是democrazy(民主疯狂)。俄国作家陀斯妥耶夫斯基乃是Dosto—Whiskey(Dosto 威士忌)。"[1]

虽然是信手拈来,随口说出,却嬉笑怒骂皆成文章,听得台下的学生们一个个神思荡漾,甚至佩服得五体投地。听过他上课的学生们,不仅可以从中学到丰富的学识和机敏的才智、绝妙的联想,而且听得极为过瘾,只知妙趣横生,不觉时间飞逝。大家对他的印象都十分深刻。

当年轻的胡适博士刚从太平洋彼岸回国就任北京大学教授时,好生意气风发,辜鸿铭却讥讽他讲的是美国中下层的英语,还说"古代哲学以希腊为主,近代哲学以德国为主,胡适不懂德文,又不会拉丁文,教哲学岂不是骗小孩子?"[2]

辜鸿铭的个性虽然强,但英文水准却是一流的。林语堂认为辜鸿铭"英文文字超越出众,二百年来,未见其右。造词、用字,皆属上乘"。对这位精通马太·安诺德、罗斯金、爱默生、歌德及席勒的专家,林语堂甚至认为自己"不配去接近"[3]。

罗家伦也说,他在国外英文杂志里看到过辜鸿铭的文章,所采用的体裁是欧洲中世纪基督教常用的问答传习体,"用字和造句的深刻和巧妙,真是可以令人拍案叫绝"。梁实秋对"先生深于英国文学之素养"感到十分钦佩,英国主教鄂方智甚至认为辜鸿铭"用英文所写的文章,以英国人看,可以和维多利亚朝代任何大文豪的作品相比并"。

辜鸿铭在北大讲英文诗,常常旁征博引,海阔天空,怪论迭出。

---

[1] 罗振玉:《外务部左丞辜君传》,《东北丛刊》1931年第13期。
[2] 转引自《辜鸿铭别传》,第366页。
[3] 林语堂:《辜鸿铭集译〈论语译英文〉序》。

未名湖畔忆名儒
——严复、林纾、辜鸿铭的北大岁月

在列举诗人的作品时，他却不假思索，脱口而出。学生们翻开诗集一对照，竟一句也不差，其记忆力之惊人让所有学生都不得不折服。他对古文烂熟于胸，英文又呱呱叫，加上诙谐幽默，有时讲到得意处，还会忽然唱段小曲，或者从长袍里掏出几颗花生糖大嚼，令人忍俊不禁。学生们上他的课，最怕的还不是背诵，而是辜鸿铭要求他们做的翻译。学生们一听要将"天地玄黄，宇宙洪荒"译为英文，个个抓耳搔腮。有时他一年下来只讲6首十几行的英文诗，却也没有学生退堂的。

由于辜鸿铭长期接受的是西方教育，在黑板上写错汉字的事时有发生。有次讲《晏子春秋》时，他把"晏"写成"宴"。有位同学指出后，他觉得很尴尬，一边纠正一边自语说：

> 中国汉字真讨厌，"晏"与"宴"不过把"日"字的部位换一下而已，字义就不同了。英语中就没有这样调皮捣蛋的。[1]

有个好事的学生指出英语中也有这类问题，如"god"（上帝）倒过来就成了"dog"（狗）了。辜鸿铭耸耸肩一笑了之。

长期以来，人们多认为辜鸿铭的博学在于他的天赋聪明，而辜鸿铭自己则不承认。他晚年曾对人说："其实我读书时主要还是坚持'困兽而学之'的方法。久而久之不难掌握学习艺术，达到'不亦说乎'的境地。旁人只看见我学习得多，学习得快，他们不知道我是用眼泪换来的！有些人认为记忆好坏是天生的，不错，人的记忆力确实有优劣之分，但是认为记忆力不能增加是错误的。人心愈用而愈灵堂！"他慨叹道："困兽而不学，民斯为下矣！"[2]

辜鸿铭在学校中，常常独来独往，不太与别人交往。当时北京大学特设教员休息室，来早了或课讲得累了，他也会到教员休息室坐坐，然后坐上等在外面的刘二的黄包车回家去。就在这休息室的短短时间里，辜鸿铭也闹出过不少趣事。

当时北京大学聘请来的外国学者，大多都知道辜鸿铭的大名，每次见面，执礼甚恭。但他却毫不客气，见到英国人，用英语骂英国人；见到德国人，用德语

---

1 转引自严光辉《辜鸿铭传》，第六章《执教北大小试牛刀》。
2 兆文钧：《辜鸿铭先生对我讲述的往事》。

骂德国人；见到法国人，用法语骂法国人，挨骂的却个个"心服口服"。

辜氏对洋人的态度反映了他性格的复杂性。也许是因为在西方待得太久的缘故，他对西方人的人性中丑恶的一面了解得很深。而了解得越深，他就越鄙视那些妄自尊大的洋人。

在北大时，他最看不惯的就是那些自以为是的洋教授，有时甚至公开表示对他们的轻蔑。有一次，一位新来的外国教授看到他脑后拖着一条小辫子，十分好奇，便向校役打听此人是谁？辜鸿铭得知他是教西洋文学的，便故意用拉丁语与他谈话。看到对方接不上口，辜鸿铭便不客气地说："你是教西洋文学的，如何拉丁文如此隔膜？"洋教授一时大窘，后来才知道此人就是鼎鼎大名的辜鸿铭。

又有一次，辜氏在东交民巷内的六国饭店，用英文讲演《春秋大义》（The Spirit of Chinese People）。中国人讲演从来没有卖票的，他却不仅卖票，并且卖得很贵。当时听梅兰芳的戏，最高票价不过一元二角，而他的门票则售二元，其在外国人中的影响由此可见一斑。他与洋人交往完全按洋人的规则行事，没有丝毫的媚洋心态，反而深受洋人的尊重。

1918年，年方25岁的梁漱溟在北大教授中国哲学时，对教员休息室里的辜鸿铭就留下很深的印象。他回忆说：

> 偶然一天相遇于教员休息室内。此老身量高于我，着旧式衣帽，老气横秋。彼时我只二十五，而此老则大约七十上下了。因当时南北争战，祸国祸民，我写了《吾曹不出奈苍生何》，主张组织国民息兵会的小册子，各处散发，亦散放一些在教员休息室案上。老先生随手取来大略一看，自言自语地说了一句："有心哉！"他既不对我说话，而我少年气傲，亦不向他请教。今日思之，不免歉然。[1]

辜鸿铭是第一位在北大讲授拉丁文的教授。由于从小受西方教育方式影响较

---

[1] 梁漱溟：《遭遇辜鸿铭》，汪东林：《梁漱溟问答录》，湖南人民出版社1988年版。

大,他并不拘泥于中国的教学方式,上课经常跑题。周作人回忆说:"他在北大教的是拉丁文等功课,不能发挥他的正统思想,他就随时随地想要找机会发泄。"[1]

林语堂对辜氏的幽默颇为欣赏,并有其独到的见解。他说:

> 实则辜鸿铭之幽默起源于其倔强之本性及其愤世嫉俗之见解。在举国趋新若鹜之时,彼则扬言尊礼;在民国时期,彼偏言尊君,偏留辫子;在崇尚西洋文明之时,彼力斥西洋文化之非,细读其文,似非无高深见解,或缺诚意,然其持之过甚,乃由愤嫉而来。[2]

1917年张勋复辟,辜鸿铭出任外交部次长。复辟失败后,他回到北大教书。蔡元培明知道他的政治立场,但仍然聘他,因为他的英文水准是顶尖的。

辜鸿铭的得意门生袁振英对辜鸿铭留发辫等看似古怪的行为,从另一个角度给予了解释。他说:

> 我对于腐败社会,常常持着反抗态度。……我们的辫子教授辜鸿铭在张之洞两湖总督署时是西装的,但在亡清塌台时,中华民国成立后,他便改穿长衫马褂!他也是反对社会的![3]

特立独行的袁振英将他这位举止特异的老师引为知音。1928年辜鸿铭去世,袁振英在悼念文章中写道:

> 在中国再想找第二个辜先生,恐怕还不知道什么时候呢!待河之清,人寿几何!我不只为辜先生一生潦倒哭,且为中国的文学界悲!瞻望前途,余欲无言![4]

---

1 周作人《北大感旧录·辜鸿铭》。
2 林语堂:《辜鸿铭》。
3 袁振英:《记辜鸿铭先生》,《人间世》1934年第18期。
4 袁振英:《记辜鸿铭先生》,《人间世》1934年第18期。

字里行间，对辜鸿铭的晚年境遇极为痛惜并对他的才能极为推崇。

北大贝公楼

六、在新文化运动中

北京沙滩五四大街上,有一座外表看似普通且显得有些陈旧的四层红砖楼,它就是著名的北京大学"红楼"。

北大红楼

位于沙滩的"红楼"建于1918年,迄今已有近百年的历史了。红楼平面呈工字形,楼内有二百余间房子。红楼原计划作学生宿舍,落成后又改为文科教室和图书馆,后来北京大学一院便设立在这里。当时北京大学分为三院:一院(即文学院)在沙滩红楼,是文科所在地,有国文、哲学、历史、英文四系;二院(即理学院)在景山东街(即原来的京师大学堂),是理科所在地,有数学、物理、化学、生物等系;三院(即法学院)在北河沿,是原来清末的译学馆,为法科所在地。这种三院并存的局面一直维持到1949年。

"红楼"在中国现代史上影响深远,它不仅是蔡元培就任北大校长后的办公地,而且是五四运动的策源地。当时北大汇集了大批名流学者,如陈独秀、李大钊、鲁迅、胡适等,以红楼为阵地,开展了轰轰烈烈的新文化运动。1919年5月4日爆发的反帝反封建的五四爱国运动,也是从红楼北边的民主广场集合出发的。同年李大钊、邓中夏等在红楼成立了马克思主义研究会,后变成北京共产主义小组。中国共产党成立后,中共北方局和中国社会主义青年团的办公地点也曾设在红楼。毛泽东1918年8月至次年3月任北大图书馆助理员时,也在红楼上班。

1918—1919 年，正是新文化运动风起云涌之际，北大三位大名鼎鼎的人物——陈独秀、蔡元培、胡适，先后给辜鸿铭戴上了"君主论者""复辟论者"和"久假不归者"三顶"帽子"。

时为北京大学文科学长、被称为新文化运动主帅的陈独秀率先发现并"看中"了辜鸿铭。在《新青年》杂志发表的署名文章中，陈独秀称"夫孔子之伦理如何，德国人政体如何，辜鸿铭、康有为、张勋诸人，固已明白昌言……。"[1] 把辜鸿铭与鼓吹"君主论"的康有为、鼓吹复辟的张勋并列，且把辜鸿铭排在首位。

1919 年 3 月，时任北大校长的蔡元培在《致〈公言报〉函并附答林琴南君函》的公开信中，再次宣示了自己的办学主张，并把辜鸿铭作为"典型事例"。他说：

> 对于教员，以学诣为主。在校讲授，以无悖第一种之主张为界限。其在校外之言行，悉听自由，本校从不过问，亦不能代负责任。例如复辟主义，民国所排斥也，本校教员中，有拖长辫而持复辟论者，以其所授为英国文学，与政治无涉，则听之。[2]

颇负时望的蔡元培继陈独秀之后，再一次给辜鸿铭贴上复辟论者的标签。

1919 年 8 月，新文化运动的闯将胡适在《每周评论》给辜鸿铭戴上了第三顶帽子。在这篇题为《辜鸿铭》的随感录中，胡适说：

> 现在的人看见辜鸿铭拖着辫子，谈着"尊王大义"，一定以为他是向来顽固的。却不知辜鸿铭当初是最先剪辫子的人。当他壮年时，衙门里拜万寿，他坐着不动。后来人家谈革命了，他才把辫子留起来。辛亥革命时，他的辫子还没有养全，他带着假发接的辫子，坐着马车乱跑，很出风头。这种心理很可研究。当初他是"立异以为高"，如今竟是"久假而不归"了。[3]

---

[1] 陈独秀：《质问〈东方杂志〉记者——〈东方杂志〉与复辟问题》，《新青年》1919 年 9 月 15 日。
[2] 蔡元培：《致〈公言报〉函并附答林琴南君函》，《公言报》1919 年 3 月 18 日。
[3] 胡适：《辜鸿铭》，《每周评论》1919 年 8 月 3 日。

被戴上三顶"帽子"的辜鸿铭站在校园里的看台上,看新文化运动潮起潮落,他似乎觉得很无奈。因为他完全没有想到,由于西方人特别是德国人对他的推崇以及他对西方文明的认识,引起了一场关于东西方文化的论战,而他自己则成了论战中的"靶子"。

论战起于第一次世界大战结束之后,作为战胜国的英、法、美等国为防止德国军国主义死灰复燃,对德国施行军备制裁和苛刻的战争赔款,这使本已厌战、祈求和平的德国人大为不满,而当时作为战胜国之一的中国,在巴黎和谈桌上也同样任人宰割。于是,德国人与中国人有了同病相怜的感觉。

战败的德国不甘屈辱,对西方世界充满怨恨,对东方文化则满怀兴趣。辜鸿铭在战争前后在德国出版了一系列著作:包括《为中国反对欧洲观念而辩护》、《中华民族的精神与战争的出路》,以及《怨诉之音》等,在战后的德国十分畅销,拥有大量的读者。辜鸿铭的名字也常常挂在德国人的嘴边。《怨诉之音》出版后不久,德国人还专门组织起一个辜鸿铭研究会,研究他的思想。德国著名历史学家施本格勒那部轰动西方世界的著作——《西方的没落》,据说曾受到辜鸿铭思想的影响。另一位德国教授纳尔逊教授则对中国学生说:

> 我读辜鸿铭著作,至今已十多次了,多读一次,即更有所得一次。大凡一部书,倘若只值得读上一次,那它的价值实在值不得一读。我希望你再读之后,见解或有改变。[1]

这位教授认为辜鸿铭著作的哲学意义深远,令他佩服。在德国人眼中,辜鸿铭似乎已经成了中国文化的象征和东方的"圣哲",神秘得有几分耀眼。一位德国教授甚至规定,如若他的学生不懂辜鸿铭,那就不准他参加讨论。

辜鸿铭在西方世界尤其是在德国的影响,恰与他在中国的影响形成鲜明的对照:他批判、怒斥西方的不文明行为,一出招便捅到西方人的痛处,西方人因此对他佩服得五体投地;而他热情地褒扬中国文化,忠心耿耿、一心一意为之呼喊,

---

[1] 转引自李玉刚:《辜鸿铭别传》,第376页。

中国人却把他当作"保守""落伍"的怪物看待,其中的反差实在太大了。

其时,《东方杂志》上登载了一篇署名伧父的文章——《迷乱之现代人心》。[1]文中认为民国以来,国是丧失,精神破产,实在是中国对现实纷乱的惶惑,出路只有一条,保持固有文明并以之为线索,融汇外来文明,一以贯之。文中特别引用了辜鸿铭关于教育的看法。

《东方杂志》的文章登出后,便被新文化运动的主帅陈独秀抓住把柄,随即在《新青年》杂志发表文章反驳。他先后列出十六条理由,条分缕析,质问《东方杂志》记者:"夫孔子之伦理如何,德国人政体如何,辜鸿铭、康有为、张勋诸人,固已明白昌言之,《东方》记者亦赞同否?"[2]陈独秀的语气,大有一副要与人单打独斗的架势。

不久,杜亚泉在《东方杂志》发表文章,对陈独秀的质问列举了十条理由加以反驳,就中西文化中的一系列问题进行评说,强调借传统伦理精神来抚慰人心。[3]陈独秀也随即在《新青年》发表文章——《再质问〈东方杂志〉记者》。文中称:

> 记者信仰共和政体之人也。见人有鼓吹君政时代不合共和之旧思想,若康有为、辜鸿铭等,尝辞而辟之;虑其谬说流行于社会,使我呱呱坠地之共和,根本动摇也。
>
> 盖以《东方》记者既不认与辜鸿铭为同志。自认非反对立宪共和;倘系由衷之言,他日不作与此冲突之言论;则记者质问当时之根本疑虑,涣然冰释,欣慰为何如乎?惟记者愚昧,对于《东方》记者之解答,尚有不尽明嘹之处;倘不弃迂笨,对于下列所言,再赐以答。[4]

---

[1] "伧父"即杜亚泉笔名。杜亚泉原名炜孙,字秋帆,号亚泉,浙江上虞人。生于1873年,光绪十五年中秀才,戊戌变法失败后,在蔡元培资办的绍兴中西学堂任算学教员,自学能力超群。1904年应邀入商务印书馆编译所任理化部主任。1911年兼任《东方杂志》主编,一改文摘作风,扩大版面,刊载论文、译文,销量大增。1933年病逝。
[2] 陈独秀:《质问〈东方杂志〉记者》,《新青年》1918年9月15日。
[3] 杜亚泉:《答〈新青年杂志〉记者之质问》,《东方杂志》1918年15卷15号。
[4] 陈独秀:《再质问〈东方杂志〉记者》,《新青年》,1919年2月15日。

接着对杜亚泉的十条逐一分析反驳，反复强调："辜鸿铭主张君臣礼教"，有主张君权之嫌疑；而主张君权者，即反对民主共和。

两个回合下来，陈独秀和《新青年》明显占了讨论的上风。杜亚泉原本想克服人心迷乱、重塑传统的价值源头，却成了一腔幻想。对于陈独秀等激进的知识分子来说，"西洋的法子和中国的法子，如像水火冰炭，绝对两样，断断不能相容。"

北大学生领袖傅斯年、罗家伦等主办的《新潮》，很快也对出版《东方杂志》的商务印书馆发出指责，认为商务由支持西化向鼓吹国粹的立场倒退。在巨大的压力之下，商务印书馆的张元济、高梦旦等虽然与杜亚泉在思想上有诸多共同之处，却也不得不考虑顺应潮流，改变《东方杂志》的形象，于是劝杜亚泉保持沉默，以保住他们最大的读者市场。

这场以辜鸿铭为靶子的东西方文化论战，最后草草收场，其间的是非恩怨，后人不能不感慨系之。

1919年3月，辜鸿铭又卷入了一场"是非"之中。这年2月间，林纾发表小说及致蔡元培的《公开信》，与蔡元培等人就传统文化问题等展开论争。在论战中一直站在一边的辜鸿铭，对于"文学革命"者倡导的新文学也颇为不满。1919年7月12日，他在上海《密勒氏远东评论》上用英文发表《反对文学革命》一文，指斥新文化运动诸君的主张，他说：

> 所谓死文学，应指笨拙、无生气活泼的语文，不能表达生动力量的意思。而中国经典绝不符合这个定义。中国经典的文字正如莎士比亚作品中的文字一样，比现在所流行的通俗英语要高贵华丽，和市井白话当然不可同日而语！中国经典之典雅华丽是世界首屈一指的，又其能负传道责任，怎可能是死文字？文学革命者倡导的文学只会使人道德萎缩，才是真正的死文学！[1]

1　辜鸿铭：《反对文学革命》，《辜鸿铭文集》第165-170页。

针对"文白之争"及新文学运动以西方为标准的做法，辜鸿铭说："古文是高雅的语言，比口语更优美，正如莎士比亚的英语比现代英语口语更优美一样，而改革者带来的那种使人变成道德的侏儒的文学，才是真正的'死文学'。"[1]

他诙谐地说："最通俗的语言也可以是最好的语言！在这世界上面包和果酱反而比烤火鸡消耗得多。然而我们能够只因为烤火鸡较少，硬说烤火鸡的营养价值和美味比果酱面包来得差，并且认为人人都只该吃果酱面包吗？"[2]

紧接着，8月16日，他又在同一刊物上发表《留学生与文学革命》一文，反驳新派攻击文言文难学造成中国众多文盲的观点，他认为这些留学生之所以能够在国内愉快生活，"应该为我们四亿人口中的百分之九十仍是文盲之事实，在每天生活中应该感谢神。"辜鸿铭遵从古代先贤圣哲，宣扬中国传统文化，几乎到了如痴如醉的程度，因此被新文化运动的主将当作靶子也是必然的事。

辜氏性格中除了狂、怪，还有十分幽默的一面。他的幽默更多地表现在日常言谈中。有一次，他应外国友人的宴饮，来宾中只有他是华人，于是大家便推他坐首席。坐定后大家谈论中西文化，席间有人问他："孔子之教，究竟好在哪里？"辜答："刚才诸君互相推让，不肯居上座，这就是行孔子之教。假如行今日西洋物竞天择之教，以优胜劣败为主旨，则今天这一席酒菜势必要等到大家竞争一番，俟胜败决定，然后坐定，才能动筷子了。"[3]他这妙论一出，引得坐客捧腹不已。

辜鸿铭对外国银行素无好感，他说："银行家是晴天把伞借给你，雨天又凶巴巴地把伞收回去的那种人。"[4]这话成了讽刺名言，被收进《英国谚语》。

而在北大一次教员会上，辜鸿铭说："如果今天没皇帝，伦理学这门功课可以不讲了。"时为文科学长的陈独秀差点气晕过去。

陈独秀、蔡元培以及胡适给辜鸿铭戴上的"君主论者"、"复辟论者"和"久假不归"者三顶帽子，使辜鸿铭成了新文化运动中的一个是非人物，甚至一个靶子。陈独秀与杜亚泉在论战中，一个批，一个赞，批的是辜鸿铭，赞的也是辜鸿铭，辜鸿铭却事不关己。蔡元培与林纾之争，扫到的又是辜鸿铭；胡适出击，看

1　辜鸿铭：《反对文学革命》，《辜鸿铭文集》第165-170页。
2　辜鸿铭：《反对文学革命》，《辜鸿铭文集》第165-170页。
3　转引自钟兆云：《解读辜鸿铭》，《书屋》2002年第10期。
4　辜鸿铭任六国银行翻译时所言，被当作英国谚语收入《大不列颠词典》。

未名湖畔忆名儒
——严复、林纾、辜鸿铭的北大岁月

准的还是辜鸿铭。

在硝烟重重、火药味极浓的论战中,最闲的要数辜鸿铭本人了。他没有直接介入论战,却在论战之外尖刻地刺了美国人一下。他写了篇《没有文化的美国》,寄到《纽约时报》,美国人居然登了出来。辜鸿铭文中嘲弄美国人没有文化,除了爱伦·坡的一首诗外,美国没有真正的、在世界上有影响的文学作品。

如果说新文化运动以前的辜鸿铭是寂寞孤独的,那么,在新文化运动之后,他却找到了大量的"知音",包括最先倡导天演论的严复,独唱科学主义的杜亚泉,南北学林的新老名流梁启超、王国维、陈寅恪、吴宓、梁漱溟、梅光迪、柳诒徵……,可以列出一串长长名单的国学大师们,都齐声为中国文化呐喊。

2010年,一部史诗般的影片《建党伟业》在北京开拍。作为《建党伟业》的奠基石,新文化运动成为影片的重要一笔。导演黄建新特意安排一场北大师生关于新旧文化之间的激烈辩论。作为新文化运动的倡导者,陈独秀、李大钊、胡适等轮番向"保守派"辜鸿铭提问,辜鸿铭也毫不退缩,一番"古人何罪于今人"的反驳同样发人深省。

在这场北大辩论的重头戏中,导演黄建新称刘佩琦饰演的辜鸿铭气场强大。黄建新介绍说:"辜鸿铭是个很有气场的人物,不仅学识渊博,而且天不怕地不怕。所以我们找来了刘佩琦,因为他骨子里有一种霸气。"黄建新说,辜鸿铭对于文言文及孔学等古代文化极其看重,"他所维护的文言文如今又回到了我们的课本上,他对于中国传统文化的保护和传承是值得我们尊敬的。"

七、辜鸿铭与蔡元培

辜鸿铭与蔡元培既是德国莱比锡大学的校友,又是北京大学多年的同事,两人的政治、文化观点虽然殊异,但在世纪初的北大校园里,却彼此"惺惺相惜",互为关照。

莱比锡位于德国中部,莱比锡大学是德国的一所著名学府。1887年辜鸿铭来到莱比锡大学读土木工程时,年仅19岁。他在莱比锡大学留学的时间比蔡元培早了整整二十年。

1907年,当蔡元培深感对西方世界了解不够,前往德国莱比锡大学留学时,辜鸿铭在西方已颇负盛名。他写出的大量为中国争地位争面子的文章,包括1901年至1905年分五次发表的一百七十二则《中国札记》,以及《尊王篇》的结集出版,使他在西方成为一个名流。蔡元培此时已开始听到辜鸿铭的声名;而到1917年林语堂到莱比锡大学求学时,辜鸿铭的著作已被列为哥廷根等大学哲学系学生的必读书。

1911年蔡元培回国,次年初出任南京临时政府教育总长。音与袁世凯政见不合,遂辞职而去。1912年9月,蔡元培再度赴欧游学,继续在德国莱比锡大学学习。这期间,卫礼贤翻译的辜鸿铭著作——《为中国反对欧洲观念而辩护:批判论文》已在德国出版,并引起了很大轰动。1915年,辜鸿铭又出版了自己最重要的著作——《春秋大义》。在战火硝烟的欧洲,蔡元培体会到了西方人对辜鸿铭的崇敬及其影响,加深了对他的印象。

1917年(民国六年)1月,蔡元培正式出任北京大学校长。他决定改变过去那种把大学作为升官发财捷径的状况,将这座学府办成研究学问的场所。在就职演说中,蔡元培阐明了三项原则:抱定宗旨;砥砺德行;敬爱师友。他指出:"大学者,研究高深学问者也。大学生当以研究学术为天职,不当为升官发财之阶梯。"

蔡元培参照德国大学体系，合理调整院系设置，办研究所，培养研究生，创办各种学会、讲演会，一时北大学术空气浓厚起来，真正成了研究学术，培养人才之地。特别是蔡元培"思想自由，兼容并包"的办学方针，使这所学校成为一个网罗百家人才、心胸广大的学府，不以成见取人，只要言之成理，持之有据，即任其自由发展。一时人才荟萃，各派人物毕至。陈独秀、胡适、李大钊、周树人、钱玄同、刘半农等新派人物皆在麾下，而旧派名宿黄侃、刘师培、黄节、陈介石、刘文典、马叙伦、陈垣、马裕藻、朱希祖……都是名闻国内的专家学者。辜鸿铭则被蔡元培续聘在英文系主讲英文诗。

其时，辜鸿铭住在北京东城区东华门内，一条长530余米、自东向西沟通东四南大街与王府井大街的胡同里，因胡同内有一棵大椿树而得名"椿树胡同"，后改称"柏树胡同"。

辜鸿铭的寓所在柏树胡同26号。这是一个占地130余平方米的小院，院内的三间北房是起脊瓦房，一间南房是灰顶平台。这个看似不起眼的小院有一个十分雅致的名称——"晋安寄庐"，它寄寓着主人隐居陋室却以彰显道德为己任的情怀。

有一次，辜鸿铭在柏树胡同家中宴请欧美友人。局促而简陋的小院已够寒酸，照明用的还是煤油灯，不仅昏暗而且烟气呛鼻。这帮欧美友人并不清楚"晋安寄庐"的真实含义，于是有人说："煤油灯不如电灯和汽灯明亮。"辜鸿铭回答说："我们东方人不像西方人那样专门看重表面工夫，东方人讲求明心见性，心明油灯自然就亮堂。"辜鸿铭的一番高论，还真把他的欧美友人给唬住了。

那时，辜鸿铭经常坐着人力车来往于柏树胡同与沙滩红楼。学生们在沙滩校园里，经常可以遇到拖着长辫的老夫子；同时，也经常可以见到年仅26岁的胡适博士在若有所思地行走，他被蔡元培请回来教授英文学、英文修辞学和中国古代哲学。辜鸿铭是著名的守旧派，而胡适则是著名的革新派，陈独秀称誉说："文学革命之气运酝酿已非一日，其首举义旗之急先锋则为吾友胡适。"[1] 新旧学者如此搭配的北大，其热闹之况可想而知。

辜鸿铭反对男女平等，号称效忠前清，却又骂过慈禧太后、袁世凯、徐世昌

---

[1] 陈独秀：《文学革命论》。

这样的权势者。但他对一个人却始终保持着尊重，即北大校长蔡元培。其原因不在于蔡元培给他饭碗，而是因为他对蔡元培办理大学事务这一番雷厉风行、有章有法的大手笔，极为佩服。蔡元培在北大特别强调教师的自由学术空气，他认为"对于教员，以学诣为主。……其在校外言行，悉听自由。"

辜鸿铭在精神上是完全独立的知识分子，他在北京大学从不主动访友，回到家则如同卧龙深隐，杜门谢客。他的奇言奇行，在奇人群集的北大也称得上"老大"。据同在北京大学文科执教的周作人回忆，有一次北大开文科教授讨论会，各人纷纷发言，蔡元培校长也站起来准备说话，辜鸿铭一眼看见便大声说道："现在请大家听校长的吩咐！"[1]这是他的语气，他的精神也充分表现在这里了。

辜鸿铭对蔡元培的钦佩，在五四运动中更是表露无遗。段祺瑞政府正式对德宣战后，潜心向壁的辜鸿铭立即发表了《义利辩》，警告段祺瑞这种自投罗网的做法，他说：

> 我与德邦交素睦，既无深仇夙怨，又无航行西方商船（按：当时参战借口是德国的无限制潜艇战），足以受德艇之攻击。顾动于战役之利，受协约国之劝告遽加入战团与之为敌，使战祸益延长而不可遏，证以君子之道，得为武乎，今人动言国际法，不复知有君子之道……
>
> 西人动欲教我以国际法，不知我国自孔子以来自有真实切用之国际法在。其言曰：以礼让为国。又曰：师出必以名。今我出师抗德，其名安在？徒为协约所牵率投入漩涡，此后无魇之慎，应担之责任，无可逃免，稍或不慎，越俎代庖者立至，恐欧战未毕，而我已不国矣。
>
> 孔子曰：君子喻于义，小人喻于利。窃谓以小人之道谋国，虽强不久，以君子之道治国，虽弱不亡。我国此时欲决大计定大猷，先必审将为君子之国乎？抑将为小人之国乎？诚欲为君子之国惟

---

[1] 参见周作人：《北大顶古怪的人物》，《知堂回想录》。

当勤修内政，加意人才，登用俊良，廓清积弊，使一切措施厘然当于人心。在朝在野人人知礼让而重道德，对于外交一衷于义至当而无所偏袒。不此之务，而溺惑于贪利小人之言，冒耻诡随，妄希此战后权操不我之利，斯益去亡不远矣。[1]

辜鸿铭的一番恳切言辞，虽然有些书生气，但却也切中时弊。

一战胜利后，在巴黎和会上，中国作为战胜国之一，希望收回各国在华特权和德国在山东的权益。中国代表提出要求列强废弃在华势力范围，撤退外国军队，归还租借地，租界等七项希望，还提出取消1915年的中日协约。

然而，控制和会的美、日、英、法、意等国却拒绝讨论中国代表的要求。日本还在美、英、法等国的默许、怂恿下，蛮横地要把德国在山东的权益全部接收走。中国外交失败几成定局。

消息传到北京，满腔爱国热情的青年学生们愤怒了，五月四日，三千多爱国学生集合天安门，愤怒地喊出了中华民族流血的声音——中国的土地可以征服而不可以断送！中国的人民可以杀戮而不可以低头！

五月八日，蔡元培为当局诸公的无耻所激怒，深感事不可为，提出辞职，并留给北大师生一个启事：

我倦矣！杀君马者道旁儿也。民亦劳止，讫可小休。我欲小休矣。北京大学校长之职已正式辞去，其他向有关系之各学校各集会，自五月九日起，一切脱离关系，特此声明，唯知我者谅之。[2]

蔡元培的辞职，引起了一场轩然大波，成为军阀政府与学生运动斗争的又一个焦点。军阀政府愚鲁顽钝，不为所动。6月3日，派兵镇压学生运动，一时双方僵持难下。教授们纷纷提出辞职。6月5日，北大教授在红楼第二层临街教室

---

1 辜鸿铭：《义利辨》，《辜鸿铭文集》下卷。
2 《蔡孑民先生言行录》，北京大学出版部（上海书店1920年影印本）。

召开临时会议，许多教授纷纷发言，一致希望挽留蔡元培校长。但对怎样挽留、一时说不出个结果。正在商议的时候，辜鸿铭站了起来，他走上讲台说："校长是我们学校的皇帝，所以非挽留不可。"[1]

他的用意很明白，但把蔡元培比作皇帝的说法在当时却很不合时宜，若是换了别人，早挨了众人一顿批，但因为是辜鸿铭，又是为了表达挽留蔡元培的好意，所以就没人与他计较，反倒哄笑起来。其时，坚决主张反封建的陈独秀、胡适、钱玄同、刘半农等均在座，念他是坚持挽留蔡元培校长的，也就没有人站出来和他抬杠了。

辜鸿铭对蔡元培十分推崇，他在课堂上告诉学生：

现在，中国只有两个好人。一个是蔡元培先生，一个就是我。我不跟他同进退，好人不是就陷入孤掌难鸣的绝境了吗？好人的标准是什么？好人就是有原则，讲气节。蔡先生点了翰林之后不肯做官就去革命，到现在还是革命。我呢？自从跟张文襄做了前清的官以后，到现在还是保皇。[2]

辜鸿铭对自己坚持保守主义感到自豪。他始终坚持一个信念，不随风乱转，口是心非，这也是他率直真诚感人的地方。

而蔡元培的肚量胸怀，则使辜鸿铭能一直在北大安然执教。他的傲慢、清高、自尊、怪癖也只有蔡元培能容纳得了。据说陈独秀曾很不服气地说：

辜鸿铭上课，带一童仆为他装烟倒茶，他坐在靠椅上，辫子拖着，慢吞吞地上课，一会吸烟，一会喝茶……，蔡元培能容忍他摆架子，玩臭格，居然一点也不生气。[3]

---

1 转引自周作人：《知堂回想录》。
2 李玉刚：《辜鸿铭别传》，第353页。
3 严光辉：《辜鸿铭传》，第六章。

最后，军阀政府迫于压力，终于满足了学生们的要求。六月十日，北洋政府拒绝在巴黎和约上签字，并挽留蔡元培。七月九日，蔡元培致电全国学联、北京学联和北京大学学生会，表示放弃辞职。九月十二日，蔡元培回到北京大学。北京大学又恢复了正常，辜鸿铭则继续在讲台上讲他的英文诗。

1923年，蔡元培为教育总长彭允彝投靠官僚陷害罗文干案，痛心于政治清明无望，再次辞任北大校长。蔡元培辞职离去后，辜鸿铭也紧跟着辞了职。踩踏看来，没有蔡元培的北大已不是原来的北大，已经没有他的容身之处了。

辜鸿铭辞职后，一时赋闲在家。不久，经人推荐到一家日本人办的英文报馆当总编，月薪五百元。这倒真应了他的老话："中国人不识古董，所以要卖给了外国人。"陈独秀当年就曾则斥之为"顽固、老古董"。

辜鸿铭不仅是一位出色的学者和翻译家，也是一个神奇的骂人者，它构成了北大精神中的一个截面——独立、批判。辜鸿铭的骂声，也成就了蔡元培"兼容并包"的名声。蔡元培曾说："我请辜鸿铭，则因为他是一个学者、智者和贤者，而绝不是一个物议飞腾的怪物，更不是政治上极端保守的顽固派。"

遥想当年，有这样的一对主仆和一辆洋车来往于北大红楼与椿树胡同，也确实是民国时王府井大街的一道风景，而这道风景是真实的。

八、1923：告别北大

1923年，辜鸿铭离开了他心爱的北大讲台。他在北大任教期间的成绩和不足，也像尘埃落定一样留在了校园里。

称许者如上世纪二十年代北大英文系教授林语堂，评价他："英文文字超越出众，二百年来，未见其右。造词、用字，皆属上乘。总而言之，有辜先生之超越思想，始有其异人之文采。鸿铭亦可谓出类拔萃，人中铮铮之怪杰。"林语堂还说："辜作洋文、讲儒道，耸动一时，睥睨中外，诚近于狂。然潦倒以终世，较之奴颜婢膝以事权贵者，不亦有人畜之别乎？"[1]

批评者如上世纪三十年代北大英文系教授温源宁，谓之"在生前，辜鸿铭已经成了传奇人物；逝世之后，恐怕有可能化为神话人物了。"认为他是"一个鼓吹君主主义的造反派，一个以孔教为人生哲学的浪漫派，一个夸耀自己的奴隶标帜（辫子）的独裁者：就是这种自相矛盾，使辜鸿铭成了现代中国最有趣的人物之一"。

当年曾担任北大学生代表的罗家伦，在给学校"教务长英文主任先生"信中，曾对辜鸿铭的教学提出过批评。信中写道：

> 先生就职以来，对于功课极力整顿，学生是狠（很）佩服的。今学生对于英文门英诗一项功课，有点意见，请先生采纳。学生是英文门二年级的学生，上辜鸿铭先生的课已经一年了。今将一年内辜先生教授的成绩，为先生述之……[2]

罗家伦在信中指出了辜鸿铭的四个"问题"：

---

[1] 林语堂《辜鸿铭集译〈论语译英文〉序》。
[2] 北京大学档案馆：案卷号：BD1919031（学生来信）。

（一）每次上课，教不到十分钟的书，甚至于一分钟不教，次次总是鼓吹"君师主义"。每次上课都有这番话，为人人所听得的。其余鄙俚骂人的话，更不消说了。请问这是本校所要教学生的吗？这是英诗吗？

（二）上课一年，所教的诗只有六首另十几行，课本钞本具在，可以覆按。因为时间被他骂人骂掉了。这是本校节省学生光阴的办法吗？

（三）西洋诗在近代大放异彩，我们学英国文学的人，自然想知道一点，我们有时问他，他总大骂新诗，以为胡闹。这是本校想我们有健全英文知识的初心吗？

（四）他上课教的时候，只是按字解释，对英诗的精神，一点不说，而且说不出来。总是说：这是"外国大雅"，这是"外国小雅"，这是"外国国风"，这是"外国离骚"，这是"官衣而兼朝衣"的一类话。请问这是教英诗的正道吗？[1]

在这封信中，罗家伦用真实姓名向校方反映了辜鸿铭在教学方面存在的问题，并提出了"健全英文知识"等方面的建议。当年的《北京大学日刊》经常刊登此类师生建议，以利教学相长。

其时，"在北大英文门内，胡适与辜鸿铭不仅是思想上的对头，也是教学上的竞争对手。他们都教英语文学，特别是英诗……"

从北大英文系的有关课程档案来看，1919年下半年至1920年上半年，辜鸿铭二、三年级的英诗课仍得以保留。而胡适的《近代英美诗选》此时也被正式列入本学年两个年级的选修课程。1920年下半年之后，北大英文系所有英国文学的'诗歌'部分，则都改由胡适来上。

罗家伦当年在北大学生中的学习成绩优异。1918年他曾与胡适联名发表轰

---

[1] 黄兴涛：《罗家伦"上书"，辜鸿铭"下课"——一份新见北大档案的介绍与解读》，《光明日报》2008年6月8日。

动一时的易卜生戏剧——《娜拉》；1919年5月杜威来华讲学时，他又是胡适指定的笔录人之一。

值得一提的是，曾经对辜鸿铭的授课质量给出过尖锐批评乃至否定意见的罗家伦，后来在《回忆辜鸿铭先生》一文中，对于自己当年的过激态度也进行了一定程度的纠偏和修正。"他赞辜鸿铭是一个'无疑义的'、'有天才的文学家'，认为其'英文写作的特长，就是作深刻的讽刺'，有时'用字和造句的深刻和巧妙，真是可以令人拍案叫绝'。他还强调：'善于运用中国的观点来批评西洋的社会和文化，能够搔着人家的痒处，这是辜先生能够得到西洋文艺界赞美佩服的一个理由'等等。可见，历经几十年的文化人生和学术磨砺，他对辜鸿铭的认识评价已经相当平静、理性和客观了。"[1]

罗家伦回忆说，辜氏英文很好，由于从小未接受严格的传统文化教育，中文反倒不尽如人意，不仅译文有时显得生硬，板书也常常出错，"因为辜先生的中国文学是他回国以后再用功研究的，虽然也有相当的造诣，却不自然。这也同他在黑板上写中国字一样，他写中国字常常会缺一笔多一笔而他自己毫不觉得。"[2]

辜鸿铭虽行事怪诞，却有自己的原则。胡适在《记辜鸿铭》文中记载道：袁世凯时代，"安福部当权时，颁布一个新的国会选举法，其中有一部分的参议员是须由一种中央通儒院票选的，凡国立大学教授，凡在国外大学得学位的，都有选举权。于是许多留学生有学士硕士博士文凭的，都有人来兜买。"一位姓陈的来运动辜鸿铭投他一票，辜鸿铭说，别人的票二百元一张，他的至少要五百元一张。对方还价三百，最后双方经过讨价还价，以四百元成交。选举前一天，陈某把四百元和选举入场证都带来了，再三叮嘱辜氏第二天务必到场。没想到，辜鸿铭"等他走了，立刻赶下午的快车到了天津，把四百元钱全报效在一个姑娘——你们都知道，她的名字叫一枝花——的身上了。两天工夫，钱花光了，才回北京来。"后来，那人赶到辜家大骂他无信义，辜拿起棍子，大骂道："你瞎了眼睛，敢拿钱来买我！你也配讲信义，你给我滚出去！从今以后不要再上我门来！"[3]这是辜鸿铭亲口对胡适讲的故事，记在胡适的文章中，一时传为笑谈。

---

[1] 参见罗家伦：《回忆辜鸿铭先生》。
[2] 参见罗家伦：《回忆辜鸿铭先生》。
[3] 胡适：《记辜鸿铭》。

未名湖畔忆名儒
——严复、林纾、辜鸿铭的北大岁月

1921年10月中旬,胡适应邀与辜鸿铭一起吃饭。胡适在这一天的日记中写道:"今夜他谈的话最多。他最喜欢说笑话,也有很滑稽可喜的……他说:俗话有监生拜孔子,孔子吓一跳。我替他续两句:孔教拜孔子,孔子要上吊。此指孔教会诸人。他虽崇拜孔子,却瞧不起孔教会中人,尤其陈焕章,说陈焕章当读作陈混账。"[1] 辜氏对孔教会中诸人尤其是陈焕章不满,是因为他认为孔教会表面尊孔,实际是为营私利。从辛亥的"逼宫"退位到后来的称帝,袁世凯始终被辜氏视为曹阿瞒一类的乱臣贼子。陈焕章居然支持袁氏称帝,实属"大逆不道",岂有"尊孔"之资格!所以辜鸿铭痛骂其为"混账"。

1928年5月1日,胡适在日记中称赞刚刚去世的辜鸿铭"对我虽表示反对,然相见时却总是很客气"的"君子"。

辜鸿铭的学生兆文钧在他那篇颇有争议的《辜鸿铭先生对我讲述的往事》一文中,曾记下辜鸿铭的一些政治观点:

> 古今时代不同,社会制度有变,水涨船高,后来居上,不能把三千多年前的汤武革命,和十年前的列宁革命等量齐观,相提并论;但是,民主精神是始终日月经天,江河行地的。帝王也罢,总统也罢,主席也罢。凡有民主精神的帝王,就是好帝王,尧舜是也;没有民族精神的帝王,就是坏帝王,桀纣是也;有民主精神的总统,就是好总统,华盛顿、林肯是也;没有民主精神的总统,就是坏总统,袁世凯、曹锟是也;列宁领导社会主义、共产主义革命,他具有高度的民族精神,是一位好主席,但是他的继承人是否也能像他那样具有高度的民主精神,克绍列宁的伟大革命事业,尚不可知。有好社会制度,又有好领导,当然再好没有啦。有好社会制度,没有好领导,则社会制度会变为僵尸,领导会变为恶魔——"人存政举,人亡政息",这两句话是真理。[2]

---

[1] 《胡适日记》1921年10月12日。
[2] 兆文钧:《辜鸿铭先生对我讲述的往事》,《文史资料选辑》第8辑,1986年。

对辜鸿铭的思想政见，罗振玉是倾心佩服的，尝言："天之生君，将以为卫道之干城，警世之木铎，其否泰通塞固不仅系于一人一国已也。"又说："君论事于二十年以前，而一一验于二十年后，有如蓍龟，此孔子所谓'百世可知'，益以见其学其识洞明无爽。"罗振玉甚至认为辜鸿铭"不见用于当世，乃国与民之不幸，而不在君也"。[1]

1915年，辜鸿铭在北京出版了《中国人的精神》（Spirit of Chinese People）一书，汉语题名"春秋大义"。不久即被译成德、法、日等多种文字出版，一时轰动东西洋，在德国甚至掀起了持续十几年的"辜鸿铭热"。

《中国人的精神》是辜鸿铭最有影响的英文代表作品，全书系由作者1914年发表于英文报纸《中国评论》、以"中国人的精神"为核心的系列论文结集而成。面对当时西方列强对中华民族的欺凌和对中国文化的歧视，辜鸿铭论述的主旨就是揭示中国人的精神生活，阐发中国传统文化的永恒价值。

辜鸿铭认为，要估价一种文明，必须看它"能够生产什么样的人，什么样的男人和女人"。他批评那些"被称作中国文明研究权威"的传教士和汉学家们"实际上并不真正懂得中国人和中国语言"。他独到地指出"要懂得真正的中国人和中国文明，那个人必须是深沉的、博大的和纯朴的"，因为"中国人的性格和中国文明的三大特征，正是深沉、博大和纯朴（deep, broad and simple）"，此外还有"灵敏（delicacy）"。

辜鸿铭从这一独特的视角出发，把中国人和美国人、英国人、德国人、法国人进行了对比，凸显出中国人的特征之所在。他认为：

> 美国人博大、纯朴，但不深沉；英国人深沉、纯朴，却不博大；德国人博大、深沉，而不纯朴；法国人没有德国人天然的深沉，不如美国人心胸博大和英国人心地纯朴，却拥有这三个民族所缺乏的灵敏；只有中国人全面具备了这四种优秀的精神特质。[2]

---

[1] 辜鸿铭：《中国人的精神》英文版，外研社1999年版。
[2] 辜鸿铭：《中国人的精神》英文版，外研社1999年版。

也正因如此，辜鸿铭说，中国人给人留下的总体印象是"温良"（gentle，温文尔雅），"那种难以言表的温良"。而在中国人温良的形象背后，隐藏着他们"纯真的赤子之心"和"成年人的智慧"。

辜鸿铭写道，中国人"过着孩子般的生活——一种心灵的生活"，因此，"与其说中国人的发展受到了阻碍，不如说它是一个永不衰老的民族"，一个"拥有了永葆青春的秘密"的民族。这个"像孩童一样过着心灵生活"的民族，对于抽象的、刻板的科学技术当然是没有兴趣的。辜鸿铭以此回应和解释西方人关于中国人的一种根深蒂固的套话："中国人缺乏精确性"。他形象地说：

> 中国的毛笔或许可以被视为中国人精神的象征。用毛笔书写绘画非常困难，好像也难以精确，但是一旦掌握了它，你就能够得心应手，创造出美妙优雅的书画来，而用西方坚硬的钢笔是无法获得这种效果的。[1]

在辜鸿铭看来，不屑于精确的中国人，其"赤子之心"与"成年人的智慧"有机地融为一体，达到了"心灵与理智的完美谐和"：这就是历史悠久的中华民族"永葆青春的秘密"。他引用"最具中国味道的英国诗人华滋华斯"的长诗《丁登寺》，展现出中国人心灵与理智完美结合而产生的那种"安祥恬静、如沐天恩的心境"。正是这种心灵状态和精神境界，赋予了中国人那种"难以言状的温良"。

"真正的中国人"的温良，在"真正的中国妇女"或"理想妇女"身上得到了尤为充分、完满的体现。中国男人的"温文尔雅"，在中国妇女那儿变成了"神圣的、奇特的温柔"。辜鸿铭承认，在其他国家和民族的理想妇女身上也存在着这种温柔，比如基督教的圣母马利亚，但是与中国的观音菩萨相比，中国的理想女性要在"轻松快活而又殷勤有礼"方面更胜一筹。他认为《诗经》中的《关雎》一诗描绘出了中国理想女性的三个本质特征，即"悠闲恬静之爱，羞涩或腼腆以及'debonair'一词所表达的那种无法言状的优雅和妩媚，最后是纯洁或贞洁"[2]。

---

1 辜鸿铭：《中国人的精神》，《辜鸿铭文集》下册。
2 辜鸿铭：《中国人的精神》，《辜鸿铭文集》下册。

谈及中国女性，中国人纳妾的问题自然是一个不可避免的话题。辜鸿铭将这种现象的"合理存在"归因于中国妇女的"无我教"，或曰"淑女或贤妻之道"："正是中国妇女的那种无私无我，使得纳妾在中国不仅成为可能，而且并非不道德。"[1] 这显然是一种狡辩，不过这种狡辩也从另一个角度强化了中国妇女幽美而贤淑的理想形象。

中国男人和女人为什么会具有上述精神特征？辜鸿铭认为，这是中国的"良民宗教"长期教化的结果。所谓"良民宗教"，即指孔孟之道，其"精华"是义与礼，"特别是礼，更为中国文明的精髓"。

辜鸿铭比较了中国儒教与欧洲宗教教义之不同："欧洲宗教要人们'做一个好人'，中国的宗教则要人们'做一个识礼的好人'；基督教叫人'爱人'，孔子则叫人'爱之以礼'。"[2]

他自然而然地联系到当时欧洲陷于"一战"炮火的残酷现实，指出这场战争的道德根源正在于不讲礼义而崇信强权。因此，他要把中国人礼义并重的良民宗教奉送给欧洲，以制止这场世界大战，"把欧洲文明从毁灭中拯救出来"，并为战后文明的重建提供一把"钥匙"。用中国传统的儒家文化去拯救西方文明，这正是《中国人的精神》一书所标举的"春秋大义"之所在。

1916年，《春秋大义》德译本出版，在德国掀起一股"辜鸿铭热"。在"一战"前后的欧洲，特别是德国，由于人们身受战争苦难，对于自身文明的价值普遍感到失望乃至绝望，而对和平安宁的东方产生了某种朦胧的欣羡，辜鸿铭其人其书就成了他们心目中"希望的使者"。不仅大学里有人组织"辜鸿铭研究会"，成立"辜鸿铭俱乐部"，他的名字还广泛流传于普通民众之口。

在这股"辜鸿铭热"的推动下，欧洲人对中国与中国文化的了解有所加深，辜鸿铭笔下遵奉良民宗教、社会有条不紊的中国与温文尔雅的中国男人、幽美贤淑的中国女人的形象也广为人们所熟知，乃至成为身陷战乱之中的欧洲人心向往之的一个乌托邦。真实与否姑且不论，辜鸿铭所阐发的"中国人的精神"和他以中救西的"春秋大义"，在中国人对外传播民族文化的历程中，无疑写下了独特

---

[1] 辜鸿铭：《中国人的精神》，《辜鸿铭文集》下册。
[2] 辜鸿铭：《中国人的精神》，《辜鸿铭文集》下册。

而醒目的一笔。

美国学者艾恺在他用汉语写作的《世界范围内的反现代化思潮——论文化守成主义》一书中,曾这样评价辜鸿铭:一战之后,"在战时与战后欧洲悲观与幻灭的氛围中,与泰戈尔、冈仓等成为东方著名的圣哲者的,是辜鸿铭,不是梁漱溟或梁启超。在那时代,辜氏极受欢迎,他的书是欧洲大学哲学课程所必读,译成了多种欧洲语言。西方多位哲学家引用其书为重要权威;西方客人竞相走访,敬聆教诲。"[1]

丹麦著名文学批评家勃兰兑斯在《辜鸿铭论》中,则称他为"现代中国最重要的作家",从来还没有一个中国人被西方如此认可,并得到这样高度的评价。

1　艾恺:《世界范围内的反现代化思潮剖析——论文化守成主义》,贵州人民出版社1991年版,第153页。

九、独秉孤忠为前朝

荷尽已无擎雨盖；菊残犹有傲霜枝。

这是1920年张勋67岁生日时，辜鸿铭根据苏东坡赠好友刘景文诗中的两句略改而成的一副集语联。意为大清王朝已不复存在，王公大臣们头上戴的官顶大帽———"擎雨盖"也见不到了，然而还有张勋和自己头上的辫子———依然"傲霜枝"。

这副对联是辜鸿铭内心世界的真实流露。菊花虽已残败，依然傲霜挺立，他的孤高傲岸，溢于言表。辛亥革命后，辜鸿铭始终不肯剪去辫子，以显示自己的特立独行和对人生的悲观失望，感叹浮生若梦。既然浮生若梦，那不如今朝风流。而风流快意的人生，是无法随波逐流、隐藏于大众之中的。

天下菊已残，独立傲霜枝。亲身经历了清王朝覆亡的辜鸿铭，渐渐对政治抱着一种调侃式的观望。他不再关注那些终将化为乌有的所谓历史事件，社会更替的阵痛既促使他要去努力彰显其个体生命的意义，而且也掩藏了他的许多辛酸血泪。正如《清史稿》中的《辜鸿铭传》所说的："汤生好辩，善骂世；国变后，悲愤尤甚。"[1]

1916年袁世凯去世后，黎元洪出任民国总统，段祺瑞担任国务总理兼陆军总长。在围绕中国参战问题爆发的"府院之争"中，黎元洪解除了段祺瑞的职务。此后，为了巩固政权，他"病急乱投医"，邀被称为"辫帅"的张勋入京斡旋。1917年6月，张勋率三千精选的"辫子军"入京，半个月后却导演了拥戴逊帝宣统复位的复辟丑剧。虽然不少"遗老遗少"参加了此次复辟活动，但其中主要有张勋、康有为、梁鼎芬、辜鸿铭等十三人，时人称为"十三太保"张勋复辟失败后，躲入荷兰使馆避难。辜鸿铭因无大罪过，不在通缉之列，他便索性回北大

---

[1] 《清史稿》：《辜鸿铭传》。

来任教。

1924年初春，辜鸿铭终于受到已废宣统皇帝溥仪的首次个别召见。入宫见溥仪时，辜鸿铭这位高龄68岁、平常见惯了许多世面的达人竟感到有些紧张。当溥仪邀请他到善心殿御花园一同用膳时，辜鸿铭更是激动得连一句话都说不出来。对他来说，这次会见是他一生中最值得骄傲的一天，直到他临终之际，这次召见"仍在慰藉着他那颗不古之心"[1]。

对此，辜氏自己的说法也许最具参考意义。他说："许多外人笑我痴心忠于清室。但我之忠于清室非仅忠于吾家世受皇恩之王室——乃忠于中国之政教，即系忠于中国之文明。"[2]

溥仪的英籍教师庄士敦在陪同他面见了"皇上"。后来庄士敦在回忆录《紫禁城的黄昏》中写道："我旁听了这些话，毫无疑问，这是我从未听过的音乐般美妙的对话。皇上知道，它们已深深地印在这位老人的心里。"[3]后来他在《废帝溥仪召见辜鸿铭》一文中又说：虽然辜鸿铭在苏格兰受过外国教育，有许多外国朋友，但他并不喜欢西方人。在革命之后，他更加不喜欢他们。因为他把革命归因于西方的影响。他憎恨把那种同中国精神相对立的民主理想介绍到中国。他写道："这种崇拜暴乱的教义是从英国和美国输入中国的。它引起革命和现在民国这场恶梦。"现在，这种崇拜暴乱的教义"正在威胁和毁灭当今世界文明中最有价值的财富"——真正中国精神。他还认为，如果不立即放弃这种暴乱崇拜，它"不仅会毁灭欧洲文明，而且会毁灭世界文明"[4]。

辜鸿铭离开北大后，接受了日本大东文化协会的邀请，在1924年——1927年期间多次前往日本讲学，在日本轰动一时，甚至出现了"辜鸿铭热"。

辜鸿铭晚年以年迈之躯，不远千里去日本讲学，一来是为了凭吊他的亡妻吉田贞子。他到日本做的第一件事就是去大阪的心斋桥，因为吉田贞子就是在这个美丽的地方长大的，可见他对贞子的痴情。二来是为了宣扬自己关于"东方文化优越论"的主张。他希望中日两国应该抛弃前嫌，坦诚交往，为共同复兴以中国

1　参见李玉刚：《辜鸿铭别传》，第346页。
2　《辜鸿铭文集》上册，第289-290页。
3　参见庄士敦著、李伯宏译：《紫禁城的黄昏》，南开大学出版社2010年版。
4　转引自汪修荣：《民国教授往事》，河南文艺出版社2008年版。

传统文化为根基的东方文明而努力。中日现在的矛盾，在他看来属于"亲兄弟之间的争吵"，这种"兄弟间时常会有的矛盾"并不是不可调和的，只要诚心相对，两国很快就又会像亲兄弟一样团结在一起了。

辜鸿铭还认为，日本国之所以抵御住了西方列强的入侵，并不是因为日本实行了明治维新西化的结果，而是中国优秀传统文化的功劳，所以他在讲学中，多次警告日本应该立刻停止西化的一切活动，要"承担起复兴东方文明的使命"，通过"复兴东方"以达到"拯救世界的目的"。

他在《中国文明的复兴与日本》中写道："日本能否防止自身的西化……不仅关系到日本，也关系到远东的未来"。如果日本不西化则"也能够防止中国的西化，并最终依靠日本的努力将明治以前日本保存着的纯正的中国古代文明带回给今日中国，这是历史赋予日本的使命"。"日本必须把复兴真正的中国文明作为日本的天职"，"给全体东亚人民带来真正的中国文明的复兴，是日本的神圣使命"，这便是他"大东亚文化建设"的理论。[1]

辜鸿铭希望中日世代像兄弟般扶携帮助的善良愿望，在二战中却被日本军国主义利用，成了发动战争的借口之一，这的确是有悖于辜鸿铭原本的愿望的。

1924年底，正在日本讲学的辜鸿铭，曾应台湾实业家、宗弟辜显荣之邀，辗转来到台湾讲学。[2]

辜鸿铭的祖父辜龙池与辜显荣的祖父辜安平为亲兄弟，辜显荣是辜家孙辈中的佼佼者之一，他在清末前往大陆作生意时，就与辜鸿铭认了宗亲，尊辜鸿铭为"同族之先贤"，辜鸿铭赠给辜显荣的照片上，则题款"耀星宗弟"。日据时期，辜显荣以事业发达、名声显赫曾先后出任台北保甲局总局长、日本上议院议员，并被日本天皇封为贵族。由于身兼台湾公益会会长，辜显荣特地邀请红透日本的族兄辜鸿铭来台巡回演讲，阐述孔子学说，教化事业。

当拖着辫子的辜鸿铭历经海上颠簸抵达宝岛故地时，受到了殖民当局和台湾各界的热烈欢迎，比十几二十年前章炳麟、梁启超来台时的礼遇有过之而无不及。台湾总督伊泽多喜男亲自恭迎并主持了欢迎宴会。

---

1 辜鸿铭：《中国文明的复兴与日本》，《辜鸿铭文集》下卷。
2 钟兆云：《辜鸿铭毁誉参半的台岛讲学》，《百年潮》2002年第4期。

在台湾殖民当局的邀请下，辜鸿铭用英语作关于中国文化的公开演讲。针对当时东亚崇洋媚外的风气，辜鸿铭在演说中指出：养育滋润我们的东方文明，即便不比西洋文明优越，至少也不比它们低劣。他认为，中国或东方的文明是道德、精神的文明，是真正成熟的文明，西洋文明则是物质和机械的文明，是不成熟的、基础不牢靠的文明。东方文明绝不能囫囵吞枣地吞下整个西洋文明，而只能是吸取可以吸取的东西，排除应该排除的东西，就好比禽兽无法遵从人的道德一样，让人去穿马之靴，人何以堪？！他说："有人笑我是老古董，可我要说，要是没有中国文化这老古董，真怕要万古如长夜了！"

辜鸿铭谈兴不绝，讲到四书五经的精妙处，口若悬河，妙语珠玑，层出不穷。直让一旁的翻译，听得目瞪口呆，久久翻不出一句话来。

台湾报纸对辜鸿铭演说进行了大力报道。台湾著名史学家林献堂在《台湾诗萃》撰文云：

> 辜鸿铭先生此次来台，颇多讲演，而其论断多中肯语。如引学而不思则罔，思而不学则殆二语，谓今日之旧学者，大都学而不思，而新学者又思而不学。又说：大学之道，在明明德，在新民，在止于至义。可为治国平天下之本，施之古今而不悖者也……[1]

20世纪70年代，辜显荣之子辜振甫（曾任国民党中央常委、海基会会长）曾创议重刊美国图书馆有收藏的、辜鸿铭已经绝版的英译《中庸》等书。文学大师林语堂曾为重刊辜著写序，称许辜鸿铭：

> 英文文字超越出众，二百年来，未见其右。造词、用字，皆属上乘。总而言之，有辜先生之超越思想，始有其异人之文彩。鸿铭亦可谓出类拔萃、人中铮铮之怪杰。[2]

---

1 林献堂：《台湾诗萃》，《林献堂诗文选》下卷，台海出版社2008年版。
2 林语堂：《重刊辜译〈中庸〉序》。《辜鸿铭》。

在前后长达三年的日本讲学中,辜鸿铭并没有实现自己通过日本复兴中国文明的梦想。1927 年暮秋,万木凋零,辜鸿铭在东京帝国大学草草做完最后一场演讲,在一场秋雨中孤独地离开了日本。踌躇满志而来,心情郁闷而归,此时留着长辫的辜鸿铭离去的背影显得格外凄凉。但毋庸置疑,在当时中日交恶的大环境下,辜鸿铭前后三年的日本讲学,也算得上是中日交往史上一个熠熠生辉的奇迹了。

日本大东文化协会干事萨摩雄次后来在《追忆辜鸿铭先生》一文中说:"先生出任大东文化学院教授,讲授东洋文化及语言学,先生特异的风格和敏锐的洞察力,深得青年学子的爱戴。"[1]

1927 年秋,辜鸿铭从日本回国后不久,妻子姑淑即告别人世。在日本壮志难酬的辜鸿铭回到国内后,一直觉得郁郁寡欢,自己一生的理想最后在日本——这个他认为最抱有希望的地方也归于破灭,这使他觉得心灰意冷,心力交瘁。日本人推荐他做新组建的"安国军政府"大帅张作霖的顾问。张作霖问这位穿着前清服饰、留着小辫的老人:"你能做什么事?"辜鸿铭怔怔地看着这位大帅,丝毫也找不到当年张之洞总督那待人如宾的影子,于是拂袖而去。

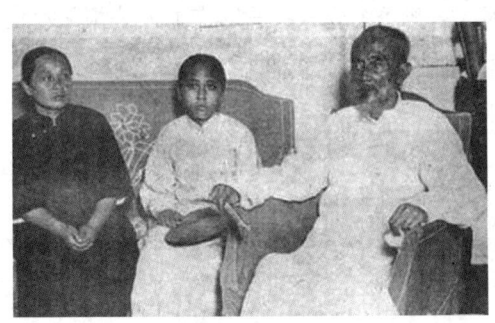

辜鸿铭和他的家人

1928 年 3 月,回国还不到一年的辜鸿铭突然发高烧,各种治疗均告无效,身体日渐衰微。4 月底,奉系军阀张宗昌内定辜鸿铭为山东大学校长,他也有意前往执掌。但在临行前却染了感冒,请了法国医生来看也不见好转。过去的"东西南北"经历一齐涌上心头,使他无法自拔,在精神上倍感痛苦,甚至"日惟祈

---

[1] 萨摩雄次:《追忆辜鸿铭先生》,转引自《民国教授往事》之三。

未名湖畔忆名儒
——严复、林纾、辜鸿铭的北大岁月

求速死"。

4月30日,辜鸿铭无奈地看着两个小女儿,说了句"名望、地位都不过是泡泡,转瞬即逝"之后,于北京家中与世长辞,终年72岁。

辜鸿铭去世后,溥仪为嘉奖其毕生忠于清室,赏银为其治丧并赐以"含谟吐忠"四字旌额。他的儿女在他去世后,将其生前一直相伴的那缕吉田贞子的头发与他一起下葬,或许只有这样,辜鸿铭才能在地下安息。

辜鸿铭去世后,遗下一子二女。独子辜守庸(吉田贞子所生),一生备受辜鸿铭溺爱,用辜守庸自己的话说,"是过了一辈子公子哥儿的生活"。他曾就读于青岛大学,当同学们纷纷自动剪掉发辫时,他却由于辜鸿铭的反对,不得不成为校园里少数仍顶着辫子的另类。两个女儿辜珍东与辜娜娃(均为淑姑所生),像辜鸿铭一样精通多国语言,而清高、骄傲的脾性也与辜鸿铭如出一辙。据说她们曾向提亲的人提出:"只要你能用中、英、法、德、意、日六种文字各写一封求爱信,什么都依你",一句话让求爱者退避三舍。宁缺毋滥的两个才女,纵是一身才学与美貌(有四分之一混血因子),却终身未嫁。辜鸿铭去世后不久,年仅16岁的辜珍东和辜娜娃在苏州削发为尼,常伴青灯,不久之后双双香消玉殒。

辜氏逝世第二天,学衡派主要人物吴宓在《大公报》发表了《悼辜鸿铭先生》一文。吴宓在悼文中说:

> 除政治上最主要之一二领袖人物应作别论外,今日吾国人中,其姓名为欧美人士所熟知,其著作为欧美人士所常读者,盖无有如辜鸿铭氏。自诸多西人观之,辜氏实实中国文化之代表,而中国在世界惟一有力之宣传员也。
>
> 辜氏于中国之道德文化,具坚深之信仰,是其卓见;于西方之功利主义个人主义帝国主义痛斥不遗余力,且能以流畅犀利之英文文笔表达之,是其特长。对国家世界,其功自不可没。[1]

---

1 吴宓:《悼辜鸿铭先生》,《大公报》1928年5月7日。

在给予辜鸿铭高度评价的同时，他也针对辜鸿铭"言论多武断而偏激，人品性格多有缺失，傲睨一切，诙谐谩骂，放荡不恭"等性格缺陷，特别指出这些缺陷"决非崇奉人文主义而苦心化世者所宜出，决不足为今日中国及未来世界精神之师表"。对造成辜氏偏激的原因，吴宓指出：

> 盖辜氏久居外国，深痛中国国弱民贫，见侮于外人，又鉴于东邻日本维新富强之壮迹，于是国家之观念深，爱中国之心炽，而阐明国粹，表彰中国道德礼教之责任心，乃愈牢固不拔，行之终身，无缩无倦。此实辜氏思想学说真正之渊源。故辜氏生平痛恨中国人（尤以留学生为甚）之吐弃旧学，蔑视国俗。而以感情所激，趋彼极端，遂至力主忠君，长戴辫发，自比遗老。而其晚年最崇拜日本，乐居彼邦，亦可藉此说明。盖皆热烈之爱国主义所酿成者也（吾国今日爱国之士应洞察此层，勿徒以顽旧讥斥辜氏）。[1]

应该如何看待这位毁誉参半的人物？他认为："吾人之于辜氏，毁之固属无当，而尊之亦不宜太过。辜氏譬如有用之兴奋剂，足以刺激，使一种麻痹之人觉醒；而非滋补培养之良药，使病者元气恢复、健康增进也。"[2]

对这位旷世怪杰，百年来评价不一，誉之者上天，贬之者入地，众说纷纭，莫衷一是。褒者中，如林语堂就说："他有深度及卓识，这使人宽恕他许多过失，因为真正有卓识的人是很少的。"[3]贬者中，如岭南大学校长陈序经，则说辜是"中国留学生之守旧最深，而主张复古最力者"[4]。

而李大钊说："愚以为中国二千五百余年文化所钟出一辜鸿铭先生，已足以扬眉吐气于二十世纪之世界。"[5]

---

1 吴宓：《悼辜鸿铭先生》，《大公报》1928年5月7日。
2 吴宓：《悼辜鸿铭先生》。
3 林语堂：《辜鸿铭》。
4 陈序经：《评辜鸿铭的复古主张》，《岭南学报》1936年第1—4期。
5 李大钊：《东西文明之根本异点》，《李大钊文集》，人民出版社1984年版。

张中行在通县师范学校读书时就开始留意辜鸿铭。他说:"道听途说的不少,靠得住的有以下两种:一是他自己说他是东西南北之人,因为生在南洋,学在西洋,婚在东洋,仕在北洋;另一是特别受到外国人的尊重,有'到北京可以不看三大殿,不可不看辜鸿铭'的说法。"[1]

尽管后人对辜鸿铭的评价褒贬不一,但他的学术成就及向西方传播中国文化的贡献是举世公认的。这位把中国文化视为珍宝、向西方倾力推荐的人,毕竟获得了西方的尊重;同时,也至少使西方在其文明处于强势的鼎盛时期,对中国有了一定程度的尊重。当德国著名作家勃兰特夫人听到辜鸿铭逝世的消息时,惋惜地说:"辜鸿铭死了,能写中国诗的欧洲人还没出生!"[2]此话表明,西方人已经高度认同他在欧洲文化史上的地位了。

时过境迁,这些年来对辜鸿铭的评价渐趋客观公正。对其在宣传中国文化遗产方面所具的不世之功也给了充分的肯定。人大教授黄兴涛高度评价辜鸿铭:"他是五四时期以前惟一有分量的向西方积极弘扬中国文化的中国学者,是中学西渐史上一个独特的代表,只有他,硬是在传教士的垄断中挤得了一席之地。"

---

[1] 张中行:《辜鸿铭》,《负暄续话》,黑龙江人民出版社1990年版。
[2] 参见李扬帆:《晚清三十人》,"站在辜鸿铭的立场又如何"。

十、北大：是真名士自风流

惟大英雄能本色，是真名士自风流。在近代中西冲突、古今交汇的历史时代，辜鸿铭的确是一道充满魅力的人文风景。

20世纪初，西方人曾流传一句话：到中国可以不看紫禁城，不可不看辜鸿铭。辜鸿铭是清末民初驰名中外的文化名人，然而，长期以来国人却始终对他褒贬不一。

肯定者认为，他是一位坚忍不拔的中华文化的倡导者、捍卫者；一位学贯中西、努力将西学之长向国人推介的启蒙先驱者；一位为国家苦心探索复兴之路、勇敢投入救国强国活动的杰出爱国者；一位中华美德的承继者、践行者；一位狂放旷达、雄辩无敌的奇才。

否定者则认为，他是一位坚持封建纲常伦理的遗老遗少；一位参加过张勋复辟活动、大节上有严重问题的保皇份子；一位留着一条小辫子、做尽各种怪事、给中国人丢脸的"小丑式"文化人，一个中外混血的文化怪杰。

新世纪以来，随着人们对中华传统文化在促进经济发展和推动国家走向现代化过程中的作用的重新评价和认识，包括对五四启蒙运动的历史功绩与时代局限的重新认识，对其积极、正面作用和消极、负面作用的公正评价，对其高扬"科学与民主"的肯定和对其激进主义思潮部分的舍弃，对辜鸿铭等原先被视为"保守分子"的历史人物，也给予了重新认识与评价，并成为社会十分关注的一个热点。

对于20世纪初叶的中国文化界，辜鸿铭至少扮演了三个方面的重要"角色"：

第一，他是反对"打倒孔家店"的"硬骨头"。也可以说，在孔家店被疯狂打倒的时代——他是捍卫中华传统文化的主将之一！

在新文化运动大潮中，他孤军奋战，与陈独秀激烈争辩。在最艰难的时候，他喊出："孔老夫子是中华帝国两千年前的贫民老校长。他是个大教育家，是好人！不要以为打倒了孔家店，民国就能得救？鄙人坚信，即使将孔老夫子打到谷底，再踩上一万只脚，一百年后，孔老夫子又是一条好汉，孔老二还将变成孔老大、孔老爷！"[1]

而陈独秀则认为："要拥护德先生，又要拥护赛先生，便不得不反对国粹和旧文学。只有这两位先生可以救中国，这是最后觉悟之最后觉悟！"[2] 陈独秀主张只有民主和科学可以救中国，但却又片面地认为，要民主和科学就必须打倒孔家店。辜鸿铭则始终对以孔子为代表的中国传统文化推崇有加，他力主在东方文化的基础上实现国家的现代化，力主通过恢复孔孟之道以达到现代生活。

第二，他是"东学西渐"的倡导者和实践者。与同辈人相比，辜鸿铭似乎早生了一百年。一百年前他就站在时代的前沿，宣扬中华文化的优点，认为中国文化是"拯救世界的灵丹"。

辜鸿铭对本土文明的自信，是建立在对各种文明比较的基础上的。当中国的知识精英们大力宣讲西方文明的时候，他却用西方人的语言倡导和宣扬古老的东方精神。辜鸿铭信奉改良主义与君主立宪制民主，他说：一个皇帝倒了，多少乱世英雄等待做皇帝。名为共和，实为共乱。养着一个皇帝，比养千万个想当皇帝的革命党要好。他主张在维持稳定的前提下，推行改良的新政。这是一种探索，也是一种爱国的表现。同时，他对西方文明的批判也是尖锐和深刻的。他的思想和文笔曾经轰动了整个欧洲，并产生了巨大的影响。作为第一位致力于向西方介绍中国典籍、中国精神的中国学者，辜鸿铭是应该被历史记住的。

第三，他是一位具有爱国情怀的"保皇派"。辜鸿铭的眼界比同时代的人要开阔许多。在国外，他深知中国人如何被洋人歧视；回国后，他深知打倒孔家店的激进主义风潮何其幼稚。这些大不幸，他比任何人都体会得更深刻。他那狂放的保皇姿态，是用来保护自己强烈的民族自尊和文化自尊的。

八国联军侵华后，辜鸿铭怀着一腔火热的爱国之情，不遗余力地用英文写就《尊王篇》等文章，广发欧美各国，向国际舆论寻求正义。《清史稿》因此称道辜鸿铭："庚子拳乱，联军北犯。汤生以英文草《尊王篇》，申大义，列强知中

---

[1] 辜鸿铭：《反对文学革命》。
[2] 陈独秀：《本志罪案之答辩书》。

华以礼教立国，终不可侮，和议乃就。"[1]

辜鸿铭主张君主制，实际上是要一种有君主形式的民主；他不拥护革命党，实际上是不希望有千万个革命党形式的"皇帝"。稍微开明些的袁世凯真要当皇帝，他坚决反对；更落后保守的张勋率领辫子军要复辟，他倒去帮忙！因为君主立宪制的皇帝，是国家的象征，是稳定不变的；执政者（首相）则必须经由民主选举出来。袁世凯自立为皇帝，那会招来"多少乱世英雄等待坐皇帝"，他坚决不同意；张勋再粗野无知，请回的是原来的皇帝，符合君主立宪制观念，有助于中国长期稳定与推行新政，所以他去帮忙。

对着北大那么多激进的师生，他慷慨激昂地说："我们堂堂正正保皇，正确的称呼应叫同路人！"[2] 他虽然孤家寡人，甚至惹火烧身，却依然不改初衷。

他一生主张保留皇权，可慈禧太后过生日，在"天威咫尺"之下，他竟直言无隐，当众脱口而出："天子万年，百姓花钱。万寿无疆，百姓遭殃。"[3] 辜鸿铭狂放的姿态，其实是含着泪水在演一出悲喜剧。

长期以来，辜鸿铭被视为参加过复辟活动、大节有严重问题的保皇分子。实际上，他是希望为国家追求一种稳定的民主、稳定的复兴！1840 年以后，志士仁人探寻的路径不一样，但那种为国家探寻复兴之路的精神，那种爱国的情怀，是一样崇高的。

对于北大这所海内外知名学府而言，辜鸿铭至少留下了三个深刻的印记：

其一，他是新文化运动中旧派的代表性人物。1998 年，北大百年华诞之际，英文系的宣传资料中赫然记载着：

> 一九一二年京师大学堂改名为北京大学校。一九一九年废科改系，北京大学分为十四个系，由年轻的留美教授胡适担任英国文学系主任。胡适与英文系的另一位著名教授辜鸿铭分别代表了当时新文化运动中的新旧两派。[4]

---

[1] 《清史稿》：辜鸿铭传。
[2] 参见《辜鸿铭传》第六章。
[3] 《国闻备乘》。
[4] 参见《辜鸿铭别传》，第 348 页。

当年在北大,辜鸿铭梳着小辫走进课堂,学生们一片哄堂大笑,他平静地说:"我头上的辫子是有形的,你们心中的辫子却是无形的。"[1] 他对来访的英国作家说:"你看我留着发辫,那是一个标记,我是老大中华末了的一个代表。"[2]

其二,他是一位知识渊博、英文学识十分精深的学者。

辜鸿铭早年的学生、《社会主义史》和《马克思传》的作者李季赞扬辜鸿铭乃"全中国英文学之巨擘","为人极严正、刚直、廉洁,不独擅长外国文学,并精研西洋的历史,素为世界有名的学者所推重"。他认为自己在北大的几年间,与辜鸿铭的"关系最深,得益也最大"。

辜鸿铭的另一位学生、后来担任清华大学校长的罗家伦则指出:"在庚子八国联军的时候,辜先生曾用拉丁文在欧洲发表一篇替中国说话的文章,使欧洲人士大为惊奇。善于运用中国的观点来批评西洋的社会和文化,能够搔着人家的痒处,这是辜先生能够得到西洋文艺界赞美佩服的一个理由。"[3]

辜鸿铭英文极佳,他用英文写成的文章连英国人也大加赞叹,认为有维多利亚时代的味儿,可与英国的文章大家比肩。而中文则稍为逊色,授课时写汉字常常缺笔少划;有的人称他为国学大师,章太炎却说他中文不入流品。

林语堂对辜氏的《中庸》译文推崇备至,在其编译《孔子的智慧》一书中完全采用了辜氏的《中庸》译文,这是他唯一一次采用他人的译文。

辜鸿铭学贯中西。对于清末民初甚嚣尘上的立宪学说,他轻描淡写地指出,实际上诸葛亮在《前出师表》里就有立宪思想的精确阐述了。辜鸿铭认为,所谓"宫中府中俱为一体,陟罚臧否不宜异同,若有作奸犯科及为忠善者,宜付有司论其刑赏,以昭陛下平明之治。"如果能做到这些,那么"虽不立宪,亦是立宪。(尤其'宫中'、'府中'的区分,与总统府与国务院的关系趋同,诸葛亮真超前)。不如此,虽立宪亦非立宪。"[4] 因此,《前出师表》就是一篇立宪请愿书。辜鸿铭此说虽然有揶揄之嫌,但诸葛亮这几句话,却不啻为"宪政"的"真谛"。若能做到这一点,离"宪政"与"和谐社会"也就不远了。

---

1 《辜鸿铭文集》,第 197 页。
2 《辜鸿铭别传》,第 414 页。
3 罗家伦:《回忆辜鸿铭先生》。
4 辜鸿铭:《张文襄公幕府纪闻》,《辜鸿铭文集》上卷。

其三，他是特立独行、敢于坚持原则的中华文化的捍卫者。在对待中国传统文化的态度上，辜鸿铭与陈独秀具有截然不同的看法；但两人也有一个共同点：即各自在为落后挨打的中国探寻复兴之路上，都不人云亦云。辜鸿铭曾同情地说："其实陈独秀君和我辜鸿铭都是好人。陈独秀君从维新趋向革命，到现在还是革命；我自从跟张之洞做了前清官员以后，到现在还是保皇。"

辜鸿铭具有狂放乖张、诙谐不羁的名士个性。他与骄横跋扈的八国联军统帅瓦德西见面，出场是背着身的，因为瓦德西曾是他的学生；他倒着读英文报纸以嘲笑英国人……许多人仅仅把他当成一个笑料的制造者，却忽略了他内心的痛苦，也忽略了他是在做坚定而辛辣的抗争。他留辫子，穿旧服，为纳妾和缠足进行头头是道的辩解，目的是为了对抗整个社会鄙弃中华传统的畸形走向。

对辜氏的种种另类做派，罗家伦分析说，"辜先生是一个有天才的文学家，常常自己觉得怀才不遇，所以搞到恃才傲物。他因为生长在华侨社会之中，而华侨常常饱受着外国人的歧视，所以他对外国人自不免取嬉笑怒骂的态度以发泄此种不平之气。他又生在中国混乱的社会里，更不免愤世嫉俗。他走到旧复辟派这条路上去，亦是不免故意好奇立异，表示与众不同。"[1]

与辜鸿铭同在北大执教的温源宁认为："他辫子的炫耀，很足以显露他整个人的性格。他为人刚愎，度着与人对抗的生活，众人所承认者，他则否认；众人所欢喜者，他则不欢喜；众人所承认者，他则藐视。与众不同，即是他的快乐和骄傲；因为剪辫子是流行的，所以他便留辫子，倘若人人都留辫子，我相信剪辫子的第一人，一定是辜鸿铭。"[2]

正是由于辜鸿铭对西方现代社会弊端的深刻认识，他才希望众人摆脱物质理性的狭隘与浮躁，做一个博大、深沉、纯朴、灵敏的中国人；希望人们更理性地去考虑自己的言行，舍弃物质理性的浅薄，真正找到精神层次的社会脉搏。但是，被压抑数千年的中国人已无暇去考虑这些道德说教，在物质利益的诱惑和西方强权的驱使下陷入了实用主义的深潭。面对这种社会现实，他深深体会到"举世皆醉我独醒"的孤独。

---

[1] 罗家伦：《回忆辜鸿铭先生》。
[2] 温源宁：《辜鸿铭》。

与辜鸿铭留给国人"亡清遗老"和"文化怪杰"的印象完全不同的是,他在西方世界简直成了人们顶礼膜拜的对象。在相当多的西方人眼里,辜鸿铭是宣传东方文明和中国文化的卓越使者,是一个德高望重、令人尊敬的哲学家和思想家,一个典型的爱国主义者。俄国大文豪列夫·托尔斯泰一生只同两个中国人通过信,其中一个便是辜鸿铭。[1]

那是1906年,时任上海黄浦疏浚局督办的辜鸿铭,于日俄战争期间在《日本邮报》发表长篇文章——《日俄战争的道德原因》(连载),后来战争结果果然如辜鸿铭所料,新兴的东洋日本战胜了老牌的沙俄帝国。当辜鸿铭得知托尔斯泰对这场发生在中国土地上的不义之战的立场后,便通过俄国驻沪领事勃罗金斯基的帮助,将已结集出版的《日俄战争的道德原因》及《尊王篇》寄赠给托尔斯泰,并附上了一封亲笔信。

托尔斯泰读了辜鸿铭的信及著作,大有他乡遇故知之感。随后也委托挚友切尔特科夫给辜鸿铭寄来了自己的著作,不久又亲自给辜鸿铭写了一封充满感情色彩的长信。

在信中,托尔斯泰一方面谴责欧洲列强(包括俄国)对中国的侵略史"贪婪的残暴、蛮横和不道德的";另一方面又希望中国人民要"镇静"和"忍耐",而"不要以恶报恶",尤其不要像欧洲那样只追求实用主义物质文明。他说:

> 如果学着欧洲民族的摸样,草创一部宪法,设置军队,也许厉行强迫的征兵制度,并创办实业,这就是否认中国人生活的一切基础,否认他们的过去,他们的淡泊的、宁静的农民生活,把真生命惟一的路径——"道"——舍弃了,不但对于中国,而且对于全人类。中国人不模仿西方民族,这个摸样宁可给他们当一种警告,使他们不致陷入同样的绝境。我相信在我们这个时代,人类的生活要起一种重大的变化。我并且享年在这个变化中,中国将领导东方民族扮演重要的角色。[2]

---

1 参见《辜鸿铭别传》第368-370页。
2 味荔译:《托尔斯泰与辜鸿铭书》,《东方杂志》第25卷第19号。

托尔斯泰在信中提出的不要盲目效仿欧洲以及用中国文明来挽救西方的观点，可以说与辜鸿铭正好不谋而合。

1908年8月28日，托尔斯泰八十寿诞之际，辜鸿铭受"亚洲太平洋协会"同人的委托，亲自起草并寄去一份贺词：

> 今日我同人会集恭祝托翁八秩寿辰，窃维先生当代文章泰斗，以一篇丹忱维持世道人心，欲使天下同归于正道，钦佩曷深。……孰知今日各国，专以势力相倾，竞争无已。匪特戕将民生，其竟也必至互相残杀，闾无噍类。故欲救今日之乱，舍先生之学之道，其谁与归？[1]

两个月后，辜鸿铭又专门给托尔斯泰寄去了他翻译的两本英文儒学经典——《中庸》与《大学》。托尔斯泰收到后十分感激，认为这两本书激发了他的思想。

1921年，英国著名作家毛姆游历中国时特地慕名求见辜鸿铭，想请他讲解《春秋大义》。为此他特地托一位英国洋行的朋友去联系，等了几天却未见回音，便去问怎么回事。朋友说，他写了一张条子，让辜氏前来拜见，不知为什么一直未见辜氏前来。毛姆一听才知事情被弄糟了，于是亲笔拟了一封短简，恭恭敬敬地表达仰慕之意，请求一见，辜鸿铭这才答应与他见面。

一见面，辜鸿铭就不客气地说："你的同胞以为中国人不是苦力就是买办，只要一招手我们就非来不可。"强烈的民族自尊感使他不惜采用偏激的行为方式去对抗，你招手我偏偏不去，你来了，我还得先数落你两句。在辜鸿铭眼里，长者应该坐在家里等年少者拜访。好在两人见面后相谈甚欢。当着毛姆的面，辜鸿铭痛快淋漓地说了起来：

> 你们凭什么理由说你们比我们好呢？你们的艺术或文字比我们的优美吗？我们的思想家不及你们的深奥吗？我们的文化不及

---

[1] 《辜鸿铭别传》，第370页。

你们的精巧，不及你们的繁复，不及你们的细微吗？呦，当你们穴居野处、茹毛饮血的时候，我们已经是进化的人类了。你可晓得我们试过一个在世界的历史上是惟我独尊的实验？我们企图不以武力管理世界，而用智慧。许多世纪以来，我们都成功了。……你们喜欢机关枪，你们也将被机关枪判决。[1]

离别前，辜鸿铭对前来拜访他的毛姆说，"你来拜访中国的最后一个哲学家，我该送你点什么留作纪念才是。可我是一个穷人，我不知道送点什么值得你接受的东西"。最后，他写了一首诗送给毛姆：

当初你不爱我，你的声音是那么甜美，

你的眼里充满了笑意，你的双手纤细温柔；

后来你爱上了我，你的声音变得苦涩，

你的眼里充满了泪水，你的双手僵硬干涸。

这是多么的令人悲伤，

因为爱使你变得不再可爱……[2]

通过这首诗，可以感到：辜鸿铭如果不这么爱着国家，也许他将是一个完美而高尚的绅士；然而，正是由于对国家的这份痴情和纠结，使得他在一些人眼里，因为太爱而变得不那么可爱。

梁启超当年曾说道："凡文化发展之国，其国民于一时期中，因环境之变迁，与夫心理之感召，不期而思想之进路，同趋于一方向，于是相与呼应汹涌如潮然。始焉其势甚微，几莫之觉，浸假而涨——涨——涨，而达于满度；过时焉则落，

---

[1] 《辜鸿铭文集》，第 597–598 页。
[2] 毛姆：《中国游记》，哲学家出版社 1922 年版。

以渐至于衰熄。凡思非皆能成潮,能成潮者,则其思必有相当之价值,而又适合于其时代之要求者也。"[1]

正是兴起于19世纪60年代的洋务思潮、90年代的维新思潮在甲午战败和辛亥革命后落潮,使新文化运动汹涌如潮,在二十世纪的中国掀起了滔天巨浪,中国思想界群星璀璨……

走向现代化的道路,本来就是多种多样的。在激进主义思潮淡出中国的今天,再来看辜鸿铭当初的那些见解与思路,不是很可以理解吗?它表明,"一个崛起的大国正在重新评价对本土文化的态度,一个探索自己道路的民族正在与曾经作为主流的激进主义思潮疏离"。

北大,风流总被雨打风吹去。而曾经领一时风流的辜鸿铭,却随着时间的推移,愈加显现出他的魅力。

---

[1] 梁启超:《清代学术概论》,商务印书馆1921年版,第1页。

尾声

历史的回响

尾声　历史的回响

>　　未名湖是个海洋，
>
>　　名人都藏在水底。
>
>　　灵魂像一条鱼，
>
>　　时而会从水面跃起。[1]

　　2012年深秋，我来到北京。当我徜徉在秋叶萧疏、秋色浓重的未名湖畔时，我不禁深深地为这座中国最高学府无与伦比的学习环境而赞叹，我的眼前不时闪现出曾在这里生活与工作、思考与研究、奋斗与抗争过的三位"硕学宏儒"的身影。正如人们所说："北大校园的'风景'是百看不厌的。不但可以'触景'，而且可以'生情'；不但可以'生情'，而且可以增长知识，使自己变得'厚重'起来。"[2]

　　上世纪初叶，在国家存亡、民族危难、道德沦丧之际，严复、林纾、辜鸿铭以自己一生的气节和作为，践行了儒家的做人准则，实现了儒家"知行合一"的为学之道。

　　有趣的是，他们三个人的社会地位、人生经历、生活道路乃至政治理想、文化抱负，既有许多相同或相似之处，也有诸多不同之处，或者说是"同中有异，异中有同"。从相同或相似之处看：

　　首先，他们都是中国近现代史上最著名的翻译家。其中，严复、林纾是"英译汉"的翻译家，严复擅长西方社会科学著作的译介，林纾则擅长西洋文学作品的译介；而辜鸿铭是"汉译英"的翻译家，擅长中国古代经典和中国传统文化的译介。

　　煌煌八部"严译名著"（包括赫胥黎的《天演论》、亚当·斯密的《原富》、斯宾塞的《群学肄言》、孟德斯鸠的《法意》以及《社会通诠》、《群己权界论》、《穆勒名学》、《名学浅说》），是严复为中国思想界树立的丰碑。它第一次把

1　《未名湖是个海洋》由北大著名校园歌手许秋汉（1991级社会系本科生）创作，曾在校园里被广泛传唱。
2　张一璠：《北大是一篇散文》，《寻找北大》，第213页。

西方古典自由主义经济学、哲学、法学、社会学、逻辑学系统地带进国门，严复也因此成为近代中国第一个具有现代意识、国际视野的学人和中国现代社会科学的奠基者。

百部"林译小说"（包括《巴黎茶花女遗事》、《黑奴吁天录》（《汤姆叔叔的小屋》）、《块肉余生述》（《大卫·科波菲尔》）、《魔侠传》（《唐吉诃德》）、《孝女耐儿传》（《老古玩店》）、《贼史》（《雾都孤儿》）、《吟边燕语》（《莎士比亚戏剧故事》）、《鲁滨逊漂流记》以及《格列佛游记》、《伊索寓言》等），是林纾为中国文学界建立的功勋。它第一次向中国民众完整地展示了丰富的西洋文学，开拓了人们的视野。"林译小说"滋养了新文学整整一代人，林纾也因此被誉为"译界之王"，奠定了其在中国近代文学翻译史上开拓者和奠基人的地位。

在19世纪末20世纪初"西学东渐"、欧风美雨横扫中国大地的时候，辜鸿铭却"反其道而行之"，力倡"东学西渐"。他独立用英文翻译的三部中国古代经典，包括孔子的《论语》（The Discourses and Sayings of Confucius）、子思的《中庸》以及《大学》，在中国文化的"汉译英"方面开了近代之先河，为中学西播和中西文化交流做出了重大贡献。辜鸿铭也因此被称为我国近代翻译的先驱。

其次，他们与中国近现代教育都有着不解之缘。其中：

严复曾先后担任天津北洋水师学堂、京师大学堂（北京大学）、复旦公学（复旦大学）和安徽高等学堂等四所高校的校长，他把自己大半生的心血献给了中国教育事业。同时，他还出版了《中国教育议》、《支那教案论》等教育学方面的著作，鼓吹教育改良及"教育救国论"。

严复主张多办学校，他曾论述西洋各国重视教育，对"民不读书，罪其父母"的强行义务教育表示赞赏。而中国民之愚智悬殊，自然不能胜过人家。基于这种思想，严复对办学校是十分积极的。除亲自主持北洋水师学堂长达二十年外，他还参与过天津俄文馆、北京通艺学堂等学校的创办。

严复要求建立完整的学校系统来普及教育，以"开民智"。他根据资本主义国家的制度，提出中国的学校教育应分三段的计划，即小学堂、中学堂和大学堂。

小学堂吸收 16 岁以前的儿童入学；中学堂吸收 16 岁至 21 岁文理通顺、有小学基础的青年入学；大学堂学习三四年，然后升入专门学堂进行分科专业学习。同时，还要把学习好的聪明之士送出国留学，以造就学有专长的人才。

此外，严复十分重视妇女教育。他对当时上海径正女学的创办大为赞赏。认为这是中国妇女摆脱封建礼教束缚的开始，也是中国妇女自强的开始。他从救亡图存的目的出发，认为妇女自强"为国致至深之根本"。他主张妇女应和男子一样，在女学堂里既要读书，又要参加社会活动。显然，他是将妇女置于整个社会变革，特别是妇女自身解放的前提下来考虑的，故十分强调参加社会活动对女学堂学生的重要意义，这也是他在妇女教育方面高出一般人之处。

林纾曾先后在京师大学堂（北京大学）及金台书院、五城中学堂、正志学校等多所中学任教，以教授古汉文为专长。无论是教书、育人还是编写教材，他都勤勤恳恳、尽心尽力。此外，他还参与创办了福州苍霞精舍（今福建工程学院），并把自己翻译出版《巴黎茶花女遗事》的稿费捐给了福州蚕桑公学，为家乡教育事业的发展尽了绵薄之力。

辜鸿铭在新文化运动前后曾在北京大学任教多年，以教授英文诗和拉丁文为专长；并曾担任过著名的南洋公学监督（校长）。直到他生命接近终点时，主持山东军政事务的张宗昌仍希望请他出任山东大学校长，虽然他因病未能前去赴任，但从中也可看出他在中国教育界的分量。

对民国时期教育界兴起的"新式学堂"热，辜鸿铭颇为担忧。他说："余谓今日中国不患读书人不多，而患无真读书人耳。乃近日上下皆倡多开学堂，普及教育，以为救时之策，但不知将来何以处如此其多之四体不勤、五谷不分而妄冀为公卿大夫之人耶？且人人欲施教育而无人肯求学问，势必至将来遍中国皆是教育之员，而无一有学问之人，何堪设想？"[1] 他还感慨地对人说："中国待将来之真正宪法，真正共和，真正总统，譬如河清之难俟。仆固任大学教授者也，今且三月不得修金。欲俟真共和之时代，仆之为饿殍，盖已久矣。"[2]

再次，他们都主张采取渐进、改良的方式变革社会，对君主立宪制也都持一

1　《辜鸿铭文集》上卷，第 448 页。
2　严光辉：《辜鸿铭传》第六章。

定的支持态度。

严复早年曾以进化论为基础,呼吁中国必须急变、大变,对传统专制制度提出了尖锐批判。主张"鼓民力、开民智、新民德",逐步实行君主立宪。而到晚年,则主张不能骤变,反对"一切外缘内因,举不具备,骤用新制"[1]。

1904年,他在伦敦与孙中山辩论时说:"以中国民品之劣,民智之卑,即有改革,害之除于甲者将见于乙,泯于丙者将发之于丁。为今之计,惟急从教育上着手,庶几逐渐更新乎!"主张激进变革的孙中山则回答说:"俟河之清,人寿几何!君为思想家,鄙人乃实行家也。"[2]

无独有偶,林纾、辜鸿铭对于时政均感到忧患,在变革社会的问题上也都与严复持同样的态度。他们认为,就中国的现实而论,开明专制仍是较好的选择。辜鸿铭曾经语重心长地说:"喜新改易者,国当深戒。"

在严复看来,"无论制、共和两派,蜂起愤争,而迹其行事,诛其居心,要皆以国为戏。""参众两院之捣乱,靡所不为,致国民寒心。""共和政体名存而已"。他指出:"以不佞私见言之,天下仍须定于专制,不然,则秩序恢复之不能,尚何富强之可跂乎?旧清政府,去如刍狗,不足重陈,而应运之才,不知生于何地,以云隐忧,真可忧耳!"[3]

第四,他们都推崇中国传统文化,而对五四时期激进的反传统存有异议。无论是早年鼓吹学习西方的严复,还是毕生以研究古文辞为业的林纾,或是完全由西方文化培育出来的饱学之士辜鸿铭,晚年都在文化保守主义的大旗下"回归"或坚守中国传统文化。

在经历了变法维新失败、辛亥革命等一系列事件后,严复在思想上趋于保守,在文化观上主张回归传统,提倡以引进西学为前提,建立以儒学为主体意识的新时代的文化体系,实现中国文化的自我更新。他认为任何一个民族的传统文化都沉淀于民族心理、民族意识之中,中国必须修古而更新之,以传统文化为基点,以西方文化为参照,才具备可行性。中国在吸收西方文化的同时,不能抛弃自身特定的价值尺度和思维模式,要注意振奋民族精神,呼唤民族意识。

---

1 《严复集》第一册,第229页。
2 《严复集》第五册,第1550页。
3 《严复集》第三册,第603页。

严复认为,制度的变革固然重要,但是更根本的急务在于"收拾人心之事。""道德不进,而利器日多,此中国之所以大乱也。"他的结论是,"中国目前危难,全由人心之非,而异日一线命根,仍是数千年来先王教化之泽"[1]。

作为一代启蒙大师,对国家民族深厚的忧患情怀,伴随了严复

生命的始终。在他的晚年,这种深情的忧患更到了无以复加的地步。1911年底,严复在给张元济的信中坦言,身为"中国人中之汉族,而敢曰吾人之程度不合于民主,而敢曰中国之至于贫弱腐败如今日者,此其过不尽在满清,而吾汉族亦不得为无罪;则其言一出口,必将蒙首恶之诛,公敌之指","然而仆亦爱国之一男子","事已至此,诚不敢爱死而更欺吾同胞故也"[2]。

自1883年在英文报纸《华北日报》上发表题为"中国学"的文章开始,辜鸿铭昂首走上宣扬中国文化、嘲讽西学的写作之路。

除了从事中文作品的翻译,辜鸿铭还用英文撰写了很多宣扬儒学王道的作品,如《中国的牛津运动》、《春秋大义》（又名《中国人的精神》）、《呐喊》（又名《哀诉之音》）等。这些著作曾风靡西方,并对一些西方学者产生过重要影响。

1896年中日甲午战争后,中国面临着深重的民族危机,外国列强争相瓜分中国主权和领土,不少文人和士大夫也积极为清政府献计献策,有人主张学习西方的政治制度,要求设立议院等改良中国。

而此时的辜鸿铭已完全服膺于儒家文化,在中国内外交困的情势下,他写了《上湖广总督张书》,明确表示对儒教尊王之旨、义利之辨和忠恕之教的归服,并公开反对仿效西方的民主政体等。拯救中国和中华文明成了辜氏这时的迫切要求,在他看来,只有儒家文化才能拯救中国,不但不能学习西方的政治制度,相反西方也应该学习儒家文化,才能去除其政体的弊端。

学者孔庆茂在评价辜氏的贡献时说:"辜鸿铭对中国的真正的贡献,确实不在其政治方面,而更在于其对东西方文化的比较研究,尤其是对外宣传国学,使国学走向世界方面。"[3]

毋庸置疑,他们都是中国近代名噪一时的国学大师和翻译家,并称为"译坛

---

[1] 《严复集》第三册,第678页。
[2] 《严复集》第三册,书信（与张元济书）。
[3] 孔庆茂:《辜鸿铭评传》,百花洲文艺出版社,1997年版,第136—137页。

未名湖畔忆名儒
——严复、林纾、辜鸿铭的北大岁月

三杰"。

第五,他们都具有名儒国士的风度,不仅饱读诗书,而且都有一身正气和"傲骨"。

其中,严复早年曾留学英伦,就读于英国最著名的海军大学——格林尼茨皇家海军学院。留学期间,他除了攻读英文和西方近代海军知识外,还大量阅读了亚当·斯密、边沁、孟德斯鸠、达尔文、赫胥黎等思想家的著作,并悉心钻研西方列强崛起的根本原因,成为中国近代较早直接受西方教育的少数人之一。

林纾早年是前清光绪举人,博古通今,才华横溢,尤其对古文辞造诣非凡。后来虽多次参加科举考试而名落孙山,但其在文学上的功力、水平远超一般的科举成名者。他虽然没有出过洋,但通过翻译西洋小说,对西方社会也近乎"了如指掌"。

辜鸿铭从小生活在英伦,接受的是正规的西方教育。1880年前后,当严复刚刚踏上英伦三岛、开始留学生涯时,他已获得了英国爱丁堡大学的文学硕士文凭和德国莱比锡大学土木工程学的文凭,踏上了东归之路。

宣统二年(1910年)1月,清廷颁赐取消科举后的第一批进士,其中文科进士五人,严复名列第一,辜鸿铭名列第二,严复的学生伍光建名列第三。林纾本人虽然未被赐文科进士出身,但他多年的好友魏瀚却是工科仅有的两位进士之一。

1898年,严复因翻译《天演论》而声名鹊起,光绪帝在林旭等维新人士的推荐下,特意召见了严复,听严复绘声绘色地"描绘"了一番大洋彼岸的世界。而林纾、辜鸿铭在民国初年,与废帝溥仪均有书画往来或被单独召入宫中觐见、赐以匾额或午膳招待的经历,两人皆感激涕零,并将此作为自己一生中最值得骄傲的经历。

尤其可贵的是,三位名儒都具有一身傲骨与正气,既不为"五斗米而折腰",更不为王公贵族的请托而屈服。

袁世凯复辟前夕,杨度请严复出面组织为帝制摇旗呐喊的所谓"学术组织"——筹安会,严复加以婉拒;后来虽被列名,严复便采取明哲保身的方式进行消极抵制:不参加"筹安会"的活动;袁世凯派人以4万元支票的诱惑,请其撰文反驳梁启超的《异哉所谓国体问题者》，他托词给予拒绝。在帝制逆流甚嚣尘上之际，严复不仅拒绝撰文劝进，而且没有朝贺已接受推戴的袁世凯，并数次拒绝内廷召宴。

袁世凯去世后，1916年6月，段祺瑞出任北洋政府国务总理。上任第四天，段祺瑞即屏去侍从，亲至林纾家，邀其担任顾问。林纾虽感激其知遇之恩，但认为"若段氏者，罪浮于袁贼，直首乱之人"，自然拒绝应聘。军阀吴佩孚生日前夕，曾托人请林纾为其画一幅画祝寿，林纾认为其执政时草菅人命，便予以婉拒。

民国初年，美、英、俄等六国银行团以高薪聘请辜鸿铭为翻译，当他得知他们借钱给袁世凯是作其镇压南方革命的经费时，便愤而辞聘。对辜鸿铭的政治操守和抱负，罗振玉尝言："君虽位卑分疏，其自任天下之重如此。""生平无积蓄，国变后，贫不能自存，而救世之志不稍挫。"李国文更是大唱赞歌："这位老先生，对于洋人，对于洋学问，敢于睥睨一切，敢于分庭抗礼，从他身上看不出一丝奴婢气，这一点，作为一个中国人来说，应是十分要得的。"

几千年来，中国知识分子特别看重气节，恪守"志士不饮盗泉之水，廉者不食嗟来之食"的古训。严复、林纾和辜鸿铭以他们一生的执着、耿介和恃才傲物，给后人留下了深刻的印象，他们以自己对儒家学说的身体力行表现出了新旧世纪之交的大儒风范。

在中国近代文化史上，严复、林纾和辜鸿铭都是占有特殊地位的大师级人物。但他们又具有各自的个性特征和事业特色，甚至彼此间有时也存在着"文人相轻"的一面。

康有为当年曾夸"译才并世数严林"，结果严复不以为然，林纾也不买账。辜鸿铭则对严复一直颇有微词，认为严复"达恉"的《天演论》，只消用《中庸》"栽者培之，倾者覆之"八个字便可将全书宗旨囊括无遗，何必"辞费"如此？他甚至半开玩笑地说要"杀严林以谢天下"[1]，因为"自严复《天演论》一出，国人只知物竞天择，而不知有功名，于是兵连祸结；自从林纾《茶花女》一出，莘莘学子就只知男欢女悦，而不知有礼义，于是人欲横流。以学说败坏天下者，不是严、林又是谁？"

---

1 《凌霄一士随笔》，《国闻周报》1936年刊十三卷十三期。

与辜鸿铭对《天演论》的不满大相径庭的是，严复对这位精通西学却好复古的同乡，不仅没有流露出任何反感，而且还为他辩护。严复说："辜鸿铭议论稍为惊俗，然亦不无理想，不可抹杀。渠生平极恨西学，以为专言功利，致人类涂炭，鄙意极以为然。"[1]

严复和辜鸿铭当时何曾想到，后来他们两家竟然成了亲戚！1949年，辜鸿铭的堂侄辜振甫（曾任台湾海基会首任董事长）娶了严复的孙女严倬云，辜、严的结合当时被台湾媒体称为"天作之合"。2004年2月10日，辜鸿铭的堂侄媳——辜振甫太太严倬云回闽寻根时，还代表先夫为惠安螺阳辜氏宗祠题词：脉承惠安。

就个人性情而言，林纾和辜鸿铭都曾被文坛视为"怪杰"，但两人"怪"的特点不一样：林纾耿直，辜鸿铭幽默，嬉笑怒骂皆成文章。严复虽然性情不怪，但个人嗜好颇怪，明知抽鸦片不好，却长期吸食鸦片而无力自拔，直到去世前一年才痛悔不已。

就家庭生活而言，严复和林纾的家庭生活都比较严谨，而辜鸿铭则较为浪荡。辜鸿铭觉得男人纳妾是天经地义的事，更视男人逛妓院理所应当，不过他与一妻一妾的感情仍相当笃深。日籍爱妾吉田贞子去世后，他深情地写下了一首悼亡诗：

此恨人人有，百年能有几？

痛哉长江水，同渡不同归。[2]

严复与林纾同为福州人，而且都在闽江北岸的苍霞洲生活、学习过。两人不仅早年有着共同的文化背景，而且在诸多在京同乡中交谊较深。林纾的《巴黎茶花女遗事》出版后，严复曾以"可怜一卷茶花女，荡尽支那浪子肠"予以赞许。

严复六十初度时，林纾以诗庆贺，诗云："盛年苦相左，晚年荷推至。"林纾七十寿辰之际，严复也同样以诗祝贺：

---

[1] 转引自陈越光、陈小雅：《摇篮与墓地》，第125页。
[2] 转引自李玉刚：《辜鸿铭别传》，第390页。

> 左海畸人材畏庐，早年补柳遍西湖。
>
> 数茎白发看沉陆，无限青山入画图。
>
> 尽有高词媲汉始，更搜重译续虞初。
>
> 饶他短舌成齐俗，佩玉居然利走趋。[1]

严复去世后，林纾率门生祭奠，作《告严几道文》称颂严复："君著述满天下，而生平不能一试其长，此至可哀也。"[2]

2010年6月23日，在阔别福州家乡六年之后，严复的孙女辜严倬云回到了儿时的郎官巷，为修复后的严复故居剪彩。

临别时，辜严女士对记者说，回到家乡，回到郎官巷，看到祖父的故居修葺一新，心中有一份说不出的欢喜和感动，只要有机会，她一定会常回家乡。

林纾后人林明云创办的琴南书院与严复故居相邻，林明云用家乡话对严女士回到郎官巷表示热烈欢迎，并赠送给辜严女士一幅书法作品，上面题着一首诗：

> 两贤论语郎官巷，一进深研古今文。
>
> 南窗二梅碧春讯，乾坤数亩译道传。[3]

清华学者刘东在比较严复、林纾与辜鸿铭三位名儒时写道："位于东南沿海的福建，自从近代海禁打开以后，就逐渐成为中西会通的桥梁，而这也就可以理解，为什么严复、辜鸿铭和林纾这三位以不同方式穿梭于东西之间、一时间最负盛名的翻译家，竟然全部都来自福建。他们三位当时就被称为'福建三杰'。"[4]

刘东进一步指出："在那个中国终于开始朝向西方睁大眼睛的年头，把西方讲给中国听，讲得最好的要数严复，而把中国讲给西方听，讲得最好的要数辜鸿

---

1 《严复集》，第五册。
2 林纾：《告严几道文》。
3 李熙慧、文孔瑜：《辜严倬云参观严复故居》，《海峡都市报》2010年6月24日。
4 刘东：《严复与辜鸿铭的文化言说》，《文景》2010年9月号。

铭。"[1]

然而，无论是林纾还是辜鸿铭，他们所能担当的，更多的是一个翻译家的角色；而"只有严复，才将西学变成了照亮古老中国沉沉黑夜的冲天火炬"[2]。正如希波克拉底所言："药治不了的，用铁；铁治不了的，用火。"

"向本国来说别国，而道别国之长；向别国来说本国，又道本国之长。其实内在的动机一也，都是对父母之邦的热爱。"[3]从这个意义上说，严复、林纾和辜鸿铭实乃殊途同归。

北京大学建校120周年纪念邮资封

---

1 刘东：《严复与辜鸿铭的文化言说》，《文景》2010年9月号。
2 曾纪鑫：《千古大变局》，广西师范大学出版社2008年出版，第160页。
3 刘东：《严复与辜鸿铭的文化言说》，《文景》2010年9月号。

附录 严复、林纾、辜鸿铭生平大事记

1852 年（清咸丰二年）
11 月 8 日，林纾出生于福州城东莲屿。

1854 年（清咸丰四年）
1 月 8 日，严复出生于福州南台苍霞洲。

1857 年（清咸丰七年）
7 月 18 日，辜鸿铭出生于马来亚槟榔屿。

1858 年
林纾 7 岁，入私塾读书。

1860 年
严复 8 岁（按阴历算），入私塾读书。

1861 年
严复 9 岁，遵父命回家乡阳岐随五叔严厚甫读经书。

1862 年
林纾 11 岁，受塾师薛则柯影响，对古文辞产生兴趣。

1866 年
严复 14 岁。春季，遵从父母之命，与王氏结婚；6 月，父亲严振先病故；12 月以第一名的优异成绩考入福州船政学堂（求是堂艺局）。

1867 年
严复 15 岁。1 月求是堂艺局开学，因新校舍尚未建成，暂借福州于山法雨堂上课；6 月，新校舍建成，学校搬至马尾，改名为福州马尾船政学堂。

林纾 16 岁，赴台湾帮父亲记账。

辜鸿铭 11 岁，辞别生身父母，随养父母布朗夫妇远涉重洋，赴英国读书。先后入苏格兰公学和爱丁堡文法学校。

1869 年

林纾 18 岁，由台湾返乡，娶妻刘琼姿。

1871 年

严复 18 岁，以最优等成绩毕业于福州马尾船政学堂。

1872 年

严复 19 岁，与同学 18 人登"建威"号练习船练习。

1873 年

辜鸿铭 17 岁，入爱丁堡大学文学院读书。

1874 年

严复 22 岁，长子严璩出生。

1877 年

严复 25 岁，与刘步蟾、林泰曾、蒋超英、方伯谦、何心川、叶祖珏、萨镇冰、黄建勋、江懋祉、林颖启等赴英国留学。

辜鸿铭 21 岁，以优异成绩获爱丁堡大学文学硕士学位，成为中国近代史上第一个最早全部完成英国式正规教育者。随后独自赴欧洲大陆游学。

1878 年

严复 26 岁，与 6 位同学拜见大清驻英公使郭嵩焘，并随郭嵩焘参观巴黎天文台、下水道、罗浮宫、圣西尔陆军士官学校、凡尔赛议政院等；到英国法院观审听狱。

1879 年

严复 27 岁，8 月回国担任福州船政学堂教习。

1880 年

严复 28 岁，到李鸿章创办的天津北洋水师学堂任总教习。

辜鸿铭 24 岁，告别生活了十三年的欧洲，回到南洋槟岛。

1882 年（光绪八年）

林纾 31 岁，中举人，与其同榜中举的有陈衍、郑孝胥、李宗言等好友。

辜鸿铭 26 岁，与大清官员马建忠相识，对中国传统文化产生浓厚兴趣，并希望回到中国，切实生活在中国人中间，做一回真正的中国人；辞去在新加坡海峡殖民地的工作，回到槟榔屿老家补习中文。

1883 年

辜鸿铭 27 岁，担任英国探险队中英文翻译，到中国华南、缅甸曼德勒等地进行探险旅行；随后定居香港，研究汉学。

1885 年

严复 33 岁，请假回福建参加科举考试。

辜鸿铭 29 岁，回到中国，并进入两广总督张之洞幕府担任德文翻译。

1888 年

严复 36 岁。请假赴北京参加顺天乡试。

1889 年

严复 37 岁，升任天津北洋水师学堂会办（副校长）；报捐同知，海军保案免选同知，以知府选用；再次赴北京参加顺天乡试。

1890 年

严复 38 岁，升任天津北洋水师学堂总办（校长）。

1891 年

辜鸿铭 35 岁，在上海《字林西报》发表英文专论《为祖国和人民争辩——现代传教士与最近教案关系论》。

1892 年

严复 40 岁，5 月原配王夫人去世；同年娶如夫人江莺娘。

1893 年

严复 41 岁，回原籍福建参加科举考试，第四次落第，从此不再参加科举考试。次子严瓛出生。

1894 年

严复 42 岁，得悉中日甲午海战中国战败，众多同乡同学遇难，悲愤交集。

1895 年

严复 43 岁，发表论文《论世变之亟》、《原强》、《辟韩》、《救亡决论》。

林纾 44 岁，母亲去世；《马关条约》签订，与陈衍、高凤岐上书清廷，抗议日本侵占辽东及台湾、澎湖。

1896 年

严复 44 岁。开始翻译英国赫胥黎的《天演论》。

1897 年

严复 45 岁。在天津创办《国闻报》，任主编；创办《国闻汇编》，刊载《天演论》；开始翻译亚当·斯密的《原富》（《计学》），斯宾塞的《群学肄言》（《社会学研究法》）。三子严琥出生。

林纾 46 岁，发妻刘琼姿去世；与王寿昌共同翻译《巴黎茶花女遗事》（今通译《茶花女》）

1898 年（清光绪二十四年，戊戌）

严复 46 岁。吴汝纶为《天演论》作序；《天演论》单行本正式出版；9 月 14 日，光绪皇帝召见严复，谈三刻钟；拟写《上皇帝万言书》，未及上呈；戊戌变法失败，谭嗣同、林旭等"戊戌六君子"被杀；大悲，写《哭林晚翠》一诗悼念林旭。

林纾 47 岁。3 月入京参加会试，与"戊戌六君子"之一林旭相识；5 月与林旭赴杭州；6 月再娶杨氏。

辜鸿铭 42 岁，将孔子的《论语》翻译成英文出版，这是他的第一部英译经典。

1899 年

严复 47 岁。开始翻译约翰·穆勒的《群己权界论》（《自由论》）；长女严璸出生。

林纾 48 岁，《巴黎茶花女遗事》刊行后在社会上引起轰动，一时"洛阳纸贵"。

1900 年

严复 48 岁。因八国联军进犯占领北京，严复离开天津北洋水师学堂避往上海，住闸北长康里；担任上海"中国国会"副会长；开始翻译《穆勒名学》；在上海娶朱明丽夫人。

1901 年

严复 49 岁，去天津主持开平矿务局工作；次女严璆出生。

林纾 50 岁，举家由杭州迁至北京；担任金台书院讲席，兼任五城中学堂国文总教习；翻译出版《黑奴吁天录》（今通译《汤姆叔叔的小屋》）。

辜鸿铭 45 岁，《尊王篇》（英文名为《总督衙门论文集》）在上海结集出版。

1902 年

严复 50 岁，任京师大学堂附设编译局总办；开始翻译孟德斯鸠的《法意》；《原富》和《穆勒名学》分别由上海南洋公学译书院、南京金粟斋出版。

林纾 51 岁，应严复之邀，担任京师大学堂附设编译局"笔述"。

1903 年

严复 51 岁。《社会通诠》译成；《群学肄言》、《群己权界论》分别由上海文明编译书局、商务印书馆出版；四子严璇出生。

林纾 52 岁，与严培南、严璩合译《伊索寓言》，由商务印书馆出版；与魏易合译《民种学》及《布匿第二次战纪》，由京师大学堂译书局出版。

辜鸿铭 47 岁，随同张之洞进京，协助张之洞制定"癸卯学制"。

1904 年

严复 52 岁，辞去编译局总办赴上海；《社会通诠》由商务印书馆出版；为开平矿务局事赴英国打官司，在伦敦与孙中山相识，孙中山说：君为思想家，我乃执行家也！

林纾 53 岁，与魏易合译英国兰姆著短篇小说集《吟边燕语》、哈葛德著《埃思兰情侠传》由商务印书馆出版；与曾宗巩合译的《利俾涉战血余腥记》和《滑铁卢战血余腥记》由上海文明书局出版。

1905 年

严复 53 岁，协助马相伯创办上海复旦公学（今复旦大学）；三女严珑出生。

林纾 54 岁，与魏易合译英国哈葛德著《迦茵小传》、洛加德著《拿破仑本纪》、司各德著《撒克逊劫后英雄略》等，由商务印书馆出版。

辜鸿铭 49 岁，出任上海黄浦疏浚局督办，主持黄浦江河道浚治。

1906 年

严复 54 岁，出任安徽高等师范学堂校长；继马相伯之后，出任上海复旦公学第二任校长。

林纾 55 岁，担任京师大学堂预科及师范馆经学教师。与曾章巩合译英国笛福著长篇小说《鲁滨逊漂流记》、哈葛德著《洪罕女郎传》《雾中人》等，由商务印书馆出版。

辜鸿铭 50 岁，将《四书》中的《中庸》译成英文出版，林语堂曾一再推崇该书译笔之妙；与俄国大文豪托尔斯泰通信，探讨中西文化问题，并互赠著作（托尔斯泰的回信以"致一个中国人的信"为题，公开发表在德文《新自由报》和法文《欧罗巴邮报》，国内《天义报》和《东方杂志》也分别译载）。

1907 年

严复 55 岁，因精力不支，无暇两顾，先辞去复旦公学校长职务；后辞去安徽高等师范学堂校长职务。

林纾 56 岁，与魏易合译英国狄更斯的《孝女耐儿传》（今通译《老古玩店》）、《滑稽外史》，司各德著《十字军英雄记》等，由商务印书馆出版。

辜鸿铭 51 岁，随张之洞奉调进京，任外务部员外郎，全家（16 口人）迁入北京。

1908 年

严复 56 岁，学部聘为审定名辞馆总纂；开始翻译耶芳斯的《名学浅说》（《名学启蒙》）。四女严顼出生。

林纾 57 岁，为商务印书编写《中学国文课本》（共十卷），先后于 1908-1910 年出版；与魏易合译狄更斯的《块肉余生述》（今通译《大卫·科波菲尔》）、《贼史》，日本德富健次郎的《不如归》等，由商务印书馆出版。

辜鸿铭 53 岁，平生第一次也是唯一一次上奏疏给光绪皇帝，提出"用小人办内政，故足以偾事；用小人办外事，其祸为更烈"，矛头直指袁世凯。他还写信祝贺托尔斯泰八十寿诞，并将自己翻译的儒学经典《中庸》《大学》寄赠给托尔斯泰。

1909 年

严复 57 岁，任学部审定名词馆总纂，兼任宪政编查馆二等咨议官、财政部清理财政处咨议官、币制局咨议福建省顾问官等；宣统皇帝赐严复文科进士出身；《法意》从 1904 年至 1909 年陆续由商务印书馆出版；《名学浅说》由商务印书馆出版。

林纾 58 岁，与魏易合译狄更斯《冰雪姻缘》（今通译《董贝父子》）、柯南达利《黑太子南征录》等，由商务印书馆出版。

辜鸿铭 53 岁，晚清一代重臣张之洞去世，辜鸿铭大为悲痛。

1910 年

严复58岁，被宣统皇帝赏赐文科进士衔；以"硕学通儒"的资格被征为资政院议员，并被特授海军协都统；五子严玷出生。

林纾59岁，《畏庐文集》（古文集）由商务印书馆出版。

辜鸿铭54岁，被宣统皇帝赏赐文科进士衔；辞去外务部职务，南下上海，任南洋公学监督；春季出版英文著作《中国牛津运动故事》；年底出版《张文襄幕府纪闻》，回忆与悼念张之洞。

1911 年

严复59岁，被清廷特授为海军部一等参谋官；清廷覆亡后，失职闲居在家。

辜鸿铭55岁，德国传教士卫礼贤将其《中国牛津运动故事》译成德文出版，名为《为中国反对欧洲观念而辩护：批判论文集》。

1912 年

严复60岁，任京师大学堂总监、北京大学第一任校长；兼任袁世凯总统府顾问。

1913 年

严复61岁，任袁世凯公府顾问兼海军部编译处总纂；倡议发起成立中国孔教会，为主要发起人之一。

林纾62岁，辞去北大教职；长篇小说《京华碧血录》（又名《剑腥录》）由都门印书局出版；与王庆骥合译法国森彼德著《离恨天》，由商务印书馆出版；拜谒崇陵（光绪皇帝），溥仪赐以"四季平安"春条。

辜鸿铭57岁，东渡扶桑，游说日本政府；与诺贝尔文学奖"擦肩而过"。

1914 年

严复62岁，被推为"约法会议"议员、参政院参政。

1915 年

严复63岁，被列名"筹安会"发起人之一；哮喘病开始时常发作。

林纾64岁。上海进步书局出版《林琴南文钞》（古文集）。

辜鸿铭59岁，秋季出任北京大学英文门教授；英文著作《中国人的精神》（汉语名《春秋大义》）由北京每日新闻社出版。

1916 年

严复 64 岁，自袁世凯死后就闲居家中。冬天，哮喘病加重。

林纾 65 岁。长篇小说《冤海灵光》由商务印书馆出版；《铁笛亭琐记》（笔记集）、《春觉斋论文》（文论）由都门印书局出版。

辜鸿铭 60 岁，《春秋大义》德文本出版。

1917 年

严复 65 岁，在北京闲住。冬天，因哮喘病住进北京东交民巷法国医院。

林纾 66 岁。发起组织古文讲习会，并担任主讲；在天津《大公报》发表《论古文之不宜废》，在社会上掀起轩然大波；由商务印书馆出版《蜀鹃啼传奇》、《合浦珠传奇》、《天妃庙传奇》三部剧本；长篇小说《巾帼阳秋》及《畏庐笔记》分别由上海中华小说社和上海中华图书馆出版；《畏庐文集》（续集）由商务印书馆出版。

辜鸿铭 61 岁，参与张勋复辟，为"十三太保"之一，被委任为外务部侍郎；复辟失败后返回北大任教；德国教授奈尔逊将其在报上用英文发表的有关文章译成德文出版，名为《呐喊》。

1918 年

严复 66 岁，闲住北京。多病，开始怀念家乡。冬，回福州避寒。12 月，为三子严琥订婚买下阳岐玉屏山庄一处房子。

林纾 67 岁，出版《古文辞类纂选本》。长篇小说《劫外昙花》及《畏庐短篇小说》分别由上海文明书局和上海普通图书馆出版。

1919 年

严复 67 岁。元月一日，在老家阳岐玉屏山庄亲自为三子严琥操办婚礼；因操劳过度发病，春末病重住进上海红十字医院；回京后又住进协和医院，病中为家乡阳岐尚书祖庙募集钱款；家搬进大阮府胡同，号"愈桦堂"，自称"愈壄老人"。

林纾 68 岁。3 月，发表致北大校长蔡元培的公开信——《致蔡鹤卿书》，批评北大新派"覆孔孟，铲伦常"及"尽废古书，专用白话"；蔡元培随后在《公言报》发表《答林琴南书》，做出申辩及反驳；林纾公开发表《再致蔡鹤卿书》，承认自己有听信传闻及过激之言，请求蔡元培见谅；5月，在《文艺丛报》发表《论古文白话之相消长》，依然论证古文白话并行不悖的道理。

1920 年

严复68岁。元旦，长孙以侨出生，严复欣喜非常，悬灯燃烛，焚香拜祖，10月离开北京回福州，定居郎官巷。

林纾69岁。《蠡叟丛谈》（短篇小说集）由上海《新申报》成记书局出版。

1921 年

10月27日，严复在福州郎官巷去世，享年68岁。12月20日，与发妻王夫人合葬于故乡阳岐鳌头山。

辜鸿铭65岁，与英国著名作家毛姆相会，并赠诗毛姆。

1922 年

林纾71岁，《畏庐琐记》、《畏庐漫录》由商务印书馆出版。

1923 年

林纾72岁，由商务印书馆出版《畏庐诗存》。

辜鸿铭67岁，辞去北大英文系教职。

1924 年

林纾著《畏庐文集》（三集）由商务印书馆出版。10月9日（农历甲子九月十一），林纾在北京去世，享年73岁。次年归葬福州市郊白塔垅山。

辜鸿铭68岁，入宫觐见废帝溥仪，并被赐午宴招待；与印度大诗人泰戈尔相会，探讨中西文化问题；应日本"大东文化协会"邀请赴日讲学；应台湾实业家、宗弟辜显荣邀请赴台湾讲学，收到台湾各界热烈欢迎。

1928 年

年初，山东军阀张宗昌拟任命辜鸿铭为山东大学校长，辜鸿铭尚未决定是否赴任便因病卧床；4月30日，辜鸿铭在北京家中去世，享年72岁。废帝溥仪特别派人为之致祭，谥"唐公"，并赐"含谟吐忠"四字予以表彰。

后记

2011年春天，在厦门大学90周年校庆前夕，我在厦门大学出版社出版了《芙蓉湖畔忆"三林"——林文庆、林语堂、林惠祥的厦大岁月》一书，以缅怀厦大建校初期三位杰出的师长。

2012年春天，正值北京大学校名确立100周年和严复出任北大校长100周年之际，我开始撰写《未名湖畔忆名儒——严复、林纾、辜鸿铭的北大岁月》一书，以纪念北大建校初期三位提倡中西文化交流、坚守中国传统文化的大师。

北京大学和厦门大学，一个被誉为中国"最好的大学"之一（除了清华可与之匹敌），一个被称为中国"最美的大学"之一（除了武大可与之媲美）。巧合的是，北大校园里有风光旖旎的未名湖，厦大校园里也有景色迷人的芙蓉湖。

莫不是上天的有意眷顾，使这一北一南的两所中国知名大学，各自拥有一个盈盈秋水般美丽迷人的湖泊，并因此拥有厚重的文化底蕴和校园的"灵魂"。一位厦大学者在对比两校文化时写道：

厦大有芙蓉湖，湖面如镜，四季波光潋滟，绿茵碧水的温馨让人流连忘返；北大有未名湖，一水幽长，四季湖色鲜明，一塔一水的刚柔让人想到燕园的厚重。

厦大人自己说，当北大的未名湖掀起历史巨浪时，厦大的芙蓉湖才泛起一池春水。从民族危亡到民族振兴，一百多年来中国历史的每一次重大转折，几乎都与北大学子的时代脚步相关。厦大远离政治文化中心，厦大人不像北大人那样时常会在历史运动中担当先锋的角色，但那"一池春水"下依然涌动着一股由校主传承而下的民族血性，一种已经内化于每个厦大人灵魂的敢与天地精神独往来的精神个性。正是这种精神个性的一以贯之，才使偏居东南一隅的学府,在中国现代历史的各个风口浪尖,有着属于自己的光荣与希望。[1]

回望百年之前,在晚清没落、民国初生之际,严复、林纾、辜鸿铭三位大师分别走过了艰难的人生历程,与民族同呼吸,与国家共命运,谱写了他们瑰丽的人生史册,在中国近现代史上留下了熠熠闪光的一页。写作中,我不仅常为他们博大精深的知识和融会中西的视野所征服,更常为他们执着的精神追求及捍卫传统文化的坚定信念所感动。

2012年秋天,初稿完成后,我并未急于出版,而觉得应该让它再沉淀一下,再打磨一下,也许能使之臻于完善。如今,七年过去了,中国传统文化得到了更加广泛的认同,人们对严复、林纾、辜鸿铭三位先生的认识也日益全面和深刻。我相信,本书的出版将能引起更多读者的共鸣。

在本书写作、出版过程中,冯保善的《严复传》、张俊才、王勇的《顽固非尽守旧也——晚年林纾的困惑与坚守》、李玉刚的《狂士怪杰——辜鸿铭外传》,以及北京大学校史研究室编写的《北京大学史料》(第一卷),为本书提供了许多素材和指导;海内外严复、林纾、辜鸿铭研究者的开拓性研究和长年积累的史料,为本书写作提供了许多有益的参考;厦门大学出版社总编辑宋文艳及责任编辑冀钦也给予了大力支持,在此一并表示衷心的感谢!

2007年,在北大"我们社"成立十周年纪念会上,北大教授钱理群曾问同学们:"你认识脚下的北大这块土地吗?"[2]在他看来,如果你对曾发生在这里的人与事,对这块土地的精神、传统,在认知上是陌生的,在情感、心理上甚至有疏离感,那么,你不过徒有北大的学籍,徒有"北大人"的感觉,而谈不上是"永远的北大人"。

  北大,这真是一块圣地,
  梦中我来到这里。
  湖水泪水汗水血水在闪烁,

---

1 朱水涌:《厦大往事》,厦门大学出版社2011年版,第3页。
2 钱理群主编:《寻找北大》,中国长安出版社2008年版,第253页。

告诉我这里没有游戏，

告诉我这里惟有奋斗与努力，

告诉我这里名儒走过的足迹……

谨以此书献给严复、林纾、辜鸿铭——三位杰出的北大人，三位出色的翻译家，三位卓越的福建乡贤。

林坚

2019 年 8 月 18 日